Mengzi

Von der Freiheit des Menschen

Mengzi

Von der Freiheit des Menschen

In der Übersetzung
von Richard Wilhelm

marixverlag

Bibliografische Information der Deutschen Nationalbibliothek
Die Deutsche Nationalbibliothek verzeichnet diese Publikation in der
Deutschen Nationalbibliografie; detaillierte bibliografische Daten sind im
Internet über
http://dnb.d-nb.de abrufbar.

Es ist nicht gestattet, Abbildungen und Texte dieses Buches zu scannen,
in PCs oder auf CDs zu speichern oder mit Computern zu verändern oder
einzeln oder zusammen mit anderen Bildvorlagen zu manipulieren, es sei
denn mit schriftlicher Genehmigung des Verlages.

Alle Rechte vorbehalten

© by marixverlag GmbH, Wiesbaden 2012
Der Text wurde behutsam revidiert nach der Ausgabe Jena 1921
Lektorat: Stefanie Evita Schaefer, marixverlag GmbH
Covergestaltung: Nicole Ehlers, marixverlag GmbH
Bildnachweis: mauritius images GmbH, Mittenwald/mindbodysoul
Satz und Bearbeitung: Medienservice Feiß, Burgwitz
Gesetzt in der MinionPro
Gesamtherstellung:
Bercker Graphischer Betrieb GmbH & Co.KG, Kevelaer
Printed in Germany

ISBN: 978-3-86539-280-0

www.marixverlag.de

Inhalt

EINLEITUNG 7
   Die Lehren 23
   Die Werke 27

Chronologische Tabelle 30

Buch I — Liang Hui Wang 31
   ABSCHNITT A Vom milden Regieren 31
   ABSCHNITT B Die Macht der Musik im alten
                      China 45

BUCH II — GUNG-SUN TSCHOU 61
   ABSCHNITT A Wege zur individuellen
                      Selbstverantwortung 61
   ABSCHNITT B Von der Verantwortung in
                      Regierungsgeschäften 76

BUCH III — TONG WEN GUNG 92
   ABSCHNITT A Wie man ein guter Regent wird . . 92
   ABSCHNITT B Wege zum rechten Fürstendienst . . 107

BUCH IV — Li Lou 123
   ABSCHNITT A Wege zur Menschlichkeit 123
   ABSCHNITT B Vom kindlichen Herzen 139

BUCH V — Wan Dschang 156
   ABSCHNITT A Fürstendienst, Thron- und
                      Erbfolgefragen 156
   ABSCHNITT B Von Weisen, Fürsten und Ministern 173

BUCH VI — Gau Dsï 191
   ABSCHNITT A Von der menschlichen Natur 191
   ABSCHNITT B Spielarten des Verfalls 210

BUCH VII — Dsïn Sin 229
   ABSCHNITT A Wege zur Wahrheit 229
   ABSCHNITT B Sechs Stufen zur Sittlichkeit 249

AUSWAHLBIBLIOGRAPHIE MIT AKTUELLER
   SEKUNDÄRLITERATUR 268

SACHREGISTER 269

NAMENSREGISTER 277

EINLEITUNG

Unter den Vertretern der Lehre des Kung Dsï ist weitaus der berühmteste Mong Ko (meist Mong Dsï = Philosoph Mong genannt, woraus in Analogie zu der latinisierten Form Konfuzius der heute in Europa übliche Name Mengzi geformt wurde). Obwohl zeitlich von dem Meister entfernt, so dass er in keine persönliche Berührung mit ihm kam, hat er dessen Lehren in Zeiten des Niedergangs mit großer Energie durchgesetzt. Man kann sein Verhältnis zu Kung mit dem des Paulus zu Jesus vergleichen. In diesem Vergleich liegt zugleich eine Wertung, die von der in Europa häufig üblichen abweicht. Mengzi ist Epigone, aber eben deshalb geht er mehr auf Detailfragen ein als Konfuzius. Er ist rhetorischer, dialektischer. Darum kommt er dem europäischen Geschmack in vielen Dingen näher. So verwundert es nicht, dass er von europäischer Seite vielfach als der Genialere der Beiden betrachtet worden ist, der noch über Konfuzius stehe. Der englische Missionar Legge, der die Worte des Mengzi sehr ambitioniert ins Englische übersetzt hat, gibt dieser Stimmung mit unübertrefflicher Naivität Ausdruck, indem er Mengzi für bewundernswerter als Konfuzius erklärt – jedoch nur, um ihm dann nachträglich diese Bewunderung wieder abzusprechen. Der chinesische Vergleich trifft wohl dem Wesen nach eher den Kern, indem er Konfuzius mit dem milden, unauffälligen, erst eingehender Betrachtung sich offenbarenden Glanz des Nephrits vergleicht, während Mengzi dem klar-durchsichtigen Bergkristall entspricht.

Mengzi war ein Kind seiner Zeit. Ein Zeitgenosse des Dschuang Dsï, mit dem er auch hinsichtlich der literarischen Bildung Vieles gemeinsam hat, suchte er auf anderen Wegen als jener weltflüchtige Mystiker nach Rettung für die Menschheit. Während für Dschuang Dsï diese Rettung im gänzlichen Verzicht auf die Kultur besteht, sucht Mengzi sie in der Reform und der Wiederherstellung der echten Kultur, wie sie durch Konfuzius' Arbeiten aus dem Altertum gerettet war. In diesem Streben übernahm er den von Konfuzius geschaffenen Beruf des Lehrers der Fürsten. Aber die Zeiten waren inzwischen andere geworden und Mengzi musste sich diesen Veränderungen anpassen.

Zu Konfuzius' Zeiten waren die staatlichen Verhältnisse noch so weit in Ordnung, dass jedermann ohne Weiteres sein geregeltes Einkommen hatte. Obwohl daher Kung auf seinen Wanderungen manche Schwierigkeiten und Nöte zu bestehen hatte, hatte sich die Frage nach der Bestreitung seines Lebensunterhalts nie gestellt. Er hatte sein gesichertes Einkommen, von dem er und seine Schüler lebten. Das war später anders geworden. Der Privatbesitz hatte sich mehr entwickelt. Nur die Beamten und die Untertanen der einzelnen Staaten hatten mehr oder weniger feste Einkünfte. Der freie Beruf des Lehrers der Fürsten, dem Mengzi ebenso wie viele sophistische Zeitgenossen huldigte, war auf Gaben und Geschenke freigebiger Mäzene unter den Fürsten angewiesen. Mengzi empfand diese Abhängigkeit als äußerst belastend und tat, was in seinen Kräften stand, um seine Würde zu wahren und Abstand zu halten von den Wanderphilosophen, die gegen Geld die Höfe zu unterhalten wussten.

Aus diesen Verhältnissen erklärt sich manche herbe Seite in Mengzis Wesen. Je schwieriger es war, diesen Abstand zu halten, desto mehr musste er Äußerlichkeiten betonen, und so kam er oft in Situationen, wo sein Stolz fast die Form der Wunderlichkeit annimmt.

Ein anderer Charakterzug von ihm erklärt sich Folgendermaßen: Während Konfuzius' ganze Art sich durch eine feine Zurückhaltung und bescheidene Güte auszeichnet, die ihn so liebenswert machen, ist Mengzi seiner ganzen Stellung nach auf den Kampf angewiesen. Daher das Pathetisch-Rhetorische in seinen Reden, die Disputationen mit Andersdenkenden, die selbstbewussten Äußerungen, die Schärfe und Härte, mit der er seine Feinde verurteilt und brandmarkt, aber auch die durchsichtige Klarheit und Ausführlichkeit, die nichts für sich zurückbehält, sondern alles ausspricht, was zur Stützung und Darlegung der eigenen Lehren dient. Daher ferner auch die opportunistische Anpassung an die Situation, die unter Umständen die höchsten Maßstäbe aus dem Auge lässt, um das praktisch Erreichbare zu erreichen.

So ist er vernünftig und klar, dialektisch gewandt, oft nicht ohne Humor, stets bei der Hand mit Zitaten aus der „heiligen Schrift", mit Gleichnissen und erläuternden Geschichten, so dass man – das Interesse für seine Probleme vorausgesetzt – immer angeregt wird. Freilich erreicht er dabei Konfuzius' ästhetisches Gespür nicht. Während Kung nach Anhören der alten Musik so hingerissen war, dass er das Essen und Trinken darüber vergaß, lässt sich Mengzi gelegentlich zu dem Ausspruch hinreißen, die alte und die leichte neue Musik kämen aufs Gleiche hinaus; beide belebten ja die sozialen Seiten des menschlichen Gemüts. In solchen und ähnlichen Situationen hat Mengzis Philosophie etwas Robustes an sich, etwas vom gesunden Menschenverstand. Aber trotz alledem hat er sich auf moralischem Gebiet niemals eine Konzession zu Schulden kommen lassen. Hier ist er echt und ganz und darf sich würdig seinem Meister an die Seite stellen.

Über sein Leben sind wir nicht so gut unterrichtet, wie über das des Konfuzius. Die Nachrichten[1] widersprechen sich vielfach. Was wir mit einiger Sicherheit feststellen können, ist Folgendes:

Mengzi, mit Vornamen Ko, wird 372 in dem kleinen Staat Dsou geboren. Er stammt aus dem bekannten Adelsgeschlecht Mong Sun, das zu Konfuzius' Zeit im Staat Lu zu den drei herrschenden Familien gehörte. Das Geschlecht verlor jedoch mit der Zeit an Einfluss und es hatte sich ein Zweig der Familie in dem südlich von Lu liegenden Dsou niedergelassen. Bereits in jungen Jahren verlor er den Vater. Doch war seine Erziehung bei seiner edlen Mutter in den denkbar besten Händen. Die Geschichten, wie sie zwei Mal den Wohnplatz wechselte, um eine Umgebung zu finden, die den Spielen des Sohnes ein gutes Vorbild waren, und wie sie das Gewebe auf dem Webstuhl zerschnitt, als ihr Junge in der Schule keine Fortschritte gemacht hatte, sind in China bis auf den heutigen Tag allbekannt. Dass Mengzi am Unterricht des Enkels von Konfuzius, Dsï Sï, teilnahm, ist schon wegen des zeitlichen Abstands ausgeschlossen. Möglich ist die Angabe, dass er beim Sohn des Dsï Sï gelernt habe[2]. Küfu, der Heimatort der Familie Kung, ist schließlich von Mengzis Geburtsort Dsou nicht weit entfernt[3].

In seinem Eheleben scheint er – ähnlich übrigens wie Konfuzius – wenig gute Erfahrungen gemacht zu haben. Das geht aus der Geschichte hervor, dass er einst, im Begriff in sein Zimmer zu treten,

---

1 Über die genaue Begründung vgl. *Jahrbuch für Chinaforschung*, Bd. 1.
2 Vgl. Mong Dsï Wai Schu.
3 Eine Quelle berichtet, dass Mengzi als ganz kleiner Junge mit Dsï Sï zusammengetroffen ist, der seine Bedeutung sofort erkannt und seinen Sohn auf ihn aufmerksam gemacht hat.

seine Frau nackt habe darin sitzen sehen. Davon war er so unangenehm berührt, dass er sich von ihr scheiden lassen wollte. Seine Mutter verstand es übrigens, die Sache wieder ins Reine zu bringen, indem sie ihm vor Augen führte, dass der eigentliche Fehler auf seiner Seite liege, da er – entgegen den Vorschriften guter Sitte – ohne sich vorher bemerklich zu machen, ins Haus eingetreten sei, so dass seine Frau keine Möglichkeit, sich zurückzuziehen, gehabt habe.[4]

Als er seine Ausbildung vollendet hatte, bekam er bald auch selbst Schüler. Der erste, von dem berichtet wird, ist Yo Dschong Ko, den sein neunzigjähriger Großvater ihm zusandte, damit er sich von den Gaben der Jünger von Konfuzius das ein oder andere aneignen könne. Einer Überlieferung nach kam Mengzi einst mit seinen Jüngern durch Gü, wo noch eine Lehrhalle des Jüngers von Kung, Dsong Schen, zu sehen war. Er stieg empor und spielte die Zither und sang. Und seine Jünger stimmten ein, so dass die alten Leute von Gü sagten: „Schon lange haben wir nicht mehr solche Töne gehört; das ist wirklich ein Jünger des Heiligen."[5]

Doch war es nicht die Absicht des Mengzi, sich auf diese Lehrtätigkeit zu beschränken. Er fühlte vielmehr das Bedürfnis, tätig einzugreifen in den Weltlauf. Gerade da ihm sein Selbstbewusstsein sagte, dass er die wichtige Aufgabe zu erfüllen habe, die Lehren seines verehrten Vorgängers Konfuzius in die Welt einzuführen, musste ihm besonders viel daran liegen, einen Weg zu finden, um, sei es auch nur indirekt als Ratgeber eines Fürsten, zu Macht und Einfluss zu gelangen.[6] Er sah die Zeit für besonders günstig an, um eine neue Ordnung der Dinge durchzuführen. Die alte Dynastie der Dschou, die Konfuzius immer noch zu stützen gesucht hatte, war unwiederbringlich zusammengebrochen. Ein neues Geschlecht musste an ihre Stelle treten.

---

4   Vgl. Liä Nü Dschuan.
5   Vgl. Mong Dsï Wai Schu.
6   Vgl. Mengzi II A, 14.2, wo Mengzi es seinem Jünger Gung-Sun Tschou gegenüber zwar bescheiden ablehnt, als Heiliger bezeichnet zu werden – unter Berufung ürbigens auf Konfuzius, der das auch getan habe –, es sich aber energisch verbittet, mit Guan Dschung, dem berühmten Staatsmann von Tsi, auch nur verglichen zu werden. Auf die Frage, welchem der bedeutendsten Jünger des Konfuzius er sich gleichstelle, bricht er das heikle Thema ab, ohne anzudeuten, dass er sich den Jüngern von Konfuzius alles andere als unterlegen fühlt.

Im Vergleich mit den Schwierigkeiten, die Wen, der Begründer des Kaiserthrons der Dschou, gehabt hatte, schien die Gründung eines neuen Reiches leicht. König Wen hatte sich der geschlossenen Macht des alten Kaiserhauses gegenüber gesehen, wobei er selbst nur auf eine kleine, zwar wohl verwaltete, aber abgelegene und unbedeutende Hausmacht gestützt war. Auf Seiten der alten Kaisermacht stand noch die Autorität bedeutender Ahnen, die noch nicht weit zurücklagen, und guter Diener, die auch dem Tyrannen Dschou-Sin noch zur Seite standen. Mengzi sah, dass zu seiner Zeit die Verhältnisse weit günstiger lagen. Es gab eine Reihe wohl abgerundeter, militärisch mächtiger Staaten, die eine weit bessere Basis für eine Universalmacht abgegeben hätten als der kleine Staat, auf den die Dschou sich einstmals stützen konnten. Andererseits lag die Zentralregierung vollkommen ohnmächtig zu Boden. Keinerlei Autorität stützte sie mehr. Lange Zeit war vergangen, seit der letzte Heilige auf dem Thron ins Grab gesunken war. Was die Fürsten trieben, war seit Jahrhunderten nur Gewaltpolitik gewesen, auf Kosten der eigenen und fremden Untertanen. Da musste es leicht sein, die alten heiligen Grundsätze, die Frieden versprachen, wieder durchzusetzen. Schon sehr lange sehnte sich das Volk nach einem gütigen Fürsten. Trat endlich einer auf, so musste es den Leuten zumute sein, wie einem, der an den Fersen aufgehängt ist, wenn man ihn befreit. Das gesamte Volk würde ihm zuströmen und niemand würde es daran hindern können. Es galt nur den Versuch zu wagen. War erst ein Fürst gefunden, der auf seine Worte hörte, so kam alles andere mit zwingender Notwendigkeit von selbst.

So trat Mengzi in den zweiten Abschnitt seines Lebens ein: die Wanderzeit. Es wurde für ihn jedoch nicht so leicht, wie die Verhältnisse es vermuten ließen. Denn woran es fehlte, das war eben ein Fürst, wie er ihn brauchte. Die Fürsten der Zeit orientierten sich alle nach ganz anderen Richtungen. Sï-MaTsiän berichtet, dass der Militarismus und ein kompliziertes System von Bündnissen und Gegenbündnissen an der Tagesordnung waren. Alle strebten nach Macht. Wohl ließ man sich die Lehren des Altertums als eine Art »Verzierung« des Lebens gerne gefallen: Wie in Italien während der Renaissance, gehörte es auch damals in China zum notwendigen Bestand eines angesehenen Staates, dass man sich einen Stab von Gelehrten hielt, die durch ihre anregenden Gespräche, ihre gegenseitigen Widerlegungen und Redegefechte, bei denen es an sophistischen Wortspielereien nicht fehlte, den Hof zu unterhalten wussten. Diese Weisen zogen von Hof zu Hof, je nachdem es die Zeit und die Umstände günstig erscheinen ließen. Eine sehr bittere, aber anschauliche Schilderung dieser Zustände gibt *Dschuang Dsï* X, 3:

»Heutzutage ist es soweit gekommen, dass die Leute die Hälse recken und sich auf die Zehen stellen und zueinander sprechen: ›An dem und dem Platz ist ein Weiser.‹ Sie nehmen Reisezehrung auf den Weg und eilen hin, indem sie ihre Familien und den Dienst ihrer Herren im Stiche lassen. Fußspuren führen über die Grenzen der verschiedenen Länder, und Wagenspuren ziehen sich über Tausende von Meilen hin. An all dem trägt die Schuld, dass die Fürsten die Erkenntnis hochschätzen […]. So geht es nun seit Anbeginn der Weltgeschichte: man vernachlässigt das einfache, arbeitsame Volk und ergötzt sich am Geschwätz unruhiger Köpfe. Man wendet sich ab vom anspruchslosen Nichthandeln und ergötzt sich an gleißenden Ideen. Durch dieses Blendwerk kommt die Welt in Unordnung.«

Es war eine Zeit von ungemein bewegtem geistigen Leben, voll von Vorurteilslosigkeit. Ungebunden von jeglicher Tradition, wurden die Probleme aufgenommen und gelöst. In vieler Hinsicht findet man verwandte Züge mit der gleichzeitig auftretenden griechischen Sophistik. Aber nicht nur philosophische Spekulationen pflegten diese Wanderphilosophen, sondern man betrieb auch praktische Philosophie, bei der die einzelnen Theorien auf die Regierung und die Politik angewandt wurden. Oft glückte einem Philosophen, der den nötigen gesunden Menschenverstand hatte, ein Rat. Er wurde reich belohnt und vertauschte den Beruf des Weisen mit dem des Staatsmanns. Su Tsin und Dschang J, die beiden berühmtesten Politiker der damaligen Zeit und die Begründer der beiden großen Bündnissysteme, die wie im modernen Europa die Staaten zu einer nord-südlichen und einer ost-westlichen Gruppe zusammenschlossen, waren beide Schüler des Meisters vom Dämonental (Gui Gu Dsï), dem sie ihre Weisheit verdankten. Alles in allem wird man aber wohl sagen können, dass selten der Dilettantismus einen solchen Einfluss auf die Politik gehabt hat – zumindest, was den äußeren Schein betrifft – als in dem China der damaligen Zeit.

Mengzi beabsichtigte, aktiv in diese Bewegungen einzutreten. Allerdings mit dem stolzen Selbstbewusstsein, dass er der Welt etwas anderes zu bringen habe als scharfsinnige Gedankenkunststücke. Er wollte nichts Geringeres als die Wiederherstellung des alten Ideals vom Weltfrieden durchsetzen. Nach seiner Überzeugung war dieses Ideal ohne Weiteres zu verwirklichen, wenn man die Methoden der Heiligen der Vorzeit, wie sie zuletzt Kung Dsï zusammengefasst und begründet hatte, anzuwenden entschlossen war. Es gab daher für ihn im Prinzip keine Konzession. Den Grundsatz, einen Fußbreit krumm zu machen, um hundert Fuß gerade zu machen, hat er nicht anerkannt.

Bald gab sich Gelegenheit zur Anwendung seiner Grundsätze. Im Jahr 322 hatte der König Hui von We nämlich ein Ausschreiben erlassen, das in sehr ehrerbietiger Form und unter Verheißung großer Belohnung Weise an seinen Hof zu locken bestrebt war. Der Staat We war einer der drei Staaten, in die sich der alte Staat Dsin aufgelöst hatte. Die Zersplitterung des Staates Dsin in die drei Teilstaaten Dschau, Han und We fand mit kaiserlicher Genehmigung im Jahr 403 statt. Damit begann eine neue Periode in der chinesischen Geschichte – die Zeit der streitenden Reiche –, die bekanntlich mit der Annektierung der übrigen Staaten durch den halbbarbarischen Staat Tsin endete. In jener Kampfzeit hatte der Staat We, nach seiner Hauptstadt auch Liang genannt, viel zu leiden. Unter dem Fürsten Hui, der nach Vereinbarung mit dem Staate Tsi den Königstitel angenommen hatte, erlitt der Staat mehrere große Niederlagen, bei denen der Kronprinz in Gefangenschaft geriet, der Feldherr getötet wurde und große Gebiete abgetrennt wurden. Das war der Grund für jenes Ausschreiben des Königs, dem außer Mengzi auch noch einige andere Philosophen Folge leisteten. Die Gespräche, die Mengzi mit dem Rat bedürftigen König geführt hat, sind im ersten Buch seiner Werke aufgeführt. Andere Quellen geben eine zum Teil abweichende Darstellung. So wird zum Beispiel von einer Seite der Inhalt der Gespräche, die nach Mengzi I B, 15 mit dem Fürsten Wen von Tong geführt worden sind, stattdessen mit dem König Hui in Verbindung gebracht. Als er nämlich gefragt habe, was sich dagegen tun lasse, dass Tsin große Gebiete von We annektiert habe, da soll Mengzi erwidert haben: »Als der große König in Bin wohnte, haben ihn die Di-Barbaren angegriffen. Er brachte ihnen Tribut von Edelsteinen und Seidenstoffen dar, aber es half nichts. Der große König wollte nicht seine Leute zu Schaden kommen lassen, darum verließ er Bin und siedelte sich am Fuß des Berges Gi an. Wollt Ihr, o König, nicht auch Liang verlassen.« Der König Hui war über diese Antwort nicht erfreut.[7]

Kein Wunder, dass der König Hui nichts mit den Ratschlägen des Mengzi anzufangen wusste. Das war es nicht, was er gewollt hatte. So gibt er ihm denn mehrfache Gelegenheit, seine Meinung zu äußern, was Mengzi denn auch mit aller Schärfe tat. Aber diese Reden waren nicht von Erfolg gekrönt. Kurz darauf starb der König Hui. Sein Nachfolger Siang war, wie Mengzi sich bald überzeugen musste, nicht von der Art, dass sich etwas von ihm erhoffen ließ. Mengzi fällte ein sehr absprechendes Urteil über ihn. Schon nach der ersten oder zweiten[8] Audienz gab Mengzi die Sache auf und zog sich aus Liang zurück. Der König Siang befürchtete, dass er, ähnlich wie manche anderen Wanderphilosophen der Zeit, zu einem anderen Staat »überlaufen« werde, um dem Staat Liang zu schaden. Das Beispiel des Dschang J, der von We nach Tsin übergelaufen war, war ihm noch lebhaft in Erinnerung.

So schickte er ihm denn einen Boten nach, um ihn zurückzuhalten. Mengzi ließ sich jedoch von seinem Entschluss nicht abbringen: „Dankt dem König in meinem Namen und sagt ihm, dass ich die Freundlichkeit, die mir sein Vater erwiesen, niemals vergessen werde." Mit diesen Worten verneigte er sich zweimal, bestieg den Reisewagen und fuhr davon[9].

---

7 Vgl. Sin Lun. Das ist textkritisch von Bedeutung, weil die drei Kapitel I B 13, 14, 15 bei Mengzi den Zusammenhang unterbrechen. Das Wahrscheinlichste ist, dass Kap. 15 sich ursprünglich auf Liang bezog – die Einleitung ist im jetzigen Zustand nichtssagend –, während 13 und 14, auf Tong bezüglich, ursprünglich an einer anderen Stelle (Buch III) standen. Die Ähnlichkeit mit Kap. 15 hat dann einerseits veranlasst, dass dieses auch den Unterredungen mit Wen von Tong zugewiesen wurde, dass Kap. 13 und 14 mit ihm zusammengestellt wurden, wobei dann die drei so verbundenen Kapitel an den Schluss von I B zwischen die Erlebnisse in Dsou und Lu gestellt wurden. Es verdient, hervorgehoben zu werden, dass das Beispiel des großen Königs, der vor den Barbaren wich, auf die Situation besonders gut passte.
8 Nach Wai Schu soll Mengzi noch eine zweite Audienz bei König Siang gehabt haben, in der dieser ihn nach dem Krieg fragte. Mengzi habe erwidert: »Der Krieg ist eine gefährliche Sache; davon verstehe ich nichts« und sei abgereist, ohne auf den Versuch des Königs, ihn durch einen Boten zurückholen zu lassen, weiter einzugehen. Nach Mengzi I A, 6 fand nur eine Audienz statt, deren Verlauf aber im Wesentlichen übereinstimmend berichtet wird.
9 Vgl. Wai Schu.

Zu jener Zeit hatte der König Süan von Tsi eben die große Akademie am Dsi Men[10] eingerichtet, für die er aus allen Gegenden berühmte Weise zu gewinnen suchte. Dahin wandte sich Mengzi. Über die Persönlichkeit des Königs Süan ist uns nicht viel bekannt. Man kann sich aber aus den Werken des Mengzi ein ungefähres Bild von ihm machen. Er hatte etwas Großartiges in seinem Wesen, war nicht ohne edle Regungen. Impulsive Züge eines guten Herzens finden sich bei ihm, wie die Geschichte zeigt, die Mengzi gelegentlich erwähnt, dass er Mitleid gehabt habe mit einem Ochsen, der zum Opfern geführt wurde[11]. Auch die Vorliebe für die Gelehrten, die er mit wahrhaft mediceischer Freigebigkeit in die Tat umsetzte, zeigt das Vorhandensein eines Strebens nach Höherem; auch wird man sagen dürfen, dass er Mengzi während der ganzen Zeit von dessen Anwesenheit in Tsi durchaus liberal behandelt hat. Dennoch war er zu sehr in den Traditionen seines Hauses, das die Herrschaft durch Usurpation errungen hatte, befangen, als dass er weitergehende Gesichtspunkte höherer Art gehabt hätte. Seine Ideale beschränkten sich darauf, es den berühmten Fürsten der letzten Jahrhunderte, einem Huan von Tsi oder Wen von Dsin, gleichzutun. So hatte denn Mengzi nicht eben die günstigste Persönlichkeit für seine Zwecke an ihm gefunden. Es wird erzählt, dass er drei Mal zur Audienz beim König war, ohne über Politik zu reden. Er habe geäußert, er müsse erst die falschen Meinungen des Königs durch stillen Einfluss bekämpfen[12]. Er selbst hat bei seinem Weggang von Tsi geäußert, es sei keineswegs seine Absicht gewesen, so lange da zu bleiben[13]. Vielmehr habe er sich nur dazu gezwungen, bzw. durch des Königs Entgegenkommen zum Bleiben entschlossen, immer bereit, zu gehen, wenn es die Verhältnisse erforderten.

Es ist nicht ausgeschlossen, dass auch persönliche Erwägungen eine Rolle spielten und ihn zum Bleiben in Tsi veranlassten. Seine Mutter, die er so sehr verehrte, war hochbetagt. So musste es für ihn wünschenswert erscheinen, nicht allzu weit von seiner Heimat – Dsou und Tsi sind Nachbarstaaten – seiner Mutter ein gesichertes Auskom-

---

10 Dsi Men, wörtlich »Korntor«.
11 Buch I A, 7.
12 Vgl. Sün Dsï.
13 Mengzi II B, 14.

men[14] bieten zu können. Dennoch hatte er auch für den Staat große Hoffnungen. Seinen Jüngern, die die Hoffnung aussprachen, dass, da er Einfluss in Tsi habe, wohl gar die Zeiten der berühmten Kanzler Guan Dschung, der dem Herzog Huan zur Seite stand, und Yän Ying, der dem Herzog Ging zu Konfuzius' Zeit die Regierung führte, wiederkehren könnten, erwiderte er: „Gestützt auf Tsi die Herrschaft der Welt zu erlangen, wäre im Handumdrehen möglich." Die Schüler fragten weiter: „Wenn es so ist, regt Euch das nicht im Innern auf?" „Nein," sagte Mengzi, „seit meinem vierzigsten Jahre habe ich die Ruhe der Seele erreicht."

Dieser Gemütsruhe bedurfte er in der Folge sehr nötig. Denn es gab manchen Konflikt bei Hofe. Eines Tages hatte er dem König Vorstellungen gemacht, über die dieser verärgert war. Seinen Jüngern gegenüber äußerte sich Mengzi über den Vorfall: „Wenn man heutzutage einem Fürsten Vorstellungen macht, ist er gleich missvergnügt. Wissen diese Leute denn nicht, dass das Gute gut ist?" Der Schüler machte eine Bemerkung, worauf Mengzi fortfuhr: „Wenn Blitz und Donner toben, Bäume zerspellen und den ganzen Erdkreis in Schrecken versetzen, so können sie doch nicht bewirken, dass ein Tauber auch nur das Mindeste hört; wenn Sonne und Mond scheinen und den ganzen Erdkreis erleuchten, so können sie doch nicht bewirken, dass ein Blinder auch nur das Mindeste sieht. Diesen Tauben und Blinden gleichen unsere Fürsten von heute."

Auch seiner Mutter gegenüber ließ er es einst merken, dass er unter den Verhältnissen litt. Als seine Mutter ihn fragte, was er habe, brach er los: „Es heißt, ein anständiger Mensch halte darauf, dass er eine seiner Würde entsprechende Stellung inne habe und nicht aus niedriger Habsucht nach Lohn geize. Nun hat man in Tsi kein Bedürfnis nach der Wahrheit, und ich möchte gehen, aber du bist alt, Mutter, so kann ich's um deinetwillen nicht. Das macht mich traurig."[15] Die Mutter sprach: „Die Sitte will es, dass eine Frau sich keine unbedingte Herrschaft anmaßt, sondern sich zu fügen

---

14 An verschiedenen Orten finden sich Anspielungen darauf, so in Liä Nü Dschuan und Han Schï Wai Dschuan, dem die folgenden Ausführungen entnommen sind; doch finden sich bei Mengzi selbst mehrere Stellen, in denen er bestreitet, Gehalt bezogen zu haben.
15 Vgl. Liä Nü Dschuan.

weiß[16]. Du bist erwachsen, ich bin alt. Tu du, was deine Pflicht ist; ich werde tun, was die Sitte von mir verlangt. Warum traurig sein?"

Noch ehe aber Mengzi zu einem Entschluss gekommen war, starb die Mutter. Mengzi war untröstlich. Drei Tage lang nahm er nichts zu sich und weinte ununterbrochen. Seine Jünger redeten ihm zu: „Seit alters ist es üblich, dass man mit fünfzig Jahren bei der Trauer auf seine Gesundheit Acht hat." „Was redet ihr von fünfzig Jahren," fuhr Mengzi auf, „meine Mutter ist tot, und ich fühle mich verwaist wie ein Kind."

Diese aufrichtige Trauer scheint übrigens auf weite Kreise ihren Eindruck nicht verfehlt zu haben. Ein Anhänger des Mo Di, jenes nüchternen Philanthropen, kam, um sein Beileid zu bezeigen Als er Mengzi in Tränen aufgelöst sah, da nahm er sich's zu Herzen: „Nun weiß ich erst, wie die Art der Heiligen ist." Er wandte sich von der Schule des Mo Di ab und trat zu der Gemeinde des Konfuzius über[17].

Da die Familie Mong ursprünglich ihren Heimatsitz im Staat Lu hatte, wo auch wohl noch das Erbbegräbnis lag, begab sich Mengzi zur Bestattung seiner Mutter zu diesem Staat. Unter Beihilfe seiner Jünger vollzog er alle Beerdigungsgebräuche mit peinlicher Gewissenhaftigkeit, ohne Kosten und Mühe zu scheuen. Nach altem Brauch blieb er drei Jahre lang allen Geschäften fern, am Grab der Mutter der Trauer pflegend. Gegen Ende dieser Zeit, im Jahr 314, kam in Lu ein neuer Fürst auf den Thron, der unter dem Namen Ping bekannt ist. Es scheint, dass es dem Schüler Yo Dschong Ko gelang, eine einflussreiche Stellung bei Hof zu bekommen. Mengzi scheint große Hoffnungen auf dieses Ereignis gesetzt zu haben[18]. Er konnte vor Freude nicht schlafen, als er die Nachricht hörte. Und in der Tat bemühte sich Yo Dschong Ko auch, den Fürsten von Lu mit Mengzi zusammenzubringen. Er redete mit dem Fürsten über Mengzi, dass er sich von sich aus[19] dem Einfluss des Konfuzius geöffnet habe, so dass er Geisteskraft besitze, um den Zeitgenossen zu helfen, die Bürger zu fördern, und Methoden habe, um die Regierung der Staaten sittlich zu gestalten. Der Fürst ließ sich daraufhin

---

16 Wörtlich: »dreifache Unterordnung befolgt«, nämlich als Kind unter die Eltern, verheiratet unter den Gatten, als Witwe unter den Sohn.
17 Vgl. Mong Dsï Wai Schu.
18 Buch VI B, 13.
19 Vgl. Kuang Wen Süan.

darauf ein, Mengzi einen Besuch zu machen. Doch erhoben sich dagegen die niederen Kreaturen, die um ihre Existenz fürchteten, wenn der Fürst sich dem Ernst des Lebens zuwenden würde. Ein Günstling namens Dsang Tsang[20] wusste die Sache zu hintertreiben. Er redete dem Fürsten ein, dass Mengzi seine Mutter viel prächtiger bestattet habe als seinen Vater, und der Fürst ließ sich durch ihn bestimmen, von dem Besuch bei Mengzi abzusehen. Natürlich war es nicht das Gewicht der vorgebrachten Gründe, die an sich sehr fadenscheinig waren, das den Fürsten bestimmte. Viel eher eine Art Beschämung. Der Fürst hatte unter Einwirkung des Yo Dschong Ko heimlich einer edlen Regung nachgegeben. Ohne jemandem etwas davon zu sagen, wollte er den Weisen aufsuchen. In dieser Situation sah er sich von dem Komplizen seiner Laster ertappt, so dass dessen Einfluss wieder die Oberhand über den sinnlichen Fürsten gewann. Mengzi aber sieht in dem Vorfall nicht das kleinliche Spiel von Zufällen, sondern den Willen Gottes. So verlässt er Lu, abermals um eine Hoffnung ärmer.

Neunundfünfzig Jahre alt war er inzwischen geworden, als er seine Schritte nach dem Staat Tsi zurücklenkte. Der König Süan kam ihm abermals sehr freundlich entgegen und Mengzi wurde zum Königlichen Ratgeber[21] ernannt. Gerade um jene Zeit waren in Yän, dem nördlichen Nachbarstaat von Tsi, in der heutigen Provinz Tschili, Unruhen ausgebrochen. Der dortige Fürst, ein törichter Schwächling, war mit seinem Sohn, dem Thronfolger, zerstritten und in die Hände seines Kanzlers geraten, der die Schwäche seines Herrn ausnützte, um ihm die Zügel aus den Händen zu nehmen. Er ließ durch befreundete Wanderlehrer dem Fürsten zureden, dass er das Beispiel der alten heiligen Herrscher befolge, wenn er unter Übergehung seines Erben sein Reich dem Würdigsten, dem Kanzler abtrete. Die Folge dieser Torheit auf der einen und Gemeinheit auf der anderen Seite war die gänzliche Verwirrung der öffentlichen Verhältnisse.

Der König von Tsi hielt den Zeitpunkt zum Eingreifen in die Angelegenheiten des nördlichen Nachbarstaates für geeignet. Unter der

---

20 Mengzi I B, 14.
21 Die Stelle hatte den Rang eines Ministerialpostens, doch ohne Einfluss auf die Staatsgeschäfte. Es war mehr ein Ehrentitel, verbunden mit einem entsprechenden Einkommen. Es ist höchst unwahrscheinlich, dass Mengzi die Stelle schon bei seinem ersten Aufenthalt in Tsi inne hatte.

Hand ließ er auch Mengzi um seine Meinung in der Sache fragen. Dieser redete ihm unbedenklich zu: der König von Yän sowohl wie der Minister Dsï Dschï hätten ihre Kompetenzen überschritten bei dieser gesetzwidrigen Übertragung der Staatsgewalt[22]. Darauf wurde eine kriegerische Aktion eingeleitet. Die Truppen des Königs von Tsi fanden keinerlei nennenswerten Widerstand, so dass in kürzester Zeit der König von Tsi im Besitz des Landes war, dessen König und Minister beide[23] bei dieser Invasion ums Leben kamen.

Abermals zog der König Süan Mengzi zu Rate, als es sich nun um die Frage handelte, ob Yän von Tsi annektiert werden solle. Mengzi macht die Entscheidung von der Volksstimmung in Yän abhängig. Das Altertum biete Beispiele für die entgegengesetzten Entschließungen, je nach der in der Bevölkerung vorhandenen Gesinnung. Habe der König das Volk von Yän bei einer Annexion auf seiner Seite, so könne er sie unbedingt wagen. Andernfalls sei davon abzuraten. Der König entschloss sich für die Annexion, und zwar ging es dabei, wie es scheint, nicht ganz ohne Gewalt ab. Namentlich scheinen auch die heiligen Geräte weggeführt worden zu sein, so dass Yän auch äußerlich in direkte Abhängigkeit von Tsi geriet. Diese Vergrößerung eines einzelnen Staates auf Kosten des Bestandes eines der alten Lehensreiche konnten die übrigen Staaten nicht ohne Weiteres mit ansehen. Dschau, Tschu und We machten Anstalten, zu Gunsten des Staates Yän einzuschreiten. Für Mengzi war die Lage inzwischen vollkommen klar geworden. Er riet dringend, die Annexion wieder rückgängig zu machen und ihnen in Übereinstimmung mit den Leuten von Yän einen Fürsten zu setzen. Das sei der einzige Weg, Yän als befreundeten Grenzstaat zu bewahren und kriegerische Verwicklungen größeren Stils zu vermeiden.

Der König konnte sich hierzu nicht entschließen. Die Verwicklungen zogen sich in die Länge, bis nach zwei Jahren in Yän eine Volkserhebung stattfand, in deren Verlauf der Sohn des umgekommenen

---

22 Das Beispiel des heiligen Yau war insofern nicht anwendbar, als der Staat Yän Lehensstaat war, sein Fürst also de jure nicht das souveräne Verfügungsrecht besaß. Außerdem hatten die Heiligen der Vorzeit das Reich „dem Würdigsten" hinterlassen, weil ihre Söhne nicht die Zuneigung des Volkes hatten. Das Gegenteil davon war in Yän der Fall.
23 Vgl. Dschan Guo Dse.

Fürsten auf den Thron erhoben wurde. Tsi musste nun der Sache, so unliebsam es war, den Lauf lassen, da ein energisches Eingreifen bei der feindlichen Haltung der Nachbarstaaten ausgeschlossen erscheinen musste.

Zu spät kam der König zu der Erkenntnis, dass er besser Mengzis Rat befolgt hätte. Dieses Beispiel zeigt das geschickte Taktieren der Höflinge in der Umgebung des Königs, denn die Einsichten, die Mengzi dem König vermittelt, werden sogleich durch eine sophistische Unterredung, die Mengzi ins Unrecht setzt, wieder verdunkelt.

Verstimmt weist Mengzi die Berufung auf den Fürsten von Dschou, das gepriesene Vorbild Kungs, der auch einmal einen politischen Missgriff gemacht habe, zurück. Selbst wenn die Alten Fehler gemacht, so hätten sie sie zu bessern gewusst. Heutzutage aber lasse man sich gehen, ja man suche seine Fehler obenhin noch zu beschönigen. Mengzi erkannte, dass in dieser Umgebung seinem Einfluss dauernde Schranken gezogen sein mussten. Er beklagte sich: „Kein Wunder, dass der König nicht zur Einsicht kommt. Wenn eine Pflanze auch noch so leicht fortkommt, sie kann nicht gedeihen, wenn auf jeden Sonnentag zehn Tage Frost folgen. Ich sehe den Fürsten nur selten. Kaum bin ich weg, so drängen sich die Frostbringer herzu. Wie kann ich ihn da zum Keimen bringen!" Damit nahm er seinen Abschied. Der Fürst machte einen schwachen Versuch, ihn durch Angebot einer Sinekure zu halten, doch ließ sich Mengzi verständlicherweise nicht darauf ein.

Die Erfahrung, die ihn schließlich zum Weggang aus Tsi veranlasste, war nicht die einzige ihrer Art. Schon die ganze Zeit über hatte Mengzi mit Hofschranzen zu kämpfen gehabt. Namentlich einer, Wang Huan, ein hochmütiger und arroganter Mensch, scheint ihm sehr auf die Nerven gegangen zu sein, und dies umso mehr, da er amtlich ziemlich viel mit ihm zu tun hatte. Die Stellen in Mengzis Werken, die von ihm handeln – offenbar konnte Mengzi die gemachten Erfahrungen auch später noch nicht vergessen –, zeigen auf Seiten des Weisen gegenüber dem Minister nur das eben noch zulässige Mindestmaß an Wohlwollen. Zum Abschiedsmahl gab es noch einen Zusammenstoß zwischen den beiden: Der Minister trinkt ihm zu und verlangt ein Abschiedsgedicht von ihm – offenbar ein Akt schlecht verhehlten Hohnes. Mengzi zahlt es ihm heim mit einem Zitat aus

Konfuzius Gesprächen, wo dieser sich über den Verkehr mit einem minderwertigen Menschen mit den Worten rechtfertigt: „Heißt es nicht: Was wirklich fest ist, mag gerieben werden, ohne dass es abgenutzt wird? Heißt es nicht: Was wirklich weiß ist, mag angeschwärzt werden, ohne dass es dunkel wird?"

Der Abschied fiel ihm indessen nicht leicht. Er war sich bewusst, dass trotz aller Enttäuschungen, die er in Tsi erlebt hatte, hier noch immer der Platz war, wo am ehesten Hoffnung vorhanden war, seine Gedanken zu verwirklichen. Am Grenzort blieb er drei Mal über Nacht, immer in der stillen Hoffnung, der König werde in sich gehen und ihm auf eine befriedigende Weise die Rückkehr ermöglichen. Er äußert zwar einem Jünger gegenüber, der ihn fragt, warum er so lange in Tsi geblieben sei, dass dieser lange Aufenthalt wider seine eigentliche Absicht zu Stande gekommen sei, worauf der Schüler erwidert, es sei verständlich, dass der Meister sich in Tsi nicht wohl gefühlt habe, denn der Fürst habe sich zwar den Anschein zu geben gewusst, als sei er dem Guten zugetan, ohne doch innerlich eine entsprechende Stellung einzunehmen.

Endlich erkennt Mengzi, dass keine Aussicht auf Rückkehr mehr besteht, und nun verlässt er das Land, nicht ohne Äußerungen herber Verbitterung darüber, dass es dem Himmel noch nicht gefallen habe, die Ordnung auf Erden herstellen zu lassen.

In Tsi gingen die Dinge, wie es vorauszusehen war: Der alte König Süan starb noch im selben Jahr, in dem Mengzi das Land verließ. Unter seinem Nachfolger mehrten sich die Wirren, und nach manchen Wechselfällen ging er elend zu Grunde[24].

Mengzi wandte sich zunächst nach Sung. Dort hatte er manche Zusammenkunft mit Fachgenossen, auf die er im Sinne der höchsten Gesichtspunkte einzuwirken versuchte. Auch von Seiten der Regierung wurde er direkt und indirekt um Rat gefragt. Er verhielt sich durchaus zurückhaltend. Der Fürst hatte sich den Königstitel angeeignet und machte zunächst vielversprechende Anfänge. Doch traute ihm Mengzi offenbar von Anfang an nicht viel Gutes zu. Er behielt mit dieser Beurteilung Recht. Wie auch die römische Kaisergeschichte

---

24 In jenen Wirren spielte die Stadt Tsimo, die zu dem Staat Tsi gehörte, eine bedeutende Rolle. Sie war eine der zwei Städte, die den Feinden ganz allein zu trotzen vermochten.

Fälle zeigt, so folgte auf die guten Anfänge ein umso üblerer Fortgang. Der König von Sung verfiel in Zäsarenwahnsinn und wurde das Opfer seines blindwütenden Rasens.

In Sung wurde Mengzi vom Thronfolger von Tong, einem kleinen Ländchen im Inneren Chinas, besucht. Der junge Mann, der offenbar schon früher, als Mengzi in staatlicher Mission anlässlich eines Trauerfalls von Tsi nach Tong kam, von diesem tiefere Eindrücke erhalten hatte, machte auf einer Reise nach dem Südstaat Tschu sowohl auf dem Hin- als auf dem Rückweg einen Abstecher nach Sung, um den Weisen aufzusuchen. Mengzi ging im Lauf der Zeit in seine Heimat Dsou zurück, nicht, ohne von den Fürsten von Sung und Süo[25] anerkennende Ehrengaben empfangen zu haben. Auch in Dsou wurde er ehrenvoll empfangen. Er hatte einige Audienzen bei seinem Landesvater, ohne dass dies jedoch weitreichende Folgen nach sich zog. Das Gebiet war allzu geringfügig, als dass daraus selbst durch bloße Tugend des Fürsten ein Weltreich zu machen gewesen wäre. Auch nach Yän, dem nordischen Staat, bekam er einen Ruf, doch leistete er ihm keine Folge. Er hatte offenbar kein Verlangen danach, seine in Tsi gemachten Erfahrungen durch weitere gleichartige zu vermehren[26].

Nur einmal noch ließ er sich bewegen, aus seiner Zurückgezogenheit hervorzutreten, als nämlich der Thronfolger von Tong, der ihn in Sung besucht hatte, nach dem Tod seines Vaters auf den Thron kam. Die erste Tat des neuen Fürsten Wen bestand darin, dass er einen Vertrauten zu Mengzi schickte, um ihn nach den Beerdigungsgebräuchen fragen zu lassen. Und als Mengzi ihm Auskunft zuteilwerden ließ, da ging er noch einen Schritt weiter: er setzte die Lehren des Meisters trotz dem Widerstand der routinierten Hofleute, die von solch altväterischen Gewohnheiten nichts wissen wollten, energisch durch und machte sich dadurch einen guten Namen in der ganzen Umgebung. Auf die Bitten dieses Fürsten ging Mengzi – wie es scheint für mehrere Jahre – nach Tong und stand ihm mit seinem Rat zur Seite. Sehr viel Wohlwollen scheinen die Höflinge dem Meister nicht entgegengebracht zu haben. Einmal muss er sich sogar gegen den Verdacht wehren, dass einer seiner Schüler einen alten Schuh gestohlen haben könnte.

---

25 Es war Tiän Ying, der damals in Süo saß.
26 vgl. Wai Schu.

Trotz dem guten Willen des Fürsten ist es aber auch in Tong zu keinem wirklichen Erfolg gekommen. Der Staat lag zu sehr eingerahmt zwischen den Großstaaten Tschu und Tsin und ihren großpolitischen Systemen. Außerdem scheint der Fürst seine Liberalität auch auf allerlei andere „Weise" ausgedehnt zu haben. Von Süden her drangen damals sehr starke barbarische Einflüsse nach China vor. Jene zynischen Philosophensekten, die unter Berufung auf den Göttlichen Landmann „Schen Nung" Rückkehr zur Natur und Einfachheit predigten, sind deutliche Zeichen der beginnenden Barbarisierung der chinesischen Gesellschaft.

Mengzi hat das Aufkommen solcher Sekten in Tong miterlebt und sich sehr scharf mit ihnen auseinandergesetzt, nicht ohne deutlichen Hinweis auf ihre kulturelle Minderwertigkeit. Auch der bekannte Freund und Gegner des Dschuang Dsï, der Sophist Hui Dsï, scheint in Tong mit Mengzi in Berührung gekommen zu sein. Mengzi war offenbar noch in Tong, als der Fürst Wen starb[27], über dessen Beerdigung er Ratschläge erteilt. Höchstwahrscheinlich hat er sich nach dessen Tod nicht mehr länger in Tong aufgehalten, sondern ist nach Dsou zurückgekehrt, um in Gemeinschaft mit seinen Jüngern die Ergebnisse seines Lebens und seiner Arbeiten schriftlich niederzulegen.

Mengzi starb am Tag der Wintersonnenwende des Jahres 289. Seine Landsleute haben so um ihn getrauert, dass sie die Feier des Sonnenwendfestes darüber versäumten, eine Unterlassung, die allmählich zur Gewohnheit wurde.

Die Lehren

Die Lehren des Mengzi sind keine anderen als die seines Meisters Kung. Er will gar nichts anderes, als diese Wahrheiten, die von den Heiligen des Altertums, den Herrschern Yau und Schun, dem König Tang, dem König Wen und zuletzt dem ungekrönten Herrscher Kung von Generation zu Generation überliefert und nun auf ihn gekommen sind, weiterbringen auf die Nachwelt. Er geht dabei von einer Weiterwirkung des Geistes über die Jahrhunderte hinweg aus, durch die auch er, ohne den Meister Kung gesehen zu haben, dessen Lehren empfangen hat.

---

27 Vgl. Wai Schu.

Diese Lehren beschäftigen sich für ihn in erster Linie mit der Ordnung der Welt. Hierin stimmt er durchaus mit Konfuzius überein. Nur dass entsprechend dem fortgeschrittenen Verfall die Lehre von der Ordnung der Welt eine andere Tonart erhält. Für Kung hatte es sich noch darum gehandelt, das Bestehende zu erhalten. Er ist sozusagen konservativ-legitimistisch gesinnt. Dennoch hatte er den Verfall nicht aufhalten können. Er hat auch unter den Fürsten seiner Zeit keinen gefunden, der den Niedergang des Königshauses der Dschou aufzuhalten versucht hätte und so die Welt gerettet hätte. Stattdessen war die Welt aus den Fugen gegangen. Die Glanzzeit des alten Königshauses gehörte der Vergangenheit an. Ihm war nicht mehr zu helfen. An seine Stelle waren ähnlich wie in Europa an die Stelle des Heiligen römischen Reichs deutscher Nation die modernen Großmächte – eine Reihe von Militärstaaten getreten, die im gegenseitigen Kampf lagen. Mengzi hat diese Situation insofern anerkannt, als er die Fürsten, die ihn um Rat fragten, ermahnte, die Weltherrschaft an sich zu bringen. Nur blieb er dabei, dass dieser Erfolg einzig und allein durch moralische Mittel, durch ein mildes und weises Regiment zu erreichen sei. Er wird nicht müde, auf die Vorbilder der alten Heiligen zu verweisen, die ebenfalls aus kleinen Anfängen heraus die Weltherrschaft gewonnen haben.

Ebenso wie Mengzi dem niedergehenden Königshaus durchaus gleichgültig gegenüberstand, bereit, einen neuen Anfang, wo sich die Möglichkeit bot, zu unterstützen, so stand er auch den Landesfürsten seiner Zeit mit sehr demokratischen Gesinnungen gegenüber. Bald genug hatte er erkannt, dass auf den Thronen seiner Zeit keine Heiligen saßen, sondern dass es sich zwischen ihnen nur um relative Unterschiede handelte. So hat er denn ihnen gegenüber aus seiner Geringschätzung keinen Hehl gemacht. Während Konfuzius den Fürsten seiner Zeit, auch wenn sie weit vom Ideal entfernt waren, doch stets den ihrem Stand gebührenden Respekt zu zollen bereit war, hat Mengzi den Grundsatz offen ausgesprochen, dass, wer den Großen raten wolle, sie erst tüchtig verachten lernen müsse. Und auch in der Theorie hat er die Unwichtigkeit der Person des Herrschers gegenüber Land und Volk mehr als einmal ausgesprochen, was ihm von Seiten mancher Fürsten der späteren Zeit Abneigung und Tadel eingetragen hat. Wenn Mengzi umgekehrt in neuester Zeit[28] für diese radikalen Äußerungen Wertschätzung entgegen gebracht wird, so ist das gänzlich unverdient. Denn niemals kam ihm der Gedanke an den Staat als Republik in den Sinn. Gegen die Auflösung des monarchischen Prinzips, wie sie aus den Lehren eines Yang Dschu als Konsequenz hervorzugehen schien, hat er ebenso heftig protestiert, wie gegen die Auflösung der Familienbande durch den Philanthropen Mo Di. Nicht gegen die Monarchie als Institution hat er polemisiert – die galt ihm als sakrosankt –, sondern nur gegen unwürdige Träger der Krone.

Auf moralischem Gebiet geht er ebenfalls mehr ins Detail als Konfuzius. Während für den Meister das Ideal in der sittlichen Menschenliebe, der Humanität als solcher lag, kennt Mengzi ein doppeltes Ideal: Liebe und Pflicht. Inwieweit er sich dazu durch die doppelte Front der Anhänger des Mo Di, deren Lehren ihm wider die Liebe zu gehen schienen, und der des Yang Dschu, dessen Lehren die Pflicht aufhoben, bewogen fühlte, mag dahingestellt bleiben. Genauer definiert ist ihm die Liebe mehr eine ruhende Charaktereigenschaft – das weite Haus der Welt –, während die Pflicht der Inbegriff der Normen des Handelns – der große Weg der Welt – ist. An die Seite dieser beiden Begriffe treten dann gelegentlich Ordnung des Ausdrucks und Weisheit als die beiden übrigen Grundtugenden des Menschen. Die Pflege dieser Tugenden wird dadurch erleichtert, dass sie als allgemeine Richtungen bzw. Tendenzen jedem Menschen angeboren sind. Insofern ist der Mensch wesentlich gut, da das eigentliche Wesen des Menschen von Gott stammt. Berühmt sind die Gespräche, in denen Mengzi die Güte des ursprünglichen Menschenwesens verteidigt hat. Bekanntlich ist in diesem Stück auch die orthodoxe konfuzianische Richtung zum Teil andere Wege gegangen. Ein Sün King lehrte die wesentliche Unvollkommenheit der menschlichen Natur, die erst durch Kultur vervollkommnet werden müsse, was er in den tendenziös zugespitzten Satz: „Der Mensch ist von Natur böse" zusammengefasst hat, während Han Yü zur Zeit der Tang-Dynastie (möglicherweise beeinflusst durch persisches Gedankengut) drei Arten von menschlichen Naturen – die den Pneumatikern, Psychikern und Hylikern entsprechen – angenommen hat, die dann später noch weiter aus-

---

28 Zu Lebzeiten des Herausgebers Richard Wilhelm (Anm. des Verlags).

differenziert wurden. Erst in der Sung-Zeit wurde Mengzis Lehre, wenn auch modifiziert durch psychologische Erwägungen, wieder ein hoher Stellenwert beigemessen, der bis in die heutige Zeit anhält.

Man würde Mengzi Unrecht tun, wenn man an seine Anschauung mit dem Begriffsapparat des Pelagianischen Streites oder mit den christlichen Lehren vom Sündenfall herantreten wollte. Die Lehre vom Sündenfall und der Unfreiheit der menschlichen Natur wie sie in der christlichen Kirche ausgebildet wurde ist wesentlich religiös orientiert. Mengzi dagegen bereitet durch seine Auffassung den Boden für eine ethische Entwicklung. Es gibt für ihn keinen wesentlichen Unterschied unter den Menschen. Was ein Heiliger wie Schun erreicht hat, kann jeder erreichen, wenn er nur so handelt, wie Schun gehandelt hat. Dass, empirisch betrachtet, die Menschen im Allgemeinen weit entfernt von sittlicher Vollkommenheit sind, hat Mengzi sehr wohl gewusst und auch nach Gründen dafür gesucht. Denn er war weit entfernt von den naturalistischen Theorien seiner Zeit, die davon ausgingen, dass die Natur unbeeinflusst von den Erwägungen von Gut und Böse einfach ausgelebt werden müsse. Vielmehr war für ihn das Gute ein Ideal, das im Kampf gewonnen werden muss. Dieser Kampf ist eine Rückkehr des verloren gegangenen guten Herzens. Wieso dieses Herz verloren gehen kann, obwohl es doch in jedem Kind vorhanden ist, darüber hat er sich nicht eindeutig ausgesprochen. Es finden sich Andeutungen, dass es die sinnliche Natur des Menschen ist, die durch ihre Begierden vom Weg des Ideals abführt. Darum muss auch die sinnliche Seite kultiviert werden. Dies gelingt nicht durch strenge Askese, sondern durch vernunftgemäße harmonische Leitung, die jedem Teil die seiner Bedeutung entsprechende Berücksichtigung zukommen lässt. Diese Seite der Lehre, die an sich schon eine Fortbildung der Kungschen Anschauungen bedeutet, fand dann namentlich zur Sung-Zeit eine weitere Ausbildung im Einzelnen. Die Paulinischen Kämpfe zwischen Gesetz und Gnade haben Mengzi keine Schwierigkeiten bereitet. Da seine Ethik trotz Anerkennung einer höchsten göttlichen Vorsehung im Wesentlichen immanent orientiert ist, hat er für die Forderung einer Gerechtigkeit im absoluten Sinn gar kein Verständnis. Wenn ein Mensch schlecht ist und Fehler hat, so besteht seine Pflicht lediglich darin, sich in moralischer Hinsicht zu bessern. Eine Verbesserung des Charakters bedingt keine Schuld.

Bessern kann sich aber jeder, der will. Darum ist Mengzi entschiedener Optimist. Er will keinem Menschen den Weg zum Guten verbaut wissen.

Ein Vergleich dieser Punkte mit den Aussprüchen des Konfuzius zeigt eine Weiterbildung der Gedankenarbeit, eine Ausführung ins Detail und psychologische Unterbauung, während Mengzi grundsätzlich durchaus auf dem Boden des Meisters steht. Der Unterschied gründet höchstens darin, dass durch die Verschiedenheit des Temperaments gelegentlich unterschiedliche Betonungen auf einzelne Aspekte der Lehre gelegt werden, was aber nur dazu dient, das Bild zu beleben.

Die Werke

Von Mengzi sind uns heute sieben Bücher erhalten. Die ersten drei enthalten, einigermaßen chronologisch geordnet, die Reden und Gespräche, die er der Reihe nach an den Höfen von Liang, Tsi und Tong geführt hat. Die übrigen vier Bücher enthalten gemischte Aphorismen verschiedenen Inhalts.

Man darf der Überlieferung Glauben schenken, dass namentlich die großen zusammenhängenden Stücke der ersten drei Bücher, die Mengzis Staatslehre in großer Ausführlichkeit enthalten, seiner eigenen Feder entstammen. Vielleicht sind die späteren Teile des Werks Aufzeichnungen der Schüler, von denen es hieß, dass sie gemeinsam mit ihm die Redaktion vorgenommen haben.

Doch bleibt die Produktion bei diesen sieben Büchern nicht stehen. Unzweifelhaft nach seinem Tod kamen noch vier kleinere Bücher – hinsichtlich des Umfangs ungefähr je nur ein Fünftel der früheren – zu Stande, die vermutlich in echter Gestalt gegenwärtig wieder vorhanden sind. Für die Stimmen, die in ihnen eine ganz späte Fälschung sehen wollen, gibt es keine stichhaltigen Gründe. Auch schließen sie sich in Ton und Ausdruck an den übrigen Text an. So haben wir sie für die Biographie des Mengzi bedenkenlos mitverwendet. Wie man sieht, fügen sie sich lückenlos in den Zusammenhang ein und beleben das Bild. Immerhin erhalten sie außer einzelnen Anekdoten keinen Gedanken, der nicht in den übrigen Werken auch schon auf die eine oder andere Weise zum Ausdruck gekommen wäre, so dass man es nicht weiter zu bedauern braucht, dass diese Abschnitte mit der Zeit in den Hintergrund traten.

Mengzi hat mit seinem literarischen Nachlass mehr Glück gehabt als mit seiner Schule. Als er starb, waren schon die ersten Spuren der Auflösung aller Verhältnisse zu sehen, die in der Herrschaft des halbbarbarischen Staates Tsin zwei Jahre nach seinem Tod gipfelte. In den Unruhen dieser Jahre, besonders, da der bekannte Tsin Schï Huang Di auch aktiv gegen die Gelehrten vorging, scheint sich die von ihm gegründete Schule zerstreut zu haben. Seine Schriften jedoch, noch jeder klassischen Auszeichnung entbehrend, führten unter den vielen anderen „Philosophen" ein verborgenes Dasein, so dass sie der bekannten Bücherverbrennung, wie man annehmen darf, entgingen. Selbstverständlich hat der Text dennoch im Lauf der Jahrhunderte manches zu erleiden gehabt.

Kommentiert wurde Mengzi, auch, nachdem er unter der Han-Dynastie wieder zu Ehren gekommen war, verhältnismäßig wenig. Am bekanntesten unter den früheren Kommentaren ist der von Dschau Ki, einem Mann aus dem zweiten nachchristlichen Jahrhundert, der viele wechselvolle Schicksale durchgemacht hatte und die unwillkommene Muße einer Verbannung für die Arbeit an Mengzi nutzte. Nach ihm kam Mengzi wohl allmählich zu Ehren, doch war es den Gelehrten der Sung-Dynastie, vorzüglich Dschu Hi[29], vorbehalten, ihm zu der Stellung zu verhelfen, die er heute als das bekannteste und meist zitierte unter den vier heiligen Büchern, die das chinesische neue Testament ausmachen, einnimmt. Noch zu Beginn der Ming-Dynastie hatten seine freien Äußerungen über die Fürsten den Zorn des Herrschers Hung Wu, eines früheren Buddhistenmönchs, heraufbeschworen. Doch ließ dieser von seinem Zorn ab, als er andere Stellen des Buches las, die ihm imponierten. Seitdem blieb Mengzis Stellung unangetastet. Selbst zur Zeit der jüngsten Revolution wurde er, wie schon erwähnt, mit mehr Wohlwollen betrachtet als andere klassische Bücher.

---

29 Der beste Kommentar zu Mengzi ist: *Mong Dsï Dschou I* von Dsiau Sün, ferner: Eine textkritische Ausgabe des Mengzi von Yüan Yüan, beide in dem Sammelwerk *Huang Tsing Ging Giä* enthalten. Sie wurden für die vorliegende Übersetzung hauptsächlich benutzt. Eine Auswahlbibliographie mit aktueller Sekundärliteratur zu Mengzi findet sich im Schlussteil (Anm. des Verlags).

Von vollständigen Übersetzungen in europäische Sprachen sind hervorzuheben:

S. Couvreur, *Les Quatre Livres*, Ho Kien Fou 1895.

James Legge, *The Chinese Classics*, Vol. II, „The Works of Mencius".

D. E. Faber hat ein ausführliches System des Mengzi in Deutsch und Englisch herausgegeben, das einen großen Teil des Textes, wenn auch vollständig aus dem Zusammenhang gelöst, in der Übersetzung präsentiert.

H. Mootz endlich hat das erste Buch ins Deutsche übersetzt und mit Erläuterungen versehen unter dem Titel Die chinesische Weltanschauung, dargestellt auf Grund der ethischen Staatslehre des Philosophen Mong dse herausgegeben.

Chronologische Tabelle

Geboren 372 v. Chr. in Dsou.
322 in Liang, der Hauptstadt von We, bei König Hui.
319 verlässt Mengzi nach einer Unterhaltung mit König Siang den Staat We und geht nach Tsi.
317 Tod der Mutter. Reise nach Lu wegen der Beerdigung.
316-315 in Lu während der Trauerzeit (In dieser Zeit könnte die Anstellung des Schülers Yo Dsvhong Dsï in Lu und dessen vereitelter Versuch, den Fürsten Ping und Mengzi zusammenzubringen, stattgefunden haben).
314 zurück nach Tsi. Unternehmung des Staates Tsi gegen den Staat Yän.
312 Aufruhr in Yän. Mengzi verlässt Tsi und geht nach Sung.
311 der Kronprinz von Tong, der spätere Fürst Wen, besucht Mengzi in Sung. Mengzi geht über Siä in seine Heimat Dsou.
ca. 301 lässt Fürst Wen von Tong, der inzwischen seinen Vater verloren hatte und auf den Thron gekommen war, Mengzi nach den Beerdigungsgebräuchen fragen, und infolgedessen ging Mengzi wohl für einige Jahre nach Tong. Nachdem dort auch allerlei Sekten aufgekommen waren, zog er sich endgültig ins Privatleben zurück, um sich der literarischen Tätigkeit zu widmen.
289 Tod von Mengzi.

Buch I

Liang Hui Wang

ABSCHNITT A

Vom milden Regieren

1. Vom Schaden des Nützlichkeitsstandpunkts

Mengzi trat vor den König Hui von Liang[30].

Der König sprach: »Alter Mann, tausend Meilen waren Euch nicht zu weit, um herzukommen, da habt Ihr mir wohl auch einen Rat, um meinem Reich zu nützen.«

Mengzi erwiderte und sprach: »Warum wollt Ihr durchaus vom Nutzen reden, o König? Es gibt doch auch den Standpunkt, dass man einzig und allein nach Menschlichkeit und Recht fragt. Denn wenn der König spricht: ›Was dient meinem Reiche zum Nutzen?‹, so sprechen die Adelsgeschlechter: ›Was dient unserm Hause zum Nutzen?‹, und die Ritter und Leute des Volks sprechen: ›Was dient unserer Person zum Nutzen?‹ Hoch und Niedrig sucht sich gegenseitig den Nutzen zu entwinden, und das Ergebnis ist, dass das Reich in Gefahr kommt. Wer in einem Reich von zehntausend Kriegswagen[31] den Fürsten umzubringen wagt, der muss sicher selber über tausend Kriegswagen verfügen. Wer in einem Reich von tausend Kriegswagen den Fürsten umzubringen wagt, der muss sicher selber über hundert Kriegswagen verfügen. Von

---

30 Liang ist die Hauptstadt von We, einem Staat im Westen des damaligen China, der Heimat des Dsdhuang Dsï. Der Staat We, der wohl zu unterscheiden ist von dem in den Gesprächen des Konfuzius häufig genannten, chinesisch anders geschriebenen Staate We im Osten, ist entstanden bei der Teilung des Staates Dsïn im heutigen Schansi in die Staaten We, Dschau und Han. Der König Hui von We hatte ein Ausschreiben erlassen, um Weise aus allen Ländern an seinen Hof zu ziehen. Diesem Ausschreiben folgte auch Along Dsï im Jahre 322 v. Chr. (vgl. Sin Lun. Die früher angenommene Zahl 336 ist falsch. Damals konnte Mengzi unmöglich schon als »alter Mann« angeredet werden).
31 10.000 Kriegswagen standen dem Kaiser zur Verfügung, 1.000 den größeren Landesfürsten, 100 den großen Adelsgeschlechtern. Die geschilderten Vorgänge sind alles Beispiele aus der Zeit des Niedergangs der Dschoudynastie.

zehntausend Kriegswagen tausend zu besitzen, von tausend Kriegswagen hundert zu besitzen, das ist an sich schon keine geringe Macht. Aber so man das Recht hintenansetzt und den Nutzen voranstellt, ist man nicht befriedigt, es sei denn, dass man den Anderen das Ihre wegnehmen kann. Auf der anderen Seite ist es noch nie vorgekommen, dass ein liebevoller Sohn seine Eltern im Stich lässt, oder dass ein pflichttreuer Diener seinen Fürsten vernachlässigt. Darum solltet auch Ihr, o König, Euch auf den Standpunkt stellen: ›Einzig und allein Menschlichkeit und Recht!‹ Warum wollt Ihr durchaus vom Nutzen reden?«

2. Geteilte Freude ist doppelte Freude

Mengzi trat vor den König Hui von Liang. Der König stand an seinem Parkweiher und sah den Schwänen und Hirschen zu. Er sprach: »Hat der Weise auch eine Freude an solchen Dingen?«

Mengzi erwiderte: »Der Weise erst vermag sich dieser Dinge ganz zu freuen. Ein Unweiser, selbst wenn er sie besitzt, wird ihrer nicht froh. *Im Buch der Lieder*[32] heißt es:

> ›Als er den Wunderturm ersonnen,
> Ersonnen und den Plan gemacht,
> Hat alles Volk sich dran begeben;
> Kein Tag – und alles war vollbracht.
> Anhub er mit: »Nicht hastet euch!«
> Doch alles Volk kam, Kindern gleich.
> Im Wunderpark der König war,
> Wo Hirsche ruhten Paar bei Paar,
> Gar fette Hirsche, glatt von Haar,
> Und weiße Vögel glänzten klar.
> Der König war am Wunderteiche;
> Wie wimmelte der Fische Schar!‹

So hat der König Wen durch die Arbeit seines Volks einen Turm und einen Teich gebaut und das Volk war in heller Freude darüber

---

[32] Das Lied steht im *Schï Ging* III, 8 und bezieht sich auf den König Wen von Dschou. Die vorliegende Übersetzung wurde von Viktor von Strauß angefertigt.

und nannte seinen Turm den ›Wunderturm‹ und seinen Teich den ›Wunderteich‹ und freute sich dessen, dass er Hirsche und Rehe, Fische und Schildkröten hatte. Die Männer des Altertums freuten sich mit dem Volk gemeinsam; darum konnten sie sich wirklich freuen. Andererseits heißt es im Schwur des Tang[33], [dass die Untertanen des Tyrannen Giä, der in seinem Hochmut sich der Sonne verglichen, von solchem Hass gegen ihn erfüllt waren, dass sie sprachen:] ›Wenn nur diese Sonne zu Grunde geht. Und wenn wir auch mit ihr gemeinsam vernichtet werden‹. Das Volk [des Tyrannen Giä] wollte lieber noch, als dass er am Leben blieb, mit ihm zusammen vernichtet werden. Mochte er Türme und Teiche, Vögel und Tiere besitzen: er konnte ihrer einsam doch niemals froh werden.«

3. Wie kann ein Fürst die Weltherrschaft erlangen?

König Hui von Liang sprach: »Ich gebe mir mit meinem Reiche doch wirklich alle Mühe. Wenn diesseits[34] des gelben Flusses Misswachs herrscht, so schaffe ich einen Teil der Leute nach der anderen Seite und schaffe Korn nach dieser Seite. Tritt Misswachs ein in dem Gebiet jenseits des Flusses, handle ich entsprechend. Wenn man die Regierungsmaßregeln der Nachbarstaaten prüft, so findet man keinen Fürsten, der sich so viel Mühe gäbe wie ich. Und doch wird das Volk der Nachbarstaaten nicht weniger und mein Volk nicht mehr. Wie kommt das?«

---

33 Schwur des Tang, vgl. *Schu Ging* III, 1.3. Der Tyrann Giä, der letzte Herrscher der Hiadynastie, hatte, als er von der Unzufriedenheit des Volkes hörte, den Ausspruch getan: »Solange die Sonne am Himmel nicht vernichtet wird, solange werde ich auch nicht untergehen.« Das Volk bezieht sich auf diesen Ausspruch und sagt: »Wenn nur diese [die Ursprungsbedeutung von »schï« ist ‚Zeit'] Sonne untergeht, so sind wir es zufrieden, gemeinsam mit dir [an Giä gerichtet] zu Grunde zu gehen.« Eine andere Übersetzung fasst die Worte des Volks als Anrede an den Befreier Tang auf: »Diesen Tag muss der große Zusammenbruch kommen, wir wollen mit dir gemeinsam ihn vernichten.« Doch scheint Mengzi die andere Auffassung vertreten zu haben.
34 Der Staat We war ursprünglich auf der Südseite des gelben Flusses. Erst nach seiner Vergrößerung bekam er Land auf der Nordseite (»diesseits«). Da auf der Nordseite in alter Zeit die Reichshauptstadt war, heißt sie »diesseits«, »innerhalb«.

Mengzi erwiderte: »Ihr, o König, liebt den Krieg. Darf ich ein Gleichnis vom Krieg gebrauchen? Wenn die Trommeln wirbeln[35] und die Waffen sich kreuzen, und die Krieger werfen ihre Panzer weg, schleppen die Waffen hinter sich her und laufen davon, so läuft der Eine vielleicht hundert Schritte weit und bleibt dann stehen, ein Anderer läuft fünfzig Schritte weit und bleibt dann stehen. Wenn nun der, der fünfzig Schritte weit gelaufen ist, den Anderen, der hundert Schritte gelaufen ist, verlachen wollte, wie wäre das?«

Der König sprach: »Das geht nicht an. Er lief nur eben nicht gerade hundert Schritte weit, aber weggelaufen ist er auch.«

Mengzi sprach: »Wenn Ihr, o König, das einseht, so werdet Ihr nicht mehr erwarten, dass Euer Volk zahlreicher werde als das der Nachbarstaaten. Wenn man die Leute, während sie auf dem Acker zu tun haben, nicht zu anderen Zwecken beansprucht, so gibt es so viel Korn, dass man es gar nicht alles aufessen kann.[36] Wenn es verboten ist, mit engen Netzen in getrübtem Wasser zu fischen, so gibt es so viel Fische und Schildkröten, dass man sie gar nicht alle aufessen kann. Wenn Axt und Beil nur zur bestimmten Zeit in den Wald kommen, so gibt es so viel Holz und Balken, dass man sie gar nicht alle gebrauchen kann. Wenn man das Korn, die Fische und Schildkröten gar nicht alle aufessen kann, wenn man Holz und Balken gar nicht alle aufbrauchen kann, so schafft man, dass das Volk die Lebenden ernährt, die Toten bestattet und keine Unzufriedenheit aufkommt. Wenn die Lebenden ernährt werden, die Toten bestattet werden und keine Unzufriedenheit aufkommt: das ist der Anfang zur Weltherrschaft.

Wenn jeder Hof von fünf Morgen mit Maulbeerbäumen umpflanzt wird, so können sich die Fünfzigjährigen in Seide kleiden. Wenn bei der Zucht der Hühner, Ferkel, Hunde und Schweine die rechte Zeit

---

35 Der Trommelschlag war das Zeichen zum Angriff, die Becken (Gongs) gaben das Zeichen zum Rückzug.

36 Im Folgenden schildert Mengzi, wodurch die ideale Regierung, der sogenannte »Pfad der Könige« gekennzeichnet ist. Mengzi unterscheidet sich dadurch von Kung Dsï, dass dieser noch das Recht des herrschenden Hauses Dschou aufrecht erhielt, während für Mengzi jeder Territorialfürst die Möglichkeit der Weltherrschaft hatte. Sobald Einer es verstünde, die rechten Prinzipien durchzuführen, fiele ihm das ganze Reich zu. Mengzi ist in dieser Hinsicht durchaus Realpolitiker.

beobachtet wird, so haben die Siebzigjährigen Fleisch zu essen. Wenn einem Acker von hundert Morgen nicht die zum Anbau nötige Zeit entzogen wird, so braucht eine Familie von mehreren Köpfen nicht Hunger zu leiden. Wenn man dem Unterricht in den Schulen Beachtung schenkt und dafür sorgt, dass auch die Pflicht der Kindesliebe und Brüderlichkeit gelehrt wird, so werden Grauköpfe und Greise auf den Straßen keine Lasten mehr zu schleppen haben. Wenn die Siebziger in Seide gekleidet sind und Fleisch zu essen haben und das junge Volk nicht hungert noch friert, so ist es ausgeschlossen, dass dem Fürsten dennoch die Weltherrschaft nicht zufällt. Wenn aber Hunde und Schweine den Menschen das Brot wegfressen, ohne dass man daran denkt, dem Einhalt zu tun, wenn auf den Landstraßen Leute Hungers sterben, ohne dass man daran denkt, ihnen aufzuhelfen, und man dann noch angesichts des Aussterbens der Bevölkerung sagt: ›nicht ich bin schuld daran, sondern das schlechte Jahr‹, so ist das gerade so, als wenn einer einen Menschen totsticht und sagt: ›nicht ich hab' es getan, sondern das Schwert.‹ Wenn Ihr, o König, nicht mehr die Schuld sucht bei schlechten Jahren, so wird das Volk des ganzen Reichs Euch zuströmen.«

4. Der rechte Landesvater

König Hui von Liang sprach: »Ich will gelassen Eure Belehrung annehmen.«

Mengzi erwiderte: »Ob man Menschen mordet mit einem Knüppel oder einem Messer: ist da ein Unterschied?«

Der König sprach: »Es ist kein Unterschied.«

»Ob man sie mordet mit einem Messer oder durch Regierungsmaßregeln: ist da ein Unterschied?«

Der König sprach: »Es ist kein Unterschied.«

Da hub Mengzi an: »In der Hofküche ist fettes Fleisch und in den Ställen fette Pferde; in den Gesichtern der Leute wohnt die Not, auf dem Anger draußen wohnt der Tod: das heißt, die Tiere anleiten, Menschen zu fressen. Die Tiere fressen einander, und die Menschen verabscheuen sie darum. Wenn nun ein Landesvater also die Regierung führt, dass er nicht vermeidet, die Tiere anzuleiten, Menschen zu fressen: Worin besteht da seine Landesvaterschaft? Meister Kung hat einmal gesagt: ›Wer zuerst bewegliche Menschenbilder[37] fertigte – um sie den Toten mit ins Grab zu geben – gab es für den denn keine Zukunft zu bedenken?‹«[38] Darum, dass er das Ebenbild des Menschen zu diesem Zweck missbrauchte. Was würde er erst gesagt haben von einem, der seine Leute Not leiden und verhungern lässt!«

5. Rüstung zur Rache

König Hui von Liang sprach: »Unser Reich[39] war eins der mächtigsten auf Erden, das wisst Ihr ja, o Greis. Doch seitdem es auf meine Schultern kam, wurden wir im Osten besiegt von Tsi und mein ältester Sohn ist dabei gefallen. Im Westen verloren wir Gebiet an Tsin, siebenhundert Geviertmeilen. Im Süden erlitten wir Schmach durch Tschu. Ich schäme mich dafür und möchte um der Toten willen ein für allemal die Schmach reinwaschen. Wie muss ich's machen, dass es mir gelingt?«

---

37   In alter Zeit gab man den Toten aus Stroh gemachte Puppen mit ins Grab (vgl. Laotse, *Das Buch vom Sinn und Leben*, Nr. 5, 1. Teil). Kung Dsï spricht hier von Verbesserungen dieser Totengaben, die später aufkamen. Man machte diese Puppen so, dass sie sich bewegen konnten und lebenden Menschen glichen. Er hat diese Sitte verurteilt, weil er fürchtete, sie könne zu Menschenopfern für die Toten führen. Solche Menschenopfer sind dann in späterer Zeit bei fürstlichen Begräbnissen häufig vorgekommen. Noch zur Mingzeit wurde mit dem Kaiser ein großes Gefolge dem Tod geopfert. Erst die Mandschus hoben diese Unsitte auf. Die Frage, inwieweit in uralter Zeit das Töten von Menschen als Totenopfer üblich war, kann hier außer Betracht bleiben.

38   Die gewöhnliche Übersetzung lautet: »der müsse ohne Nachkommen geblieben sein!«, und hat den Charakter eines Fluchs. Der grammatikalische Zusammenhang bedingt jedoch die Übersetzung, die wir hier vorgenommen haben.

39   Wörtlich: »Das Reich Dsin.« Dieses Reich, das von den Herren von Dschau, Han und We aufgeteilt wurde, gehörte früher zu den mächtigsten Staaten Chinas. We war von den drei Teilstaaten der bedeutendste, darum legt der König seinem Staate den Gesamtnamen „Dsin" bei. Tsi kam dem Staate Dschau, der von We angegriffen war, zu Hilfe. In den dabei entstehenden Kämpfen geriet der Kronprinz von We, der das Heer befehligte, in Gefangenschaft von Tsi und starb dort (340 v. Chr.). Tsin war der aufstrebende westliche Staat, in dem ein Fürst unter dem Namen Tsin Schï Huang später das ganze Reich eroberte. Die hier erwähnte Niederlage fällt ins Jahr 361. Tschu war ein halb barbarischer Staat im Süden am Yangtse. Dschau Yang von Tschu griff We um 323 an.

Mengzi erwiderte: »Und wäre auch ein Land nur hundert Meilen im Geviert[40], man kann damit die Weltherrschaft erringen. Wenn Ihr, o König, ein mildes Regiment führt über Eure Leute, Strafen und Bußen spart, Steuern und Abgaben ermäßigt, so dass die Felder tief gepflügt und ordentlich gejätet werden können, dass die Jugend Zeit hat zur Pflege der Tugenden der Ehrfurcht, Brüderlichkeit, Gewissenhaftigkeit und Treue, dass sie zu Hause ihren Eltern und Brüdern und im öffentlichen Leben ihren Fürsten und Oberen dienen – dann könnt Ihr ihnen Knüppel in die Hand geben, um damit die starken Panzer und scharfen Waffen der Herren von Tsin und Tschu zu zerschlagen.

Jene Fürsten rauben ihren Leuten die Zeit, dass sie nicht pflügen und jäten können, um Nahrung zu schaffen für ihre Eltern. Die Eltern leiden Frost und Hunger, Brüder, Frau und Kind sind fern voneinander zerstreut. Jene Fürsten treiben ihre Leute in Fallen und ertränken sie. Wenn Ihr, o König, dann hingeht und sie bekämpft, wer wird Euch da feindlich entgegentreten?

Darum heißt es: »Der Milde hat keine Feinde«. Ich bitte Euch, o König, zweifelt nicht daran.«

6. Müdes Regiment ist wie Regen auf dürres Land

Mengzi trat vor den König Siang[41] von Liang. Als er herauskam, sagte er zu den Leuten: »Ich blickte nach ihm: er sah nicht aus wie ein Fürst. Ich nahte mich ihm: aber ich entdeckte nichts Ehrfurcht gebietendes an ihm. Unvermittelt fragte er: ›Wie kann die Welt gefestigt werden?‹

›Sie wird gefestigt durch Einigung‹, erwiderte ich.

›Wer kann sie einigen?‹

›Wer keine Lust hat am Menschenmord, der kann sie einigen,‹ erwiderte ich.

›Wer kann da mittun?‹

Ich erwiderte: ›Es gibt niemand auf der Welt, der nicht mittun würde. Habt Ihr, o König, schon das sprossende Korn beobachtet? Im

---

40 Anspielung auf den König Wen von Dschou. Vgl. Buch II, A, 1.
41 Siang war der Sohn und Nachfolger des Königs Hui von We. Das Gespräch fiel in das Jahr 319. Mengzi war so enttäuscht, dass er unmittelbar nach We verließ und nach Tsi ging.

Hochsommer[42], wenn es trocken ist, da stehen die Saaten welk. Wenn dann am Himmel fette Wolken aufziehen und in Strömen der Regen herniederfällt, so richten sich mit Macht die Saaten wieder auf. Dass es also geschieht, wer kann es hindern? Nun gibt es heute auf der ganzen Welt unter den Hirten der Menschen keinen, der nicht Lust hätte am Menschenmord. Wenn nun einer käme, der nicht Lust hätte am Menschenmord, so würden die Leute auf der ganzen Welt alle die Hälse recken[43] und nach ihm ausspähen. Und wenn er wirklich also ist, so fallen die Leute ihm zu, wie das Wasser nach der Tiefe zufließt, in Strömen. Wer kann es hindern?‹«

7. Der Opferstier und die Weltherrschaft

König Süan[44] von Tsi fragte: »Kann ich etwas von den Taten der Fürsten Huan von Tsi und Wen von Dsïn[45] zu hören bekommen?«

Mengzi erwiderte: »Unter den Jüngern des Meister Kung gab es keinen, der über die Taten Huans und Wens redete. Darum ist auf die Nachwelt keine Überlieferung von ihnen gekommen und ich habe nie etwas von ihnen gehört. Wollen wir nicht stattdessen davon reden, wie man König der Welt wird?«

---

42 Wörtlich: »im siebten und achten Monat«. Die Zeitrechnung der Dschoudynastie begann das Jahr nach dem Wintersolstiz. Siebter und achter Monat sind daher etwa Juni und Juli, der Anfang der »Regenzeit« für Nordchina. Sie entsprechen dem heutigen fünften und sechsten Monat in China.
43 Möglicherweise nimmt das *Zhuangzi* in Buch X, 3, pag. 71 polemisch Bezug auf Mengzis Aufenthalt in We. Vgl. die Stelle: »Heutzutage ist es so weit gekommen, dass die Leute die Hälse recken und sich auf die Zehen stellen und zueinander sprechen: An dem und dem Platz ist ein Weiser [...]. An all dem trägt die Schuld, dass die Fürsten in falscher Weise Erkenntnis hochschätzen.«
44 Es wird von manchen Kommentatoren angenommen, dass Mengzi erst in Tsi und dann in We gewesen sei, doch lässt sich auf diese Weise die Chronologie nicht richtigstellen. In Wirklichkeit ging er von We nach Tsi (über seine Heimatstadt Dsou, wo er seine Mutter besuchte). König Süan von Tsi regierte von 320-302 v. Chr. (nicht, wie die gewöhnliche Chronologie will, 342-324).
45 Huan von Tsi (684-643) und Wen von Dsïn († 628) waren die zwei berühmtesten der fünf Fürsten, die zeitweise die Hegemonie im Reich hatten (vgl. *Lun Yü* XIV, 16). Mengzi schätzt sie gering und will daher das Gespräch auf sein beliebtes Thema bringen: die Beherrschung der Welt durch wahrhaft königliche Grundsätze.

Der König sprach: »Welche Eigenschaften muss man haben, um König der Welt sein zu können?«

Mengzi sprach: »Wer sein Volk schützt, wird König der Welt: niemand kann ihn hindern.«

Der König sprach: »Ja, wäre denn ein Mann wie ich im Stande, sein Volk zu schützen?«

Mengzi sprach: »Ja.«

Der König sprach: »Woher weißt du, dass ich dazu im Stande bin?«

Mengzi sprach: »Ich habe von Hu Hai[46] erzählen hören, der König habe einst in seinem Saal gesessen, da sei einer, der einen Ochsen führte, unten am Saal vorbei gekommen. Der König habe ihn gesehen und gefragt: ›Wohin mit dem Ochsen?‹ Man habe erwidert: ›Er soll zur Glockenweihe[47] geschlachtet werden!‹ Da habe der König gesagt: ›Lasst ihn laufen. Ich kann es nicht mit ansehen, wie er so ängstlich zittert, wie einer, der unschuldig zum Richtplatz geführt wird!‹ Man habe erwidert: ›Soll dann die Glockenweihe unterbleiben?‹

Der König habe gesagt: ›Sie darf nicht unterbleiben. Nehmt ein Schaf statt seiner!‹ – Ich weiß nicht, ob es so sich zugetragen hat.«

Der König sprach: »Es ist so gewesen.«

Mengzi sprach: »Diese Gesinnung genügt, um König der Welt zu werden. Die Leute dachten alle, es sei nur Sparsamkeit von Euch gewesen; aber ich weiß bestimmt, dass Ihr es nicht habt mit ansehen können.«

Der König sprach: »Ach, gibt es wirklich solche Leute? Allein so unbedeutend und gering mein Reich auch ist, ich brauche doch an einem Ochsen nicht zu sparen. Ich habe es wirklich nicht mit ansehen können, dass er so ängstlich zitterte, wie einer, der unschuldig zum Richtplatz geführt wird. Darum habe ich statt seiner ein Schaf nehmen lassen.«

Mengzi sprach: »Und doch habt Ihr nicht anders[48] gehandelt, als wenn Ihr wirklich nur so sparsam gewesen wäret, wie die Leute

---

46 Hu Hai war ein Höfling aus der Umgebung des Königs.
47 Neu gegossene Glocken wurden mit dem Blut eines Opfertieres bestrichen und dadurch geweiht, dass ihr Schall zum Himmel dringe (vgl. Dschou Li, Tiän Guan).
48 Wir haben grammatikalisch nach dem Wortlaut übersetzt. Die chinesischen Kommentare gehen von der anderen Bedeutung von i = für ›anders‹, d. h. »für sonderbar halten«, »sich wundern« aus, und konstruieren: »Wundert Euch nicht, o König, dass die Leute Euch für sparsam hielten!« Doch widerspricht

meinten. Ihr habt statt eines großen Tieres ein kleines nehmen lassen. Woher hätten jene es besser wissen sollen! Wenn ihr Mitleid hattet mit der Unschuld, die zum Richtplatz geführt wurde: was ist da schließlich für ein Unterschied zwischen einem Ochsen und einem Schaf?«

Der König lächelte und sprach: »Wahrhaftig! Was hab' ich nur dabei gedacht! Ohne dass es mir um den Wert zu tun gewesen wäre, habe ich doch ein Schaf statt des Ochsen nehmen lassen. Da haben die Leute ganz Recht, wenn sie sagen, ich sei sparsam.«

Mengzi sprach: »Es tut nichts. Es war dennoch ein Zeichen von Milde. Ihr saht den Ochsen, aber hattet das Schaf nicht gesehen. Es geht dem Gebildeten mit den Tieren nun einmal so: wenn er sie lebend gesehen hat, kann er nicht zusehen, wie sie getötet werden, und wenn er sie hat schreien hören, bringt er es nicht über sich, ihr Fleisch zu essen. Das ist ja auch der Grund, warum der Gebildete sich von der Küche fernhält.«

Der König war erfreut und sprach: »Im *Buch der Lieder*[49] heißt es:

›Anderer Leute Sinn
Vermag ich zu ermessen!‹

Das geht auf Euch, Meister. Obwohl es meine eigne Tat war, habe ich mich dennoch vergeblich darüber besonnen, wie ich es eigentlich gemeint habe. Ihr, Meister, sprecht es aus und habt genau meine innerste Gesinnung getroffen. Inwiefern passt nun diese Gesinnung dazu, König der Welt zu sein?«

Mengzi sprach: »Wenn jemand Euch berichten würde: ›Ich besitze zwar genügend Stärke, um dreißig Zentner zu heben, aber nicht genug, um eine Feder zu heben; ich bin helläugig genug, um die Spitze eines Flaumhaars[50] zu untersuchen, aber einen Heuwagen sehe ich nicht‹: würdet Ihr das hingehen lassen?«

Der König verneinte.

---

    dem m.E. das »wu«, das meist die Bedeutung von lateinisch »non«, nicht von »ne« hat. Auch wird der Zusammenhang klarer.
49 Vgl. *Schï Ging* II, 4,4 v. 4.
50 Wörtlich „Herbsthaar". Gemeint ist das im Herbst wachsende Winterhaar der Tiere. Der Ausdruck kommt auch bei *Zhuangzi* vor.

Mengzi fuhr fort: »Nun ist Eure Milde so groß, dass sie sich selbst auf Tiere erstreckt, und doch reicht ihre Wirkung nicht bis zu Eurem Volk. Wie ist denn das nur? Allein, dass jener die Feder nicht aufhebt, kommt davon, dass er seine Stärke nicht *ausübt;* dass der andere den Heuwagen nicht sieht, kommt daher, dass er seine Scharfsichtigkeit nicht *ausübt;* dass Eure Leute keines Schutzes genießen, kommt daher, dass Ihr Eure Gnade nicht *ausübt.* Darum, dass Ihr nicht König der Welt seid, ist Unterlassung, nicht Unfähigkeit.«

Der König sprach: »Wodurch unterscheiden sich Unterlassung und Unfähigkeit in ihrer Äußerung voneinander?«

Mengzi sprach: »Wenn einer den Großen Berg[51] unter den Arm nehmen soll und damit übers Nordmeer springen und er sagt, das kann ich nicht, so ist das wirkliche Unfähigkeit; wenn aber einer sich vor Älteren verneigen[52] soll und er sagt, das kann ich nicht, so ist das Unterlassung, nicht Unfähigkeit. Damit, dass Ihr, o König, auf das Königtum der Welt verzichtet, seid Ihr nicht in der Lage eines Menschen, der mit dem Großen Berg unterm Arm übers Nordmeer springen soll. Damit, dass Ihr, o König, auf das Königtum der Welt verzichtet, seid Ihr in der Lage eines Menschen, der eine Verbeugung machen soll. Behandle ich meine älteren Verwandten wie es dem Alter gebührt, und lasse das auch den Alten der Andern zu Gute kommen; behandle ich meine jüngeren Verwandten wie es der Jugend gebührt, und lasse das auch den Jungen der Andern zu Gute kommen; so kann ich die Welt auf meiner Hand sich drehen lassen[53].

In dem *Buch der Lieder*[54] heißt es:

›Sein Beispiel leitete die Gattin
Und reichte auf seine Brüder weiter,
Bis es auf Haus und Land wirkte.‹

---

51 Der Große Berg ist der Taischan. Der Taischan war ebenso wie das Nordmeer (Golf von Tschili) in der Nähe von Tsi. Das Beispiel scheint eine sprichwörtliche Redensart gewesen zu sein. Es kommt auch bei Mo Di vor.
52 Die Zeichen heißen wörtlich: »einen Zweig abbrechen«; doch ist diese Bedeutung sinnlos. Die älteren chinesischen Kommentare geben dafür teils die von uns gegebene Erklärung (‚dschï‘ »Zweig«, hier für ‚dschï‘ »Glied, Körper«, ‚dschä‘ »beugen«, »den Körper beugen« und »sich verneigen«).
53 Vgl. *Lun Yü* III, 11.
54 *Schï Ging* III, 1, 6 v. 2 bezieht sich dort auf den König Wen.

Mit diesen Worten ist gemeint: Richte dich einfach nach deinem eignen Gefühl und gehen den Anderen mit gutem Beispiel voran. Darum: Güte, die weiterwirkt, reicht aus, die Welt zu schützen, Güte, die nicht weiterwirkt, vermag nicht einmal Frau und Kind zu schützen. Warum die Menschen der alten Zeit den andern Menschen so sehr überlegen sind, ist einzig und allein die Art, wie sie es verstanden, ihre Taten weiterwirken zu lassen. Nun ist Eure Güte groß genug, um sich selbst auf die Tiere zu erstrecken, und doch kommt ihre Wirkung nicht Euren Leuten zu Gute. Wie erklärt Ihr Euch das?

Man bedarf einer Waage, um zu erkennen, ob etwas leicht oder schwer ist. Man bedarf eines Maßstabs, um zu erkennen, ob etwas lang oder kurz ist. So ist's mit allen Dingen und mit dem Herzen ganz besonders. Ich bitte Euch, o König, es einmal zu wägen. Panzer und Waffen zu fördern, Ritter und Knechte zu gefährden, Übelwollen Euch zuzuziehen von Seiten der Mitfürsten: braucht Ihr das, um froh zu werden in Eurem Herzen?«

Der König sprach: »Nein. Wie sollte ich daran Freude haben! Das alles sind nur Mittel zur Erreichung meines höchsten Wunsches.«

Mengzi sprach: »Darf man hören, was Euer höchster Wunsch ist?«

Der König lächelte und sagte nichts.

Mengzi sprach: »Ist es etwa, dass Ihr Mangel habt an Fett und Süßigkeiten für Euern Gaumen, an leichtem und warmem Pelzwerk für Euern Leib, oder etwa dass Ihr der bunten Farben nicht genug habt, um die Augen zu ergötzen, an Klängen und Tönen nicht genug habt, um die Ohren zu erfreuen, oder habt Ihr nicht genug Knechte und Mägde, die Eurer Befehle gewärtig vor Euch stehen? Alle Eure Diener, o König, haben genug von diesen Dingen, sie Euch darzubringen; darum kann es Euch also wohl nicht zu tun sein?«

Der König sprach: »Nein, darum ist es mir nicht zu tun.«

Mengzi sprach: »O, dann lässt sich erraten, was Euer höchster Wunsch, o König, ist! Euer Wunsch ist es, Euer Land zu erweitern, die Fürsten von Tsin[55] und Tschu als Vasallen an Euren Hof zu ziehen, das Reich der Mitte zu beherrschen und die Barbarenländer rings umher in die Hand zu bekommen. Diesen Euren Wunsch erfüllen zu wollen

---

55 Tsin im Westen und Tschu im Süden waren die mächtigsten Staaten des damaligen China.

mit den Mitteln, die Ihr anwendet, ist aber gerade so, als wollte man auf einen Baum klettern, um Fische zu suchen.«

Der König sprach: »Sollte es so schlimm sein?«

Mengzi sprach: »Womöglich noch schlimmer! Klettert man auf einen Baum, um Fische zu suchen, so findet man wohl keine Fische, aber es hat weiter keine üblen Folgen. Aber diesen Euren Wunsch erfüllen zu wollen mit den Mitteln, die Ihr anwendet, das führt, wenn es mit vollem Ernst geschieht, sicher zu üblen Folgen.«

Der König sprach: »Lasst hören!«

Mengzi sprach: »Wenn der Kleinstaat Dsou[56] mit der Großmacht Tschu Krieg führt: Wer, denkt Ihr, wird gewinnen?«

Der König sprach: »Tschu wird gewinnen.«

Mengzi sprach: »So steht es also fest, dass der Kleine nicht den Großen angreifen darf, dass die Minderzahl nicht die Mehrzahl angreifen darf, dass der Schwache nicht den Starken angreifen darf. Nun ist das ganze Land innerhalb der vier Meere tausend Geviertmeilen groß, und dem Staate Tsi gehört der neunte Teil. Mit einem Neuntel die übrigen acht unterwerfen zu wollen, wodurch unterscheidet sich das von dem Unterfangen des Kleinstaats Dsou, der die Großmacht Tschu bekämpfen wollte? Wäre es nicht besser, zur wahren Wurzel zurückzukehren? Wenn Ihr, o König, bei der Ausübung der Regierung Milde walten lasst, so dass alle Beamten auf Erden an Eurem Hofe Dienst zu tun begehren, alle Bauern in Euren Ländern zu pflügen begehren, alle Kaufleute in Euren Märkten ihre Waren zu stapeln begehren, alle Wanderer auf Euren Straßen zu gehen begehren, so dass alle auf Erden, die etwas gegen ihren Herrscher haben, herbeizueilen und ihn vor Eurer Hoheit anzuklagen begehren: dass es also geschieht, wer kann es verhindern?«

Der König sprach: »Ich bin zu unklar, um diesen Weg gehen zu können. Ich wünschte, dass Ihr, Meister, meinem Willen zu Hilfe kommt und mir durch Eure Belehrung Klarheit verschafft. Bin ich auch unfähig, so bitte ich doch, Ihr möget es einmal versuchen.«

Mengzi sprach: »Ohne festen Lebensunterhalt dennoch ein festes Herz zu behalten, das vermag nur ein Gebildeter. Wenn das Volk

---

56 Dsou, die Heimat des Mengzi, war ein Miniaturstaat in der Nähe von Lu. Heute ist es ein Kreis von Schantung.

keinen festen Lebensunterhalt hat, verliert es dadurch auch die Festigkeit des Herzens. Ohne Festigkeit des Herzens aber kommt es zu Zuchtlosigkeit, Gemeinheit, Schlechtigkeit und Leidenschaften aller Art. Wenn die Leute so in Sünden verfallen und hinterher deshalb mit Strafen verfolgt werden, stellt man dem Volk Fallstricke. Wie kann ein milder Herrscher auf dem Thron sein Volk auf solche Weise verstricken? Darum sorgt ein klarblickender Fürst für eine geordnete Volkswirtschaft, damit die Leute einerseits genug haben, um ihren Eltern zu dienen, und andererseits genug, um Frau und Kind zu ernähren, so dass in guten Jahren jedermann genügend zu essen hat und selbst in üblen Jahren niemand Hungers zu sterben braucht. Dann mag man auch mit Ernst an das Volkswachstum gehen, denn es ist den Leuten leicht zu folgen. Heutzutage aber ist es so um die Volkswirtschaft bestellt, dass die Leute auf der einen Seite nicht genug haben, um ihren Eltern zu dienen, und auf der anderen Seite nicht genug, um Frau und Kinder zu ernähren. Selbst in einem guten Jahr ist jedermann in Not und kommt ein übles Jahr, so sind die Leute nicht sicher vor dem Hungertod. Unter solchen Verhältnissen sind sie nur darauf bedacht, ihr Leben zu fristen, besorgt, es möchte ihnen nicht hinausreichen. Da haben sie wahrlich keine Muße, Ordnung und Recht zu pflegen. Wenn Ihr den Wunsch habt, o König, das durchzuführen, so kommt es nur darauf an, zur wahren Wurzel zurückzukehren[57].«

---

57 Wiederholung des Schlussabschnitts von Nr. 3: »»Wenn jeder Hof […]«‹ mit einer unwesentlichen Abweichung am Schluss.

45

ABSCHNITT B
Die Macht der Musik im alten China

1. Über die Pflege der Musik

Dschuang Bau[58] suchte den Mengzi auf und sprach: »Als ich heute beim König war, sprach er mit mir von seiner Liebe zur Musik. Ich wusste nicht, was ich darauf erwidern sollte. Er sagte nämlich: ›Was ist von der Liebe zur Musik zu halten?‹«

Mengzi sprach: »Wenn der König nur wirklich die Musik recht liebt, so kann aus dem Staat Tsi noch etwas werden.«

Tags darauf trat er vor den König und sprach: »Ist es wahr, dass Eure Hoheit mit Dschuang Bau über die Liebe zur Musik gesprochen haben?«

Der König errötete und sprach: »Der Liebe zur ernsten, alten Musik bin ich nicht fähig, ich liebe eben nur die leichte, weltliche Musik.«

Mengzi sprach: »Wenn Eure Hoheit nur wirklich die Musik recht lieben, so kann aus dem Staate Tsi noch etwas werden. Ob es alte oder neue Musik[59] ist, darauf kommt es dabei nicht an.«

Der König sprach: »Kann man etwas Näheres darüber hören?«

Mengzi sprach: »Was macht mehr Freude: die Musik einsam zu genießen oder sie mit andern gemeinsam zu genießen?«

Der König sprach: »Schöner ist's mit andern gemeinsam.«

Mengzi sprach: »Was macht mehr Freude: die Musik mit Wenigen oder mit Vielen gemeinsam zu genießen?«

Der König sprach: »Schöner ist's mit Vielen.«

Mengzi sprach: »Ich bitte mit Eurer Hoheit über wahre Freude an der Musik reden zu dürfen. Wenn z. B. ein König Musik macht und

---

58 Dschuang Bau war ein Minister in Tsi. Die Geschichte spielt im unmittelbaren Anschluss an die vorige. Der König ist ebenfalls König Süan von Tsi.
59 Wörtlich: »Die heutige Musik ist wie (yu »von« hier = yu »wie«) die alte Musik.« Diese Nachsicht gegen die Schwäche des Königs unter dem Gesichtspunkt »der Zweck heiligt die Mittel« unterschied den Mengzi von Kung. Die neue Musik ist unzweifelhaft die Musik von Dschong, die Kung verhasst ist (vgl. *Lun Yü* XV, 10). Mengzi geht im Verlauf des Gesprächs dazu über, das Zeichen yo »Musik« in seiner anderen Bedeutung (lo = Freude) zu gebrauchen, eine sophistische Spielerei, die einigermaßen an die Sophisten in *Liezi* II, 21 erinnert. Selbstverständlich ist auf Selten Mengzis der größere moralische Ernst.

die Leute, die den Klang der Glocken und Pauken und die Töne der Flöten und Pfeifen vernehmen, mit schmerzendem Kopf und mit umflorter Stimme[60] zueinander sprechen:›Weshalb doch bringt die Liebe unseres Königs zur Musik uns in diese äußerste Not, also dass Vater und Sohn sich nimmer sehen, dass Brüder, Frau und Kind getrennt und zerstreut sind?‹ oder wenn z. B. ein König eine Jagd abhält und die Leute, die den Lärm der Wagen und Pferde hören und die schmucken Fahnen und Banner sehen, mit schmerzendem Kopf und mit umflorter Stimme zueinander sprechen:›Weshalb doch bringt die Liebe unseres Königs zur Jagd uns in diese äußerste Not, also dass Vater und Sohn sich nimmer sehen, dass Brüder, Frau und Kind getrennt und zerstreut sind?‹ so hat das keinen anderen Grund, als dass er nicht versteht, mit seinem Volk seine Freuden zu teilen. Wenn aber z. B. ein König Musik macht und die Leute, die den Klang der Glocken und Pauken und die Töne der Flöten und Pfeifen vernehmen, mit fröhlichen Herzen und heiteren Mienen zueinander sprechen: ›Unser König scheint gesund und wohl zu sein, dass er so musizieren kann‹; oder wenn z. B. ein König eine Jagd abhält und die Leute, die den Lärm der Wagen und Pferde hören und die schmucken Fahnen und Banner sehen, alle mit fröhlichen Herzen und heiteren Mienen zueinander sprechen: ›Unser König scheint gesund und wohl zu sein, dass er so jagen kann‹; so hat das keinen andern Grund, als dass er mit dem Volk seine Freuden zu teilen versteht. Ein König nun, der mit seinem Volke seine Freuden teilt, der wird der König der Welt.«

2. Der königliche Park

König Süan von Tsi fragte den Mengzi und sprach: »König Wens[61] Park soll 70 Geviertmeilen groß gewesen sein. Ist das wahr?«

Mengzi erwiderte und sprach: »Laut Überlieferung ist es wahr.«

Der König sprach: »War er wirklich *so* groß?«

Mengzi sprach: »Ja, und dem Volk war er doch noch zu klein.«

Der König sprach: »Mein Park ist nur 40 Geviertmeilen groß und dem Volk ist er dennoch zu groß. Wie kommt das nur?«

---

60 Wörtlich: »Mit verstopfter Nase«. Dies wird meist übersetzt: »Mit zusammengezogenen Brauen«. Wir schließen uns an die Deutung von Man Si Ho an.
61 Vgl. I, A, 2.

Mengzi sprach: »König Wens Park war 70 Geviertmeilen groß, aber wer Gras oder Reisig sammeln wollte, durfte hinein; wer sich einen Fasan oder einen Hasen schießen wollte, durfte hinein. So besaß er ihn mit seinem Volk gemeinsam und daher war es ganz in der Ordnung, dass er dem Volk zu klein war. Als ich an die Grenzen Eures Reiches kam, da erkundigte ich mich erst nach den wichtigsten staatlichen Verboten, ehe ich wagte, einzutreten. Ich vernahm, dass innerhalb des Vorstadtbezirks ein Park sei, 40 Geviertmeilen groß. Wer darin einen Hirsch oder ein Reh töte, der werde bestraft, als habe er einen Menschen getötet. Auf diese Weise sind die 40 Geviertmeilen eine große Fallgrube mitten im Land. Dass das den Leuten zu groß ist, ist das nicht auch ganz in der Ordnung?«

3. Die Liebe zur Tatkraft

König Süan von Tsi befragte den Mengzi und sprach: »Gibt's eine Norm für den Verkehr mit Nachbarstaaten?«

Mengzi erwiderte: »Gewiss! Entweder man muss gütig sein, damit man als Großer dem Kleinen dienen kann. Auf diese Weise hat Tang[62] dem Go gedient und König Wen[63] den Kun-Barbaren. Oder man muss weise sein, damit man als Kleiner dem Großen dienen kann. Auf diese Weise hat der Große König[64] den Hunnen gedient und Gou Tsiän[65] dem Staate Wu. Wer als Großer einem Kleinen dienen kann, ist fröhlich in Gott[66]; wer als Kleiner einem Großen dienen kann, der fürchtet Gott. Wer fröhlich ist in Gott, vermag die Welt zu schirmen; wer Gott fürchtet, vermag sein Reich zu schirmen. Im *Buch der Lieder*[67] steht:

---

62 Über den hier erwähnten Vorfall vgl. III, B, 5, wo die Sache ausführlich erzählt ist.
63 Von den chinesischen Kommentaren wird auf *Schï Ging* III, 1, 3, v. 8 verwiesen. Sie sind sich über den historischen Hergang nicht ganz einig. Offenbar handelt es sich um eine Etappe auf dem Wege des Hauses Dschou vom barbarischen Westen herein nach China.
64 Über den »Großen König«, den Großvater des Königs Wen, s. Abschnitt 15.
65 Gou Tsiän war ein König des Staates Yüo, der mit Wu im Kampfe lag, und als er besiegt wurde, sich selbst als Diener dem König von Wu anbot.
66 Chinesisch: ‚tiän' »Himmel«. Hier ist die Übersetzung mit »Gott« das Naheliegendste, zumal da sich auch sonst in der alten chinesischen Literatur Instanzen dafür finden. Vgl. zur Sache Laotse, *Tao-Te-King*, Abschn. 61.
67 *Schï Ging* IV, 1,1.

›Ich fürchte Gottes Majestät,
Um seine Gunst mir zu bewahren.‹

Der König sprach: »Das ist fürwahr ein großes Wort. Aber ich habe einen Fehler: ich liebe die Tatkraft.«

Mengzi erwiderte: »Ich bitte Eure Hoheit, nicht kleinliche Tatkraft zu lieben[68]. Ans Schwert zu schlagen und mit wilden Blicken zu sprechen: ›wie darf der Kerl es wagen, mir entgegenzutreten!‹ Das ist die Tatkraft des kleinen Mannes, der sich mit einem Einzelnen herumschlägt. Ich bitte Eure Hoheit, die Sache größer zu fassen. Im *Buch der Lieder*[69] heißt es:

›Der König, zürnend aufgefahren,
In Ordnung stellt er seine Scharen,
Zu wehren eingedrung'nen Scharen,
Dschous Wohl zu sichern vor Gefahren
Und allem Reich entsprechend zu gebaren.‹

Das war die Tatkraft des Königs Wen. Der König Wen brauchte nur ein einziges Mal zu zürnen, um allem Volke auf Erden Frieden zu geben. Das *Urkundenbuch*[70] sagt:

›Als der Himmel die Menschen geschaffen, da machte er ihnen Herrscher, da machte er ihnen Lehrer. Seine Absicht war, dass sie Gehilfen Gottes seien, darum verlieh er ihnen die Länder der Welt. Schuld oder Unschuld ruht allein auf ihnen. Wer wagt auf Erden ihren Willen zu missachten?‹

Dass ein Tyrann als Einzelner der ganzen Welt sich entgegensetze, empfand König Wu[71] als Schmach. Das war die Tatkraft des Königs Wu. Der König Wu brauchte nur ein einziges Mal zu zürnen, um allem Volk auf Erden Frieden zu geben. Wenn nun Eure Hoheit auch nur

---

68 Auch hier wieder eine Instanz für die pädagogische Anpassung des Mengzi an die Äußerungen der Fürsten, die er beeinflussen will.
69 [12] *Schï Ging* III, 1,7, v. 5. Übersetzung von Strauß.
70 Vgl. *Schu Ging* V, 1, Abschnitt 1, 7. Doch ist der Text bei Mengzi sehr stark abweichend.
71 König Wu, der Sohn des Königs Wen von Dschou, der die Herrschaft über das Reich tatsächlich angetreten hat, nachdem Dschou Sin, der Tyrann aus der Yindynastie, beseitigt wurde.

ein einziges Mal zu zürnen braucht, um allem Volk auf Erden Frieden zu geben, so wird das Volk nur darum besorgt sein, dass Eure Hoheit etwa die Tatkraft nicht lieben möchte.«

4. Im Schneepalast

Der König Süan von Tsi empfing den Mengzi im Schneepalast[72]. Der König sprach: »Hat der Weise auch eine Freude an solchen Dingen?«

Mengzi erwiderte: »Gewiss! Es gibt Leute, die tadeln ihre Herren, wenn sie selbst solche Dinge nicht haben können. Wer seinen Herren tadelt, weil er solche Dinge nicht bekommt, der ist zu tadeln. Ein Herr des Volkes aber, der seine Freuden nicht mit seinem Volke teilt, ist ebenfalls zu tadeln. Wenn ein Fürst teilnimmt an den Freuden seines Volkes, so wird das Volk auch teilnehmen an seinen Freuden. Wenn ein Fürst teilnimmt an den Leiden seines Volkes, so wird das Volk auch teilnehmen an seinen Leiden. Dass einer, der sich freut mit der ganzen Welt und leidet mit der ganzen Welt, nicht König der Welt würde, das ist noch nie geschehen […][73].«

5. Das Lichtschloss. Liebe zum Besitz und zur Frauenschönheit

König Süan von Tsi befragte den Mengzi und sprach: »Jedermann rät mir, das Lichtschloss[74] abzubrechen. Soll ich es nun abbrechen oder soll ich es sein lassen?«

---

72 Der Ort dieses Palastes wird heute noch gezeigt in Tsingdschou-fu in Schantung. Ob mit Recht oder nicht, ist schwer zu entscheiden.
73 Im Folgenden kommt ein Abschnitt aus *Yän Dsï Tschun Tsiu* über eine Unterredung des Fürsten Ging von Tsi mit seinem Minister Yän Dsï, der hier wahrscheinlich interpoliert ist.
74 Ming Tang »die lichte Halle« am Fuße des Taischan war zur Dschouzeit als kaiserliches Absteigequartier und Audienzhalle erbaut. Außer diesem Lichtschloss gab es noch vier andere am Fuße der anderen heiligen Berge. Dort wurde auch der König Wen verehrt. Vgl. Hiau Ging. Der König von Tsi hatte den Platz erobert. Man riet ihm, das Lichtschloss abzureißen, einerseits um nicht einen Rest kaiserlicher Würde in seinen Grenzen zu haben, andererseits um nicht als Usurpator zu erscheinen, wenn er ein Kaiserschloss für sich benutze. Mengzi ist in letzterer Hinsicht ganz ohne Skrupel und weicht weit ab von Kung.

Mengzi erwiderte: »Das Lichtschloss ist eines großen Königs Schloss. Wenn Eure Hoheit als König der Welt herrschen wollen, so braucht Ihr es nicht abzubrechen.«

Der König sprach: »Darf man hören, wie man als König der Welt herrschen muss?«

Mengzi erwiderte: »König Wen herrschte einstens über das Land Ki. Da brauchten die Bauern nur ein Neuntel des Landes für ihn zu pflügen. Die Familien der Staatsdiener behielten ein dauerndes Einkommen. An den Grenzpässen und auf den Märkten wurde eine regelmäßige Aufsicht geübt, doch keine Abgaben erhoben. Fischfang und Jagd waren unbehindert. Verbrechen wurden nicht an den Angehörigen geahndet.

Ein alter Mann, der keine Gattin mehr hat, heißt ein Witwer; eine alte Frau, die keinen Gatten mehr hat, heißt eine Witwe; alte Leute ohne Söhne heißen Einsame; junge Kinder ohne Vater heißen Waisen. Diese vier sind die Elendesten unter allen Menschen, denn sie haben niemand, bei dem sie Hilfe suchen können. Der König Wen ließ bei der Ausübung der Herrschaft Milde walten. Darum sorgte er zuerst für diese Vier. Im *Buch der Lieder*[75] heißt es:

›Und halten's noch die Reichen aus, –
Weh', wer allein steht und verlassen.‹

Der König sprach: »Fürwahr, trefflich sind diese Worte!«

Mengzi sprach: »Wenn sie Eurer Hoheit trefflich scheinen, warum handelt ihr nicht danach?«

Der König sprach: »Ich habe einen Fehler; ich liebe den Besitz.«

Mengzi erwiderte: »Der Herzog Liu[76] liebte einst auch den Besitz. Im *Buch der Lieder*[77] heißt es von ihm:

›Er sammelte, bewahrte auf,
Dörrfleisch, Getreide kam zuhauf.
In Beuteln, Säcken hob man's auf.
Durch Einung wollt er Ruhm erteilen.

---

75 *Schï Ging* II, 4, 8. v. 13 mit einer kleinen Abweichung.
76 Der Herzog Liu war der eigentliche Begründer des Hauses Dschou.
77 *Schï Ging* III, 11, 4. Übersetzung von Strauß.

Bewehrt mit Bogen und mit Pfeilen,
Mit Schilden, Speeren, Äxten, Beilen,
Macht er sich fertig, fortzueilen.‹

So hatten die Zurückbleibenden gefüllte Scheunen, und die Ausziehenden hatten Mundvorrat. Darauf erst konnte er sich daran machen, auszuziehen. Wenn Eure Hoheit den Besitz lieben, so teilt ihn mit Euren Leuten. Dann ist das kein Hindernis dafür, König der Welt zu werden.«

Der König sprach: »Ich habe noch einen Fehler; ich liebe die Frauenschönheit.«

Mengzi erwiderte: »Der Große König[78] liebte einst auch die Frauenschönheit und er war infolge davon seiner Gattin zugetan. Im *Buch der Lieder*[79] heißt es von ihm:

›Altfürst Dan Fu, beim Morgengrauen
Auf flücht'gem Rossgespann zu schauen,
Kam längs der Westgewässer Auen
Bis an des Ki-Bergs untre Gauen;
Da kam er hin mit Giang, der Frauen,
Um dort mit ihr sich anzubauen.‹

Zu jenen Zeiten gab's in den inneren Gemächern[80] keine unbefriedigten Frauen und draußen keine ledigen Männer. Wenn Eure Hoheit Frauenschönheit lieben, dann lasst Eure Leute auch ihr Teil haben. Dann ist das kein Hindernis dafür, König der Welt zu werden.«

---

78 Vgl. Abschnitt 15.
79 Vgl. *Schï Ging* III, I, 3 v. 2. Übersetzung von Strauß. Dan Fu ist der Name des »Großen Königs«. Seine Frau war eine geborene Giang. Hier ist uns ein sehr lebhaftes Bild vom Eindringen der Dschou in China erhalten.
80 Empfehlung der Monogamie für einen Fürsten, wie sie in der chinesischen Literatur nicht häufig ist.

6. Der König in Verlegenheit

Mengzi redete mit dem König Süan von Tsi und sprach: »Wenn unter Euren Dienern einer ist, der Frau und Kind seinem Freunde anvertraute und auf Reisen ging in ferne Lande[81], und wenn er heimkommt, da hat der andere seine Frau und Kinder frieren und hungern lassen: Was soll mit jenem Mann geschehen?«

Der König sprach: »Er soll verworfen werden.«

Mengzi fuhr fort: »Wenn der Kerkermeister[82] nicht im Stande ist, seinen Kerker in Ordnung zu halten, was soll mit ihm geschehen?«

Der König sprach: »Er soll entlassen werden!«

Mengzi fuhr fort: »Wenn Unordnung im ganzen Lande herrscht, was soll da geschehen?«

Der König wandte sich zu seinem Gefolge[83] und redete von anderen Dingen.

7. Mitwirkung des Volks bei der Regierung

Mengzi trat vor den König Süan von Tsi und sprach: »Wenn man von einem alten Reiche spricht, so meint man damit nicht, dass hohe Bäume drinnen sind, sondern dass es Diener hat, die ihre Erfahrung vererben. Eure Hoheit haben keine vertrauten Diener. Von denen, die gestern vor Euch standen, wusstet Ihr nicht, dass sie heute schon entlassen sein würden[84].«

Der König sprach: »Wie konnte ich wissen, dass sie unfähig waren, so dass ich mich fern von ihnen hätte halten können?«

Mengzi sprach: »Der Landesfürst muss die Würdigen befördern, gleich als könnte es gar nicht anders sein. Nur mit größter Vorsicht darf er einen Niedrigen einem Höheren vorziehen, einen Fremden einem Vertrauten vorziehen. Wenn alle Höflinge von einem sagen: ›er ist würdig‹, so genügt das noch nicht; wenn alle Minister sagen:

---

81 Wörtlich: nach Tschu.
82 Vgl. Dschou Li, Herbstbeamte, wo das Amt genannt ist.
83 Das Gefolge (die »Rechts und Links«) stand ein wenig hinter dem König, daher der Ausdruck »gu« = »nach rückwärts sehen«.
84 Umstellung der grammatikalischen Struktur: »gin jï bu dschï ki wang yä« für »bu dschï ki gin jï dschï wang«. Diese Umstellung kommt zuweilen vor.

›er ist würdig‹, so genügt das noch nicht; wenn alle Leute im Reiche sagen; ›er ist würdig‹, dann erst mag der Fürst ihn prüfen, und wenn er selber sieht, dass er würdig ist, dann mag er ihn berufen. Wenn alle Höflinge von einem sagen: ›er ist unbrauchbar‹, so höre man nicht darauf; wenn alle Minister sagen: ›er ist unbrauchbar‹, so höre man nicht darauf; wenn alle Leute im Volke sagen: ›er ist unbrauchbar‹, dann erst mag der Fürst ihn prüfen, und wenn er selber sieht, dass er unbrauchbar ist, dann mag er ihn entfernen. Wenn alle Höflinge von einem sagen: ›er ist des Todes schuldig‹, so höre man nicht darauf; wenn alle Minister sagen: ›er ist des Todes schuldig‹, so höre man nicht darauf; wenn alle Leute im Volke sagen: ›er ist des Todes schuldig‹, dann erst mag der Fürst ihn prüfen, und wenn er selber sieht, dass er des Todes schuldig ist, dann mag er ihn töten lassen. So heißt es dann, dass die Bürger ihn getötet haben. So nur vermag man Vater[85] seines Volkes zu sein.«

8. Verscherzte Königswürde

König Süan von Tsi befragte den Mengzi und sprach: »Es heißt, dass Tang den König Giä verbannt; dass König Wu den Dschou Sin getötet habe. Ist das wahr?«

Mengzi erwiderte und sprach: »Laut Überlieferung ist es so.«

Der König sprach: »Geht das denn an, dass ein Diener seinen Fürsten mordet?«

Mengzi sprach: »Wer die Liebe raubt, ist ein Räuber; wer das Recht raubt, ist ein Schurke. Ein Schurke und Räuber ist einfach ein gemeiner Kerl. Das Urteil der Geschichte lautet, dass der gemeine Kerl Dschou Sin hingerichtet worden ist; ihr Urteil lautet nicht, dass ein Fürst ermordet worden sei«[86].

---

85 Wörtlich: »Vater und Mutter«.
86 Aussprüche wie der vorliegende, die sehr radikal klingen, machen den Mengzi zum begünstigten Klassiker der Republik China. In Wirklichkeit liegt der Radikalismus allein in der Ausdrucksweise. Sachlich ist die Bezeichnung des Dschou Sin als »gemeiner Kerl«, das heißt »Privatmann«, schon im *Schu Ging* vorgebildet. Über Tang und König Wu vgl. I, A, Anm. 4, und I, B, Anm. 14.

9. Notwendigkeit der Bildung als Vorbereitung für den Staatsdienst

Mengzi trat vor den König Süan von Tsi und sprach: »Wenn Ihr ein großes Schloss bauen wollt, so lasst Ihr den Werkmeister sicher nach großen Bäumen suchen, und wenn der Werkmeister große Bäume findet, so seid Ihr zufrieden und haltet dafür, dass sie ihren Zweck erfüllen. Wenn dann beim Bearbeiten der Zimmermann sie zu klein macht, so werdet Ihr böse und haltet dafür, dass sie ihren Zweck nicht mehr erfüllen. Wenn nun ein junger Mensch sich durch Lernen darauf vorbereitet, was er, erwachsen, ausüben will, und Eure Hoheit sprechen zu ihm: ›Lass einmal dein Lernen beiseite und folge mir nach!‹ Was ist davon zu halten? Angenommen, hier wäre ein kostbarer, aber noch roher Stein, er mag zweihunderttausend Lot[87] schwer sein, man müsste dennoch erst einen Steinschneider kommen lassen, um ihn zu schneiden und zu glätten. Wenn es sich aber um die Ordnung eines Reiches handelt, da sollte es angehen, zu sagen: ›Lass einmal dein Lernen beiseite und folge mir nach!‹? Was berechtigt dazu, es hier anders zu machen, als bei einem Edelstein, den man dem Steinschneider übergibt, um ihn zu schneiden und zu glätten?«[88].

10. Wann darf man einen Staat annektieren?

Der Staat Tsi hatte den Staat Yän[89] angegriffen und besiegt. Da befragte der König Süan den Mengzi und sprach: »Die einen raten mir, den Staat Yän nicht zu annektieren, die anderen raten mir, es zu tun. Wenn ein Staat mit zehntausend Kriegswagen einen anderen gleich starken Staat angreift und ihn in fünfzig Tagen vollkommen in der Hand hat, so ist das ein Erfolg, der durch Menschenkraft allein nicht zu erreichen war. Annektiere ich ihn nicht, so wird sicher Unheil

---

87   Das Gewicht »I« wird teilweise = 20 Lot, teilweise = 24 Lot angegeben.
88   Vgl. *Lun Yü* I, 15. Der letzte Satz ist in der Form: »der Nephrit, nicht geglättet, wird kein Gerät« in den *Dreizeichenklassiker*, die chinesische Fibel der letzten Jahrhunderte, übergegangen. Auch hier heißt es statt »Edelstein« im Text wörtlich »Yü« = ‚Nephrit‘, ‚Jade‘.
89   Yän lag im Norden des Staates Tsi, in der heutigen Provinz Tschili.

vom Himmel über mich[90] kommen. Wenn ich ihn nun annektiere, was dann?«

Mengzi erwiderte: »Wenn das Volk von Yän mit der Annexion einverstanden ist, so mögt Ihr ihn annektieren. Auch im Altertum kam diese Handlungsweise vor. König Wu ist ein Beispiel dafür. Wenn das Volk von Yän mit der Annexion nicht einverstanden ist, so annektiert ihn nicht. Im Altertum kam auch diese Handlungsweise vor. König Wen ist ein Beispiel dafür. Ihr habt mit einem Staat von zehntausend Kriegswagen einen gleich starken Staat angegriffen, und seine Einwohner brachten Speise in Körben und Suppe in Töpfen Eurem Heer entgegen aus keinem anderen Grunde, als weil sie hofften, durch Euch von einer Not befreit zu werden, so schlimm wie Wasser und Feuer. Wenn Ihr nun noch tiefere Wasser und noch heißere Feuer über sie bringt, so wird die einfache Folge sein, dass sie auch von Euch sich abwenden.«

11. Rücksicht auf das Volk des besiegten Staates

Der Staat Tsi hatte Yän angegriffen und annektiert. Da hielten die anderen Landesfürsten einen Rat, wie sie Yän zu Hilfe kämen. König Süan sprach: »Die Fürsten schmieden viele Pläne, mich anzugreifen. Wie soll ich ihnen begegnen?«

---

90 Der Sinn ist: Dass ich mit Yän so leicht fertig geworden, das ist Gottes Finger; nehme ich den Staat nicht in Besitz, so widerstrebe ich Gottes Absicht und ziehe mir Unheil zu. Was also ist zu tun? Mengzi weist diese Anschauung zurück und stellt auch hier den Grundsatz der Volkssouveränität auf. Der Erfolg ist nur ein Zeichen der Missstimmung des Volks von Yän gegen seinen Herrscher. Damit ist über die Frage der Berechtigung der Annexion nichts ausgesagt. Immerhin widerspricht Mengzi nicht in abstracto, weshalb er dann von manchen für die Handlungsweise von Tsi verantwortlich gemacht worden ist. Es handelt sich auch hier wieder um einen fehlgeschlagenen Versuch des Weisen, einem Fürsten durch seinen Rat zur Weltherrschaft zu verhelfen. Die Situation in Yän war wie folgt: Der offenbar törichte König Kuai wollte es dem Großen Yau gleich tun und gab den Thron an seinen schlechten Minister Dsï Dschï ab (314 v. Chr.). Die Unruhen, die infolgedessen entstanden, nutzte Tsi zu einem Überfall, der auch vollständig gelang, da die Bevölkerung von Yän auf der Seite von Tsi stand, von dem sie sich Befreiung erhoffte. Der Usurpator Dsï Dschï wurde in Stücke gehackt, der Ex-König Kuai getötet. Aber Tsi annektierte das Land und ließ sich viele Grausamkeiten zu Schulden kommen. Schließlich kam es zu einem Aufstand der Bevölkerung von Yän und die übrigen Fürsten drohten sich einzumischen. Mengzi verließ Tsi 312 v. Chr.

Mengzi erwiderte: »Ich habe wohl gehört, dass einer, der nur siebzig Meilen Land besaß, die Herrschaft über die ganze Welt in die Hand bekam. Tang ist ein Beispiel dafür. Ich habe noch nie gehört, dass einer mit tausend Meilen sich vor anderen fürchtet.

Im *Buch der Urkunden* heißt es[91]: ›Sobald Tang begonnen hatte mit seinem Angriff auf Go, fiel alle Welt ihm zu. Wenn er sich nach Osten wandte und das Land unterwarf, so waren die Grenzvölker im Westen unbefriedigt. Wenn er sich nach Süden wandte und das Land unterwarf, so waren die Grenzvölker im Norden unbefriedigt. Sie alle sprachen:›Warum nimmt er uns zuletzt dran?‹«

Das Volk sehnte sich nach ihm, wie man sich in großer Dürre nach Wolken und Regenbogen sehnt. Die Leute gingen auf den Markt wie gewöhnlich, die Bauern unterbrachen ihre Arbeit nicht. Er richtete wohl den Fürsten hin, aber tröstete das Volk. Wie wenn ein Regen zu seiner Zeit herniedergeht, also war das Volk hocherfreut. Im *Buch der Urkunden* heißt es: ›Wir harren unseres Herrn. Kommt unser Herr, so werden wir wieder leben‹.

Nun hat der Herrscher von Yän sein Volk bedrückt, Eure Hoheit gingen hin und griffen ihn an. Das Volk war der Meinung, dass Ihr es retten wolltet aus Feuers- und Wassernot. So brachten sie Essen in Körben und Suppe in Töpfen Euren Heeren entgegen. Aber wenn Ihr die kräftigen Männer tötet und die unmündigen Kinder in Bande legt, wenn Ihr den Reichsstempel zerstört und seine kostbaren Geräte wegführt, wie sollte das hingehen?

Die Welt ist ohnehin in Furcht vor der Macht des Staates Tsi. Wenn Ihr nun abermals Euer Gebiet verdoppelt habt, ohne ein mildes Regiment einzuführen, so werden dadurch die Waffen der ganzen Welt gegen Euch in Bewegung gesetzt. Eure Hoheit mögen schleunigst den Befehl ausgeben, dass dem Staate Yän seine Gefangenen, alt und jung, zurückgeschickt werden und dass seine kostbaren Geräte an Ort und Stelle bleiben, darauf mit allem Volk von Yän beraten und ihm einen Fürsten setzen und dann es sich selbst überlassen. So wird's vielleicht noch möglich sein, das Unheil abzuwenden.«

---

91 *Schu Ging* IV, II, 6. Der Text weicht etwas ab. Die hier erwähnte Geschichte ist dieselbe wie in III, B, 5.

12. Wie man das Volk für seine Herren günstig stimmt

Der kleine Staat Dsou[92] lag mit dem Staate Lu in Streit. Da befragte der Herzog Mu den Mengzi und sprach: »Dreiunddreißig meiner Beamten sind ums Leben gekommen und unter dem Volke fand sich niemand, der für sie zu sterben bereit war. Will ich mit Hinrichtungen vorgehen, so kann ich mit Hinrichten gar nicht fertig werden. Sehe ich von Hinrichtungen ab, so denken die Leute, sie können schadenfroh zusehen, wie ihre Vorgesetzten getötet werden, ohne etwas für ihre Rettung zu tun.«

Mengzi erwiderte und sprach: »In üblen Jahren und Hungerszeiten, da sah es in Eurem Volke also aus, dass die Alten und Schwachen sich in den Straßengräben vor Hunger krümmten, während die Kräftigen zerstreut waren in alle Winde. Tausende waren in dieser Not, während in den fürstlichen Scheunen Korn in Fülle war und alle Vorratskammern und Schatzhäuser voll waren. Unter den Beamten war keiner, der Euch Bericht erstattet hätte. So rücksichtslos und grausam waren die Oberen gegen das niedere Volk.

Meister Dsong hat gesagt: »Hüte dich, hüte dich! Was von dir ausgeht, fällt auf dich zurück! Diesmal nun kam für das Volk der Tag der Vergeltung. Ihr, o Fürst, habt keinen Grund, Euch zu beklagen. Übt ein mildes Regiment aus, so wird das Volk anhänglich sein an seine Oberen und für seine Vorgesetzten in den Tod gehen.«

13. Bis zum letzten Mann

Herzog Wen von Tong[93] befragte den Mengzi und sprach: »Tong ist ein kleines Land und liegt mitten zwischen den beiden Großstaaten Tsi und Tschu. Soll ich mich nun an Tsi anschließen oder an Tschu?«

Mengzi erwiderte: »Diese Pläne sind zu hoch für mich. Doch wenn's nicht anders sein kann: *Eine* Auskunft weiß ich: Macht Eure

---

92 Dsou ist der Heimatstaat des Mengzi, das heutige Dsou Hiän in Schantung. Die Begegnung fand vermutlich statt, als Mengzi auf dem Wege von We nach Tsi unterwegs seine Mutter in Dsou besuchte (319).
93 Tong war ein kleiner Staat zwischen Tschu im Süden und Tsi im Norden. Die hier und in den folgenden zwei Abschnitten genannten Unterhaltungen fallen wohl in das Jahr 300.

Gräben tiefer und Eure Wälle höher und verteidigt sie gemeinsam mit Eurem Volk bis zum letzten Atemzug. Wenn das Volk Euch nicht im Stiche lässt, so lässt sich das durchführen.«

14. Ubi bene, ibi patria

Herzog Wen von Tong befragte den Mengzi und sprach: »Der Staat Tsi ist im Begriff, den Grenzort Süo zu befestigen. Ich bin in großer Sorge. Was ist zu machen?«

Mengzi erwiderte und sprach: »Einst wohnte der Große König[94] im Land Bin, in das die wilden Grenzstämme einfielen; da verließ er das Land und ließ sich nieder am Fuße des Ki-Berges. Nicht aus freiem Willen siedelte er sich dort an, sondern der Not gehorchend. Wenn einer wirklich das Gute tut, so wird unter seinen Söhnen und Enkeln sicher einer sein, der König der Welt wird. Der Edle sorgt dafür, eine Grundlage zu schaffen und seinen Nachkommen zu hinterlassen, auf der sich weiterbauen lässt. Ob das Werk vollendet wird, das steht in den Sternen. Was gehen Euch die Anderen an? Seid stark im Guten. Das ist alles.«

15. Weichen oder Bleiben

Der Herzog Wen von Tong befragte den Mengzi und sprach: »Tong ist ein kleiner Staat. Ich mag mir Mühe geben, wie ich will, um den großen Nachbarstaaten zu dienen, ich werde ihnen doch nicht entgehen. Was ist da zu machen?«

Mengzi erwiderte und sprach: »Einst wohnte der Große König im Land Bin und die wilden Grenzstämme fielen ein. Da brachte er ihnen Pelze dar und Seidenzeug, doch es half ihm nichts. Da brachte er ihnen Hunde dar und Pferde, doch es half ihm nichts. Da brachte er ihnen Perlen dar und Edelsteine, doch es half ihm nichts. Darauf versammelte er die Ältesten des Landes und teilte es ihnen mit. Er sprach: ›Was jene Wilden wollen, das ist mein Land. Ich habe sagen hören: Der Edle bringt nicht durch das, wodurch er die Menschen

---

94 Der »Große König«, der Großvater des Königs Wen von Dschou. Vgl. zu dieser Geschichte den nächsten Abschnitt. Bin liegt im Westen und ist der Aufenthaltsort der Dschous vor ihrer Niederlassung am Ki-Berg.

erhalten soll, die Menschen in Schaden. Meine Kinder, was tut's, wenn ihr nun keinen Herrn mehr habt? Ich will weggehen!‹ So verließ er Bin, überstieg den Berg Liang, baute eine Stadt am Fuße des Berges Ki und wohnte daselbst. Da sprachen die Leute von Bin: ›Das ist ein guter Mensch! Den dürfen wir nicht verlieren! Und sie folgten ihm nach in solchen Scharen, als ginge es zu einem Markte.

Oder aber kann man sagen:»Das Erbe der Vergangenheit muss für künftige Geschlechter gewahrt werden. Es ist nicht etwas, worüber der Einzelne frei verfügen könnte. Lieber sterben, als es preisgeben!‹

Ich bitte Eure Hoheit, unter diesen beiden Möglichkeiten zu wählen.«

16. Der Weise und der Günstling

Der Herzog Ping von Lu[95] war im Begriff, auszufahren. Da trat sein Günstling Dsang Tsang bittend zu ihm und sprach: »Wenn Eure Hoheit sonst ausfuhren, so wieset Ihr immer Eure Beamter an, wohin Ihr wolltet. Heute ist der Wagen schon angespannt, und die Beamten wissen noch nicht, wohin es geht. Darf ich darnach fragen?«

Der Herzog sprach: »Ich bin im Begriff, den Meister Mengzi aufzusuchen.«

Er sprach: »Wahrlich, Ihr erniedrigt Euch mit Eurem Tun, indem Ihr einem gemeinen Manne entgegengeht. Denkt Ihr, er sei ein Weiser? Ordnung und Recht geht von den Weisen aus. Aber Meister Mengzi hat für seine Mutter mehr getrauert als für seinen Vater. Ihr müsst ihn nicht besuchen.«

---

95 Diese missglückte Begegnung mit dem Fürsten von Lu fällt in das Jahr 315. Nachdem Mengzi seine Mutter zum letztenmal im Jahre 318 in Tsi bei sich gesehen hatte, starb sie in Lu. Im Jahr 317 verließ Mengzi daher Tsi zum erstenmal wieder und ging nach Lu zur Beerdigung seiner Mutter. Dort blieb er der Sitte gemäß drei Jahre. Als die Trauerzeit zu Ende war, wollte der Fürst von Lu ihn auf den Rat seines Ministers Yüo Dschong, eines Schülers von Mengzi, aufsuchen, ohne jedoch seinen Günstling davon zu unterrichten. Der hatte die Sache jedoch bemerkt und wusste die Begegnung zu hintertreiben. Der Grund, dass Mengzi seine Mutter prächtiger beerdigte als seinen Vater (wörtlich: »Die zweite Beerdigung war prächtiger als die frühere«), ist nicht nur aus den hier angeführten Gründen nichtig, sondern vor allem, weil Mengzi beim Tode seines Vaters erst im dritten Jahr stand. Zu der Art, wie Mengzi sich mit dem Ereignis abfindet, vgl. *Lun Yü* VII, 22; IX, 5; XIV, 38.

Der Herzog sagte: »Gut.«

Da trat Yüo Dschong Dsï zu dem Fürsten hinein und sprach: »Warum wollen Eure Hoheit den Mengzi nicht besuchen?«

Er sprach: »Es hat mir jemand gesagt, dass Meister Mengzi für seine Mutter mehr getrauert hat als für seinen Vater, darum ging ich nicht hin, ihn aufzusuchen.«

Jener sprach: »Was meinen Eure Hoheit denn mit diesem ›mehr‹? Hat er für seinen Vater getrauert wie für einen einfachen Gelehrten und für seine Mutter wie für einen Minister? Hat er für seinen Vater nur drei Opfergefäße aufgestellt und für seine Mutter fünf?«

Der Fürst sprach: »Nein, ich meine damit, dass der Sarg und Sarkophag, die Leichenkleidung und die Grabtücher schöner waren.«

Jener sprach: »Das ist nicht ein ›mehr‹ an Trauer; das zeigt nur, dass er erst arm war und später reich.«

Yüo Dschong Dsï trat darauf vor Mengzi und sprach: »Ich habe dem Fürsten von Euch erzählt, und der Fürst wollte deshalb kommen, um Euch aufzusuchen! Aber unter seinen Günstlingen ist einer, namens Dsang Tsang, der hat den Fürsten verhindert. Darum ist der Fürst schließlich doch nicht gekommen.«

Mengzi sprach: »Wenn einer geht, so ist immer einer da, der ihn veranlasst. Wenn einer bleibt, ist immer einer da, der ihn verhindert. Aber Gehen oder Bleiben liegt nicht in der Macht der Menschen. Dass ich den Fürsten von Lu nicht getroffen habe, ist Fügung des Himmels. Wie hätte der Sohn Dsangs es bewirken können, dass ich ihn nicht getroffen habe!«

BUCH II

GUNG-SUN TSCHOU

ABSCHNITT A

Wege zur individuellen Selbstverantwortung

1. Die Möglichkeit des Wirkens

Gung-Sun Tschou[96] befragte den Mengzi und sprach: »Wenn Ihr, Meister, in Tsi die amtliche Laufbahn ergriffet, da wäre wohl eine Wiederholung der Taten eines Guan Dschung[97] und Yän Dsï zu erhoffen?«

Mengzi sprach: »Du bist doch ein echter Mann aus Tsi. Kennst Guan Dschung und Yän Dsï und nichts weiter. Es fragte einmal jemand den Dsong Si[98]: ›Wer ist größer: Ihr oder Dsï Lu?‹ Da sprach Dsong Si bestürzt: ›Vor Dsï Lu hatte selbst mein Vater Respekt!‹ Jener fuhr fort: ›Wer ist größer: Ihr oder Guan Dschung?‹ Da stieg dem Dsong Si der Ärger ins Gesicht und er sprach unwillig: ›Wie magst Du mich mit Guan Dschung in eine Linie stellen? Dieser Guan Dschung: so völlig hat er seinen Fürsten in der Hand gehabt, so lange hat er die Staatsregierung geführt und was er an Leistungen zu Stande gebracht hat, war so gering. – Wie magst Du mich mit dem in eine Linie stellen?‹ Du siehst nun, dass ein Dsong Si nicht gewillt war, die Rolle eines Guan Dschung zu spielen, und Du denkst, *ich* trachte darnach?‹

Jener sprach: »Guan Dschung verschaffte seinem Fürsten die Vorherrschaft. Yän Dsï verschaffte seinem Fürsten eine bedeutende Stellung. Und dennoch sollte es nicht der Mühe wert sein, es ihnen gleich zu tun?«

---

96 Gung-Sun Tschou war ein Schüler des Mengzi aus dem Staate Tsi. In Tong Dschou, Be Gung Tsun, ist sein Grab erhalten.

97 Guan Dschung (I-Wu) war der Kanzler des Herzogs Huan von Tsi. Vgl. *Lun Yü* III, 22; XIV, 10, 17, 18; *Liezi* V, 7; VI, 3; VII, 1, 7; Yän Dsï (Yän Ping Dschung), Zeitgenosse des Kung, Kanzler unter Herzog Ging von Tsi. Vgl. *Lun Yü* V, 16. Beide waren Nationalhelden von Tsi.

98 Dsong Si ist nach den einen Kommentaren der Enkel, nach den anderen der zweite Sohn des Konfuziusschülers Dsong Dsï. Dsï Lu ist der wegen seines Mutes bekannte Konfuziusjünger, der in den *Gesprächen* häufig vorkommt.

Mengzi sprach: »Als Herr von Tsi König der Welt zu werden, müsste im Handumdrehen möglich sein.«

Jener sprach: »Wenn es sich also verhält, so mehren sich noch meine Bedenken. Da war König Wen, ein Mann voll Geist und Kraft. Er starb erst mit hundert Jahren. Dennoch gelang es ihm doch nicht, sich durchzusetzen in der Welt. Es bedurfte der Fortführung durch seine Söhne, den König Wu und den Herzog Dschou, ehe der große Wurf gelang. Wenn es aber so

etwas Leichtes ist, König der Welt zu werden, so wäre es nicht der Mühe wert, den König Wen zum Vorbild zu nehmen!«

Mengzi sprach: »Wer wollte es dem König Wen gleichtun! Von Tang bis auf Wu Ding[99] waren sechs oder sieben würdige und heilige Herrscher an der Arbeit gewesen und die Welt war im Besitz des Hauses Yin seit Langem. Lange dauernde Zustände lassen sich nur schwer ändern. Noch Wu Ding hatte die Fürsten an seinem Hof versammelt und besaß die Welt, als drehte sie sich in seiner Hand. Der Tyrann Dschou Sin war von Wu Ding zeitlich noch nicht weit entfernt. Noch waren die alten Familien, die früheren Sitten, die herrschenden Gebräuche, die guten Ordnungen vorhanden; noch gab es einen Grafen We[100], einen We Dschung, einen Prinzen Bi Gan, einen

---

99 Tang, der Begründer der Schangdynastie, ca. 1766 v. Chr. Wu Ding, der zwanzigste Herrscher der Schangdynastie, die inzwischen (durch Pan Gong 1401) in Yin umbenannt war, kam 1324 v. Chr. auf den Thron. Die Schätzung der »würdigen und heiligen« Herrscher von Tang bis Wu Ding ist von Mengzi recht hoch gegriffen. Dschou Sin kam 1154, also 150 Jahre nach Wu Ding, auf den Thron.

100 Der »Graf We«, We Dsï Ki, der älteste Sohn des Di Yi, des vorletzten Herrschers der Yindynastie. We Dschung Yän war sein zweiter Sohn. Da aber zur Zeit ihrer Geburt ihre Mutter noch Nebenfrau war, hatten sie kein Erbrecht. Dschou Sin, der dritte Sohn, der nach der Beförderung seiner Mutter zur Kaiserin zur Welt kam, folgte seinem Vater auf den Thron. We Dsï wurde später mit dem Staate Sung belehnt, damit die Opfer für die Ahnen der Yindynastie weitergeführt würden. Er hat dann seinem jüngeren Bruder We Dschung die Erbfolge hinterlassen, was der Erbfolgeordnung der Yin entsprach, im Gegensatz zu der Erbfolge der Erstgeborenen, die unter der Dschoudynastie üblich war. Der Prinz Bi Gan wurde wegen seiner Mahnungen getötet, um zu sehen, ob das Herz eines Heiligen wirklich sieben Öffnungen habe; der Graf von Ki, ein Onkel des Tyrannen, musste sich wahnsinnig stellen. Giau Go war ein treuer Beamter der Yindynastie. Von den Genannten werden auch in *Lun Yü* XVIII, 1 We Dsï, Bi Gan und Ki Dsï als »die drei Stützen der Yindynastie« bezeichnet.

Grafen Ki, einen Giau Go, alles würdige Männer, die mit vereinten Kräften jenem zur Seite standen. Darum dauerte es lange, ehe er die Weltherrschaft verlor. Jeder Zoll Erde war in seinem Besitz, jeder Bürger war sein Untertan. Außerdem hat König Wen mit einem Besitz von nur hundert Geviertmeilen angefangen. Darum hatte er so große Schwierigkeiten.

In Tsi gibt es ein Sprichwort:›Alle Klugheit und Weisheit ist umsonst, wenn man die Lage nicht zu nutzen weiß, gleichwie Pflug und Hacke nichts ausrichten, wenn man die rechte Zeit nicht trifft.‹ In jetziger Zeit ist das alles viel leichter. Die Herrscher der Häuser Hia, Yin und Dschou hatten zur Zeit ihrer größten Blüte nicht über tausend Geviertmeilen Land. Tsi hat also das nötige Landgebiet. Man hört im ganzen Lande von einem Dorf[101] zum andern den Hahnenruf und das Hundegebell. Tsi hat also auch die nötige Bevölkerung. Der Herr von Tsi bedarf keiner Vergrößerung seines Landes, keiner Vermehrung seines Volkes. Übt er ein mildes Regiment, so wird er König der Welt, und niemand kann ihn hindern. Außerdem gab es noch keine Zeit, in der so selten ein wahrer Herrscher aufgestanden wäre wie in unsrer. Es gab noch keine Zeit, wo das Volk so sehr unter grausamem Regiment zu leiden hatte, wie in unserer. Ein Hungriger ist leicht zu speisen, ein Durstiger ist leicht zu tränken. Meister Kung hat gesagt: ›Geistiger Wert wird rascher bekannt als ein Befehl, der durch Postreiter verbreitet wird.‹ Wenn in heutiger Zeit ein Großstaat mildes Regiment übt, so ist das Volk erleichtert, wie wenn man einen, der mit dem Kopf nach unten aufgehängt[102] ist, aus seiner Lage befreit. Darum könnte man im Dienst eines Mannes, der auch nur halbwegs den Alten gleicht, sicher die doppelten Ergebnisse zu Stande bringen. Es liegt einfach an der Zeit.«

---

101 Ein Zeichen der dichten Bevölkerung. Vgl. Laotse, *Tao te king*, II, 80. Diese Verhältnisse treffen in Schantung heute noch zu.
102 Vgl. *Zhuangzi* III, 4: »Lösung der Bande durch Gott«.

2. Die Ruhe des Gemüts

Gung-Sun Tschou fragte den Mengzi: »Wenn Ihr, Meister, ein hohes Amt in Tsi erhieltet, das Euch die Möglichkeit gäbe, Eure Lehren durchzuführen, so wäre es nicht zu verwundern, wenn Ihr das Land aus seinem jetzigen Zustand zur Vorherrschaft oder selbst zum Königtum der Welt führtet. Werdet Ihr durch diese Aussicht in Eurem Gemüt bewegt oder nicht?«

Mengzi sprach:»Nein, seit meinem vierzehnten Jahr habe ich die Ruhe des Gemüts erreicht.«

Der Schüler sprach: »Da übertrefft Ihr ja den berühmten Mong Ben[103] noch weit.«

Mengzi sprach: »Das ist nicht schwer. Gau Dsï'[104] hat sogar noch früher als ich die Ruhe des Gemüts erlangt.«

Der Schüler sprach: »Gibt's einen Weg zur Ruhe des Gemüts?«

Mengzi sprach: »Ja. Be-Gung Yu[105] handelte also, um seine Tatkraft zu steigern: er rieb sich nicht erst die Haut, wenn er geschlagen ward, und zuckte nicht erst mit der Wimper. Sondern wenn ihm von jemand auch nur ein Haar gekrümmt ward, empfand er es so schimpflich, als wäre er auf offenem Markt geschlagen worden. Er ließ es sich nicht bieten, von einem Bauern in härenem Gewand und ließ es sich ebensowenig bieten vom Fürsten eines großen Staates. Es galt ihm ganz gleich, den Fürsten eines großen Staates oder einen Menschen in härenem Gewand zu erstechen. Er hatte keine Scheu vor hohem Stand. Traf ihn ein übles Wort, er erwiderte es sicher.

Mong Schï Schä[106] steigerte seine Tatkraft auf andere Art: er sprach:»Siegen oder Nichtsiegen gilt mir gleich. Wollte man erst den

---

103 Mengzi Ben war ein Held aus We. Es wird von ihm erzählt, dass er im Wasser vor keinem Drachen, auf dem Lande vor keinem Rhinozeros oder Tiger ausgewichen sei. Er war so stark, dass er einem Ochsen die Hörner ausreißen konnte.
104 Über den Philosophen Gau Dsï, den Gegner des Mengzi, vgl. Buch VI, A, 1 ff.
105 Der Doppelname Be-Gung (Nordhausen) kommt sowohl in Tsi als in We vor. (Zu Letzterem vgl. *Zhuangzi* XX, 3, Be-Gung Schä.) Der Sinn hier ist, dass dieser Be-Gung Yu so schnell darin war, empfangene Verletzungen zu vergelten, dass er nicht erst den natürlichen Reflexbewegungen des Schmerzes Raum gab. Vgl. dazu das Verhalten des Odysseus, als er von dem Freier Antinoos mit dem Schemel beworfen wird.
106 Mengzi Schä oder Mengzi Schi Schä war vermutlich aus Tsi. Während Be-Gung Yu die Tapferkeit in der Überwindung aller äußeren Feinde sieht, sieht

Feind abschätzen, ehe man drauf geht, wollte man sich um den Sieg bekümmern, ehe man ins Treffen geht, da müsste man vor einem großen Heer sich scheuen. Ich vermag nicht unter allen Umständen zu siegen. Was ich vermag, ist, keine Furcht zu kennen.‹

Mong Schï Schä war wie Meister Dsong; Be-Gung Yu war wie Dsï Hia. Welcher von diesen beiden Meistern die bessere Tatkraft hätte, wüsste ich nicht. Doch verstand Mong Schï Schä besser die Beschränkung aufs Wichtigste, nämlich die eigene Gesinnung.

Meister Dsong sagte einst zu seinem Schüler Dsï Siang: »Du liebst die Tatkraft? Ich habe einst vom Meister Kung etwas gehört, wie man zu großer Tatkraft kommt: ›Wenn ich mich prüfe und bin nicht im Recht, könnte ich dann, selbst wenn mein Gegner nur ein Bauer im härenen Gewand ist, ihm furchtlos gegenübertreten? Wenn ich mich prüfe und ich bin im Recht, so trete ich auch Hunderttausenden entgegen.‹ Mong Schi Schä wahrte wohl seine Kraft, aber Meister Dsong verstand es noch besser, sich auf das Allerwichtigste – sein Gewissen – zu beschränken.«

Der Schüler sprach: »Darf ich etwas Näheres erfahren über Eure Art der Ruhe des Gemüts und die des Gau Dsï?«

Mengzi sprach: »Gau Dsï hatte den Grundsatz: ›Wofür ich keinen Ausdruck in Worten finde, das suche ich nicht im Gemüt zu ergründen. Was mir im Gemüt nicht entgegenkommt, das suche ich nicht durch Aufwand von Lebenskraft zu erreichen.‹ Der Satz: ›Was mir im Gemüt nicht entgegenkommt, das suche ich nicht durch Aufwand von Lebenskraft zu erreichen‹ geht an. Der andere Satz aber: ›Wofür ich keinen Ausdruck in Worten finde, das suche ich nicht im Gemüt zu ergründen‹ ist unzulässig.

Der Wille ist der Leiter der Lebenskraft, die Lebenskraft durchdringt den Leib. Der Wille setze das Ziel, die Lebenskraft folge nach. Darum heißt es:»Mache deinen Willen fest und schone deine Lebenskraft.‹

---

sie Mengzi Schä in der eigenen Furchtlosigkeit, unabhängig vom äußeren Erfolg. Der Vergleich mit den beiden Konfuziusjüngern Dsï Hia und Dsong Schen weist auf dieselbe Linie. Dsï Hia ist der Vertreter des »multa«, Dsong Sehen der des »multum«. In dem Wort des Kung, das Dsong Schen seinem Schüler gegenüber zitiert (nicht in *Lun Yü*), geht die Innerlichkeit des Mutes noch einen Schritt weiter zu seiner moralischen Berechtigung.

Der Schüler sprach: »Wie sind die beiden Sätze:›Der Wille setze das Ziel, die Lebenskraft folge nach‹ und ›Mache deinen Willen fest und schone deine Lebenskraft‹ zu vereinigen?«

Mengzi sprach: »Ist der Wille gesammelt, so bewegt er die Lebenskraft. Ist die Lebenskraft gesammelt, so bewegt sie ihrerseits den Willen. So ist hastiges Laufen eine Äußerung der Lebenskraft, aber es wirkt zurück und erregt das Gemüt.«

Der Schüler sprach: »Darf ich fragen, worin Ihr jenem überlegen seid, Meister?«

Mengzi sprach: »Ich kenne mich aus in den Worten der Menschen, und ich verstehe es, meine flutende Lebenskraft durch das Gute zu steigern.«

Der Schüler sprach: »Darf ich fragen, was mit der flutenden Lebenskraft gemeint ist.«

Mengzi sprach: »Darüber lässt sich schwer reden. Was man unter Lebenskraft versteht, das ist etwas höchst Großes, höchst Starkes. Wird sie durch das Rechte genährt und nicht geschädigt, so bildet sie die Vermittlung zwischen unsichtbarer und sichtbarer Welt. Was man unter Lebenskraft versteht, ist verbunden mit der Pflicht und mit dem Sinn des Lebens. Ohne diese beiden muss sie verkümmern. Sie ist etwas, das durch dauernde Pflichtübung erzeugt wird, nicht etwas, das man durch eine einzelne Pflichthandlung an sich reißen könnte. Wenn man bei seinen Handlungen sich nicht innerlich wohlfühlen kann, so muss jene Kraft verkümmern. Darum sage ich, dass Gau Dsï das Wesen der Pflicht nicht versteht, weil er sie für etwas Äußerliches hält. Sicherlich bedarf es – zur Pflege der Lebenskraft – der Arbeit, aber man soll dabei nicht nach dem Erfolg schielen. Das Gemüt soll das Ziel nicht vergessen, aber dem Wachstum nicht künstlich nachhelfen wollen. Man darf es nicht machen wie jener Mann aus Sung: Es war einmal ein Mann in Sung, der war traurig darüber, dass sein Korn nicht wuchs, und zog es in die Höhe. Ahnungslos kam er nach Hause und sagte zu den Seinigen: ›Heute bin ich müde geworden, ich habe dem Korn beim Wachsen geholfen.‹ Sein Sohn lief schnell hinaus, um nachzusehen, da waren die Pflänzchen alle welk.

Es gibt wenige Leute auf der Welt, die nicht dem Korn beim Wachsen helfen wollen. Es gibt Leute, die denken, es komme nichts dabei heraus, und sich gar nicht um die ganze Sache kümmern. Die gleichen denen, die das Korn nicht von Unkraut säubern wollten. Die aber, die dem Korn beim Wachstum helfen wollten, nützen ihm nicht nur nichts, sondern schädigen es sogar«[107].

Der Schüler sprach: »Was heißt, sich auskennen in den Worten der Menschen?«

Mengzi sprach: »Höre ich einseitige Reden, so merke ich, was sie verdecken. Höre ich ausschweifende Reden, so merke ich, welche Fallen sie stellen. Höre ich falsche Reden, so merke ich, wovon sie abweichen. Höre ich ausweichende Reden, so merke ich, aus welcher Verlegenheit sie kommen [...].[108]«

---

107 Die Kommentatoren sind sich uneins, in welchem Sinne die Aussprüche des Gau Dsï gemeint sind. Die älteren fassen sie mit Beziehung auf die anderen: »Wenn ich Worte höre, die mir nicht angenehm sind, so frage ich nicht, wie sie gemeint sind; wenn ich einer Gesinnung begegne, die mir nicht freundlich ist, so frage ich nicht darnach, mit welcher Kraft sie sich äußert.« Die späteren Kommentare fassen es subjektiv: »Wofür ich keinen Ausdruck finde, danach suche ich nicht in meinem Herzen [ich lege es einfach beiseite]. Was ich in meinem Herzen nicht erreiche, an dessen Erreichung setze ich nicht meine animalische Kraft.« Für die zweite Auffassung spricht die Art, wie Gau Dsï' in VI, A die Sätze, die er Mengzi gegenüber nicht verteidigen kann, einfach fallen lässt. Die ganze Abhandlung ist wohl ein Versuch des Mengzi, sich aus seiner Sicht über das taoistische Problem der Pflege des Lebens zu äußern. Die Bemerkung über die Leute, die sich gar nicht der Pflege ihrer Lebenskraft widmen – ähnlich denjenigen, die Unkraut einfach wachsen lassen –, bezieht sich auf die Taoisten. Andererseits bringt er gegen Leute wie Gau Dsï die Geschichte von dem Mann aus Sung vor – dem Land der Parabeln (vgl. Liezi und Dschuang Dsï) –, der dem Getreide beim Wachsen helfen will. Das hier nur anklingende Problem betrifft das Verhältnis von Geist und psychischer Energie. Die Pflege dieser Kraft geschieht durch moralisches Leben und zwar nicht durch einzelne Handlungen, sondern einen gewohnheitsmäßigen, zum Charakter sich entwickelnden Habitus. Dieses gewohnheitsmäßige Handeln entspricht aber eben der inneren guten Anlage und ist dem Menschen naturgemäß. Es ist nicht, wie Gau Dsï meint, etwas Willkürliches.
108 Der Text ist hier offenbar etwas verderbt, wie die aus III, B, 9 in den Zusammenhang versprengten Worte zeigen. Außer diesen Worten findet sich noch folgender Passus: »Dsai Wo und Dsï Gung waren geschickt im Reden; Jan Niu, Min Dsï und Yän Yüan sprachen gut und handelten tugendhaft. Meister Kung vereinigte die Eigenschaften der Schüler, und dennoch sagte er: ›Im Reden bin ich nicht geschickt‹.« Die genannten Namen sind die der bekanntesten Konfuziusjünger, die im Lun Yü häufig vorkommen. Die Kommentatoren sind sich darüber uneinig, ob diese Worte von Mengzi oder, was besser in den Zusammenhang passt, von Gung-Sun Tschou gesprochen werden. Übrigens bergen sie auch textliche Unklarheiten, weshalb wir es vorgezogen haben, sie aus dem Zusammenhang zu streichen.

Der Schüler sprach: »Da seid Ihr ja wohl ein Heiliger, Meister?«

Mengzi sprach: »Ach, was sind das für Worte! Dsï Gung[109] fragte einst den Meister Kung: ›Seid Ihr ein Heiliger, Meister?‹ Da erwiderte Meister Kung: ›Ein Heiliger zu sein, geht über meine Kraft. Ich strebe ohne Überdruss und lehre ohne zu ermüden! Dsï Gung sagte darauf: ›Streben ohne Überdruss ist Weisheit, Lehren ohne zu ermüden ist Güte. Ihr vereinigt Weisheit und Güte, da seid Ihr wirklich ein Heiliger, Meister.‹

Also nicht einmal Meister Kung verweilte bei dem Gedanken, ein Heiliger zu sein! Was sind das für Worte!«

Der Schüler fuhr fort: »Ich habe einst sagen hören, Dsï Hia, Dsï Yu und Dsï Dschang[110] hätten jeder ein Stück von einem Heiligen besessen, Jan Niu, Min Dsï und Yän Yüan hätten jeder alle Stücke eines Heiligen gehabt, aber in kleinem Maßstabe. Darf ich fragen, zu welchen Ihr Euch rechnet, Meister?«

Mengzi sprach: »Lassen wir das!«

Der Schüler fragte: »Was ist von Be-I und I-Yin zu halten?«

Mengzi sprach: Sie gingen verschiedene Wege. Be-I[111] hatte den Grundsatz: Wer nicht sein Fürst war, dem diente er nicht; wer nicht sein Untertan war, von dem wollte er nichts. War Ordnung, so stellte er sich ein. War Verwirrung, so zog er sich zurück.

I-Yin hatte den Grundsatz: Wem ich diene[112], der ist mein Fürst; wen ich brauche, der ist mein Untertan. War Ordnung, so stellte er sich ein. War Verwirrung, so stellte er sich gleichfalls ein.

Meister Kung hatte den Grundsatz: Wenn es recht war, ein Amt zu haben, so übernahm er das Amt. Wenn es recht war, aufzuhören,

---

109 Dieses Gespräch findet sich in dieser Form nicht in den *Lun Yü*. Doch vergleiche man *Lun Yü* VII, 2 und 33, wo vielleicht nur eine andere Version desselben Überlieferungsstoffes vorliegt. Solche Vergleiche sind sehr interessant, weil sie einen Blick eröffnen in den Zustand der konfuzianischen Schultradition vor der schriftlichen Fixierung.
110 Über die hier genannten Jünger Kungs vgl. *Lun Yü* XI, 2.
111 Be I und Schu Tsi, die beiden Prinzen von Gu Dschu aus dem Ende der Yindynastie, verhungerten auf dem Schou-Yang-Berge 1122 v. Chr. I Yin, der Minister des Vollenders Tang, des Begründers der Yindynastie, und seines Enkels und Nachfolgers Tai Gia, starb 1720 v. Chr.
112 Wörtlich: »Wie sollte der, dem ich diene, nicht mein Fürst sein?«

so hörte er auf. Wenn es recht war, zu warten, so wartete er. Wenn es recht war, zu eilen, so eilte er.

Sie alle waren Heilige der alten Zeit. Und ich fühle mich nicht im Stande, es ihnen gleichzutun. Aber, was ich möchte, das ist von Meister Kung lernen.«

Der Schüler sprach: »Sind also Be-I und I-Yin dem Meister Kung gleichzustellen?«

Mengzi sprach: »Nein, seit Menschen auf Erden leben, hat es noch nie einen gegeben wie Meister Kung.«

Der Schüler sprach: »Hatten sie dann wenigstens mit ihm gemeinsame Züge?«

Mengzi sprach: »Ja. Sie alle wären im Stande gewesen, wenn sie auch nur ein kleines Land von hundert Geviertmeilen zu beherrschen gehabt hätten, die Fürsten des Reiches um sich zu versammeln und die Weltherrschaft zu erlangen. Aber die Erlangung der Weltherrschaft durch eine einzige ungerechte Tat, durch Tötung eines einzigen Unschuldigen zu erkaufen, das würden sie alle verschmäht haben. Darin stimmen sie mit ihm überein.«

Der Schüler sprach: »Darf ich fragen, wodurch er sich von ihnen unterschied?«

Mengzi sprach: »Die Jünger Dsai Wo, Dsï Gung und Yu Jo besaßen genügende Weisheit, um einen Heiligen zu erkennen. So hoch sie ihn auch schätzen mochten, sie würden sich nie dazu hinreißen lassen, ihm aus persönlicher Vorliebe Schmeichelhaftes nachzusagen.

Dsai Wo sprach daraufhin: ›Meiner Ansicht nach ist unser Meister weit würdiger als Yau und Schun.‹

Dsï Gung sprach: ›In den Lebensordnungen, die einer geschaffen, erkennt man seine Regierungsart, aus der Musik, die einer geschaffen, hört man sein geistiges Wesen heraus. Wenn man nach Hunderten von Geschlechtern unter diesem Gesichtspunkt die Könige der Vorzeit vergleichend nebeneinanderstellt, wird keiner diesem Maßstab entgehen: Seit Menschen auf Erden leben, hat es niemand gegeben wie unsern Meister.‹

Yu Jo sprach: ›Er sollte nur ein gewöhnlicher Mensch sein? Wenn das Kilin mit den Tieren, der Phönix mit den Vögeln, der Große Berg mit Hügeln und Ameisenhaufen, wenn der Gelbe Fluss und das Meer mit Straßengräben von derselben Art sind, so ist auch der Heilige mit den gewöhnlichen Menschen von derselben Art. Unter allen, die ihre Artgenossen übertrafen und hervorragten über die allgemeine Oberfläche, war keiner so groß wie Meister Kung‹[113].«

3. Herrschaft der Gewalt und des Geistes

Mengzi sprach: »Wer sich auf Gewalt stützt und äußerlich Milde heuchelt, wird Führer der Fürsten. Er muss aber ein großes Reich besitzen. Wer sich auf Geisteskräfte stützt und Milde übt, wird König der Welt. Ein König hängt nicht ab von der Größe seines Reichs. Tang hatte siebzig Meilen im Geviert, der König Wen hatte hundert. Wer durch Gewalt die Menschen unterwirft, der unterwirft sie nicht in ihren Herzen, sondern nur, weil sie ihm nicht an Gewalt gewachsen sind. Wer durch Geisteskräfte sich die Menschen unterwirft, dem jubeln sie im Herzen zu und sind ihm wirklich Untertan, wie die 70 Jünger[114] dem Meister Kung Untertan waren. Das ist gemeint, wenn es im *Buch der Lieder* heißt:

›Von Aufgang und von Niedergang,
Von Mittag und von Mitternacht
Ward nur auf Huldigung gedacht.[115]‹

4. Die Quelle von Glück und Unglück

Mengzi sprach: »Milde bringt Ehre, Härte bringt Schmach. Wer nun die Schmach hasst und dennoch bei der Härte verweilt, der gleicht dem Menschen, der Feuchtigkeit hasst und dennoch in den Niederungen weilt. Wenn man die Schmach hasst, so gibt's nichts Besseres, als Geisteskraft schätzen und die Gebildeten ehren. Wenn die Würdigen auf dem Platze sind und die Fähigen im Amt, bekommt Staat

---

113 Zu der Verehrung des Meisters Kung vgl. *Maß und Mitte* (*Dschung Yung*) 30–32; Lun Yü XIX, 23–25. Um diese Hochschätzung zu verstehen, muss man die Stellung Kungs im Mittel- und Wendepunkt der chinesischen Kultur in Betracht ziehen. Diese Aussprüche des Mengzi zeigen aber auch, wie verkehrt die neuerdings hervortretenden Bestrebungen sind, den Mengzi auf Kosten Kung Dsïs zum Nationalheiligen zu stempeln.
114 Siebzig ist die traditionelle Zahl der Jünger Kungs.
115 Vgl. *Schï Ging* III, I, 9 v. 6 bezieht sich dort auf die Könige Wen und Wu.

und Familie Muße. Wer unter diesen Verhältnissen Verwaltung und Gesetz in Klarheit bringt, den werden auch Großmächte scheuen. Das ist gemeint, wenn es im *Buch der Lieder* heißt[116]:

> ›Bevor am Himmel schwarz die Regenwolken hingen,
> Sah man mich Maulbeerfasern bringen
> Und fest um Tür und Fenster schlingen.
> Und jetzt, du niedriges Geschlecht,
> Wagt Einer Schmach auf mich zu bringen?‹

Meister Kung sprach: ›Der dies Lied gemacht, der weiß den rechten Weg. Wer Land und Haus in Ordnung bringen kann, wer wird auf den Schmach zu bringen wagen?‹ Wenn nun aber Staat und Familie Muße haben und man nutzt diese Zeit, um sich dem Vergnügen und der Untätigkeit hinzugeben, so heißt das selbst das Unglück anziehen. Glück und Unglück werden von den Menschen selbst angezogen. Das ist damit gemeint, wenn es im *Buch der Lieder* heißt[117]:

> ›Wer immer seine Lust hat am Gesetz des Herrn,
> Der schafft sich selber großes Glück.‹

Und in dem Abschnitt Tai Gia im *Buch der Urkunden*[118], wo es heißt:

> ‹Schickt der Himmel Unheil, das lässt sich abwenden.
> Bringt man selbst Unheil über sich, so kommt man nicht mit dem Leben davon!›«

---

116 Vgl. *Schï Ging* I, XV, 2 v. 2, mit leichter Abweichung im Text. Dort von einem kleinen Vogel gesagt, der vorsorglich sein Nest in Stand setzt.
117 Vgl. *Schï Ging* III, I, 1 v. 6. Leider war hier die Übersetzung von Strauß unbrauchbar.
118 *Schu Ging* IV, V, II, 3. Tai Gia ist der Enkel und Nachfolger Tangs.

5. Fünf Wege zum Frieden und zur Weltherrschaft

Mengzi sprach: »Wenn einer die Würdigen ehrt und die Fähigen anstellt, so dass die Besten und Weisesten im Amte sind, so sind alle Ritter[119] auf Erden froh und wünschen an seinem Hofe Dienst zu tun. Wenn einer die Märkte zwar beaufsichtigen lässt[120], aber keine Grundsteuer erhebt, so sind alle Kaufleute auf Erden froh und wünschen auf seinen Märkten ihre Güter zu stapeln. Wenn einer an den Pässen die Durchreisenden[121] zwar aufschreiben lässt, aber keine Abgaben von ihnen erhebt, so sind alle Wanderer auf Erden froh und wünschen auf seinen Straßen zu wandern. Wenn einer die Bauern zu gegenseitiger Hilfe[122] anhält, aber keine Steuern von ihnen erhebt, so sind alle Bauern auf Erden froh und wünschen auf seinen Fluren zu pflügen. Wenn einer von denen, die Gebäudesteuer[123] zahlen, nicht auch noch Kopfsteuer und Fronleistungen verlangt, so ist alles Volk auf Erden froh und wünscht sein Volk zu werden.

Wenn einer wirklich diese fünf Stücke durchführt, so blickt das Volk der Nachbarstaaten zu ihm empor wie zu Vater und Mutter. Vater und Mutter aber angreifen zu lassen durch ihre Kinder, das ist etwas, das, seit es Menschen gibt auf Erden, noch niemand fertig gebracht hat. Darum hat er keinen Feind auf Erden. Wer keinen Feind auf Erden hat, ist Gottes Knecht[124]. Dass ein solcher nicht König der Welt würde, ist noch niemals vorgekommen«.

---

119 Die »Ritter« (»Schï«), lat. *Equites*, sind die Beamtenklasse. Es sind Leute, die sich nie von Leier und Schwert trennen, die gentlemen des alten China.
120 Hier scheint der Text nicht in Ordnung zu sein, da zwei einander entgegengesetzte Besteuerungsarten vorgeschlagen sind, 1. Gebäudesteuer (»tschen«) ohne Warensteuer (»dschang«), 2. Platzsteuer (»fa«) ohne Gebäudesteuer (»tschen«). Vgl. I, B, 5, und I, A, 7.
121 Nach Dschou Li XV, 11, wurde die Abgabe an den Pässen nur in schlechten Jahren erlassen. Möglicherweise ist hier der Text bei Dschou Li korrupt.
122 Nämlich bei der Bestellung des für den Fürsten ausgesonderten öffentlichen Landes. Es handelt sich hier um die Fron, die die Bauern von acht benachbarten Feldern auf dem neunten, königlichen, zu leisten hatten.
123 Der Sinn ist dunkel. Es handelt sich wohl darum, dass die Kaufleute, die Gebäudesteuern (»tschen«) bezahlten und nicht das Feld bebauen konnten, nicht auch noch zu den Strafsteuern für nachlässige Bauern herangezogen werden sollten.
124 Wörtlich: »Des Himmels Diener [tiän li]«.

6. Das Mitleid

Mengzi sprach: »Jeder Mensch hat ein Herz, das anderer Leiden nicht mit ansehen kann[125]. Die Könige der alten Zeit zeigten ihre Barmherzigkeit darin, dass sie barmherzig waren in ihrem Walten. Wer barmherzigen Gemüts barmherzig waltet, der mag die beherrschte Welt auf seiner Hand sich drehen lassen. Dass jeder Mensch barmherzig ist, meine ich also: Wenn Menschen zum ersten Mal ein Kind erblicken, das im Begriff ist, auf einen Brunnen zuzugehen, so regt sich in aller Herzen Furcht und Mitleid. Nicht, weil sie mit den Eltern des Kindes in Verkehr kommen wollten, nicht, weil sie Lob von Nachbarn und Freunden ernten wollten, nicht, weil sie üble Nachrede fürchteten, zeigen sie sich so.

Von hier aus gesehen, zeigt es sich: ohne Mitleid im Herzen ist kein Mensch[126], ohne Schamgefühl im Herzen ist kein Mensch, ohne Bescheidenheit im Herzen ist kein Mensch, ohne Recht und Unrecht im Herzen ist kein Mensch, Mitleid ist der Anfang[127] der Liebe, Schamgefühl ist der Anfang des Pflichtbewusstseins, Bescheidenheit ist der Anfang der Sitte, Recht und Unrecht unterscheiden ist der Anfang der Weisheit. Diese vier Anlagen besitzen alle Menschen, ebenso wie sie ihre vier Glieder besitzen. Wer diese vier Anlagen besitzt und von sich behauptet, er sei unfähig, sie zu üben, ist Räuber an sich selbst. Wer von seinem Fürsten behauptet, er könne sie nicht üben, ist ein Räuber an seinem Fürsten.

Wer diese vier Anlagen in seinem Ich besitzt und sie alle zu entfalten und zu erfüllen weiß, der ist wie das Feuer, das angefangen hat, zu brennen, wie die Quelle, die angefangen hat, zu fließen. Wer diese Anlagen erfüllt, der vermag die Welt zu schirmen, wer sie nicht erfüllt, vermag nicht einmal seinen Eltern zu dienen.«

---

125 Vgl. I, A, 7. Dieses Mitleid ist nach Mengzi die natürliche Grundlage aller Tugenden, die angeborene Güte menschlicher Natur.
126 Die Übersetzung: »Wer kein Mitleid im Herzen hat, der ist kein Mensch [sondern ein Tier]«, nach der es sich um eine Beschimpfung anders Gearteter handelte, ist nicht dem Text bei Mengzi entsprechend.
127 »duan« ‚Anfang‘, hier soviel wie ‚die Möglichkeit‘, ‚das potentielle Vorhandensein‘.

7. Wichtigkeit des Berufs

Mengzi sprach: »Warum sollte ein Pfeilmacher an sich weniger Liebe haben als ein Panzerschmied? Aber der Pfeilmacher muss darauf bedacht sein, die Menschen zu verletzen, ein Panzerschmied muss darauf bedacht sein, die Menschen vor Verletzungen zu schützen. Ebenso steht es mit dem Gesundbeter und dem Sargmacher[128]. Darum ist die Wahl des Berufes etwas, das wohl beachtet werden muss.

Meister Kung sprach: ›Gute Menschen machen die Schönheit eines Platzes aus. Wer die Wahl hat und nicht unter guten Menschen weilt, wie kann der wirklich weise genannt werden[129]?‹

Liebe ist der höchste göttliche Adel und der Menschen friedliches Heim. Unbehindert von außen nicht die Liebe erstreben, das ist Mangel an Weisheit. Ohne Liebe, ohne Weisheit, ohne Sitte, ohne Pflichtgefühl – so sind die Sklaven. Sklave sein und sich der Sklaverei schämen, ist, wie wenn ein Bogenmacher sich des Bogenmachens schämte, oder ein Pfeilmacher sich des Pfeilmachens schämte. Wer Scham empfindet, tut am besten, Liebe zu üben. Der gütige Mensch macht's wie der Schütze[130]. Der Schütze nimmt sich erst zusammen, dann schießt er los. Hat er geschossen und nicht getroffen, so grollt er nicht dem Sieger, sondern sucht die Schuld allein bei sich.«

---

128 Das chinesische Wort »dsiang« bedeutet an sich nur Handwerker, hier nach Dschau Ki prägnant gemeint.
129 Vgl. *Lun Yü* IV, I. Wie in der Anmerkung dort bereits bemerkt, vertritt Mengzi eine andere Auffassung. Er übersetzt »li« (Ursprungsbedeutung = ›Platz‹, ›Wohnort‹) mit »gü«, ›verweilen‹. Der Sinn des Ganzen wäre demnach: »Bei einer Lebensstellung ist die Möglichkeit zur Betätigung der Liebe das Schönste. Wer die Wahl hat und nicht einen Beruf wählt, in dem er Liebe üben kann, wie kann der weise genannt werden?« Vgl. die folgende Erklärung.
130 Vgl. die Bemerkungen Kungs über das Bogenschießen in *Lun Yü* III, 7, 16.

8. Gemeinschaft im Guten

Mengzi sprach: »Dsï Lu freute sich, wenn man ihm seine Fehler sagte. Yü verneigte sich, wenn er gute Worte hörte. Der Große Schun war noch größer als diese: er verstand es, mit andern sich zusammenzuschließen im Gutes-Tun[131]. Er verleugnete sich selbst und richtete sich nach den Andern.

Freudig anerkannte er, was sich bei Andern an Gutem fand. Von den Zeiten an, da er noch hinter dem Pfluge ging, da er Gefäße formte und Fischfang trieb, bis zu der Zeit, da er Herrscher ward: immer hat er die Andern anerkannt. Wer anerkennt, was er bei Andern an Gutem findet, der fördert sie im Guten. Darum kennt der Edle nichts Größeres als Andere zu fördern im Guten.«

9. Verschiedene Heiligkeit: Be-I und Liu Hia Hui

Mengzi sprach: »Be-I diente niemand, der nicht sein Fürst war; wer nicht sein Freund war, mit dem verkehrte er nicht. Er ging nicht an den Hof eines schlechten Fürsten und redete nicht mit schlechten Menschen. An eines schlechten Fürsten Hof zu kommen, mit einem schlechten Menschen zu reden, wäre ihm ebenso arg gewesen, als mit Feierkleidung angetan in Kot und Asche zu sitzen. So weit ging er in seinem Hasse des Gemeinen, dass, wenn er mit einem Bauern auf der Straße reden wollte und er sah, dass dessen Hut nicht richtig saß, er ihn stehen ließ, ohne ihn zu beachten – gleich als würde er dadurch befleckt. Wenn ihm Fürsten auch die schönsten Anerbietungen machten: er nahm sie nicht an. Der Grund, warum er sie nicht annahm, war auch, dass es ihm nicht reinlich dünkte, hinzugehen.

---

131 Die grammatikalische Struktur ist ziemlich diffizil. Der Sinn ist unzweifelhaft der, dass der Konfuziusjünger Dsï Lu zwar dem Guten nachstrebte, dabei jedoch noch die eigene Person im Auge hatte, der Große Yü die der Anderen, und dass für Schun sozusagen das Gute die ›Lebensluft‹ war, in der er mit den Anderen gemeinsam lebte. Der Unterschied von ›mein‹ und ›dein‹ fiel hierin für ihn weg. Er trat mit seiner Person zurück und nahm dadurch einen positiven Einfluss auf die guten Taten der Anderen. Die Sage berichtet von seiner Anziehungskraft auf die Menschen, die so groß war, dass, wo immer er sich auch niederließ, in seiner Nähe immer Städte entstanden.

Liu Hia Hui[132] schämte sich nicht eines unreinen Fürsten; ein niedriges Amt schien ihm nicht zu gemein. Wurde er befördert, so verdunkelte er nicht verdienstvolle Männer und ließ nicht ab von seinem Wege. Wurde er vernachlässigt und abgesetzt, so murrte er nicht, kam er in Gefahr und Misserfolg, so regte er sich nicht auf. So sprach er: ›Du bist du, ich bin ich. Wenn du auch nackt und bloß an meiner Seite stehst, wie kannst du mich beflecken?‹ Darum verkehrte er ganz harmlos mit solchen Menschen, ohne sich selbst zu verlieren. Hielt man ihn zurück, so blieb er. Der Grund, warum er blieb, wenn man ihn zurückhielt, war, dass er es nicht für Pflicht der Reinlichkeit hielt, zu gehen.«

Mengzi sprach: »Be-I war zu beschränkt, Liu Hia Hui war zu gleichgültig. Beschränktheit und Gleichgültigkeit ist, was der Edle meidet.«

ABSCHNITT B
Von der Verantwortung in Regierungsgeschäften

1. Bedingungen des Siegs

Mengzi sprach: »Die Gunst der Zeit[133] ist nichts gegen den Vorteil der Lage. Der Vorteil der Lage ist nichts gegen die Einigkeit der Menschen. Gesetzt eine kleine Stadt, drei Meilen im Geviert, und eine Vorstadt von sieben[134] Meilen wird wohl belagert und bestürmt, doch wird sie nicht eingenommen. Um sie belagern und angreifen zu können, muss man die Gunst der Zeit auf seiner Seite haben; nimmt man sie dennoch nicht, so kommt es daher, weil die Gunst der Zeit nichts hilft gegen den Vorteil der Lage. Gesetzt alle Mauern seien hoch, alle Gräben seien tief, Wehr und Waffen seien stark und scharf, die Kornvorräte seien alle reichlich, und doch muss man den Platz aufgeben und ihn räumen, so kommt es daher, weil der Vorteil der Lage nichts hilft gegen die Einigkeit der Menschen.

---

132 Über Liu Hia Hui vgl. *Lun Yü* XV, 13; XVIII, 2, 8.
133 Wörtlich: »Die Zeit des Himmels kommt dem Vorteil der Erde nicht gleich. Der Vorteil der Erde kommt der Einigkeit der Menschen nicht gleich.« Es handelt sich wohl um ein altes Sprichwort, das auch von We Liau und Sün Dsï zitiert wird. Mengzi wendet es auf die Bedingungen, die zur Erlangung der Weltherrschaft wichtig sind, an.
134 Die Kommentare bemerken, dass hier wohl ein Irrtum vorliege. Die Vorstadt einer Stadt von drei Meilen (Li) könne höchstens fünf Meilen groß sein.

Darum heißt es: Ein Volk lässt sich nicht abschließen durch stark bewachte Grenzen. Ein Reich ist nicht fest durch die Steilheit von Berg und Tal. Die Welt wird nicht in Scheu gehalten durch die Schärfe von Waffen und Wehr. Wer auf rechtem Wege wandelt, der findet viele Hilfe, wer den rechten Weg verloren, dem helfen Wenige. Von Wenigen unterstützt zu sein führt schließlich dazu, dass die eignen Verwandten abfallen. Von Vielen unterstützt zu sein führt schließlich dazu, dass die ganze Welt gehorcht. Wenn Einem der Gehorsam der ganzen Welt zur Seite steht und seinem Gegner selbst die Verwandten untreu werden: es gibt wohl Edle, die auch dann noch vom Kampfe absehen[135]; kämpfen sie aber, so ist der Sieg ihnen sicher.«

2. Männerstolz vor Fürstenthronen

Als Mengzi eben im Begriffe war, zu Hofe[136] zu gehen, um den König zu sehen, kam ein Bote vom König, durch den er sagen ließ: »Ich hatte im Sinne, Euch persönlich aufzusuchen, doch bin ich erkältet und darf mich nicht dem Wind aussetzen. Morgen früh sehe ich meinen Hofstaat bei mir, ich weiß nicht, ob ich Euch da auch sehen darf.«

---

135 Anspielung auf den König Wen.
136 Die Geschichte spielt während des Aufenthaltes Mengzis in Tsi. Er hatte keine Anstellung. Daher konnte er der Sitte nach von sich aus den König besuchen; doch hatte der König nicht das Recht, ihn, der als Gast im Lande weilte, zu Hof zu befehlen. Obwohl Mengzi eben von sich aus zu Hofe wollte, und andererseits die Art, wie der König ihn rufen lässt, sehr höflich ist, hält er es dennoch mit seiner Würde als Weiser und Reformator nicht vereinbar, dem Ruf des Königs Folge zu leisten. Daher schützt er Krankheit vor. Um den König nicht in Zweifel zu lassen, dass es nur eine vorge- schützte Krankheit war, geht er an dem Tage, an dem er zu Hof geladen war, aus, um in der Familie Dung-Go (»Ostheim«, einem entfernten Zweig des fürstlichen Hauses) einen Besuch zu machen. Sein Sohn (oder Neffe) Mong Dschung Dsï ist zu Hause, und als er die Boten des Königs empfängt, sucht er seinen Vater durch eine Ausrede zu entschuldigen und ihn hinterher durch Boten überreden zu lassen, die Sache durch Erscheinen bei Hof wieder gut zu machen. Mengzi geht nun natürlich erst recht nicht. Um dem König beizubringen, worum es sich handelt, geht er zu dem Minister Ging Tschou, von dem er sicher war, dass er seine Worte dem König hinterbringen werde. Die ganze Geschichte vermittelt einen guten Einblick in die chinesische Handlungsweise in solchen Fällen, die von der europäischen sehr stark abweicht. Man vergleiche hierzu das analoge Verhalten Kungs, *Lun Yü* XVII, 20.

Mengzi erwiderte: »Unglücklicherweise bin ich krank, so dass ich nicht zu Hofe kann.«

Am andern Tag ging er aus, um einen Beileidsbesuch in dem Hause Dung-Go zu machen.

Sein Jünger Gung-Sun Tschou sprach: »Gestern habt Ihr Krankheit halber dem König abgesagt. Heute macht Ihr Beileidsbesuche. Ob das nicht doch unangängig ist?«

Mengzi sprach: »Gestern war ich krank; heute geht es mir wieder gut. Was sollte mich da abhalten, Beileidsbesuche zu machen?«

Der König sandte einen Boten, um nach dem Befinden des Mengzi zu fragen. Auch kam ein Arzt.

Da erwiderte Mong Dschung Dsï (ein Verwandter des Mengzi): »Als gestern der Befehl des Königs kam, war er etwas unpässlich, so dass er nicht zu Hofe konnte. Heute geht es ihm wieder etwas besser, und er ist zu Hofe geeilt. Er muss wohl eben um diese Zeit dort ankommen.«

Dann sandte er einige Leute, die den Mengzi unterwegs überreden sollten, ehe er heimkomme, unter allen Umständen zu Hofe zu gehen.

Mengzi, dem nichts anderes übrig blieb, ging zu dem Minister Ging Tschou und blieb bei ihm über Nacht.

Ging Tschou sprach: »Im Hause Vater und Sohn, im Staate Fürst und Untertan: das sind die heiligsten Beziehungen der Menschen. Zwischen Vater und Sohn herrscht die Liebe, zwischen Fürst und Untertan herrscht die Achtung. Ich habe wohl die Achtung gesehen, mit der der König Euch behandelt, aber ich habe nichts bemerkt, wodurch Ihr dem König Achtung zeigtet.«

Mengzi sprach: »Ach, was sind das für Reden! Unter den Leuten von Tsi gibt es keinen, der mit dem König über Pflicht und Liebe redet. Halten sie etwa Pflicht und Liebe nicht für etwas Schönes? Jawohl, aber sie sprechen bei sich: Dieser Mann ist nicht der Mühe wert, dass man mit ihm über Pflicht und Liebe redet. Eine größere Missachtung als dies gibt es überhaupt nicht. Ich dagegen wagte nicht, dem König etwas vorzuführen außer den Lehren eines Yau und Schun. So gibt es also in ganz Tsi niemand, der dem König solche Achtung erwiese wie ich.«

Ging Tschou sprach: »Nein, so war es nicht gemeint. Aber im *Buch der Ordnungen* heißt es: ›Wenn der Vater ruft, dann gilt kein zögerndes Ja. Wenn des Fürsten Befehl einen ruft, dann darf man nicht warten, bis erst der Wagen angespannt ist. Ihr wäret tatsächlich im Begriff, zu Hofe zu gehen; als Ihr aber hörtet, dass Ihr vom König befohlen seiet, da habt Ihr Eure Absicht nicht ausgeführt. Das muss doch so erscheinen, als sei es mit der Ordnung nicht im Einklang.«

Mengzi sprach: »Davon kann keine Rede sein. Meister Dsong hat einmal gesagt: ›Die Herren von Dsïn und Tschu sind unermesslich reich. Sie haben ihren Reichtum; ich habe meine Sittlichkeit; sie haben ihren Rang; ich habe meine Gerechtigkeit: Warum sollte ich unzufrieden sein? Hat er damit nicht Recht gehabt? Hier handelt es sich um denselben Grundsatz wie den, von dem Meister Dsong gesprochen. Drei Dinge sind es, denen auf Erden Ehrfurcht gezollt wird: der Rang ist das eine, das Alter ist das andere, der geistige Wert ist das dritte. Bei Hofe geht der Rang vor; im täglichen Leben geht das Alter vor; gilt es, der Welt zu helfen und dem Volke vorzustehen, so geht der geistige Wert vor. Wie sollte, wer eins von diesen besitzt, die beiden andern missachten dürfen? Darum wird ein Fürst, dem Großes zu vollbringen bestimmt ist, sicher auch Diener haben, die er nicht zu Hofe befehlen kann, sondern die er selber aufsucht, wenn er mit ihnen zu beraten wünscht. Wer noch nicht so weit ist in der Ehrfurcht vor geistigem Wert und der Freude an der Wahrheit, der ist nicht im Stande, Großes zu vollbringen. So betrug sich Tang gegen I-Yin: erst lernte er von ihm, dann machte er ihn zu seinem Beamten, darum ward er ohne Mühe König der Welt. Herzog Huan machte es Guan Dschung gegenüber ebenso: erst lernte er von ihm, dann machte er ihn zu seinem Beamten, darum erlangte er ohne Mühe die Vorherrschaft unter den Fürsten. Heute sind auf der Welt die Länder gleich groß, und die Fürsten sind ihrem geistigen Wert nach auf derselben Stufe.

Dass keiner es weiter bringt als die Andern, hat keinen anderen Grund, als dass sie alle gerne Leute zu Beamten machen, die ihnen folgen, und nicht gerne Leute zu Beamten, denen sie zu folgen haben. Tang stand zu I-Yin, und Herzog Huan stand zu Guan Dschung so, dass sie nicht wagten, sie zu Hofe zu befehlen. Selbst ein Guan Dschung ließ sich nicht zu Hof befehlen; wie sollte das erst einer tun, der Höheres erstrebt als Guan Dschung?«

3. Annahme und Ablehnung von Geschenken

Tschen Dschen[137] fragte und sprach: »Früher, in Tsi, hat Euch der König als Geschenk hundert Pfund feines Silber geschickt, und Ihr nahmt es nicht an. In Sung sandte man Euch siebenzig Pfund, und ihr nahmet sie an. In Süo sandte man Euch fünfzig Pfund, und Ihr nahmet sie an. Wenn es früher richtig war, das Geschenk nicht anzunehmen, so ist es nun unrichtig, es anzunehmen. Ist es aber jetzt richtig, das Geschenk anzunehmen, so war es früher unrichtig, es nicht anzunehmen. Ihr müsst bei einem von beiden verharren, Meister!«

Mengzi sprach: »Ich handelte jedesmal richtig. Als ich in Sung war, hatte ich eine weite Reise vor. Einem Abreisenden macht man ein Geschenk an Wegzehrung. Das Geschenk kam mir zu mit der Bezeichnung als Wegzehrung. Warum hätte ich nicht annehmen sollen?

Als ich in Süo war, hatte ich im Sinn, mich gegen feindliche Angriffe vorzusehen. Die Gabe kam mir zu mit der Erklärung des Fürsten: ›Ich höre, Ihr wollt Euch gegen Angriffe schützen; die Gabe soll ein Beitrag sein zum Ankauf von Waffen!‹ Warum hätte ich nicht annehmen sollen?

In Tsi dagegen war kein Anlass da. Ohne Anlass aber einen beschenken, heißt ihn kaufen. Wo gibt es einen anständigen Menschen, der sich durch Kauf gewinnen lässt!«

4. Verantwortlichkeit

Mengzi kam nach Ping[138] Lu und sagte zu dem Amtmann: »Wenn einer unter Euren Hellebardenträgern an einem Tage dreimal seinen Posten verließe, würdet Ihr ihn entlassen oder nicht?«

---

137 Tschen Dschen ist ein Schüler des Mengzi. Die Geschichte ist in das Jahr 312 zu verlegen. Die Wanderlehrer pflegten von den Fürsten, durch deren Länder sie kamen, freiwillige Gaben zu bekommen, von denen sie sich nährten. Der Abschnitt zeigt, welchen Wert Mengzi darauf legte, dass bei solchen Geschenken das *Dekorum* gewahrt wurde.

138 Das Erlebnis fällt vermutlich in die Zeit der Reise von Liang nach Tsi (319). Ping Lu war eine Exklave von Tsi, in der Nähe des heutigen Yändschoufu in Südwestschantung.

Der Amtmann sprach: »Ich würde nicht erst aufs dritte Mal warten.«

Mengzi sprach: »So? Aber es ist auch recht häufig vorgekommen, dass Ihr nicht auf dem Posten wäret. In schlimmen Jahren der Teurung, da gab es unter Euren Leuten Greise und Schwache, die sich vor Hunger in den Gräben wälzten, und junge Leute, die in alle Winde zerstreut waren, zu Tausenden.«

Der Amtmann sprach: »Dafür zu sorgen steht nicht mir zu.«

Mengzi sprach: »Angenommen, es hat einer die Rinder und Schafe eines andern übernommen, um sie für ihn zu weiden, so sucht er gewiss grasreiche Weideplätze für sie. Wenn er aber grasreiche Weideplätze sucht und nicht findet, wird er dann die Herden ihrem Besitzer wieder zustellen, oder wird er einfach dabeistehen und zusehen, wie sie sterben?«

Der Amtmann sprach: »Wenn es also ist, so lag die Schuld an mir.«

Tags darauf trat Mengzi vor den König und sprach: »Von den Amtleuten Eurer Hoheit kenne ich fünf, aber nur Kung Gü Sin bringt es fertig, seine Fehler zu erkennen.« Darauf erzählte er den Vorfall dem König. Der König sprach: »Wenn es also ist, so lag die Schuld an mir.«

5. Verantwortung im Amt und Freiheit ohne Amt

Mengzi sagte zu Tschï Wa[139]: »Dass Ihr Ling Kiu aufgegeben habt und um die Stelle als Strafrichter gebeten, scheint vernünftig, weil man da eher dem Fürsten etwas sagen kann. Nun sind darüber schon mehrere Monate vergangen: habt Ihr noch nichts zu sagen gehabt?«

Darauf machte Tschï Wa dem König Vorstellungen, und als sie nicht angenommen wurden, gab er sein Amt auf und ging.

Da sprachen die Leute von Tsi: »Der Rat, den er dem Tschï Wa gab, war gut. Ob er ihn aber selbst befolgt, das weiß man nicht.«

---

139 Tschi Wa war ein hoher Beamter in Tsi. Er hatte zunächst die Grenzstadt Ling Kiu (im heutigen Dung Tschang Fu, Schantung) inne, bewarb sich dann um das Amt eines Strafrichters bzw. obersten Aufsehers des Gefängniswesens (vgl. I, B, 6, dort mit ‚Kerkermeister' übersetzt). Als solcher hatte er Gelegenheit, dem Fürsten Vorstellungen zu machen, wenn die Verhältnisse im Volke zu viele Strafen nötig machten.

Gung-Du Dsï[140] teilte es dem Mengzi mit.

Der sprach: »Ich habe gehört: Wenn einer ein Amt inne hat und kann nicht handeln, wie es sein Amt verlangt, so soll er gehen. Wenn einer die Pflicht zu reden hat und kann nicht reden, was er muss, so soll er gehen. Ich habe kein Amt inne, ich habe keine Verpflichtung, zu reden: kann ich nicht bleiben oder gehen, ganz wie es mir beliebt und ohne jeden Zwang?«

6. Mit einem Unwürdigen unterwegs

Mengzi hatte einst ein hohes Amt[141] in Tsi. Da ward er nach Tong gesandt, um beim Tode des dortigen Fürsten das Beileid des Königs von Tsi auszudrücken. Es ward ihm der Amtmann von Go, der unwürdige Wang Huan, zur Hilfe mitgegeben. Früh und spät war der um ihn, aber auf dem Wege zwischen Tsi und Tong redete Mengzi kein Wort mit ihm über die Erledigung der Geschäfte.

Gung-Sun Tschou sprach: »Die Stellung eines Ministers ist nicht gering, der Weg von Tsi nach Tong ist nicht nahe. Ihr habt ihn zwei Mal gemacht und habt mit ihm kein Wort gewechselt über die Erledigung der Geschäfte. Wie ist das?«

Mengzi sprach: »Da er ja alles schon selber besser zu wissen schien: was hätte ich da mit ihm reden sollen?«

---

140 Gung-Du ist der Name eines Schülers von Mengzi, der ihm die Spottreden der Leute von Tsi hinterbringt. Dass Mengzi so lange in Tsi blieb, hat seinen Grund darin, dass er hier trotz allem die meisten Hoffnungen hatte, etwas fertig bringen zu können. Der Abschnitt fällt wohl früher als der nächste, in dem er ein Amt in Tsi angenommen hatte, vermutlich Ende 314 oder Anfang 313.

141 Der Abschnitt fällt in das Jahr 313. Damals hatte Mengzi ein Ehrenamt (King = Minister) in Tsi. Der Auftrag, im Namen des Königs in Tong das Beileid anlässlich des Todes des dortigen Fürsten auszudrücken, scheint ebenfalls mehr ein Ehrenamt für Mengzi gewesen zu sein. Jedenfalls wurde ihm die Erfüllung durch Mitsendung des unwürdigen Günstlings Wang Huan sehr verbittert. Da Wang alles zu wissen vorgibt und nicht fragt, hält sich Mengzi auf dem ganzen Wege in Reserve. Über den Staat Tong vgl. Buch III.

7. Beerdigung der Mutter

Mengzi ging von Tsi nach Lu[142], um seine Mutter zu beerdigen. Als er nach Tsi zurückkam, machte er Halt in Ying. Da bat der Schüler Tschung Yü, eine Frage stellen zu dürfen, und sprach: »Damals habt Ihr mich trotz meiner Untauglichkeit mit der Aufsicht über die Herstellung des Sarges beauftragt. Die Arbeit war dringend, und ich wagte keine Fragen zu stellen. Heute nun möchte ich mir eine Frage erlauben: War das Holz des Sarges nicht etwas zu schön?«

Mengzi sprach: »Im Altertum gab es keine Vorschriften für Sarg und Sarkophag. Im Mittelalter wurde der Sarg sieben Zoll dick gemacht und der Sarkophag entsprechend. So hielten es alle, vom Sohn des Himmels an bis auf den Mann aus dem Volk. Es ging nicht nur darum, dass sie durch einen schönen Anblick das menschliche Herz befriedigen wollten. Wenn es ihnen unmöglich gemacht wurde, so fühlten sie sich beunruhigt; wenn sie nicht das Geld dazu hatten, so fühlten sie sich beunruhigt; wenn sie es machen konnten und das Geld dazu hatten, befolgten die Alten alle diesen Brauch. Warum sollte nur ich ihn nicht befolgen?

Und ferner: sollte es unserem Herzen denn gar keine Beruhigung gewähren, wenn wir dafür sorgen, dass die Erde nicht in Berührung kommt mit den Körpern derer, die der Auflösung entgegengehen? Ich habe gehört: Der Edle ist um alles in der Welt nicht knickerig gegen seine Eltern.«

---

142 Dieser Vorfall gab dem Günstling des Fürsten von Lu Anlass, dem Mengzi den Vorwurf zu machen, er habe bei der Beerdigung seiner Mutter zu viel Pracht aufgewandt (I, B, 16). Der Schüler Tschung Yü wartet die drei Jahre Trauerzeit ab, die Mengzi in Lu verbringt, und wagt sich erst dann mit seiner Frage hervor, als Mwngzi nach Tsi zurückkommt.

8. Der Angriff auf Yän

Schen Tung[143] fragte von sich aus den Mengzi und sprach: »Kann der Staat Yän angegriffen werden?«

Mengzi sprach: »Ja, Dsï Kuai – der frühere Fürst – durfte den Staat Yän nicht einem Anderen geben. Dsï Dschi – der jetzige Fürst – durfte Yän von Dsï Kuai nicht annehmen. Angenommen, Ihr hättet einen Diener, der Euch gefiele, und Ihr sagtet dem König nichts davon, sondern gäbet ihm von Euch aus Euer Einkommen und Rang, und jener Mann würde, ebenfalls ohne Befehl des Königs, von sich aus es von Euch annehmen: Würde das gehen? Jene aber haben es eben so gemacht.«

Der Staat Tsi griff nun Yän an.

Jemand fragte den Mengzi: »Ist es wahr, dass Ihr dem Staate Tsi geraten habt, Yän anzugreifen?«

Er sprach: »Niemals! Schen Tung hat gefragt, ob der Staat Yän angegriffen werden könne. Ich habe ihm geantwortet, er könne es. Darauf gingen sie hin und griffen ihn an. Wenn er mich aber gefragt hätte, wer ihn angreifen könne, so würde ich ihm geantwortet haben: Wer als Knecht Gottes handelt, der kann ihn angreifen.

Angenommen, es handle sich um einen Mörder, und es fragt jemand: Soll der Mann getötet werden? So würde man ihm antworten: Ja, er soll. Wenn er dann fragte: Wer soll ihn töten? So würde man ihm antworten: Wer Strafrichter ist, der soll ihn töten.

Wie aber hätte ich dazu kommen sollen, zu raten, dass *ein* Yän das *andere* angreift?«

---

143 Schen Tung war ein hoher Beamter aus der Umgebung des Königs Süan von Tsi. Mengzi war damals als Ehrengast in Tsi. Die Chronologie ist bei Sï-Ma-Tsiän, der auf Mengzi keine Rücksicht nimmt, gänzlich in Unordnung. Nach ihm fiele der Vorgang unter den König Min von Tsi. Diese Unordnung wird behoben, wenn wir die Chronologie der Bambusannalen akzeptieren, die mit Mengzi vorzüglich übereinstimmen. Danach fällt die Expedition gegen Tsi in das siebte Jahr des Königs Süan (314 v. Chr.). Es ist dieselbe, von der in I, B, 10 die Rede war. Der König Kuai von Yän war 320 auf den Thron gekommen und hatte – wie er meinte, in Nachahmung von Yau, wie Mengzi hier urteilt, in anmaßender Weise, ohne Rücksicht auf den Kaiserlichen Lehensherrn – den Thron an seinen Minister Dsï Dschï abgetreten, woraus in Yän Unruhen entstanden, in die Tsi eingriff. Mengzi lehnt die Verantwortung für das Vorgehen von Tsi ab, weil es nicht die moralische Berechtigung dazu gehabt habe.

9. Empörung von Yän. Die Schuld des Königs

Die Leute von Yän empörten sich. Der König von Tsi sprach: »Ich schäme mich sehr vor Mengzi[144].«

Tschen Gia sprach: »Eure Hoheit brauchen sich nicht deshalb zu bekümmern! Wer, denken Eure Hoheit, sei gütiger[145] und weiser: der Herzog von Dschon oder Ihr?«

Der König sprach: »Ach, was redest du da!«

Jener sprach: »Der Herzog von Dschou beauftragte seinen älteren Bruder Guan Schu[146], das Land Yin zu beaufsichtigen. Guan Schu stützte sich auf Yin und empörte sich. Hat jener es nun im Voraus gewusst und ihm dennoch den Auftrag gegeben, so war er nicht gütig. Hat er es nicht gewusst und ihm den Auftrag gegeben, so war er nicht weise. Wenn also selbst ein Herzog von Dschou nicht vollkommen

---

144 Der König schämte sich, weil er den Rat, den Mengzi ihm gegeben hatte (vgl. I, B, 10 u. 11), nicht befolgt hatte und die üblen Folgen nun ans Licht kamen. Der Höfling Tschen Gia weiß aber eine Ausrede. Selbst der Heilige Fürst von Dschou, der Bruder des Königs Wu, das Idealbild eines Herrschers nach Mengzi, hat auch mit Aufständen zu kämpfen gehabt. Wie kann man da einem gewöhnlichen Sterblichen einen Vorwurf machen, wenn ihm so etwas vorkommt?

145 Güte (»Jen«, ‚Sittlichkeit') und Weisheit (»Dschï«) sind die beiden Eigenschaften, die vereint die Heiligkeit ausmachen.

146 Der historische Sachverhalt ist nicht ganz klar. König Wen hatte 10 Söhne; gut bezeugter Überlieferung nach war Fa, der nachmalige König Wu, der zweite, Dan, der nachmalige Fürst von Dschou, der dritte. Guan Schu (Hiän) wäre demnach ein jüngerer Bruder gewesen. Als König Wu den Tyrannen Dschou Sin getötet hatte, verlieh er einen kleinen Staat Sang an die Nachkommen der Yindynastie, damit die Opfer für deren Vorfahren nicht unterbrochen würden. Zur Beaufsichtigung dieses Staates wurden jedoch einige Glieder der eigenen Familie bestimmt. Es ist das noch ein Akt des Königs Wu, so dass Tschen Gia nicht Recht hatte, als er diese Handlung auch dem Fürsten Dschou zuschrieb. Die Brüder schienen jedoch, während der Regentschaft des Fürsten Dschou für den unmündigen Sohn des Königs Wu, Fronde gemacht zu haben. Sie warfen ihm vor, dass er seinen jungen Neffen, den Kaiser, benachteiligen wolle. Schließlich gingen sie zur offenen Empörung über, die vom Fürsten Dschou mit rigoroser Strenge niedergeworfen wurde. Trotzdem dieses Ereignis der Schmerz seines Lebens blieb, konnte er nicht anders vorgehen, wenn die neue Dynastie nicht in den Wurzeln ihrer Existenz gefährdet werden sollte. Mengzi führt zur Entschuldigung des Fürsten Dschou an, dass Guan Schu der ältere Bruder gewesen sei, dem jener schon aus Pietät alles Gute zutrauen musste.

war an Güte und Weisheit: wie wollte man es von Eurer Hoheit erwarten? Ich bitte, den Mengzi besuchen zu dürfen, um ihm das zu erklären.«

So trat er denn vor Mengzi und sprach: »Was war der Herzog von Dschou für ein Mann?«

Mengzi sprach: »Ein Heiliger der alten Zeit.«

Jener sprach: »Ist es wahr, dass er den Guan Schu beauftragt hat, das Land Yin zu beaufsichtigen, und dass Guan Schu, auf Yin gestützt, sich empörte?«

Mengzi bejahte.

Jener sprach: »Wusste der Herzog von Dschou, dass jener sich empören werde, und hat er ihn dennoch angestellt?«

Mengzi sprach: »Er wusste es nicht.«

Jener sprach: »Dann kann ein Heiliger also auch Fehler machen?«

Mengzi sprach: »Der Herzog von Dschou war der jüngere Bruder, Guan Schu war der ältere Bruder: *musste* also nicht der Herzog von Dschou jenen Fehler begehen? Außerdem machten es die Herren in alten Zeiten so, dass sie die Fehler, die sie begangen hatten, verbesserten. Die heutigen Herren aber geben sich den Fehlern hin, die sie machen. Wenn die Herren der alten Zeit einen Fehler machten, so war es wie eine Sonnen- oder Mondfinsternis. Jedermann konnte ihn bemerken. Aber nachdem sie ihn verbessert hatten, sah das Volk wie vorher zu ihnen empor. Aber die Herren von heutzutage

geben sich nicht allein ihren Fehlern hin, sondern sie suchen sogar noch Ausreden dafür.«

10. Vergeblicher Versuch, Mengzi durch Reichtum in Tsi zu halten

Mengzi hatte sein Amt in Tsi aufgegeben und sich zurückgezogen. Da suchte der König den Mengzi auf und sprach: »Einst wünschte ich Euch zu sehen[147], aber es war nicht möglich. Als es mir dann zuteil wurde, an Eurer Seite zu stehen, war ich mit meinem ganzen Hofe hocherfreut. Nun wollt Ihr mich wieder verlassen und Euch

---

147 Dieses erste Beisammensein bezieht sich wohl auf den ersten Aufenthalt des Mengzi in Tsi im Jahre 319, der durch die Trauerzeit in Lu unterbrochen wurde (317–315), worauf der zweite Aufenthalt in Tsi von 315–312 folgte. Auf das

ABSCHNITT B 87

zurückziehen. Darf ich wohl hoffen auf ein künftiges Wiedersehen?«

Mengzi erwiderte: »So sehr ich es wünschte, ich wage nicht darum zu bitten.«

Tags darauf sagte der König zu Schï Dsï[148]: »Ich habe im Sinn, dem Mengzi inmitten der Landeshauptstadt ein Haus zu geben und seinen Jüngern zum Unterhalt jährlich 10. 000 Maß Getreide, damit alle Adeligen und Bürger ein Vorbild haben, zu dem sie emporsehen können. Wollt Ihr ihn nicht in meinem Namen davon unterrichten?«

So veranlasste Schi Dsï den Tschen Dsï, es dem Mengzi anzusagen.

Tschen Dsï sagte die Worte des Schï Dsï dem Mengzi an.

Mengzi sprach: »Ja, dieser Schï Dsï kann natürlich nicht wissen, dass es nicht geht. Angenommen, ich begehrte wirklich Reichtum; auf 100. 000 Maß[149] verzichten und 10. 000 annehmen: heißt das Reichtum begehren? [...][150] Wenn man selbst nicht mehr gebraucht wird

---

Ende dieses Aufenthaltes fallen die Ereignisse der verschiedenen Abschnitte am Schluss des zweiten Buches. Mengzi hatte die Ehrenstellung eines King (Minister), die er ohne Gehalt bekleidet hatte, aufgegeben und sich zunächst ins Privatleben zurückgezogen. Doch zögerte er offenbar, Tsi zu verlassen, in der Hoffnung, der König könne vielleicht doch noch für seine Lehren gewonnen werden. In dieser Hoffnung sah er sich enttäuscht. Der König suchte ihn zwar zu halten, aber nicht, indem er ihm zu folgen versprach, sondern indem er ihm materielle Verbesserungen seiner Lage in Aussicht stellte.

148 Schï Dsï ist ein Mann aus der Umgebung des Königs. Das Angebot des Königs, das Schï Dsï überbringen sollte, war freigebig. Die Fürsten des damaligen China liebten es, ähnlich wie die Renaissancefürsten Italiens, Gelehrte an ihren Hof zu ziehen. Sï-Ma Tsiän erwähnt, dass am »Korntor« (»Dsï men«), der Hauptstadt von Tsi, an die Tausend solcher Wandersophisten beherbergt wurden; Mengzi sollte offenbar etwas besser gestellt werden als diese Scharen. Tschen Dsï ist Mengzis Jünger, Tschen Dschen, der in II, B, 3 erwähnt ist.

149 100. 000 Maß war das Gehalt eines Ministers (King), auf das Mengzi offenbar seinerzeit verzichtet hatte, sich mit einem Ehrenamt begnügend.

150 Hier scheint der Text verdorbt zu sein. Ganz unvermittelt steht der Satz: »Gi-Sun sprach: ›Sonderbar‹, Dsï Schu war zweifelhaft« mitten im Zusammenhang. Gi-Sun und Dsï Schu werden als Jünger Menzis genannt; möglich, dass der Satz nach oben gehört, hinter »Tschen Dsï sagte die Worte des Schi Dsï dem Mengzi an«. Eine derartige Verlagerung könnte bei der Umschreibung des Textes von den Bambustafeln der alten Zeit auf die Rollen leicht vorgekommen sein. Die Ausführungen des Mengzi wären dann zur Zerstreuung der Zweifel seiner Schüler angegeben. Die Auskunft, ein Zitat des Mengzi anzunehmen: »Gi-Sun [das wäre dann ein Glied der Gi-Sun-Familie in Lu zu Kungs Zeit] sprach: ›Ein seltsamer Mensch war Dsï Schu I‹« (wobei das »I«

bei der Regierung, so soll man es unterlassen, noch seine Schüler in Amt und Würden zu bringen. Reichtum und Ehre zu begehren, ist ja allgemein menschlich, aber geht es denn, dass man sich inmitten von Reichtum und Ehre einen besonderen Hügel macht?

In alter Zeit tauschten die Leute, die auf den Markt gingen, gegen die Dinge, die sie hatten, andere ein, die sie nicht hatten. Es waren Aufseher da, die sie in Ordnung hielten. Nun war einmal ein minderwertiger Geselle, der stets sich einen besonderen Hügel aussuchte. Er stieg hinauf und blickte rechts und links, um den ganzen Gewinn des Marktes einzuheimsen. Jedermann hielt das für gemein, und so machten sie sich denn daran, ihn zu besteuern. Die Besteuerung der Kaufleute hat bei diesem minderwertigen Gesellen ihren Anfang genommen.«

11. Vergeblicher Versuch, Mengzi zurückzuholen

Als Mengzi den Staat Tsi verließ, da übernachtete er in dem Grenzort Dschou. Da kam ein Mann, der wollte ihn im Namen des Königs zum Bleiben überreden. Während dieser aber dasaß und redete, gab Mengzi keine Antwort, sondern stützte die Arme auf seinen Tisch und schlief[151].

Der Besucher wurde missvergnügt und sprach: »Ich habe die Nacht fastend[152] verbracht, ehe ich zu reden wagte, und nun schlaft Ihr und hört mir nicht einmal zu. Ich bitte, künftig meinen Besuch nicht mehr erwarten zu wollen.«

Mengzi sprach: ›Setzt Euch, ich will ohne Rückhalt mit Euch reden. Der Herzog Mu[153] von Lu hatte seinerzeit immer einen Vertreter zur

---

= ›zweifelhaft‹ als Bestandteil des Namens angesehen wird), ist wenig überzeugend. Namentlich muss der genannte Dsï Schu I erst künstlich hergestellt werden. Man wird daher die vorliegende Emendation der Übersetzung von Legge und Couvreur, die beide Dschu Hi folgen, empfehlen dürfen.
151 Diese Haltung nahm Mengzi absichtlich ein, um den Beamten zum Fragen zu veranlassen.
152 »Tsi« = »Dschai«. Andere Übersetzung: »Ich habe mich lange ehrerbietig vorbereitet.«
153 Herzog Mu von Lu regierte von 409–377 v. Chr. Der Enkel des Kung Dsï, Dsï Sï, weilte als hochgeehrter Lehrer in Lu. Der Fürst hatte immer einen Vertreter in seiner Nähe, um seine Lehren in Empfang zu nehmen. Siä Liu war ein Weiser aus Tsi, Schen Siang war der Sohn des Konfuziusjüngers Dsï

Seite des Dsï Sï, sonst hätte er ihn nicht zu halten vermocht, und Leute wie Siä Liu und Schen Siang hatten wenigstens Leute zur Seite des Herzogs, die ihre Sache vertraten, sonst hätten sie sich auch nicht halten lassen. Wenn Ihr nun in Euren Erwägungen um meinetwillen, der ich doch ein älterer Mann bin, nicht dafür sorgt, dass ich wie ein Dsï Sï behandelt werde: habt Ihr da mich als Älteren schlecht behandelt, oder habe ich als Älterer Euch schlecht behandelt?«

12. Warum Mengzi zögerte

Mengzi hatte Tsi verlassen. Da sagte Yin Schï[154] zu den Leuten: »Wenn er nicht gewusst hat, dass man aus unserem König keinen Heiligen wie Tang und Wu machen kann, so war er unvernünftig. Hat er aber gewusst, dass es nicht geht, und ist doch gekommen, so hat er sich einfach in der königlichen Gnade sonnen wollen. Tausend Meilen weit ist er gekommen, um vor den König zu treten. Weil er es nicht nach Wunsch getroffen hat, ist er wieder gegangen. Dabei hat er noch an der Grenze dreimal übernachtet, ehe er Dschou verließ. Was ist das für ein zögerndes Wesen! Das gefällt mir nicht!«

Der Schüler Gau Dsï[155] erzählte das dem Mengzi wieder.

Der sprach: »Dieser Yin Schï kennt mich nicht! Dass ich tausend Meilen weit herkam, um vor den König zu treten, das war mein eigener Wunsch. Dass ich es nicht getroffen habe und wieder ging: wie wäre das mein Wunsch gewesen! Ich tat's, weil ich nicht anders konnte. Drei Tage weilte ich in Dschou, ehe ich die Grenze überschritt, und es wollte mir noch zu eilig dünken. Vielleicht konnte der König die Sache noch ändern. Änderte er sie, so ließ er mich sicher zurück-

---

Dschang. Beide waren ebenfalls zu jener Zeit in Lu und hatten wenigstens ihrerseits einen Vertreter beim Fürsten, der für die Durchführung ihrer Ratschläge sorgte. Die Meinung Mengzis ist nun: »Statt dass man in Tsi ebenfalls Anstalten trifft, für die Durchführung meiner Lehren zu sorgen, will man mich nur veranlassen, zurückzukehren, damit gleichsam die ganze Schuld des Bruches mir zuschiebend. Darin liegt eine schlechte Behandlung, die ich mir nicht gefallen lassen kann.« Dennoch gab er die Hoffnung nicht auf, sondern wartete in Dschou, dem südwestlichen Grenzort von Tsi, drei Tage vergeblich, ob der König sich nicht eines Besseren besinne.

154 Yin Schï, ein sonst nicht genannter Mann aus Tsi.
155 Ga Dsï ist der bei Dschau als zwölfter genannte Jünger.

holen. Ich überschritt die Grenze, und der König schickte niemand nach mir. Da erst ließ ich meinem Entschluss zur Heimkehr freien Lauf. Aber trotz alledem! Wie könnte ich den König aufgeben! Der König ist ein Mann, der wohl dazu gebracht werden kann, Gutes zu wirken. Wenn der König mich gebraucht hätte, so wäre nicht nur das Volk von Tsi zur Ruhe gekommen: alles Volk auf Erden wäre zur Ruhe gekommen. Vielleicht macht es der König noch wieder gut. Ich hoffe täglich darauf.

Warum sollte ich es machen, wie solch ein kleiner Geselle, der, wenn er seinem Fürsten Vorstellungen macht und kein Gehör findet, gleich aufbraust und rot vor Zorn im Gesicht wegläuft und den ganzen Tag mit aller Kraft voranmacht, ehe er innehält zum Übernachten!«

Yin Schï hörte davon und sprach: »Ich war doch wirklich zu gering!«

13. Verzweiflung

Als Mengzi den Staat Tsi verließ, befragte ihn der Schüler Tschung Yü[156] unterwegs und sprach: »Ihr seht missvergnügt aus, Meister! Früher habe ich Euch sagen hören: ›Der Edle murrt nicht wider Gott und grollt nicht den Menschen‹.«

Mengzi sprach: »Das war zur damaligen Zeit, heute ist es wieder anders. Alle fünfhundert Jahre muss ein König der Welt erscheinen, und dazwischen müssen wenigstens Männer da sein, die in ihrem Geschlechte[157] Ordnung schaffen. Seit der Begründung des Hauses Dschou sind nun über siebenhundert Jahre verflossen. Die Zahl der Jahre ist also schon überschritten ; prüfen wir die Verhältnisse der Zeit, so ist die Möglichkeit vorhanden. Aber Gott will noch nicht, dass Friede und Ordnung auf Erden herrscht. Wenn er Frieden auf Erden

---

156 Tschung Yü ist der bei Dschau als fünfter genannte Jünger.
157 Mengzi macht hier den Unterschied zwischen berufenen Heiligen auf dem Thron, die für Jahrhunderte hinaus die Weltordnung festlegen, wie Yau, Tang, Wen usw. (»Schong Jen«) und den Würdigen (»Hiän Jen«), die wenigstens in ihrem Geschlecht die ›Namen in Ordnung bringen‹ (Über das in Ordnung bringen der Namen vgl. Franke, *Von der Richtigstellung der Bezeichnungen*, und *Lun Yü* XIII, 3). Zu den Letzteren rechnet sich Mengzi offenbar selbst. Und zwar weiß er sich als den einzigen in seinem Geschlecht, darum die Verzweiflung, als er keinen Fürsten findet, der auf seine Lehren hört.

wollte, wer ist dann außer mir sonst in diesem Geschlecht vorhanden, die Welt zu ordnen? Wie sollte ich da nicht missvergnügt sein?«

14. Warum Mengzi in Tsi kein Gehalt nahm

Als Mengzi den Staat Tsi verließ, machte er Rast in Hiu. Gung-Sun Tschou befragte ihn und sprach: »Im Amt zu sein, ohne Gehalt anzunehmen: ist das der Weg der Alten?«

Mengzi sprach: »Nein. Aber als ich in Tschung den König zu sehen bekam, da hatte ich gleich, als ich von ihm herauskam, die Absicht, wieder wegzugehen. Ich wollte nicht zweideutig[158] erscheinen. So nahm ich kein Gehalt an. Nachher ergab es sich, dass ich zum Ratgeber[159] ernannt wurde; dieser Pflicht konnte ich mich dann nicht entziehen. Dass ich aber so lange in Tsi geblieben bin, war nicht meine Absicht.«

---

158 Nach Dschau wäre zu erklären: »Ich hatte zwar die Absicht, wieder zu gehen, doch wollte ich nicht so abrupt abreisen, um nicht den Anschein einer scharfen Verurteilung des Königs zu geben. Darum blieb ich zwar zunächst, aber ohne Gehalt, um mir den Rücktritt jeder Zeit zu ermöglichen.«
159 Dieser Posten eines Ratgebers war, wie aus dieser Stelle deutlich hervorgeht, ein unbezahltes Ehrenamt.

BUCH III

TONG WEN GUNG

ABSCHNITT A
Wie man ein guter Regent wird

1. Ermunterung des Thronfolgers von Tong

Der Herzog Wen von Tong[160] reiste, als er noch Thronfolger war, nach Tschu. Er kam durch Sung und besuchte den Mengzi. Mengzi redete von der Güte der menschlichen Natur und erwähnte dabei immer die heiligen Herrscher Yau und Schun.

Als der Thronfolger von Tschu zurückkam, besuchte er abermals den Mengzi.

Mengzi sprach: »Beunruhigen Euch[161] meine Worte, Prinz? Der Weg ist für Alle derselbe. Das ist alles.

Tschong Giän[162] sagte einst vom Herzog Ging von Tsi: ›Jener ist ein Mensch, ich bin auch ein Mensch. Warum sollte ich mich durch ihn einschüchtern lassen?‹

Yän Yüan[163] sagte einst: ›Wer ist Schun? Wer bin ich? Wer tätig ist, wird es auch so weit bringen.‹ Gung-Ming I[164] sagte: ›Der heilige

---

160 Der Herzog Wen von Tong, der hier als Kronprinz auftritt, ist derselbe wie der in I, B, 13–15 erwähnte. Der hier erzählte Vorfall ist wesentlich früher. Er schließt sich an die Abreise Mengzis aus Tsi an und fällt in das Jahr 311.
161 Die Beunruhigung könnte darin liegen, dass die Vorbilder eines Yau und Schun zu unerreichbar und hoch seien. Demgegenüber betont Mengzi, dass der Weg für Alle derselbe ist, dass, was jene von Natur hatten, auch durch Anstrengung errungen werden könne.
162 Tschong Giän, der etwas anders geschrieben auch bei Huai Nan Dsï erwähnt wird, war ein Held wie etwa Mong Ben. Seine Worte: »Jener ist ein Mensch«, beziehen sich nach Dschau auf den Herzog Ging von Tsi, vor dem er sich nicht scheute.
163 Yän Yüan, der Lieblingsschüler Kungs, steckt sich seine Ziele höher.
164 Gung Ming I ist ein Schüler des Konfuziusjüngers Dsong Schen, der zu Dsï Dschangs Beerdigung gebeten wurde. Er nahm den König Wen und den Herzog von Dschou zu Vorbildern.

König ist mein Lehrer, und ich glaube, dass der Herzog von Dschou mich nicht irreführt.‹

Die Herrschaft Tong hat nur etwa fünfzig Meilen im Geviert. Dennoch kann man einen gutregierten Staat daraus machen. Es heißt im *Buch der Urkunden*[165]: ›Wenn die Arznei nicht erst eine Betäubung hervorruft, wird seine Krankheit nicht geheilt.‹«

2. Trauer um den alten Fürsten

Herzog Ding von Tong war entschlafen[166]. Der Thronfolger sprach zu Jan Yu[167]: »Einst hat Mengzi mit mir gesprochen in Sung. Das habe ich nie in meinem Herzen vergessen. Heute nun, da ich die traurige Pflicht habe, meinen Vater zu bestatten, möchte ich Euch senden, um den Mengzi zu befragen, ehe ich ans Werk gehe.«

Jan Yu kam nach Dsou und befragte den Mengzi.

Mengzi sprach: »Seid mir willkommen! Die Trauer um die Eltern ist allerdings etwas, dem man sich ganz widmen muss. Dsong Dsï sprach[168]: ›Sind die Eltern am Leben, ihnen dienen, wie es sich geziemt; nach ihrem Tode sie bestatten, wie es sich geziemt, und ihnen opfern, wie es sich geziemt: das mag man Kindesehrfurcht nennen‹. Der Fürsten[169] Bräuche habe ich nicht gelernt. Immerhin, ich habe gehört, dass eine Trauerzeit von drei Jahren, Kleidung aus grobem, ungesäumtem Tuch und einfache Nahrung ohne Fleisch vom Himmelssohne bis hernieder auf den Mann des Volkes seit alten Zeiten[170] immer üblich ist.«

Jan Yu brachte den Bescheid zurück. Es ward bestimmt, drei Jahre Trauer einzuhalten. Die Anverwandten und die Beamten waren alle

---

165 Vgl. *Schu Ging* IV, 8, I, 8 (Schuo Ming Piän), von Wu Ding gebraucht. Dschau erwähnt, die Stelle sei aus einem Paralipomenon zum *Schu Ging*.
166 Der Tod des alten Fürsten von Tong fällt ins Jahr 301, also zehn Jahre nach dem vorigen Abschnitt.
167 Jan Yu ist der Erzieher des Fürsten. Mengzi war zu jener Zeit von Sung in seine Heimat zurückgekehrt.
168 Dieses Zitat steht als Ausspruch Kungs in *Lun Yü* II, 5.
169 Die Fürsten sind hier mit Verachtung genannt. Ihre Bräuche sind die schlechten Sitten der Verfallszeit. Ihnen gegenüber appelliert Mengzi an das Altertum.
170 Wörtlich: »Seit den drei Dynastien«, d. h. seit historischer Zeit.

nicht einverstanden. Sie sprachen: »In Lu[171], dem Reiche unserer Ahnen, hat unter den früheren Fürsten keiner so gehandelt; unter den früheren Fürsten unseres Landes hat gleichfalls keiner so gehandelt. Es geht nicht an, dass Ihr nun plötzlich alles anders machen wollt. Auch steht geschrieben[172]: ›Bei Bestattung und Opfern folge den Ahnen‹. Das heißt also, wir sollen uns ans Überkommene halten.«

Da sprach der Fürst zu Jan Yu: »Ich habe mich früher nicht um Bildung gekümmert, ich liebte Wagenrennen und Kampfspiele. Darum sehen mich die Verwandten und Beamten nicht für voll an. Ich fürchte der Wichtigkeit der Sache nicht gewachsen zu sein. Frage für mich bei Mengzi an.«

Jan Yu kam abermals nach Dsou und befragte den Mengzi.

Mengzi sprach: »So ist's. Doch soll er es nicht bei den Anderen suchen. Meister Kung sprach[173]: ›Stirbt der Fürst, so führt der Kanzler die Regierung, der Thronfolger ernährt sich von dünnem Reis, sein Angesicht verfärbt sich zu tiefem Schwarz, er begibt sich auf seinen Platz und weint. Dann ist unter allen Beamten und Dienern keiner, der es wagte, nicht zu trauern, wenn er ihnen mit seinem Beispiel vorangeht. Was die Oberen lieben, das lieben die Unteren sicher noch mehr. Das Wesen des Herrschers ist wie der Wind, das Wesen der Leute ist wie das Gras. Das Gras muss sich beugen, wenn der Wind darüber kommt! Die Sache steht beim Thronfolger.«

Jan Yu brachte den Bescheid zurück. Der Thronfolger sprach: »Ja, es steht wirklich bei mir.«

Er verweilte bis zur Beerdigung im Trauerzelt. Und kein Gebot oder Verbot erließ er während dieser Zeit. Alle Beamten und Verwandten sagten von ihm, dass er die Bräuche verstehe. Als die Bestattung war, da kamen von allen Seiten her die Leute, um ihn zu sehen.

---

171 Das Haus von Tong leitet sich von einem Seitenzweig des Hauses Dschou her; die Bräuche von Lu, wo der Herzog von Dschou herrschte, waren maßgebend für alle Staaten, die zur Dschoufamilie gehörten. Es ist natürlich nicht wahr, dass der Herzog von Dschou die dreijährige Trauerzeit nicht eingehalten hatte. Die lockeren Sitten waren erst später aufgekommen.
172 Wo das steht, ist nicht gesagt: »Dschi« heißt einfach ‚Aufzeichnung', ‚Lokalchronik'.
173 Dieses Zitat findet sich in dieser Gestalt in *Lun Yü* nicht. Es ist eine erweiterte Kombination von *Lun Yü* XIV, 18 u. XII, 14. Auch hier ein Beweis, dass der Text der *Lun Yü* zu Mengzis Zeit noch nicht feststand.

Seine Mienen waren so bekümmert, seine Tränen so echt, dass alle Leidtragenden damit zufrieden waren.

3. Ratschläge für die Regierung

Der Herzog Wen von Tong befragte den Mengzi über die Leitung des Staates.

Mengzi sprach: »Die Geschäfte des Volkes darf man nicht vernachlässigen. Im *Buch der Lieder*[174] heißt es:

›Indes der Tag ist, schneidet Binsengras,
Und wird es Nacht, so flechtet Seile draus.
Behende steiget zu dem Boden auf,
Hebt an und worfelt alle das Getreide.‹

Dem Volk geht es also[175]: Hat es einen festen Lebensunterhalt, so hat es ein festes Herz. Hat es keinen festen Lebensunterhalt, so verliert es auch die Festigkeit des Herzens. Ohne Festigkeit des Herzens aber kommt es zu Zuchtlosigkeit, Gemeinheit, Schlechtigkeit und Leidenschaften aller Art. Wenn die Leute so in Sünden verfallen und hinterher deshalb mit Strafen verfolgt werden, stellt man dem Volk Fallstricke. Wie kann ein milder Herrscher auf dem Throne sein Volk also verstricken? Darum ist ein weiser Fürst stets ernst und sparsam und höflich gegen Untergebene. Und was er von dem Volke nimmt, hat feste Grenzen. Yang Hu[176] sprach: ›Wem es um Reichtum zu tun ist, der kann nicht gütig sein. Wem es um Güte zu tun ist, der wird nicht reich‹.

Das Herrscherhaus von Hia[177] gab den Leuten 50 Morgen und nahm Steuern. Das Haus Yin gab ihnen 70 Morgen und nahm Fron-

---

174 Vgl. *Schï Ging* I, XV, 1 v. 7.
175 Vgl. I, A, 7.
176 Yang Hu oder Yang Ho ist der Usurpator in Lu, der Kung in seine Dienste nehmen wollte. Vgl. *Lun Yü* XVII, 1. Er hat die hier zitierten Worte natürlich in entgegengesetztem Sinne angewandt.
177 Das Haus von Hia wird meist als Hia Hou Schi zitiert (auch in *Lun Yü*), während die Yin- und Dschoudynastie einfach als die Leute von Yin bzw. Dschou eingeführt werden. Das wird damit erklärt, dass der Begründer des Hauses Hia, der große Yü, den Thron durch Übertragung von Schun erhalten

dienste. Das Haus Dschou gab ihnen 100 Morgen und nahm Abgaben. In Wirklichkeit nahmen sie alle den Zehnten. Die ›Abgaben‹ beruhten auf der Einrichtung der Ertragsgemeinschaft. Die ›Fronden‹ beruhten auf der Einrichtung der Arbeitsgemeinschaft.

Lung Dsï[178] sprach: ›Bei der Ordnung des Grundbesitzes ist am geeignetsten die Fron, am ungeeignetsten die Steuer. Die Steuer wird für immer festgesetzt nach dem mittleren Ertrag mehrerer Jahre. In guten Jahren, wenn das Korn im Überfluss umherliegt, könnte man mehr nehmen, ohne dass es als Härte wirkte. Stattdessen wird verhältnismäßig wenig genommen. In übeln Jahren, wenn man die Felder düngen muss und doch nicht genug hat, muss dann doch der volle Betrag erhoben werden. Wenn ein Landesvater es dahin bringt, dass seine Leute mit Falten auf der Stirn das ganze Jahr sich abmühen und selbst so es noch nicht fertig bringen, ihre Eltern zu ernähren, sondern Anleihen aufnehmen müssen, um den Mangel auszugleichen, so dass die Greise und Säuglinge sich in den Straßengräben wälzen: worin besteht da seine Landesvaterschaft?[179]‹.

Im Buch der Lieder heißt es:
›Und regnet's auf des Fürsten Äcker,
So kommt's auch auf die unsern dann.‹

Nur beim System der Arbeitsgemeinschaft gibt es Fürstenäcker. Von hier aus angesehen, kommt es auch zur Dschou-Zeit auf das System der Arbeitsgemeinschaft hinaus.

Man richte Akademien[180], Gymnasien, Schulen und Lehranstalten ein, um das Volk zu belehren. Akademien sind Anstalten, wo die

---

habe, während die Begründer der beiden folgenden Dynastien ihn gewaltsam an sich gerissen haben.
178 Lung Dsï wird von Dschau einfach ein Würdiger der alten Zeit genannt.
179 Vgl. I, A, 4. Im Text steht noch der Satz: »Was das erbliche Einkommen der Beamtenfamilien abelangt, so ist das in Tong jetzt schon üblich.« Dieser Satz steht jedenfalls nicht im richtigen Zusammenhang, oder aber es muss das Zitat aus *Schï Ging* II, VI, 8 mit dem Zusatz gestrichen werden.
180 Man darf dabei nicht an Schulen moderner Art denken. Die Akademien (»Siang«) waren Orte gemeinsamer Zusammenkunft in den einzelnen Gauen, wo alte, verdiente Gaugenossen bewirtet wurden, ähnlich wie im Prytaneion zu Athen. Die Gymnasien (»Sü«) waren Orte, wo hauptsächlich das gemeinsame Bogenschießen geübt wurde. Die Lehranstalten (»Hiau«) dienten

Lehrer auf öffentliche Kosten unterhalten werden; Lehranstalten sind Anstalten, wo gelehrt wird; Gymnasien waren für den Unterricht in Körperübungen da. Zur Zeit der Hia-Dynastie sprach man von Lehranstalten, zur Zeit der Yin-Dynastie von Gymnasien, zur Zeit der Dschou-Dynastie von Akademien. Was die Schulen anlangt, so sind sie allen drei Dynastien gemein. Bei allen war das Ziel die Klärung der Pflichten innerhalb der menschlichen Gesellschaft. Wenn die Pflichten
geklärt sind, so wird das gewöhnliche Volk in den unteren Schichten Liebe bekommen. Und wenn ein König der Welt aufsteht, so wird er kommen und sich ein Beispiel an Euch nehmen, und Ihr werdet so Lehrer der Könige sein.

Im Buch der Lieder[181] heißt es:
›Ist Dschou auch schon ein altes Land,
Es hat sein Amt erst neu erlangt.‹

Das ist vom König Wen gesagt. Wenn Ihr kräftig daran wirkt, so wird dadurch auch Euer Staat erneuert werden.«

Der Fürst stellte Bi Dschan an. Der befragte den Mengzi über die Einteilung des Landes nach dem Brunnensystem[182].

---

vornehmlich zur Einübung von Riten und Musik. Doch scheinen die drei genannten Anstalten ziemlich ähnlichen Zwecken gedient zu haben als Orte der Zusammenkunft zu gemeinsamen Mahlzeiten und Feiern. Die Schulen (»Hüo« oder »Da Hüo«) sind im Gegensatz zu den Gauanstalten die höchsten Anstalten in der Hauptstadt, die westlich vom Königspalast gelegen waren. Hier versammelten sich die reifsten Gelehrten der anderen Anstalten als in einer Art von Universitäten.

181 Vgl. *Schï Ging* II, VI, 8 v. 3.
182 Bei dem so genannten »Brunnensystem« werden je neun Felder so angeordnet, dass das mittlere, auf dem sich der Brunnen befand, öffentliches Land war, während die acht umliegenden Felder an die einzelnen Bauern verteilt wurden, die außer ihren eigenen Feldern das öffentliche Feld im Frondienst mit bestellen mussten. Von dem Ertrag der »Brunnenfelder« wurden dann die öffentlichen Ausgaben bestritten. Es würde zu weit führen, die umfangreichen Angaben der Kommentare über dieses System wiederzugeben, das offenbar die primitiven Verhältnisse nach Umwandlung der totemistischen Sippen in die patriarchalische Familie wiederspiegelt, wobei jedoch ähnlich wie bei den alten Germanen viele kommunistische Züge bestehen blieben.

Mengzi sprach: »Euer Fürst will ein mildes Regiment ausüben, und seine Wahl ist auf Euch gefallen, da müsst Ihr Euch die größte Mühe geben. Ein mildes Regiment beginnt mit der Feststellung der Grenzen. Sind die Grenzen der Ländereien nicht geregelt, so ist das öffentliche Land mit den Brunnen nicht gerecht verteilt und das Getreide für die Gehälter nicht gleichmäßig. Darum pflegen grausame Herrscher und unreine Beamte stets die Grenzen zu vernachlässigen. Sind die Grenzen reguliert, so lässt sich die Verteilung der Felder und die Bestimmung der Gehälter festsetzen, während man ruhig zu Hause sitzt.

Das Ackerland von Tong ist beschränkt und klein, aber es gibt doch wohl Gebildete, es gibt doch wohl Bauern. Gäbe es keine Gebildeten, so wäre niemand da, die Bauern zu regieren; gäbe es keine Bauern, so wäre niemand da, die Gebildeten zu ernähren. Ich würde raten, auf dem Lande die Felder so zu verteilen, dass unter je neun Feldern ein staatliches Feld ist. In der Nähe der Hauptstadt dagegen mögen die Leute den Zehnten für sich selbst bezahlen. Vom Minister an abwärts soll jeder Beamte ein Feld für die Bestreitung der Unkosten des Ahnendienstes haben im Umfange von 50 Morgen. Die jüngeren Söhne sollen 25 Morgen bekommen. Kein Toter und kein Wandernder soll seine Markung verlassen. Die Felder einer Markung haben einen gemeinsamen Brunnen, beim Aus- und Eingehen sind die Leute einander befreundet, im Schutz und bei der Aufsicht helfen sie einander, in Krankheitsfällen pflegen und warten sie einander. So herrscht Liebe und Eintracht unter dem Volke.

Jede Geviertmeile bildet einen Brunnenverband. Ein solcher Brunnenverband besteht aus neunmal hundert Morgen. Die mittleren hundert Morgen sind öffentliches Land. Acht Familien haben je hundert Morgen zum eigenen Anbau und bebauen gemeinsam das öffentliche Land. Sind die öffentlichen Arbeiten beendigt, dann erst wagen sie, an ihre eigenen Arbeiten zu gehen. Dadurch unterscheiden sie sich als Bauern.

Das sind die großen Grundzüge. Wie das Volk noch weiter gefördert werden mag, das steht bei Eurem Fürsten und Euch.«

4. Die Naturmenschen

Es kam ein Mann namens Hü Hing, der die Lehre des göttlichen Landmanns[183] verkündete, von Tschu nach Tong. Er kam vor die Tür des Palastes und sagte zu dem Herzog Wen: »Wir sind Leute aus fernen Landen und haben gehört, dass Ihr ein mildes Regiment führet, o Fürst. Wir möchten ein Stück Land überwiesen haben und Eure Untertanen werden.« Der Herzog Wen gab ihm einen Wohnplatz. Er hatte mehrere Dutzend Schüler. Alle trugen sie härene Gewänder und verdienten sich ihre Nahrung durch Klopfen von hänfenen Sandalen und Flechten von Matten.

Ein Jünger des Tschen Liang[184] namens Tschen Siang und sein Bruder Sin kamen, mit ihren Ackergeräten auf dem Rücken, von Sung nach Tong und sprachen: »Wir haben gehört, dass Ihr das Regiment eines Heiligen führt, o Fürst. So seid Ihr auch ein Heiliger. Wir möchten eines Heiligen Untertanen werden.«

Tschen Siang besuchte darauf den Hü Hing und war sehr entzückt. Er warf seine ganze Wissenschaft beiseite und ging zu ihm in die Lehre.

---

183 Der göttliche Landmann (»Schen Nung«), der als Erfinder des Ackerbaues und der Medizin gefeiert wird, ist der zweite der drei »Huang« (,Erhabenen'), als deren erster »Fu Hi« (,der brütende Atem' genannt wird. »Schen Nung« ist auch ,der Feuerherr'. Über den dritten der Huang geht die Überlieferung auseinander. Entweder wird »Sui Jen« (,der Feuerbohrer') oder »Dschu Ying« (,der Schmelzer') oder »Huang Di« (,der Herr der gelben Erde') genannt, oder wird als zweiter nach Fu Hi der oder die »Nü Wa« – zuweilen als seine Schwester bezeichnet – eingeschoben. Alle diese mythischen Gestalten aus grauer Vorzeit, die zum Teil Lokalsagen, zum Teil fremden Einflüssen ihre Entstehung verdanken, können natürlich keinen Anspruch auf historische Glaubwürdigkeit geltend machen. Die hier verkündigten Lehren des göttlichen Landmanns entstammen tatsächlich der Schule des Schï Giau, eines Philosophen aus dem Staate Lu, der in seiner Betonung der »Natürlichkeit« noch weiter ging als Mo Di. Er gehörte zu den taoistischen Philosophen, und ähnlich wie Mo Di den großen Yü als Vorbild gewählt, so hatte er den Schen Nung zum Vorbild genommen. Mengzi hatte Yau und Schun als Vorbilder. Die Richtung ist mit den in *Zhuangzi* erwähnten taoistischen Schulen des Sung Giän und des Pong Mong verwandt (vgl. Dschuang Dsï, Einl. p. XVIII u. XIX). Der Staat Tschu, von wo die Leute kamen, lag südlich von Tong.
184 Tschen Liang gehörte zur konfuzianischen Schule, den »Ju«. Als »Ju« werden jene bezeichnet, die in den sechs klassischen Schriften bewandert sind, Liebe und Pflicht (Jen, J) als ihre Ideale bezeichnen, Yau, Schun, Wen, Wu, Dschou Gung, Kung Dsï als ihre Meister verehren.

Tschen Siang besuchte einst auch den Mengzi[185] und erzählte ihm Hü Hings Worte, dass der Fürst von Tong wirklich ein würdiger Herr sei, dennoch aber die letzte Wahrheit noch nicht kenne. Ein weiser Fürst müsse ebenso wie sein Volk seine Nahrung durch seiner Hände Arbeit verdienen, er müsse sich sein Frühstück und Abendmahl selbst zubereiten und nebenher noch die Regierung führen. In Tong aber seien staatliche Scheunen, Vorratskammern, Schatzhäuser und Kassen; das heiße das Volk bedrücken, um sich auf seine Kosten zu nähren, und könne nicht weise genannt werden.

Mengzi sprach: »Dann pflanzt also sicher der Herr Hü sein Korn selber, ehe er isst.«

Die Antwort war: »Ja.«

»Dann webt der Herr Hü also sicher sein Tuch selber, ehe er sich kleidet.«

Die Antwort war: »Nein, Herr Hü trägt Wolle.«

»Und trägt Herr Hü einen Hut?«

Antwort: »Ja, er trägt einen Hut.«

»Was für einen Hut trägt er?«

»O, einen ganz einfachen.«

»Hat er ihn selbst gewoben?«

---

185 Diese Unterhaltung zwischen dem Schüler des Naturmenschen und Mengzi erinnert einigermaßen an das Zusammentreffen des Dong Si und Be Fong Dsï, das in *Liezi* IV, 11 geschildert ist. Dort war der Anarchist der Gewandtere, der den Staatsrechtler abführte; hier ist die größere Zungenfertigkeit auf Seiten des Mengzi. Im Ganzen ist die Art der Beweisführung ziemlich billig und unzählige Male wiederholt worden von den Verteidigern der bestehenden Gesellschaftsordnung. Man muss es Mengzi zu Gute halten, dass seiner Anschauung moralischer Ernst zu Grunde liegt. Die Ausführungen über die Entstehung der chinesischen Kultur in den Zeiten Yaus und Schuns, die gegenüber den vagen Mythen vom sagenhaften Schen Nung eine sehr übersichtliche Darstellung der konfuzianischen Schullehren enthalten, entbehren nicht einer gewissen Wucht der Überzeugungskraft. Wenn sie natürlich auch ebensowenig geschichtlich sind wie jene phantastischen Mythen, so repräsentieren sie die Stufe der vernünftigen Mythen mit historischem Gesicht. Dieser Passus erinnert an die Ausführungen des Han Yü, mit denen er Taoisten und Buddhisten ad absurdum zu führen suchte. Vom übelsten Einfluss auf das Gebühren der Konfuzianer späterer Zeit ist dagegen der Schluss der Peroration. Die Art, wie Mengzi hier mit dem Hochmut des zivilisierten Edelmenschen auf die krächzenden Barbaren herabblickt, ist ein scharfer Abfall gegenüber dem Meister Kung, der in Sachen der Bildung über die Rassenunterschiede hinwegsah.

»Nein, er hat ihn für Korn eingetauscht.«
»Warum hat denn Herr Hü ihn nicht selbst gewoben?«
»Es hätte ihn am Landbau gehindert.«
»Und gebraucht Herr Hü Kessel und Töpfe zum Kochen und eine eiserne Pflugschar zum Pflügen?« »Ja.«
»Hat er sie selbst gemacht?«
»Nein, er hat sie für Korn eingetauscht.«
»Wenn einer, der für Korn Geräte eintauscht, nicht den Töpfer und Gießer bedrückt, wie will man denn behaupten, dass die Töpfer und Gießer, die für ihre Geräte Korn eintauschen, den Landmann bedrücken? Warum richtet denn Herr Hü nicht eine Töpferei und Gießerei ein, so dass er für seinen Bedarf nur auf sein eignes Haus angewiesen ist? Warum treibt er denn mit Handwerkern aller Art einen unablässigen Handels- und Tauschverkehr? Warum scheut er nicht die damit verknüpften Beschwerden?«

»Die Arbeit der Handwerker lässt sich eben nicht vereinigen mit dem Landbau.«

»So? Dann ist also die Ordnung der Welt das einzige Handwerk, das sich mit dem Landbau vereinigen lässt? – Die Arbeiten der höheren Klasse sind andere als die des gemeinen Volks. Außerdem hat jeder einzelne Mensch Bedürfnisse, zu deren Befriedigung die verschiedensten Handwerke nötig sind. Wenn nun jeder alles selber sich beschaffen müsste, was er braucht, das hieße die ganze Welt beständig auf den Straßen umherrennen lassen.

Darum heißt es: Es gibt Geistesarbeiter und Handarbeiter. Die Geistesarbeiter halten die Andern in Ordnung, und die Handarbeiter werden von den Andern in Ordnung gehalten. Die von den Andern in Ordnung gehalten werden, nähren die Andern. Die die Andern in Ordnung halten, werden von diesen ernährt. Das ist eine durchgehende Pflicht auf der ganzen Welt.

In den Zeiten des Yau war das Land unter dem Himmel noch nicht geregelt. Sintfluten strömten regellos und überschwemmten alles Land unter dem Himmel. Büsche und Bäume wuchsen als Urwälder. Vögel und Tiere mehrten sich zahllos. Kein Korn konnte wachsen. Vögel und Tiere bedrängten die Menschen. Der Tiere Fährten und der Vögel Spuren durchzogen kreuz und quer das mittlere Reich.

Yau allein nahm sich's zu Herzen. Er erhob den Schun, und Ordnung wurde verbreitet. Schun befahl dem J, das Feuer zu handhaben. J legte Feuer an die Berge und Dschungel und verbrannte die Urwälder. Da flohen die Tiere und Vögel und zogen sich zurück.

Yü trennte die Läufe der neun Flüsse, regulierte das Bett der Flüsse Dsi und To und führte ihre Wasser dem Meere zu. Er reinigte den Lauf des Ju und Han und öffnete den Lauf des Huai und Sï und leitete sie in den großen Strom (Giang). Dadurch erst wurde das Reich der Mitte ein Land, das seine Bewohner ernährte. Zu jener Zeit war Yü acht Jahre auswärts, dreimal kam er an seiner Tür vorbei und hatte nicht Zeit, einzutreten. Selbst wenn er das Land hätte bestellen wollen, hätte er's denn gekonnt?

Der Hirse-Herr[186] lehrte die Leute das Säen und das Ernten, das Pflanzen und Pflegen der fünf Kornarten[187]. Das Korn wurde reif, und das Volk hatte zu essen.

Es geht den Menschen also: Wenn sie genügend Nahrung, warme Kleidung und behagliche Wohnung haben, aber keine Unterweisung, so werden sie wie die Tiere des Feldes. Das tat den Heiligen leid, und sie ernannten den Siä zum Lehrmeister. Er unterwies das Volk in den Verpflichtungen der Menschen, dass zwischen Vater und Sohn die Liebe ist, zwischen Fürst und Diener die Pflicht, zwischen Mann und Frau der Unterschied der Gebiete der Tätigkeit, zwischen Alt und Jung der Abstand, zwischen Freund und Freund die Treue.

Yau, der Hochverdiente[188], sprach: ›Ermutige sie, locke sie an, bring sie zurecht, mach' sie gerade, hilf ihnen, beflügle sie, lass sie selbst das

---

186 Hou Dsï, der Herr der Hirse, ist der sagenhafte Ahn der Dschoudynastie. Auf ihn werden hier die Werke übertragen, die anderwärts dem göttlichen Landmann, Schen Nung, zugeschrieben werden. Wir haben hier offenbar verschiedene Traditionsquellen, die nördliche, die auf Yau und Schun und Yü als Anfang der Kultur zurückgeht, und die südliche, die von Fu Hi, Schen Nung, Huang Di usw. redet. Erst später scheint eine Vereinigung der beiden Traditionen vorgenommen worden zu sein, nur dass man statt zur Identifizierung der verschiedenen Gotthelden – wie das in Rom gemacht wurde – zur zeitlichen Anordnung griff.
187 Die fünf Kornarten sind: Reis, Hirse, klebrige Hirse, Weizen, Bohnen. Zu den Beamten des Schun gehörten: Yü, der Regler des Wassers, Hou Dsï, der Regler des Ackerbaues, Siä, der Lehrer des Volkes, Gau Yau, der oberste Minister.
188 Es liegt hier eine Divergenz vor. Fang Hün, »der Hochverdiente«, ist der Titel des Yau. Andererseits ist Siä ein Beamter Schuns. Die hier angeführte Rede

Rechte finden und gehe ihnen nach, ihren Geist anfeuernd. Also waren die Heiligen um das Volk besorgt. Wo hätten sie da Zeit hernehmen sollen, um das Land zu bestellen? Die Sorge Yaus war es, einen Mann zu bekommen wie Schun, die Sorge Schuns war es, Männer zu bekommen wie Yü und Gau Yau. Besorgt sein, seine hundert Morgen in Ordnung zu halten: das ist Sache des Bauern. Mit andern Menschen seine Güter teilen, ist Freundlichkeit, die Menschen im Guten unterweisen, ist Gewissenhaftigkeit, den rechten Mann bekommen für die ganze Welt: das ist vollkommene Güte. Darum ist es leichter, die Welt einem Andern zu übergeben, als für die Welt den rechten Mann zu finden[189].

Meister Kung sprach[190]: ›Groß wahrlich ist die Art, wie Yau Herrscher war. Nur der Himmel ist groß, nur Yau hat ihm entsprochen. Überströmend war er, so dass das Volk keinen Namen finden konnte. Ein Edler wahrlich war Schun. Erhaben ist die Art, wie er die Welt besaß, ohne etwas dazu zu tun.‹

Yau und Schun hatten die Welt in Ordnung zu bringen; hatten sie da etwa nicht genug Betätigung für ihre Gedanken? Wahrlich, sie hatten es nicht nötig, sie auch noch zu betätigen beim Ackerbau!

Ich habe gehört, dass man Barbaren[191] zur chinesischen Kultur bekehren kann; ich habe nie gehört, dass man sich von den Barbaren bekehren lassen müsse. Tschen Liang, Euer Meister, war aus dem südlichen Staate Tschu gebürtig, aber er fühlte sich angezogen von den Lehren eines Fürsten von Dschou und eines Meister Kung. So kam er hierher nach Norden, um zu lernen im Reich der Mitte. Und vielleicht war unter den Gelehrten im Norden keiner, der ihn übertraf. Er war wirklich, was man einen rechten Helden nennt. Ihr und Euer Bruder hattet Euch ihm mehrere Jahrzehnte lang angeschlossen. Nun da der Meister tot ist, habt Ihr ihn verlassen.

---

    findet sich übrigens nicht im *Schu-Ging*.
189 Bekanntlich haben Yau und Schun das Weltreich an den geeignetsten Mann abgegeben. Ihr Verdienst liegt nach Mengzi nicht sosehr in der Großmut des Verzichts, als in der Weisheit der Wahl des rechten Mannes.
190 Die Worte des Kung finden sich so nicht in den *Lun Yü*. Sie sind kombiniert aus *Lun Yü* VIII, 18 u. 19.
191 Die Worte in diesem Abschnitt werden gleich denen im Abschnitt vom »krächzenden Südbarbaren« von Mengzi aus einem heftigen inneren Aufruhr heraus gesprochen. Dass er andererseits über die Nationalitätsunterschiede hinwegsieht, geht aus manchen Stellen hervor.

Damals, als Meister Kung verschieden war, da ordneten die Schüler nach Ablauf der dreijährigen Trauerzeit ihr Gepäck, um heimzukehren. Als sie von Dsï Gung Abschied nahmen, da sahen sie sich an und begannen zu weinen, bis ihnen die Stimme versagte; dann kehrten sie heim. Dsï Gung aber kehrte zum Grab zurück und baute sich auf dem Friedhof eine Hütte und blieb allein noch drei Jahre da, ehe er heimkehrte.

Ein andermal wollten Dsï Hia, Dsï Dschang und Dsï Yu, da sie den Yu Jo[192] dem Heiligen ähnlich fanden, diesem dienen, wie sie einst Meister Kung gedient. Und sie wollten auch Meister Dsong dazu nötigen. Meister Dsong aber sprach: ›Es geht nicht an! Was gewaschen ist in den Strömen Giang und Han, was gebleicht ist in der Herbstsonne, das ist so glänzend, dass es von nichts übertroffen werden kann.‹

Nun kommt da ein krächzender Südbarbar, der den Weg der heiligen Könige verwirft, und Ihr wendet Euch ab von Eurem Lehrer und geht zu jenem in die Lehre. Das ist allerdings etwas anderes, als was Meister Dsong getan. Ich habe gehört, dass man aus finsterem Tal sich hervormacht, um auf eine luftige Höhe[193] zu kommen. Aber ich habe noch nie gehört, dass einer von seiner luftigen Höhe herabsteigt, um finstere Täler aufzusuchen. In den Lobliedern von Lu[194] heißt es:
›Die Jung, die Di zur Zucht zu führen,
Ging, Sdiu zu zücht'gen nach Gebühren.‹
Der Fürst von Dsdiou soll jenen in dieser Weise bekämpft haben, Ihr aber geht zu ihm in die Lehre, da habt Ihr allerdings keinen guten Tausch gemacht.«

Tschen Siang erwiderte: »Wenn man Meister Hüs Lehren folgt, so wird es keine zweierlei Preise auf dem Markt mehr geben und im ganzen Reiche keine Fälschung mehr. Dann kann man einen fünf Hand großen Knaben auf den Markt schicken und niemand betrügt ihn. Leinwand- und Seidenstücke von gleicher Länge hätten densel-

---

192 Yu Jo, ein Jünger Kungs aus Lu, der nach Kung Men Schi Di Niän Biau vierzehn Jahre jünger als Kung war, scheint diesem äußerlich ähnlich gewesen zu sein. Er hat offenbar in den Schulkreisen eine große Rolle gespielt, da er selbst in *Lun Yü* als Meister Yu bezeichnet wird. Dsong Dsï hat ihm jedoch das Gegengewicht gehalten.
193 Wörtlich: »schlanker Baum«.
194 [85] Vgl. *Schi Ging* IV, II, 4 v. 6. Jung, Di, Ging, Schu sind Namen verschiedener Barbarenstämme.

ben Preis. Hanfzwirn und Seidenstränge von gleicher Schwere hätten denselben Preis. Die fünf Getreidearten in gleicher Menge hätten denselben Preis. Die Schuhe von gleicher Größe hätten denselben Preis.«

Mengzi erwiderte: »Es liegt in der Natur der Dinge, dass sie verschieden sind. Es gibt Dinge, die um das doppelte, um das zehn- und hundertfache, um das tausend- und zehntausendfache wertvoller sind als andre. Sie alle einander gleich zu machen, heißt die Welt in Verwirrung bringen. Wenn die großen Schuhe denselben Preis haben wie die kleinen, wer wird da noch welche machen wollen? Den Lehren des Meisters Hü folgen, heißt einander anführen zum Betrug. Wie will man damit einen Staat in Ordnung bringen?«

5. Die Sekte der allgemeinen Liebe

Ein Anhänger des Mo Di[195] namens I Dschï wandte sich an Sü Bi, um eine Unterredung mit Mengzi zu erlangen.

Mengzi sprach: »Ich würde ihn freilich gerne sehen, doch bin ich heute nicht so recht wohl. Wenn mir dann wieder besser ist, so will ich ihn aufsuchen.« Darauf blieb I Dschï weg.

An einem anderen Tag suchte er abermals um eine Unterredung mit Mengzi nach.

Mengzi sprach: »Heute könnte ich ihn sehen. Wenn ich ihn nicht berichtige, so kommt die Wahrheit nicht ans Licht. Darum will ich ihn berichtigen. Ich höre, dass Herr I ein Anhänger des Mo Di ist. Mo Di hat den Grundsatz der äußersten Dürftigkeit[196] bei der Ordnung des Begräbnisses. Herr I will mit dieser Lehre die Welt umwandeln. So muss er also alles, was damit nicht übereinstimmt, für minderwertig halten. Nun aber hat Herr I seinen Eltern ein stattliches Begräbnis zuteil werden lassen; das heißt also, dass er seinen Eltern auf eine Weise gedient hat, die er selbst für geringwertig hält.«

---

195 Mo Di, der Lehrer der allgemeinen Menschenliebe, muss etwa ein Zeitgenosse von Kung gewesen sein. Seine Lehren breiteten sich sehr aus, und ihre Anhänger gehörten zu den gefährlichsten Gegnern des Mengzi, gegen die er seine schärfsten Pfeile sendet. Seine Gesinnung zeigt sich in der Ablehnung des Besuchs des Mo-Schülers I Dschï. Der ganze Verkehr wird indirekt geführt.
196 Der Vorwurf der Inkonsequenz, den hier Mengzi dem I Dschï macht, erinnert sehr an die Vorwürfe, die gegen ihn selber in Lu geschleudert wurden (I, B, 16).

Sü Dsï berichtete diese Worte dem I Dschï. I Dschï sprach: »Nach der Lehre der Schriftgelehrten haben die Männer des Altertums ihre Leute beschirmt wie Kinder. Was ist denn mit diesem Wort gemeint? Ich halte dafür, es bedeute, dass die Liebe keine Unterschiede[197] und Klassen kenne, aber dass man bei ihrer Ausübung beginnen müsse bei den Nächsten.«

Sü Dsï berichtete diese Worte dem Mengzi. Mengzi sprach: »Glaubt dieser I Dschï wirklich, dass die Liebe eines Menschen zum Kind seines Bruders nur eben gerade wie seine Liebe zum Kindlein seines Nachbars sei [...]?«[198] Aber der Himmel hat die Wesen so erzeugt, dass sie nur eine Wurzel haben, doch nach I Dschï müssten sie zwei Wurzeln haben.

Im grauen Altertum kam es wohl vor, dass Leute ihre Nächsten nicht beerdigten, sondern, wenn die Nächsten starben, so hob man sie auf und warf sie in den Straßengraben. Wenn die Hinterbliebenen dann am andern Tag an der Stelle vorbeikamen, hatten Füchse und

---

197 Die Theorie des Mo Di war, dass die Liebe zu allen Menschen gleichartig sein müsse. Ein Unterschied finde nur insofern statt, als innerhalb der Familie natürlich die meiste Gelegenheit zu ihrer Ausübung sei. Das war der Theorie der Schriftgelehrten (Ju) strikt entgegengesetzt, nach der die Klassifikation der menschlichen Beziehungen in die bekannten fünf Verhältnisse (Vater – Sohn, Fürst – Untertan, Mann – Frau, älterer – jüngerer Bruder, Freund – Freund) die Grundlage der Moral war. Die Liebe zu anderen Menschen als zu den Verwandten ist daher nach Mengzi nur abgeleiteter Art, indem aus der Wurzel der Kindesliebe die Liebe zu anderen Eltern hervorwächst usw. Wenn daher die Liebe zum Kinde des Nachbars gegenüber der Liebe zum Kinde des Bruders eine selbständige, direkte Größe wäre, so hätte sie eine besondere Wurzel. Die Einheitlichkeit der Grundlage der Moral wäre damit gefährdet. Man wird zugeben müssen, dass diese Argumentation bedenkliche Schwächen hat.
198 Die ausgelassene Stelle heißt wörtlich: »Er hat etwas, das er nehmen kann. Wenn das Kindlein kriecht und im Begriff ist, in den Brunnen zu fallen, ist es nicht die Schuld des Kindleins.« Irgendwie muss der Text hier verdorben sein, wie auch aus den umfangreichen Zufügungen der Kommentare hervorgeht. Die Stelle II, A, 6 hat wohl mit hereingewirkt. Die plausibelste Erklärung ist wohl die Folgende: »Wenn I Dschï sich darauf beruft, dass die Herrscher des Altertums ihr Volk geschützt haben wie ihre eigenen Kinder, so ist damit nur gemeint, dass ein Kind, wenn es auf den Brunnen zukriecht, nichts dafürkann; man muss es beaufsichtigen, sonst kommt das Unglück des Falles sozusagen durch unsere Schuld über es. Ebenso müssen die Herrscher die unwissenden Untertanen davor bewahren, dass sie sich Übertretungen zu Schulden kommen lassen. Sonst fällt das Unglück der Bestrafung, das sie sich in ihrer Unwissenheit zuziehen, auf den Herrscher als Schuld.«

Wildkatzen sie angefressen, Fliegen, Maden und Maulwurfsgrillen sie benagt. Da trat ihnen der Schweiß auf die Stirn, sie schlugen die Augen nieder und wagten nicht, hinzusehen. Dass sie sich schämten, war nicht um der Andern willen; ihre eigene innerste Gesinnung zeigte sich in Gesicht und Augen. Sie kehrten heim und holten Körbe und Spaten und deckten sie zu. Wenn sie wirklich recht handelten, als sie die Leichen ihrer Anverwandten also beerdigten, so ist die Art, wie ein kindlicher Sohn und liebevoller Mensch seine Nächsten beerdigt, dem Sinn der Natur entsprechend.«

Sü Dsï sagte das dem I Dschï wieder. Der schwieg lange, dann sprach er: »Er hat mich belehrt.«

ABSCHNITT B
Wege zum rechten Fürstendienst

1. Selbstachtung im Verkehr mit Fürsten

Tschen Dai[199] sprach zu Mengzi: »Der Grundsatz, die Fürsten nicht aufzusuchen, scheint mir kleinlich. Denn sobald Ihr sie aufsuchen würdet, könntet Ihr günstigen Falles einem helfen, König der Welt zu werden, zum mindesten aber dazu, dass er die Vorherrschaft im Reiche erlangt. Auch steht geschrieben[200]: ›Man muss auch einen Fuß breit krumm machen können, wenn man dadurch hundert Fuß gerade machen kann.‹ Es scheint mir daher, dass Ihr es wohl tun könntet.«

Mengzi sprach: »Einst war der Herzog Ging von Tsi auf der Jagd[201]. Er winkte seinen Förster mit einer Flagge heran [während er der Ordnung nach ihm mit einer Pelzmütze hätte winken sollen]. Jener

---

199 Tschen Dai ist der im Verzeichnis von Dschau an elfter Stelle genannte Jünger des Mengzi.
200 Das Sprichwort kommt bei Wen Dsï und Schi Dsï vor. Möglicherweise bezieht sich Tschen Dai auf diese Schriften.
201 In Dso Tschuan wird dieses Ereignis in das Jahr 522 verlegt. Doch wird es etwas abweichend erzählt: Der Fürst von Tsi jagte in Pe. Er winkte einem Förster mit dem Bogen. Der kam nicht. Da ließ er ihn festnehmen. Er entschuldigte sich: »Unter dem seligen Herrn war es üblich, dass ein Flaggenzeichen den Ministern, ein Zeichen mit dem Bogen den Rittern, ein Zeichen mit der Pelzmütze dem Förster galt. Ich sah keine Pelzmütze, darum wagte ich nicht, zu kommen.« Darauf ließ man ihn laufen.

kam nicht, und der Herzog hätte ihn darum beinahe töten lassen. ›Ein entschlossener Mann vergisst nie, dass er eines Tages in einem Graben oder Tümpel enden kann, ein mutiger Mann vergisst nie, dass er eines Tages um den Kopf kommen kann[202].‹ Was hat wohl auf den Meister Kung [als er dieses Urteil über ihn fällte] an dem Manne solchen Eindruck gemacht? Es machte Eindruck auf ihn, dass jener, ohne ordnungsgemäß berufen zu sein, nicht zu dem Fürsten ging. Wenn ich nun, ohne ordnungsgemäß berufen zu sein, hinginge: wie wäre das?

Außerdem bezieht sich das Sprichwort, dass man einen Fuß breit krümmen müsse, um hundert Fuß gerade zu machen, auf den Vorteil. Wenn es mir um Vorteil zu tun wäre, so möchte ich auch wohl hundert Fuß krümmen, um einen gerade zu machen, falls es so vorteilhaft wäre[203].

Einst gab Dschau Giän Dsï[204] den Wang Liang als Wagenführer seinen Günstling Hi mit auf die Jagd. Den ganzen Tag erlegte er nicht ein einziges Stück Wild. Der Günstling Hi berichtete die Sache dem Dschau Giän Dsï und sprach: ›Dieser Wang Liang ist der schlechteste Lenker auf der ganzen Welt.‹ Es wurde dem Wang Liang hinterbracht.

Wang Liang sprach: ›Ich bitte, es nochmals machen zu dürfen!‹ Mit Mühe setzte er es durch. Und an einem Morgen erlegte der Günstling nun zehn Stück Wildbret. Der Günstling Hi berichtete die Sache abermals und sprach: ›Er ist der beste Wagenlenker auf der Welt.‹

Dschau Giän Dsï sprach: ›Ich will ihn dir dauernd als Wagenlenker geben!‹ Und er redete mit Wang Liang. Aber Wang Liang lehnte ab. Er sprach: ›Als ich für ihn dem Jagdbrauch nach den Wagen lenkte, erlegte er kein einziges Stück; als ich für ihn mit List an die Tiere heranfuhr, erlegte er an einem Morgen zehn. *Im Buch der Lieder*[205] heißt es:

---

202 Dieses Zitat kommt in Han Schï Wai Dschuan vor, wo es Wu Ma Ki dem Dsï Lu gegenüber als Wort des Meisters erwähnt, nur mit Umstellung der beiden Sätze. Ein ähnlicher Ausspruch steht in *Lun Yü* XV, 8.
203 Nach anderer Auffassung ist der Sinn: »Außerdem ist die Voraussetzung dieses Sprichworts, dass es etwas nützt, wenn man einen Fuß krümmt mit der Absicht, hundert Fuß gerade zu machen. Müsste man aber hundert Fuß krümmen, um einen gerade zu machen, würde man das auch tun – selbst wenn es etwas nützte?«
204 Dschau Giän Dsï war unter dem Herzog Ding Kanzler in Dsïn. In Dso Dschuan ist berichtet, dass Dschau Giän Dsï im Jahre 493 den Yu Wu Sü (= Wang Liang) als Wagenlenker hatte. Über Dschau Giän Dsï vgl. *Liezi* VIII, 27.
205 Vgl. *Schï Ging* II, III, 5 v. 6.

›Sie trieben an die Ross' in Eil',
Und ein Axthieb saß jeder Pfeil.‹

Ich bin nicht gewöhnt, mit einem gemeinen Manne zu fahren. Ich bitte um meine Entlassung.‹

So schämte sich ein Wagenlenker, mit einem solchen Schützen sich gemein zu machen. Selbst wenn auf diese Weise Berge von Wild erlegt worden wären: er tat es nicht. Wie könnte ich auf krummen Wegen gehen, um jenen nachzufolgen? Auch irrt Ihr Euch. Dadurch, dass einer selbst auf krummen Wegen ging, hat er noch nie die Andern recht gemacht.«

2. Der rechte Mann

Ging Tschun[206] sprach: »Gung-Sun Yän[207] und Dschang J, das sind doch wahrlich große Männer! Sie brauchen nur zu zürnen, und alle Fürsten fürchten sich. Sie weilen in Frieden, und die ganze Welt kommt zur Ruhe.«

Mengzi sprach: »Wie kann man die als große Männer bezeichnen! Habt ihr noch nicht die Ordnungen[208] gelernt: wenn ein Jüngling zum

---

206 Ging Tschun wird nicht unter den Jüngern Mengzis erwähnt. Er war einer der Sophisten der Zeit; ein Werk eines Yin Yang Gia namens *Ging* wird im Hankatalog erwähnt.
207 Gung-Sun Yän war der Kriegsminister (»Rhinozeroskopf«) zur Zeit des Königs Hui (vgl. I, A, 1), 370 - 319, derselbe, der in *Zhuangzi* XXV, 4 genannt ist. Dschang J war der berühmte Rivale des Su Tsin in der Zeit der streitenden Reiche. Während Su Tsin den Bund der sechs Staaten unter der Führung von Tschu zusammenbrachte, wusste Dschang J, der in Tsin Minister war, seine Anschläge zu vereiteln und brachte, nachdem er in verschiedenen Staaten Minister gewesen war, einen Bund von fünf Staaten unter der Führung von Tsin zu Stande, während Su Tsin schon vorher erschlagen worden war. Es handelt sich um Ereignisse der letzten Jahrzehnte des vierten vorchristlichen Jahrhunderts.
208 Die Zitate der Ordnungen, die Mengzi hier bringt, weichen von den Bräuchen, die in I Li verzeichnet sind, wesentlich ab. Danach sprach bei der Hutübergabe nicht der Vater selbst, sondern zwei Gäste nahmen den jungen Mann in die Gemeinschaft der Erwachsenen auf. Ebensowenig begleitete die Mutter die junge Braut zur Tür des Bräutigams, sondern sie verabschiedete sich von ihr in den inneren Gemächern. Offenbar haben sich hier im Laufe der Zeit Abweichungen von den alten Bräuchen eingefunden. Die Sache ist an sich ziemlich nebensächlich. Der Sinn des Gleichnisses ist klar: Während dem jun-

Manne wird und seinen Hut erhält, redet zu ihm sein Vater. Wenn ein Mädchen sich verheiratet, so redet zu ihr ihre Mutter, begleitet sie bis an die Tür und und spricht die mahnenden Worte: ›Wohin du jetzt gehst, das ist deine Familie; du musst Acht haben, du musst dich hüten, dass du deinem Manne nicht widerstrebst.‹ Der Frauer Art ist es, dass Anpassung für sie das Rechte ist.

Wer aber weilt in dem weiten Haus der Welt[209] und in der Welt am rechten Ort steht und wandelt in der Welt auf gradem Weg: der hält Gemeinschaft mit dem Volk; wem dies misslingt, der zieht einsam seine Straße; nicht Reichtum oder Ehre kann ihn locken; nicht Armut oder Schande kann ihn schrecken; nicht Macht und Drohung kann ihn beugen: das ist ein Mann.«

3. Der rechte Weg zum Fürstendienst

Dschou Siau[210] fragte den Mengzi und sprach:

»Sind die Edlen der alten Zeiten in Fürstendienst getreten?«

Mengzi sprach: »Sie haben gedient. In der Überlieferung[211] heißt es: ›Wenn Meister Kung drei Monate lang ohne Herren war, so war er beunruhigt. Und wenn er über die Grenze ging, nahm er immer Einführungsgaben mit.‹ Gung-Ming I[212] sagte: ›Wenn die Edlen der alten Zeit drei Monate ohne Herren waren, so bezeugte man ihnen Beileid.‹«

Dschou Siau sprach: »Beileid zu bezeugen, wenn einer drei Monate ohne Herrn ist, ist das nicht allzu eilig?«

---

gen Mann von seinem Vater Selbständigkeit anempfohlen wird, muss sich das Mädchen in der neuen Familie anpassen und in sie einfügen. Ebenso machten es jene gerühmten Helden, die sich durch Schlauheit und Anpassungsfähigkeit in den jeweiligen Staat, in dem sie gerade lebten, eingliederten.

209 Dieser Abschnitt über den rechten Mann gehört mit Recht zu den berühmtesten Stücken der chinesischen Literatur. »Das weite Haus der Welt« ist die Liebe, der gerade Weg (wörtlich: »die große Straße«), ist die Pflicht.

210 Dschou Siau war ein Mann aus We zur Zeit des Königs Siang. Das hier erwähnte Gespräch fällt wohl kurz nach der Audienz des Mengzi bei König Siang.

211 Die betreffende Überlieferung scheint verloren zu sein. Der Satz würde im zehnten Buch der *Lun Yü* seine Stelle finden können. Über die verschiedenen Einführungsgaben vgl. *Li Gi* I, B, 3, 18.

212 Über Gung-Ming I ist nichts Näheres bekannt. Der Name Gung-Ming kam in We vor (vgl. *Lun Yü* XIV, 14).

Mengzi sprach: »Wenn ein Ritter sein Amt verliert, ist es, wie wenn ein Fürst sein Reich verliert. Im *Buch der Ordnungen*[213] heißt es: ›Der Fürst führt den Pflug unter Beihilfe der Diener, um die Opferhirse zu gewinnen. Seine Gemahlin zieht Seidenraupen und spinnt Seide, um Feierkleider zu bereiten. Sind die Opfertiere nicht vollkommen, ist die Hirse in den Opfergefäßen nicht rein, sind die Kleider nicht bereit, so wagt er nicht zu opfern. Hat ein Ritter kein Feld[214], so opfert er auch nicht.... Wagt er nicht zu opfern, so wagt er auch kein frohes Mal zu halten! Ist das nicht Grund genug zum Beileid?«

Dschou Siau fragte weiter: »Was bedeutet es, dass Meister Kung, wenn er über die Grenze ging, immer Einführungsgaben mit sich nahm?«

Mengzi sprach: »Für den Ritter ist der Dienst wie für den Bauern das Pflügen. Lässt ein Bauer, der über die Grenze geht, etwa Pflug und Pflugschar dahinten?«

Dschou Siau sprach: »Unser Dsin-Reich ist auch ein Beamtenstaat, aber ich habe noch nie gehört, dass es mit der Anstellung eine solche Eile hätte. Wie kommt es dann übrigens, dass der Edle, wenn er es so eilig hat, dennoch so schwer ein Amt übernimmt?«

Mengzi sprach: »Wird ein Knabe geboren, so wünscht man ihm eine Frau, wird ein Mädchen geboren, so wünscht man ihr einen Mann: diese elterlichen Gefühle haben alle Menschen. Wenn nun aber die jungen Leute, ohne der Eltern Willen und der Vermittler Worte abzuwarten, Löcher in die Wände bohren, um einander zu erspähen oder über die Mauern klettern, um beieinander zu sein, so werden sie von den Eltern und Mitbürgern insgesamt verachtet. Nie war es der Fall, dass die Alten nicht wünschten, ein Amt zu haben, aber sie verschmähten es, auf krummen Wegen dazu zu kommen. Ohne dass sich ein geziemender Weg zeigt, hinzugehen, um ein Amt zu übernehmen, das ist gerade so, wie wenn jene jungen Leute Löcher durch die Wand bohren.«

---

213 Das Zitat findet sich so in *Li Gi* nicht. Ähnliche Stellen vgl. *Li Gi* XXIV, 2, 5. 7 und V, 3, 9.

214 Es handelt sich hier um die Felder, die den Rittern bei ihrem Eintritt in den Dienst zugewiesen wurden, um davon die Opfer für ihre Ahnen zu bestreiten (vgl. III, A, 3). Konnten sie in Ermangelung dieses Einkommens nicht opfern, so war der ganze Gang des Lebens unterbrochen und es bestand daher Grund zum Beileid. – Die im Text noch stehenden Worte: »Ist das Schlachten des Tieres, die Geräte, die Kleider nicht bereit« stören den Zusammenhang.

4. Der Arbeiter ist seines Lohnes wert

Pong Gong[215] befragte den Mengzi und sprach: »Mit einem Gefolge von mehreren Dutzend Wagen und mehreren hundert Menschen bei den Fürsten umherzuziehen und sich von ihnen ernähren zu lassen: ist das nicht allzu anspruchsvoll?«

Mengzi sprach: »Außer auf rechtmäßige Weise darf man auch keine Schüssel Reis von Anderen annehmen. Auf rechtmäßige Weise dagegen konnte Schun von Yau das Weltreich annehmen, ohne dass man es anspruchsvoll nennen konnte. Oder haltet Ihr es für anspruchsvoll?«

Der Andere sprach: »Nein, aber ein Gelehrter, der nichts leistet, soll auch nicht essen.«

Mengzi sprach: »Wenn Ihr nicht einen gegenseitigen Austausch der Arbeitserträge durchführt, so dass, was auf dem einen Punkte übrig ist, zum Ausgleich eines Mangels auf einem andern Punkte verwendet wird, so haben die Bauern Korn im Überfluss und die Frauen Tuch im Überfluss. Wenn Ihr für Ausgleich sorgt, so bekommen auch Tischler und Wagner alle ihre Nahrung von Euch. Wenn nun ein Mann da wäre, ehrfürchtig und bescheiden, der die Lehren der alten Könige bewahrt und auf die Nachwelt überliefert, und Ihr wolltet nicht für seinen Unterhalt sorgen: weshalb wollt Ihr die Handwerker wichtiger nehmen als einen, der Liebe und Pflicht verbreitet?«

Der Andere sprach: »Tischler und Wagner haben von Anfang an die Absicht, ihren Lebensunterhalt zu suchen; wenn aber der Edle für die Wahrheit eintritt: tut er das auch mit der Absicht, seinen Lebensunterhalt dabei zu suchen?«

Mengzi sprach: »Was geht Euch seine Absicht an? Wenn er sich Verdienste um Euch erworben hat, die es wert sind, dass er ernährt werde, so ernähret ihn! Belohnt Ihr eigentlich die Absicht, zu verdienen oder die geleisteten Dienste?«

Der Andere sprach: »Die Absicht, zu verdienen.«

Mengzi sprach: »Angenommen, hier ist jemand, der Euch die Ziegel zerbricht und frischgetünchte Wände beschmiert[18][216]. Er hat dabei die Absicht, von Euch ernährt zu werden: Würdet Ihr ihn ernähren?«

---

215 Pong Gong wird unter den Jüngern des Mengzi als Zwölfter genannt.
216 Nach Dschau Ki wäre zu übersetzen: »der mit Ziegelscherben in den Sand malt und nachher wieder auslöscht«. Das Bild verliert aber dadurch an Drastik.

Der Andere sprach: »Nein.«

Mengzi sprach: »Dann belohnt Ihr also doch nicht die Absicht, zu verdienen, sondern die Verdienste.«

5. Wie man der bösen Nachbarn Herr wird

Wan Dschang[217] befragte den Mengzi und sprach: »Sung[218] ist ein kleiner Staat. Er ist nun im Begriff, ein königliches Regiment durchzuführen, aber die großen Nachbarstaaten Tsi und Tschu missgönnen's ihm und greifen ihn an. Was ist da zu machen?«

Mengzi sprach: »Der Heilige Tang[219] wohnte in Bo und hatte Go zum Nachbarstaat. Der Graf von Go war zuchtlos und versäumte die Opfer. Tang schickte jemand zu ihm und ließ ihn fragen: ›Weshalb bringst du die Opfer nicht dar?‹ Jener antwortete: ›Ich habe keine Opfertiere dazu.‹ Tang ließ ihm nun Rinder und Schafe bringen, aber der Graf von Go aß sie auf und opferte doch nicht. Tang schickte wieder jemand hin und ließ ihn fragen: ›Weshalb bringst du die Opfer nicht dar?‹ Jener antwortete: ›Ich habe keine Opfer-Hirse dazu.‹ Da schickte Tang die Menge der Leute von Bo hin, dass sie für ihn pflügten. Die

---

217 Wan Dschang ist der Dreizehnte unter Mengzis Jüngern; er wird später noch viel genannt.
218 Sung lag südlich vom heutigen Schantung zwischen Tschu und Lu; die Nachkommen der Schangdynastie hatten den Staat als Lehen. Das Gespräch muss wohl in das Jahr 311 fallen, in dem sich Mengzi in Sung aufhielt. Der König, um den es sich handelte, ist der König Kang (Yän), der sich seit 318 den Königstitel beigelegt hatte. Es besteht eine bemerkenswerte Dissonanz in der Beurteilung seiner Persönlichkeit zwischen Wan Dschang hier und Sï-Ma Tsiän. In Sï-Ma Tsiäns Werk wird er als Tyrann schlimmster Sorte in der Art von Giä und Dschou Sin geschildert, der den Zorn der ganzen Welt und die gerechte Strafe auf sich herabgezogen habe. Hier wird er als von gutem Willen beseelt, aber vom Neid der Nachbarstaaten verfolgt dargestellt. Offenbar muss man eine Entwicklung zum Schlimmen infolge von Verbitterung annehmen. Er hatte viel zu leiden unter den Angriffen der Nachbarstaaten und scheint gegen Ende seines Lebens in eine Art Cäsarenwahnsinn verfallen zu sein. Das war aber lange nach der hier erwähnten Zeit. Mengzi scheint ihn jedoch besser durchschaut zu haben als Wan Dschang. Übrigens muss erwähnt werden, dass auch in *Liezi* II, 21 und *Zhuangzi* XXVII, 18 der König von Sung als Wüterich erscheint.
219 Hier ist die ausführliche Erzählung der in I, B, 9 erwähnten Vorgänge gegeben. Die Geschichte weicht von *Schu Ging* etwas ab. Dschau Ki zitiert ein Paralipomenon zum *Schu Ging*, nach dem Tang 2-mal 11 = 22 Staaten bekämpfte.

Alten aber und die Schwachen brachten den Arbeitern das Essen. Der Graf von Go aber kam mit seinen Leuten und fing die, die den Wein, Reis und Hirse brachten, und nahm es ihnen weg. Die es nicht hergaben, schlug er tot. Nun war auch ein Knabe, der Hirse und Fleisch für die Arbeiter brachte. Den schlug er tot und nahm die Sachen weg. Im *Buch der Urkunden* heißt es: ›Der Graf von Go behandelte einen Nahrungsträger als Feind.‹ Damit ist eben dies gemeint. – Weil er nun diesen Knaben umgebracht hatte, züchtigte ihn Tang. Und die ganze Welt sprach: ›Er begehrt nicht den Reichtum der Weltherrschaft, er will nur einem gewöhnlichen Mann und einer gewöhnlichen Frau aus dem Volk zu ihrer Rache verhelfen.‹

Tang begann nun seine Züchtigungen von Go aus. Elf Fürsten züchtigte er, aber er hatte keinen einzigen Feind auf der Welt. Als er die Fürsten im Osten züchtigte, da waren die Westbarbaren unzufrieden. Wandte er sich nach Süden, so waren die im Norden unzufrieden und sprachen: ›Warum nimmt er uns zuletzt vor?‹ Das Volk hoffte auf ihn, wie man in großer Dürre auf den Regen hofft. Die Marktleute ließen sich nicht aufhalten. Die Bauern gingen ruhig ihrer Arbeit nach; denn er richtete die Fürsten, aber mit dem Volke hatte er Mitleid. Wie wenn zur rechten Zeit ein Regen fällt, so war alles Volk hocherfreut. Im *Buch der Urkunden* heißt es: ›Wir warten unseres Herrn. Wenn unser Herr kommt, wird er uns aus unsrer Not erlösen.‹

Als der König Wu vom Hause Dschou[220] noch nicht alle zu Untertanen hatte, züchtigte er die im Osten und beruhigte die Männer und Frauen des Volks. Sie brachten in Körben dunkle und gelbe Seide[221] und sprachen: ›Wir wollen unserem König von Dschou dienen, so finden wir Ruhe.‹ So gingen sie als Untertanen zu der großen Stadt von Dschou. Die Vornehmen taten dunkle und gelbe Seide in ihre Körbe, um die Vornehmen von Dschou zu bewillkommnen. Das niedrige Volk brachte Schalen mit Reis und Kannen mit Suppe, um das niedrige Volk von Dschou zu bewillkommnen. So rettete jener das Volk wie aus Wasser und Feuer. Er nahm nur einfach ihre Unterdrücker weg.

---

220 Vgl. *Schu Ging* V, III, 7. Auch hier wird Schang Schu J Piän zitiert.
221 Dunkel (blau) ist die Farbe des Himmels, gelb die der Erde.

Im *Großen Schwure*[222] heißt es: ›Meine Macht will ich ausbreiten, ich will in seine Grenzen einfallen und die Unterdrücker wegnehmen und Ruhm erwerben wie Tang.‹

Der Fürst von Sung führt nicht ›ein königliches Regiment‹[223]. Wenn er wirklich ein königliches Regiment führte, so würden alle Leute auf Erden ihre Häupter erheben und nach ihm ausschauen und ihn zum Fürsten begehren. Dann brauchte er Tsi und Tschu trotz ihrer Größe nicht zu fürchten.«

6. Macht des Beispiels

Mengzi redete zu Dai Bu Schong[224], dem Kanzler von Sung, und sprach: »Ihr wollt, dass Euer König gut sei? Ich will frei heraus Euch sagen, wie Ihr's machen müsst. Angenommen, ein Herr aus Tschu wünschte, dass sein Sohn die Sprache von Tsi lerne; wird er einen Mann aus Tsi als Lehrer für ihn nehmen oder einen Mann aus Tschu?«

Jener sprach: »Er wird einen Mann aus Tsi als Lehrer für ihn nehmen.«

Mengzi fuhr fort: »Wenn nun aber der eine Mann aus Tsi ihn lehrt und alle Tschuleute fortwährend dazwischen reden, so mag er ihn täglich schlagen, damit er die Sprache von Tsi lerne, und er wird's doch nicht fertig bringen. Wenn er ihn aber mit sich nimmt und bringt ihn in einem Quartier der Hauptstadt von Tsi[225] unter, so wird er in ein paar Jahren so weit sein, dass er ihn täglich schlagen kann, damit er die Sprache von Tschu rede, und er es nicht fertig bringen wird.

Ihr seht in Süo Gü Dschou einen guten Menschen und habt ihn in die Umgebung des Königs gebracht. Wenn nun in der Umgebung des Königs alt und jung, hoch und niedrig lauter Süo Gü Dschous wären, wen hätte dann der König, in dessen Gesellschaft er schlecht sein könnte? Wenn aber in der Umgebung des Königs unter alt und jung, unter hoch und niedrig keiner ist wie Süo Gü Dschou, wen hat

---

222 Vgl. *Schu Ging* V, I, B, 8.
223 Im Text ist noch ein Zusatz, der das Wort des Wan Dschang nochmals zitiert.
224 Hier haben wir wohl den Mann vor uns, der zunächst versuchte, den König von Sung auf gute Bahnen zu bringen, was dann später misslang. Süo Gü Dschou war ein gleichgesinnter Minister, der aus Süo stammte.
225 Der Name des Stadtviertels war Dschuang Yü.

dann der König, in dessen Gesellschaft er gut sein könnte? Was soll ein einziger Süo Gü Dschou in Sung ausrichten können?«

7. Warum sich Mengzi von den Fürsten fernhielt

Gung-Sun Tschou[226] fragte den Mengzi und sprach: »Was hat es für einen Sinn, dass Ihr die Fürsten nicht aufsucht?«

Mengzi sprach: »Unter den Alten war es Brauch, dass, wer nicht Beamter war, nicht den Fürsten aufsuchte. Duan-Gan Mu kletterte über die Mauer, um dem Fürsten Wen von We zu entgehen. Siä Liu[227] schloss seine Türe und ließ den Fürsten Mu von Lu nicht herein. Die beiden gingen allerdings zu weit. Wenn ein Fürst dringend danach verlangt, so mag man ihn wohl sehen. Yang Ho[228] wollte den Meister Kung bei sich sehen, aber er verschmähte es, dabei die Ordnungen hintanzusetzen. Nun ist es Sitte, wenn ein Minister einem Manne ein Geschenk macht, und jener ist nicht zu Hause, wenn er es empfängt, dass dann der Andre hingehen muss und den Minister besuchen. Yang Ho wartete nun ab, bis Meister Kung ausgegangen war, und sandte ihm ein gebratenes Schwein. Meister Kung wartete ebenfalls ab, bis jener ausgegangen war, und ging dann hin, ihn zu besuchen.

---

226 Ober den Jünger Gung-Sun Tschou (den zweiten in der Reihe) vgl. Buch II, A, 1 ff.

227 Duan-Gan war, wie aus Schi Gi, Lau Dsï Liä Dschuan zu schließen ist, eine Stadt in We, mit der Laotses Sohn belehnt wurde. Doch kommt Duan-Gan auch als Name vor. Duan-Gan Mu stammte aus Dsïn. Er war arm und ging bei dem Konfuziusjiinger Dsï Hia in die Lehre. Ebenso wie Tiän Dsï Fang, der Lehrer des Dschuang Dsï, ließ er sich in We nieder. Seine hier erzählte Handlungsweise erinnert lebhaft an seinen jüngeren Zeitgenossen Dschuang Dsï. Der Fürst Wen von We (125-387) hörte übrigens nicht auf, den Duan-Gan Mu ehrerbietig zu behandeln, und schließlich gelang es ihm auch, Zutritt bei ihm zu finden. Dadurch steigerte sich sein Ruhm als guter Fürst so sehr, dass Tsin ihn nicht anzugreifen wagte (vgl. Näheres bei Chavannes, *Memoires Historiques de Se-Ma Ts'ien*, Band V. Paris 1905, pag. 141 f). Über Siä Liu ist Weniges bekannt. Er lebte in Lu zur Zeit des Fürsten Mu (409-377), von erzählt ist, dass er die Weisen schätzte.

228 Die hier erwähnte Geschichte steht in *Lun Yü* XVII, 1.[31] Wörtlich: als »Sommer-Feldbewässernn«. Eine sehr gute Deutung des Dschong I ist: »Die Leute, die sich immer mit verbindlichem Lächeln bücken müssen, sind schlimmer dran als ein Wippbrunnen im Sommer« (Über den Wipp- oder Ziehbrunnen vgl. *Zhuangzi* XII, 11).

Damals hatte Yang Ho den Anfang gemacht, wie hätte man ihn nicht besuchen sollen?

Meister Dsong sprach: ›Die Leute, die immer die Schultern hochziehen und verbindlich lächeln, sind härter dran als der Bauer im Sommer‹[229].

Dsï Lu sprach: ›Mit innerlich Fernstehenden reden, wobei man einem die Verlegenheit am Gesicht ansieht, das ist etwas, worauf ich mich nicht verstehe.‹

Sieht man die Sache von diesem Standpunkt an, so kann man wissen, welche Gefühle der Edle hegt.«

8. Allmähliche Besserung

Dai Ying Dschï[230] sprach: »Nur den Zehnten zu nehmen und die Grenz- und Marktzölle aufzuheben, geht heuer noch nicht an. Ich will sie erleichtern und im nächsten Jahr dann abschaffen. Was sagt Ihr dazu?«

Mengzi sprach: »Angenommen, ein Mann stiehlt täglich seinem Nachbarn ein Huhn. Und es sagt jemand zu ihm: ›Das schickt sich nicht für einen anständigen Menschen.‹ Jener aber sagt: ›Ich will es einschränken und nur jeden Monat ein Huhn stehlen. Im nächsten Jahr dann will ich's aufgeben.‹ – Wenn man erkannt hat, dass etwas ungerecht ist, so muss man es sofort sein lassen und nicht bis zum nächsten Jahr warten.«

9. Warum Mengzi streitet

Gung-Du Dsï[231] sprach: »Die Außenstehenden alle nennen Euch streitsüchtig, Meister; darf ich fragen, wie es sich damit verhält?«

Mengzi sprach: »Ferne sei es von mir, den Streit zu lieben. Ich kann nicht anders. Lange ist es schon, dass die Welt steht, und immer folgten auf Zeiten der Ordnung Zeiten der Verwirrung. Zu Yaus Zeiten überfluteten die Wasser ringsum das Land der Mitte und Schlangen

---

229 »Dsï Lu = Dschung Yu, bekannter Jünger des Kung.
230 Dai Ying Dschï war Minister in Sung. Die Geschichte fällt also wohl ebenso wie Abschnitt 5 und 6 ins Jahr 311.
231 Gung-Du Dsï wird als vierter unter Mengzis Schülern genannt.

und Drachen wohnten darin. Die Menschen hatten keine feste Stätte. In den Niederungen machten sie Pfahlbauten[232], in den Bergen gruben sie sich Höhlen. Das *Buch der Urkunden*[233] sagt: ›Die wilden Wasser schrecken mich.‹ Die ›wilden Wasser‹ sind eben jene Sintflut. Er befahl dem Yü, sie zu ordnen. Yü grub die Erde aus und leitete die Wasser in das Meer, er entfernte die Schlangen und Drachen und trieb sie in die Marschen. Das Wasser floss nun in festen Betten, das sind die Ströme Yangtse, Huai, Huangho und Han. Gefahren und Hindernisse waren entfernt. Die Vögel und Tiere schädigten nicht mehr die Menschen. So bekamen die Menschen ebenes Land, darauf sie wohnen konnten.

Als Yau und Schun gestorben waren, da verfiel der Weg der Heiligen. Tyrannen kamen nacheinander auf. Sie zerstörten Wohnungen und Häuser, um Teiche und Seen anzulegen, so dass das Volk keine ruhige Stätte mehr fand. Sie ließen die Felder öde liegen und machten Gärten und Parke daraus, so dass das Volk keine Nahrung und Kleidung mehr hatte.

Ruchlose Reden und grausame Taten kamen abermals auf. Die Gärten und Parke, die Teiche und Seen, die Sümpfe und Marschen mehrten sich, Vögel und Tiere kamen wieder hervor. Und als es auf Dschou Sin[234] kam, da war die Welt wieder in großer Verwirrung. Der Fürst von Dschou half dem König Wu. Dschou Sin wurde hingerichtet, das Land Yän[235] wurde bekämpft und nach drei Jahren sein Fürst beseitigt. Der gottlose Minister Fe Liän wurde in einen Winkel am

---

232 Wörtlich: »Nester«. Es liegt aber ganz unzweifelhaft eine später missverstandene Erinnerung an Pfahlbauten vor, ebenso wie das Wohnen in Höhlen offenbar einer alten Erinnerung entspricht.
233 Dschau Ki gibt für die Stelle eine außerkanonische *Schu Ging*-Stelle an. In I, III, 11 ist wenigstens die Sintflut erwähnt.
234 Es ist beachtenswert, dass Giä, der Tyrann am Schluss der Hiadynastie, nicht genannt ist, sondern Dschou Sin direkt anschließt. Es sieht fast so aus, als folge Mengzi hier einer anderen Überlieferung als III, A, 4, zu welcher Stelle hier eine Parallele vorliegt.
235 Yän lag angeblich im Osten des Staates Lu, in der Nähe des heutigen Yändschoufu. Die Überlieferung folgt hier nicht dem *Schu Ging*, nach dem der Staat Yän erst unter Tschong, dem Sohne Wus, vernichtet wurde. Vgl. Vorrede zum *Schu Ging* v. 51–52. Mau Si Ho nimmt an, dass es sich um eine mehrfache Unternehmung handelte. Fe Liän ist ein sagenhafter Minister des Tyrannen Dschou Sin, der auch im Fong Schen Yän Yi (vgl. Übersetzung von Grube, *Die Metamorphosen der Götter*, Legden 1912) eine große Rolle spielt. Sein Grab

Meer getrieben und dort zu Tode gebracht. Im Ganzen wurden fünfzig Staaten vernichtet, und es wurden entfernt und abgetan die Tiger, Panther, Nashörner und Elefanten. Und alle Welt ward hocherfreut. Das *Buch der Urkunden*[236] sagt: ›Erhaben und leuchtend waren König Wens Pläne, erhaben und kräftig war König Wus Durchführung, zur Hilfe und Lehre für uns Spätergeborene, alles recht und ohne Tadel.‹ Abermals verfiel die Welt, und der Weg ward verdunkelt. Ruchlose Reden und grausame Taten kamen abermals auf. Es kam vor, dass Diener ihre Fürsten mordeten, es kam vor, dass Söhne ihre Väter mordeten. Meister Kung war besorgt darob und schrieb *Frühling und Herbst*. Das Werk *Frühling und Herbst* ist das Werk eines königlichen Mannes[237]. Darum sagte Meister Kung: ›Dass ich gekannt sein werde, verdanke ich *Frühling und Herbst*, dass ich verdammt werden werde, verdanke ich *Frühling und Herbst*«.

Ein heiliger König stand nicht mehr auf. Die Fürsten ließen ihren Lüsten freien Lauf. Müßige Gelehrte führten quere Reden. Yang Dschus[238] und Mo Dis Worte erfüllten die Welt. Was heute auf der Welt geredet wird, ist entweder von Yang oder von Mo beeinflusst. Yang lehrt den Egoismus, darum führt er zur Auflösung des Staats. Mo lehrt die unterschiedslose allgemeine Liebe, darum führt er zur

---

wird an verschiedenen Plätzen gezeigt. Es handelt sieh hierbei offenbar um ›Hünengräber‹.
236 Auch diese Stelle findet sich im kanonischen *Schu Ging* nicht.
237 So nach Dschau Ki. Anderseits wird die Stelle auch folgendermaßen aufgefasst: »Die Frühlings- und Herbstannalen enthalten Angelegenheiten des Himmelssohnes«, wobei vorausgesetzt wird, dass der Staat Lu, dessen Geschichte während der Jahre 721–479 die Frühlings- und Herbstannalen behandeln, durch den Fürsten von Dschou mit dem Kaiserhaus verbunden sei. Die Vorstellung, dass Kung als ›ungekrönter König‹ hier über die Welt zu Gericht gesessen habe, wird von diesem Standpunkt aus – im Sinne Kungs sicher mit allem Recht – abgelehnt. Das angeführte Wort des Kung findet sich nicht in den *Lun Yü*.
238 Die Lehren Yang Dschus sind in *Liezi* erhalten. Mengzi wirft ihm Anarchismus vor; nicht ohne Berechtigung, da bei seinem individualistischen Pessimismus natürlich kein Raum für die Verehrung des Fürsten war. Mo Di, der Lehrer der allgemeinen Menschenliebe, war im Gegensatz zu Yang Dschu politisch interessiert. Er nahm den Großen Yü für sich in Anspruch. Da er die konfuzianische Gliederung der menschlichen Gesellschaft verwirft, nennt ihn Mengzi einen vaterlosen Gesellen. Mengzi legt den größten Wert auf die Organisation der Gesellschaftsstruktur, die durch Mo Di gefährdet schien.

Auflösung der Familie. Ohne Staat und Familie kehrt man in den Zustand der Tiere zurück [...] [239].

Wenn die Lehren Yangs und Mos nicht verstummen, kann die Lehre des Meister Kung nicht zur Geltung kommen. Denn diese verkehrten Reden betören das Volk und Liebe und Pflicht müssen verkümmern. Durch die Verkümmerung von Liebe und Pflicht bringt man die Tiere dazu, Menschen zu fressen; ja, die Menschen werden einander noch auffressen.

Ich bin besorgt darüber. Ich will die Lehren der alten Heiligen verteidigen, Yang und Mo abwehren und ihren frechen Worten ein Ziel setzen, damit diese ruchlosen Reden sich nicht ausbreiten. Denn wenn sie Einfluss haben im Herzen, so bringen sie Schaden beim Handeln. Wenn sie Einfluss haben auf das Handeln, so bringen sie Schaden bei der öffentlichen Ordnung. Wenn abermals ein Heiliger aufsteht, wird er an diesen meinen Worten nichts zu ändern haben.

Vor alters beschränkte der große Yü die Sintflut und die Welt kam in Ruhe. Der Fürst von Dschou ließ auch den Grenzstämmen im Osten und Westen seine Liebe angedeihen, vertrieb die wilden Tiere, und die Leute bekamen Frieden. Meister Kung vollendete *Frühling und Herbst*, und die aufrührerischen Knechte und mörderischen Söhne bekamen Angst [...][240].

Jene vaterlosen und herrscherlosen Gesellen hätte also auch der Fürst von Dschou bekämpft. Auch ich begehre, der Menschen Herzen recht zu machen, ruchlose Reden zum Schweigen zu bringen, verkehrte Werke zu bannen, frechen Worten ein Ziel zu setzen, um so das Werk jener drei Heiligen fortzuführen. Wie sollte es mir nur um Streit zu tun sein! Ich kann nicht anders. Wer mit seinen Worten Yang und Mo bannen kann, der ist ein Genosse der Heiligen.«

---

239 Hier ist eine Stelle aus I, A, 4, als Ausspruch Gung-Ming I's bezeichnet, in den Text eingedrungen.
240 Hier ist das Zitat aus dem *Schï Ging* von III, A, 4, das hier überflüssig ist, eingedrungen.

10. Der Asket

Kuang Dschang[241] sprach: »Tschen Dschung Dsï[242] ist doch wirklich ein genügsamer Weiser. Er wohnte in Wu Ling. Drei Tage lang hatte er nichts gegessen, seine Ohren waren dick geworden und seine Augen trübe. Äm Brunnen stand ein Pflaumenbaum. Die Maden hatten schon die meisten Früchte zerfressen. Da schleppte er sich hin und aß. Dreimal musste er schlucken, ehe er wieder hören und sehen konnte.«

Mengzi sprach: »Ich bin auch der Meinung, dass unter den Gelehrten von Tsi Tschen Dschung Dsï ist wie der Daumen[243] unter den Fingern. Dennoch: genügsam kann man ihn nicht nennen. So wie Tschen Dschung Dsï es meint, kann man nur leben, wenn man ein Regenwurm ist. Der Regenwurm frisst
verwitterte Dammerde und trinkt in der Tiefe das Grundwasser[244]. Tschen Dschung Dsï bewohnt ein Haus. Ist das von einem strengen Heiligen wie Be I oder von einem Räuber Dschï[245] erbaut? Er lebt von Korn. Ist das von einem strengen Heiligen wie Be I oder von einem Räuber Dschï gepflanzt? Das weiß kein Mensch.«

Kuang Dschang sprach: »Was tut das? Er flicht Sandalen, seine Frau spinnt Hanffaden; damit verdienen sie sich ihren Unterhalt.«

Mengzi sprach: »Tschen Dschung Dsï stammt aus einem vornehmen Haus in Tsi. Sein Bruder Dai[246] bezog aus der Stadt Go ein Einkommen von 10.000 Scheffeln. Weil er dieses Einkommen seines

---

241 Kuang Dschang ist ein Mann aus Tsi, aus der Umgebung des Königs Süan.
242 Tschen Dschung Dsï, aus vornehmem Geschlecht von Tsi, lebte in Wu Ling in der Nähe des heutigen Tsinanfu von der Welt zurückgezogen. Er erinnert in seinem Gebaren an die bei Zhuangzi erwähnte Richtung des Schen Dau (vgl. Zhuangzi, pag. XIX) oder an den ›gerechten‹ Wanderer Huan Schong Mu bei Liezi (VIII, 20).
243 Der Daumen heißt auf Chinesisch: »der große Finger«.
244 Wörtlich: »die gelben Quellen«, d. h. die Wasser der Unterwelt.
245 Über den »Räuber Sohle« vgl. Dschuang Dsï, Buch VIII, pag. 65f., wo er ebenfalls Be I, dem uneigennützigen Prinzen von Gu Dschu, als Kontrastfigur entgegengestellt ist, um dann ebenso wie jener verworfen zu werden. Hier ist der Sinn: »Bei der Befriedigung der Lebensbedürfnisse darf man nicht zu genau sein mit Beziehung auf die Herkunft.« Der Sinn ist letztlich derselbe wie in Liezi VIII, 20.
246 So nach Dschau Kis Kommentar. Andere fassen »Dai Go« als Namen auf. Dieser Bruder musste nach seinem Gehalt zu urteilen in Tsi Minister (King) gewesen sein.

Bruders für unrecht Gut hielt, darum wollte er nichts davon genießen. Weil er seines Bruders Häuser für unrecht Gut hielt, darum wollte er nicht darin wohnen. Er trennte sich von seinem Bruder und verließ seine Mutter und ließ sich in Wu Ling nieder.

Einst kam er heim. Da traf es sich, dass sein Bruder eine lebende Gans zum Geschenk erhielt. Er runzelte die Stirn und sprach: ›Wozu soll der Schnatterer?‹ Am andern Tag schlachtete seine Mutter die Gans und gab sie ihm zu essen. Sein Bruder aber kam dazu und sprach: ›Das ist Fleisch von dem Schnatterer.‹ Sofort ging er hinaus und erbrach sich.

Was ihm die Mutter gab, das aß er nicht; was seine Frau ihm gab, das aß er. In seines Bruders Haus wohnte er nicht, aber in Wu Ling wohnte er. Das ist doch nicht folgerichtig[247]! Tschen Dschung Dsïs Grundsätze lassen sich nur wirklich durchführen, wenn man ein Regenwurm ist.«

---

247 Nach Dschau wäre zu übersetzen: »Wie kann er dabei [bei diesen Grundsätzen] mit seinesgleichen [anderen Menschen] zusammen leben?«

BUCH IV

Li Lou

ABSCHNITT A

Wege zur Menschlichkeit

1. Die Hilfsmittel der Kultur

Mengzi sprach: »Selbst eines LiLou[248] scharfe Augen und eines Gung-Schu[249] Geschicklichkeit können ohne Zirkel und Richtmaß keine Kreise und Quadrate fertigbringen. Selbst eines Meister Kuang[250] Gehör kann ohne Stimmpfeifen nicht die Höhe der Töne bestimmen. Selbst eines Yau und eines Schun Art kann ohne mildes Regiment die Welt nicht in Ordnung bringen. Wenn nun auch einer ein gutes Herz hat und einen guten Ruf, aber das Volk genießt nicht Segen von ihm, so kann er nicht als Vorbild für die Nachwelt dienen, darum, weil er nicht im Pfad der alten Könige wandelt. So heißt es: Gute Meinung

---

248 Li Lou ist derselbe wie Li Dschu. Vgl. *Liezi* V, 2, *Zhuangzi* VIII, 1; X; XII, 4. Ein sagenhafter Begleiter des Herrn der gelben Erde (Huang Di), der auf hundert Schritt Entfernung noch die Spitze eines Flaumhaares sah.
249 Gung Schu Ban aus Lu, angeblich der Sohn des Herzogs Dschau (541–510), als Musiker berühmt. Im Dienste des Staates Tschu leitete er die Belagerung der Hauptstadt von Sung, wobei er die sogenannte »Wolkenleiter« verwandte. Seine Kunstgriffe wurden aber durch die Gegenmaßregeln des Mi Di zunichtegemacht. Er scheint eine Art chinesischer Archimedes gewesen zu sein. Vgl. *Liezi* VIII, 12 und namentlich den Schluss von V, 14, der merkwürdigerweise zu der Stelle hier in Beziehung zu stehen scheint.
250 Der blinde Musikmeister Kuang vom Staate Dsïn aus der Zeit des Konfuzius wird auch in *Liezi* V, 11 und in *Zhuangzi* an verschiedenen Stellen genannt. (Die Stelle *Zhuangzi* II, Anm. 7 ist zu korrigieren, ebenso wie die Schreibweise der übrigen Stellen bei Zhuangzi; der Mann heißt Kuang und nicht Guang). Die »sechs Pfeifen« (»lü«) sind eigentlich zwölf, sechs »männliche« und sechs »weibliche«. Sie sollen von Huang Di erfunden sein. Es sind Röhren von genau bestimmtem Längenmaß und Kubikinhalt, die zur Bestimmung der Tonhöhe der einzelnen Noten dienten; die fünf Töne (»wu Yin«) heißen: Gung, Schang, Güo, Dschi, Yü. Es sind die fünf schwarzen Tasten der Fis-dur-Tonleiter. Die chinesischen Kommentare geben an dieser Stelle zum Teil eine ausführliche Musiktheorie an, die aber für den Zusammenhang hier belanglos ist.

allein genügt noch nicht zum Herrschen, aber gute Gesetze allein können sich auch nicht selber durchsetzen. Im *Buch der Lieder*[251] heißt es:

›Ohne Hast, ohne Rast
Nach alter Sitte Brauch.‹

Dass einer, der der alten Könige Gesetze hochhielt, dennoch Fehler gemacht hätte, das ist noch nie geschehen. Während die berufenen Heiligen einerseits ihrer Augen Kraft aufs Äußerste anstrengten, kamen sie ihr andrerseits zu Hilfe mit Zirkel und Richtmaß, Lot und Schnur, um ihre Werke rechteckig, rund, eben und senkrecht zu machen, und die Wirkung war unübertrefflich. Während sie ihres Gehöres Schärfe aufs äußerste anstrengten, kamen sie ihr zu Hilfe mit den Stimmpfeifen, um die Höhe der Töne festzusetzen, und die Wirkung war unübertrefflich. Während sie ihres Herzens Gedanken aufs Äußerste anstrengten, gaben sie ihnen Ausdruck in einem barmherzigen Regiment[252], und ihre Güte schirmte die ganze Welt. Darum heißt es:

›Wer hoch hinauf will,
muss die Berge zum Ausgangspunkt nehmen,
wer tief hinunter will,
muss die Täler zum Ausgangspunkt nehmen.‹

Wer aber regieren will und nicht den Pfad der alten Könige zum Ausgangspunkt nimmt, kann man den weise nennen?

Darum gebührt allein dem Gütigen eine hohe Stelle. Wer, selbst ungütig, an hoher Stelle weilt, der verbreitet seine Schlechtigkeit unter der Menge. Wenn der Fürst keine Ordnung in sich hat, um Maß und Richtung zu geben, so haben die Diener kein Gesetz, um sich daran zu halten. Die Höflinge werden unzuverlässig in der Ordnung, die Handwerker werden unzuverlässig im Maß, die Herren verletzen die Pflicht, die Gemeinen verletzen das Strafrecht, und der Bestand des Reichs hängt dann vom Zufall ab. Darum heißt es:

---

251 Vgl. *Schï Ging* III, II, 5 v. 2.
252 Vgl. Luther »gut Regiment« = gute Regierungsweise.

›Wenn Mauern und Wälle nicht fest sind,
Wehr und Waffen nicht zahlreich:
Das ist kein Unglück für ein Land.
Wenn Felder und Äcker sich nicht ausdehnen,
Güter und Reichtum sich nicht mehren,
Das ist kein Schade für ein Land.
Doch wenn der Fürst keinen Anstand übt,
Die Untern keine Bildung haben
Und räuberisches Volk aufkommt:
Dann steht das Ende jeden Tag bevor.‹

Im *Buch der Lieder*[253] heißt es:

›Ist jetzt der Himmel so erregt,
So zeigt euch nicht so unbewegt.‹

›Unbewegt‹ ist so viel wie ›nachlässig‹: wenn man im Dienst des Herrschers die Pflicht missachtet, in allem Tun und Lassen die Regeln der Sitte missachtet, in Wort und Rede den Pfad der alten Könige verurteilt: das ist nachlässig.
Darum heißt es:

›Seinem Herrscher Schweres zumuten,
heißt ihn ehren,
Seine guten Neigungen fördern und seine verkehrten hindern,
heißt ihn achten.
Zu sagen: Unser Herr ist unfähig dazu,
heißt zum Räuber an ihm werden.«

---

253 Vgl. *Schï Ging* III, II, 10 v. 2, Übersetzung von Strauß. Das Lied enthält die mahnende Warnung eines Alten in schwerer Zeit.

2. Ideale

Mengzi sprach: »Zirkel und Richtmaß geben vollkommene Kreise und Quadrate; die berufenen Heiligen zeigen vollkommenes Menschentum. Wer als Herrscher seiner Herrscherpflicht genug tun will oder als Diener seiner Dienerpflicht genug tun will, beide mögen einfach Yau und Schun zum Vorbild nehmen. Wer nicht auf die Art, wie Schun dem Yau diente, seinem Herrn dient, ist einer, der seinen Herrn nicht achtet. Wer nicht auf die Art, wie Yau das Volk regierte, sein Volk regiert, ist einer, der sein Volk misshandelt.

Meister Kung sprach: ›Nur zwei Wege gibt es: Gütigkeit und Ungütigkeit.‹ Wenn einer sein Volk unterdrückt und darin schlimm ist, der zieht sich selbst den Tod und seinem Reich den Untergang zu. Treibt er es nicht ganz so schlimm, so stürzt er doch sein Leben in Gefahr und sein Reich in Verluste. Die Nachwelt nennt ihn: ›der Finstere‹, der ›Schreckliche‹[254], und hätte er auf hundert Geschlechter hinaus ehrfürchtige Söhne und liebevolle Enkel, sie können das nicht mehr ändern.

Das ist gemeint, wenn es im *Buch der Lieder*[255] heißt:

---

254 König Li »der Schreckliche« regierte von 878–842. Infolge seiner tyrannischen Herrschaftsmethoden entstand Unzufriedenheit im Volk. Die Unzufriedenen ließ der König ausfindig machen und hinrichten (vgl. die ähnliche Geschichte in *Liezi* VIII, 9). Diese Tat führte zu einem Aufruhr, in dessen Verlauf der König, der sich nach Schantung geflüchtet hatte, ums Leben kam. Die Regierung für den unmündigen Thronfolger, den späteren Kaiser Süan, führten zwei Verwandte des Kaisers unter dem Namen »Gung Ho« (‚Friedliches Zusammenwirken'). König Yu der »Finstere« regierte von 781–771. Er war der Sohn König Süans, verstieß seine Frau und den Thronerben und begünstigte eine Nebenfrau, der zu Liebe die Alarmfeuer angezündet wurden, weil sie sich über das daraufhin erfolgende Herbeieilen der Vasallen amüsierte. Schließlich wollte der König den rechtmäßigen Thronerben töten, da erhob sich dessen Großvater mütterlicherseits im Verein mit den westlichen Barbarenstämmen, die ins Reich eindrangen und den König töteten, ohne dass die Vasallen zu Hilfe gekommen wären. Erst nachher wurden die Eindringlinge vertrieben und der rechtmäßige Erbe als König Ping auf den Thron gesetzt.
255 Vgl. *Schï Ging* III, III, 1 v. 8. Die Ode ist eine Warnung an König Li »den Schrecklichen«. Ausgesprochen wird diese Warnung von König We, der dem Tyrannen Dschou Sin der Yindynastie das warnende Exempel des Tyrannen Giä aus der Hiadynastie als ein Schicksal, das ihm drohen könnte, vor Augen stellt.

›Yin hat den Spiegel nah genug;
Die Zeit der Herrscher Hias hat ihn gewährt.‹«

3. Die Gründe für Steigen und Fallen der Reiche

Mengzi sprach: »Alle drei Herrscherhäuser haben die Herrschaft über die Welt erlangt durch Gütigkeit und haben die Herrschaft über die Welt verloren durch Ungütigkeit. Ganz ebenso verhält es sich mit Untergang und Blüte, Bestehen und Vergehen der einzelnen Staaten. Wenn der Himmelssohn nicht gütig ist, vermag er nicht das Land zwischen den vier Meeren zu wahren. Wenn ein Landesfürst nicht gütig ist, vermag er nicht die Altäre des Landes und Korns[256] zu wahren; wenn Grafen und Adlige nicht gütig sind, vermögen sie nicht ihre Ahnentempel zu wahren; wenn Ritter und Volk nicht gütig sind, vermögen sie nicht ihre vier Glieder zu wahren. Wer nun Tod und Untergang hasst und dennoch sich der Ungütigkeit erfreut, der gleicht dem Manne, der Trunkenheit hasst und dennoch sich dem Wein ergibt.«

4. Wo man den Fehler suchen muss

Mengzi sprach: »Wer Andre liebt, und sie sind ihm nicht zugetan, der prüfe seine Gütigkeit. Wer Andre regiert, und sie lassen sich nicht regieren, der prüfe seine Weisheit. Wer Andre ehrt und findet keine Antwort, der prüfe seine Achtung. Wer etwas wirken will und keinen Erfolg hat, der suche den Grund bei sich selber. Ist seine Person recht, so fällt die ganze Welt ihm zu«[257].

---

256 Die Altäre des Landes und Kornes – »Schä Dsï« – sind Herrschaftssymbole, wie etwa Thron und Szepter in Europa. Die Heiligtümer des hohen Adels (King und Daifu) waren ihre Ahnentempel.
257 Hier ist das Zitat aus dem Schï Ging, das sich in II, A, 4 findet, wiederholt.

5. Welt, Staat, Familie

Mengzi sprach: »Man spricht beständig von Welt, Staat und Familie. Die Wurzeln des Weltreichs sind im Einzelstaat, die Wurzeln des Staates sind in der Familie. Die Wurzeln der Familie sind in der einzelnen Person[258].«

6. Die Wurzeln der Autorität

Mengzi sprach: »Regieren ist nicht schwer: man darf nur keinen Anstoß erregen bei den angesehenen Häusern[259]. Wen die angesehenen Häuser ehren, den ehrt das ganze Land. Wen ein Land ehrt, den ehrt die ganze Welt. Darum:

›Stromgleich erfüllt geistiger Einfluss das Erdenrund.‹

7. Schickt Euch in die Zeit – oder überwindet sie

Mengzi sprach: »Wenn die Welt in Ordnung ist, so dient der Geringe an Geist dem, der groß ist an Geist, so dient der Mann, der gering ist an Würdigkeit, dem, der groß ist an Würdigkeit. Wenn die Welt in Unordnung ist, so muss der Kleine dem Großen dienen, der Schwache dem Starken dienen. Beides ist Gesetz der Natur. Wer diesem Naturgesetz folgt, besteht; wer dem Naturgesetz widerstrebt, der vergeht.

Fürst Ging von Tsi sprach: ›Wenn man nicht vermag zu befehlen und doch auch nicht gehorchen mag, so wird man vereinsamt.‹ Obwohl daher seine Tränen flossen, gab er seine Tochter dem Prinzen von Wu[260].

---

258 Vgl. Da Hüo I.
259 Bis auf den heutigen Tag sind diese angesehenen Häuser, die »Schenschï« (‚Gürtelträger‘, meist mit dem englischen Wort ‚Gentry‘ übersetzt), die Aristokratie der Bildung und des Besitzes, die Grundlage der öffentlichen Meinung.
260 Die Geschichte spielt in der Zeit des Konfuzius. Der Staat Wu unter dem Fürsten Ho Lu hatte im Sinn, Tsi anzugreifen. Herzog Ging fühlte sich dem Angriff nicht gewachsen. Daher entschloss er sich schweren Herzens dazu, seine Tochter dem Kronprinzen des damals noch als barbarisch angesehenen Staates Wu (im heutigen Chekiang) zur Ehe zu geben.

Heute aber ist es so, dass kleine Staaten die großen zwar zu Lehrmeistern nehmen und doch sich schämen, ihren Befehlen zu gehorchen. Das ist gerade, wie wenn ein Junger sich schämen wollte, von seinem Meister sich etwas befehlen zu lassen.

Wenn man sich einer solchen Abhängigkeit schämt, so gibt es keinen besseren Ausweg, als König Wen zum Lehrmeister zu nehmen. Mit König Wen als Lehrmeister würde ein großes Reich in sieben Jahren die Herrschaft über die Welt in Händen haben. Im *Buch der Lieder*[261] heißt es:

›Die Zahl der Enkel all von Schang
Steigt mehr als hunderttausend an.
Der Höchste Herr verlieh das Amt,
Da wurden Dschou sie untertan.
Sie wurden Untertanen Dschous,
Das Amt des Himmels kam zu enden.
Und Yins Beamte eilten hin,
Trankopfer im Palast zu spenden.‹

Meister Kung sprach: ›Dem Gütigen kann man nicht mit der bloßen Mehrheit beikommen.‹ Ein Landesherr, der die Milde liebt, hat auf der ganzen Welt keinen Feind. Wer nun auf der Welt keinen Feind haben möchte und doch nicht Milde übt, der gleicht dem Mann, der etwas Heißes anfassen will, ohne es vorher in Wasser zu tauchen. Im *Buch der Lieder*[15262] heißt es:

›Wes Hand kann Glühendes erfassen,
Taucht er's zuvor in Wasser nicht?‹

---

261 Vgl. *Schï Ging* III, I, 1 v. 4, 5. Übersetzung von V. von Strauß. Das Lied bezieht sich auf den Übergang der Herrschaft von dem Hause Yin auf das Haus Dschou, der dem geistigen Einfluss des Königs Wen zugeschrieben wird.
262 Vgl. *Schï Ging* III, III, 3 v. 5.

8. Sein Unheil zieht sich jeder selber zu

Mengzi sprach: »Ungütige lassen sich ja nicht raten! Sie halten ihre Gefahr für Sicherheit und achten ihr Unheil für Gewinn und ergötzen sich an dem, was ihnen den Untergang bringt. Wenn ungütige Fürsten sich raten ließen, so gingen nicht so viele Staaten unter und brächen nicht so viele Häuser zusammen!

Es sangen einmal ein paar Knaben:
›Ist des Flusses[263] Wasser klar,
Wasch' ich meiner Mütze Bänder.
Ist des Flusses Wasser trüb',
Wasch' ich meiner Füße Sohlen.‹

Meister Kung sprach: ›Kinder, hört zu! Nur wenn es klar ist, wäscht man die Mützenbänder darin. Nur wenn es trüb ist, wäscht man die Füße darin. Es kommt allein auf das Wasser an.‹ –
Erst muss der Mensch sich selbst schänden, ehe Andre ihn schänden. Erst muss ein Haus sich selbst verderben, ehe Andre es verderben. Erst muss ein Reich sich selbst bekämpfen, ehe Andre es bekämpfen [...][264].«

9. Das Herz der Menschen ist wie das Wasser

Mengzi sprach: »Dschou Sin und Giä haben die Weltherrschaft verloren, indem sie die Leute verloren. Sie haben die Leute verloren, indem sie ihr Herz verloren. Die Weltherrschaft zu gewinnen, gibt es einen Weg: gewinnt man die Leute, so hat man damit schon die Weltherrschaft. Die Leute zu gewinnen, gibt es einen Weg: gewinnt man ihr Herz, so hat man damit schon die Leute. Ihr Herz zu gewinnen, gibt es

---

263 Wörtlich: des »Tsang Lang«, d. h. ‚blaue Wellen'. Name verschiedener Flüsse. Das Lied kommt an verschiedenen Stellen vor. Voraussetzung ist, dass es ›ehrenvoller‹ für das Wasser ist, wenn die Mützenbänder, als wenn die Füße darin gewaschen werden.

264 Zum Schluss steht hier nochmals das Zitat aus Tai Gia, das schon in II, A, 4 angeführt wurde.

einen Weg: Was sie haben möchten, gib ihnen, was sie verabscheuen, tu ihnen nicht an.

Die Leute fallen einem milden Herren zu, wie das Wasser nach unten fließt, wie die Tiere in ihre Höhlen laufen. Darum: Wer der Tiefe die Fische zutreibt, ist der Otter; wer dem Dickicht die Sperlinge zutreibt, ist der Habicht, wer den Herrschern Tang und Wu die Leute zutrieb, waren Giä und Dschou Sin. Wenn heute unter den Herren der Welt einer wäre, der Milde liebte, so würden die Landesfürsten alle ihm die Leute zutreiben. Selbst wenn er wünschte, nicht König zu sein, er könnte dem Königsein nicht entgehen. Die heute das Königtum erstreben, gleichen Leuten, die für ein siebenjähriges Leiden dreijährigen Beifuß auf dem Felde suchen wollten. Hält man ihn nicht auf Vorrat, bekommt man ihn sein Lebtag nicht. Wer seinen Willen nicht auf Milde richtet, der bleibt sein Leben lang in Not und Schande und fällt zuletzt in Tod und Untergang.

Im *Buch der Lieder*[265] heißt es:

> ›Und wie kann Einer Heilung bringen,
> Wenn alles schon zusammenbricht!‹

10. Die Verirrten

Mengzi sprach: »Wer sich selbst misshandelt, dem ist nicht zu raten; wer sich selbst wegwirft, dem ist nicht zu helfen. In seinen Worten Ordnung und Recht missachten, heißt sich selbst misshandeln; zu sagen, ich kann nicht in der Güte verharren und der Pflicht folgen: heißt sich selbst wegwerfen. Die Gütigkeit ist die friedliche Wohnung[266] des Menschen, die Pflicht ist der rechte Weg des Menschen. Wer diese friedliche Wohnung leer stehen lässt, statt drin zu wohnen, wer diesen rechten Weg verlässt, statt drauf zu wandeln, der ist übel daran!«

---

265 Vgl. *Schï Ging* III, III, 3 v. 5 (Schluss).
266 Vgl. II, A, 7.

11. Das Gute liegt so nah

Mengzi sprach: »Der Weg ist nahe und sie suchen ihn in der Ferne. Das Werk ist leicht und sie suchen es in Schwierigkeiten. Wenn alle Menschen ihre Nächsten lieben und ihre Älteren ehren, so ist die Welt in Frieden.«

12. Der Weg zur Wirksamkeit

Mengzi sprach[267]: »Wenn die Untergebenen nicht das Vertrauen ihrer Oberen besitzen, so kann das Volk nicht in Ordnung gebracht werden. Das Vertrauen der Oberen zu gewinnen gibt's nur einen Weg: – wem seine Freunde nicht glauben, der kann nicht das Vertrauen seiner Oberen gewinnen. Den Glauben der Freunde zu gewinnen gibt's nur einen Weg: – wer nicht mit seinen Nächsten in Eintracht lebt, der kann nicht den Glauben seiner Freunde gewinnen. Mit den Nächsten in Eintracht zu leben gibt's nur einen Weg: – wer beim Insichgehen nicht wahr ist, der kann nicht mit seinen Nächsten in Eintracht leben. Sein Leben wahr zu machen gibt's nur einen Weg: – wer sich nicht klar ist über das Gute, der kann nicht wahr werden in seinem Leben. Darum: Die Wahrheit haben ist göttlich, nach Wahrheit streben ist menschlich. Wer wahr ist, wird immer Eindruck machen. Aber ein Unwahrhaftiger ist noch nie im Stande gewesen, Eindruck zu machen.«

13. Der Weg über die Eltern

Mengzi sprach: »Be-J[268] war von Dschou Sin gewichen und weilte am Strande des Nordmeeres. Als er hörte, dass König Wen seine Wirksamkeit begonnen, erhob er sich und sprach: Warum nicht hingehen und mich ihm anschließen? Der Markgraf des Westens verstehe es ja, für die Alten zu sorgen. Tai Gung[269] war von Dschou Sin gewichen

---

267 Vgl. *Dschung Yung* 20 und *Gia Yü*.
268 Be J, der Prinz von Gu Dschu, der mit seinem Bruder Schu Tsi auf den Thron verzichtet hatte, war damals, als König Wen an die Macht kam, schon alt. Welches der Platz am Nordmeer (Golf von Tschili), wohin er sich zurückgezogen hatte, ist unbestimmt. König Wen war Markgraf des Westens.
269 Tai Gung oder Tai Gung Wang (= ‚des Großvaters Hoffnung') ist Lü Schang, der berühmte Feldherr der aufkommenden Dschoudynastie. Er soll sich angeblich beim Lang-Yä-Berg im Westen der Kiautschoubucht verborgen

und weilte am Strande des Ostmeeres. Als er hörte, dass König Wen seine Wirksamkeit begonnen, erhob er sich und sprach: Warum nicht hingehen und mich ihm anschließen? Der Markgraf des Westens verstehe es ja, für die Alten zu sorgen. Diese beiden Alten waren die größten Alten auf Erden. Damit, dass sie ihm zufielen, fielen alle Väter auf Erden ihm zu. Da aber die Väter auf Erden ihm zugefallen waren, wo hätten die Söhne sonst hingehen sollen? Wenn unter den Landesfürsten einer wäre, der die Regierung führte wie König Wen: innerhalb von sieben Jahren hätte er die Herrschaft auf Erden.«

14. Wider Bereicherung harter Fürsten

Mengzi sprach: »Kiu[270] war im Dienst des Gi. Er brachte es nicht zu Wege, dessen Art zu bessern, aber die Kornabgaben des Volkes verdoppelte er. Meister Kung sprach: ›Kiu ist kein Schüler von mir. Kinder, ihr mögt die Trommel schlagen und ihn bekämpfen.‹

Daraus ersieht man, dass, wenn ein Herr nicht milde herrscht und einer ihn dennoch bereichert, dieser Mann von Meister Kung verworfen würde. Wie erst, wenn einer für einen solchen Fürsten harte Kriege führt! Wenn er Krieg führt um Länder, so dass die Getöteten den Anger füllen! Wenn er Krieg führt um Städte, so dass die Getöteten die Stadt erfüllen! Das heißt die Erde dazu bringen, dass sie Menschenfleisch frisst. Dieser Frevel kann selbst durch den Tod nicht gesühnt werden.

Darum: die, die tüchtig sind im Kampfe, verdienen die oberste Strafe; die, die Landesfürsten zusammenzuschließen suchen, die nächste; die, die Wildnisse roden und gierig sind nach Land, die dritte[271].«

---

gehalten haben. Über seinen Übertritt in die Dienste des Königs Wen kursieren viele Sagen. Eine von ihnen findet sich in *Zhuangzi* XXI, 8. Dort wird erzählt, wie König Wen auf der Jagd den Lü Schang erblickte, wie er ohne Angelhaken fischte. Auf Grund eines Traumes erkennt er in ihm den ihm von seinem Großvater, dem Großen Herzog, verheißenen Ratgeber. Hier bei Mengzi findet sich eine andere Version der Sage. Zu erwähnen ist in diesem Zusammenhang, dass nach der Ansicht mancher Kommentare Mengzi diese Geschichten aus seinem Paralipomenon zum *Schu Ging* hat.

270 Jan Kiu, Jünger Kungs. Die Geschichte steht in *Lun Yü* XI, 16.
271 Die Verurteilung trifft die Wanderlehrer zu Mengzis Zeit, die die Fürsten in allerhand Kriege stürzten.

15. Das Auge des Menschen

Mengzi sprach: »Nichts zeigt[272] besser, was im Menschen ist, als das Auge[273]. Das Auge kann nichts Böses verbergen. Ist in der Brust eines Menschen alles richtig, so ist das Auge klar, steht es nicht richtig in der Brust, so ist das Auge glanzlos. Hör, was einer sagt, und sieh ihm ins Auge: Wie kann ein Mensch dir entschlüpfen[274]!«

16. Lächelnde Schurken

Mengzi sprach: »Ächtung zeigt sich darin, dass man die Andern nicht geringschätzt, Mäßigkeit darin, dass man den Andern nichts wegnimmt. Fürsten, die die Menschen geringschätzen und berauben, sind nur besorgt, die Leute könnten ihnen nicht zu Willen sein. Wie sollten sie wirklich Ächtung und Mäßigkeit besitzen! Ächtung und Mäßigkeit ist doch nicht etwas, das sich allein in freundlichen Worten und lächelnden Mienen zeigt.«

17. Rettung der Welt

Schun-Yü Kun[275] sprach: »Ist es wahr, dass es die Sitte verlangt, dass ein Mann und eine Frau, wenn sie sich etwas reichen, sich nicht mit der Hand berühren dürfen?«

Mengzi sprach: »So ist es Sitte.«

Jener sprach: »Wenn die Schwägerin am Ertrinken ist, darf man sie dann an der Hand herausziehen?«

Mengzi sprach: »Wer seine Schwägerin, die am Ertrinken ist, nicht rettet, der ist ein Wolf. Dass ein Mann und eine Frau sich nicht berühren, das ist die Regel; dass einer seine Schwägerin, die am Ertrinken ist, an der Hand herauszieht, das ist die Ausnahme.«

---

272 »Tsun«, ‚bestehen', auch »tscha«, ‚erforschen'.
273 Wörtlich: »die Pupille«.
274 Vgl. *Lun Yü* II, 10, wo ein anderer Weg zur Menschenkenntnis genannt ist.
275 Schun-Yü Kun war ein bekannter Sophist der Zeit. Er stammte aus Tsi. Er scheint am Hofe des Königs Hui von Liang mit Mengzi zusammengetroffen zu sein. Weniger skrupellos als dieser, hat er sich von dem Fürsten gut bezahlen lassen. Hier spottet er der Zurückhaltung des Mengzi. Doch ist ihm Mengzi gewachsen.

Jener sprach: »Heutzutage ist die Welt am Ertrinken; was ist der Grund, dass Ihr, Meister, sie nicht rettet?«

Mengzi sprach: »Ist die Welt am Ertrinken, so muss man sie retten durch Verkündigung der Wahrheit. Eine Schwägerin, die am Ertrinken ist, kann man an der Hand herausziehen. Wollt Ihr denn, dass ich die Welt an der Hand herausziehe?«

18. Erziehungsfragen

Gung-Sun Tschou sprach: »Was ist der Grund, dass der Gebildete seinen Sohn nicht selbst unterrichtet?«

Mengzi sprach: »Die Verhältnisse erlauben es nicht Der Lehrende unterweist gewiss den Schüler im Rechten. Haben die Unterweisungen im Rechten keinen Erfolg, so geht er über zur Strenge. Geht er über zur Strenge, so wird der Schüler innerlich entfremdet und denkt: der Lehrer unterweist mich im Rechten, aber der Lehrer tut das Rechte noch nicht einmal selber.

Auf diese Weise würden Vater und Sohn einander entfremdet; wenn aber Vater und Sohn einander entfremdet werden, so ist das übel. Die Alten tauschten deshalb ihre Söhne aus zum Unterrichten; denn zwischen Vater und Sohn darf es nicht zu tadelndem Richten[276] kommen. Durch solch tadelndes Richten kommen sie auseinander. Wenn Vater und Sohn auseinanderkommen: das ist das größte Unglück.«

19. Pietät

Mengzi sprach: »Welcher Dienst ist der größte? Der Dienst der Eltern ist der größte. Welche Verantwortung ist die größte? Die Verantwortung für die eigne Person ist die größte. Dass einer, der sich selbst nicht verliert, den Eltern zu dienen vermag, das habe ich schon gehört. Dass einer, der sich selbst verloren, den Eltern zu dienen vermag, das habe ich noch nie gehört. Was heißt nicht alles Dienst? Der Dienst der Eltern ist die Wurzel jedes Dienstes. Was heißt nicht alles Ver-

---

276 Wörtlich: »Anforderungen im Guten«, d. h. Anlegen moralischer Maßstäbe, moralische Zumutungen.

antwortung? Die Verantwortung für sich selbst ist die Wurzel jeder Verantwortung.

Meister Dsong sorgte für seinen Vater Dsong Si[277] so, dass allezeit Wein und Fleisch vorhanden war. Beim Abräumen fragte er stets, wem er das Übrige zugedacht, und wenn der Vater fragte: ›Ist denn noch etwas übrig?‹ so bejahte er stets. Dsong Si starb und der Sohn des Meister Dsong, Dsong Yüan, hatte nun für Meister Dsong zu sorgen. Er sorgte auch dafür, dass stets Wein und Fleisch vorhanden war. Aber beim Abräumen fragte er nicht, wem er die Überreste zugedacht, und wenn Meister Dsong fragte, ob etwas übrig sei, so sagte er nein, in der Absicht, die Reste das nächste Mal wieder aufzuwarten. Das heißt für Mund und Leib der Eltern sorgen. Was aber Meister Dsong getan hatte, das kann man Sorge für das Gemüt der Eltern nennen. Wer den Eltern dient wie Meister Dsong, der mag gelten.«

20. Der Ansatzpunkt der Staatsordnung im Fürsten

Mengzi sprach: »Es lohnt sich nicht, die Menschen zu tadeln; es lohnt sich nicht, die Regierung zu verurteilen. Allein der große Mann versteht es, die Fehler im Herzen des Fürsten zu Recht zu bringen. Ist der Fürst erst gut, so wird alles gut. Ist der Fürst erst pflichttreu, so wird alles pflichttreu. Ist der Fürst erst recht, so wird alles recht. Sowie der Fürst zu Recht gebracht ist, ist das Reich gefestigt.«

21. Ruhm und Schande sind unsicher

Mengzi sprach: »Oft wird einer durch eine Unbesonnenheit berühmt. Oft kommt einer dadurch, dass er alles ganz recht machen will, in Schande.«

22. Die Unverantwortlichen

Mengzi sprach: »Dass Leute ihre Worte leicht nehmen, kommt, wenn sie keine Verantwortung zu tragen haben.«

---

277 Dsong Si vgl. *Lun Yü*. Dsong Yüan war der Sohn des Meisters Dsong. Demnach scheint Dsong Si (Buch II, A, 1) der Enkel oder ein jüngerer Sohn von Dsong Schen gewesen zu sein.

23. Die Aufdringlichen

Mengzi sprach: »Die Menschen stürzen sich in Ungemach, wenn sie als Lehrmeister der Andern sich zu gebärden lieben.«

24. Besuchsregeln

Yüo-Dschong Dsï[278] kam in Begleitung des Dsï Au nach Tsi. Yüo-Dschong Dsï besuchte den Mengzi.

Mengzi sprach: »Ach, kommt Ihr doch auch, nach mir zu sehen?«

Jener sprach: »Warum sprecht Ihr so, Meister?«

Er sprach: »Wie viele Tage seid Ihr denn schon hier?«

Antwort: »Ein paar Tage.«

Er sprach: »Nun, wenn es schon ein paar Tage sind, habe ich dann nicht ganz Recht, so zu sprechen?«

Antwort: »Ich hatte meine Wohnung noch nicht in Ordnung gebracht.«

Mengzi sprach: »Wo habt Ihr denn gelernt, dass man erst seine Wohnung in Ordnung bringen muss, ehe man seine älteren Freunde aufsucht?«

Jener sprach: »Ich bitte um Entschuldigung[279].«

25. Warnung vor Schmarotzertum

Mengzi sprach zu Yüo-Dschong Dsï: »Im Gefolge des Dsï Au müsst Ihr Euch beschränken auf Saufen und Fressen. Ich hätte nicht gedacht, dass Ihr dazu die Wege der Alten gelernt habt, um Euch am Ende dem Fressen und Saufen zu widmen.«

---

278 Yüo-Dschong Dsï ist der an erster Stelle genannte Jünger Mengzis mit Vornamen Ko. Vgl. I, B, 16. Der hier genannte Dsï Au ist der in II, B, 6 genannte Wang Huan. Kein Wunder, dass Mengzi, wie aus diesem und dem folgenden Abschnitt hervorgeht, etwas eifersüchtig war. Die Geschichte fällt wohl in das Jahr 313. Yüo-Dschong war dem Wang von Lu nach Tsi gefolgt.

279 Wörtlich: »Ich habe mich verfehlt.«

26. Warum Schun ohne Wissen seiner Eltern geheiratet

Mengzi sprach: «Drei Dinge[280] gehen gegen die Pflicht der Kindesehrfurcht: Keine Nachkommen zu haben, ist das schlimmste davon. Schun[281] hat, ohne seinen Eltern Anzeige zu machen, geheiratet, weil er keine Nachkommen hatte. Der Edle schätzt das grade so, als hätte er Anzeige gemacht.«

27. Die Früchte

Mengzi sprach: »Die Frucht der Gütigkeit[282], das ist, den Eltern zu dienen; die Frucht der Gerechtigkeit, das ist, den Brüdern zu folgen; die Frucht der Weisheit, das ist, diese beiden Dinge zu erkennen und nicht fahren zu lassen; die Frucht der Ordnungen, das ist, diese beiden Dinge in rechter Weise und in Schönheit zu tun; die Frucht der Musik[283], das ist, dieser beiden Dinge sich zu freuen. Wo Freude, da Leben; wo Leben, da Selbsttätigkeit; wo Selbsttätigkeit, da hebt sich, ohne dass man's merkt, der Fuß zum Tanze und die Hand zum Reigen.«

---

280 Dschau Ki: »Durch parteiische Schmeicheleien die Eltern vom rechten Weg abbringen und sie dadurch gefährden ist die erste Pietätlosigkeit; wenn die Familie arm, die Eltern alt sind, nicht um Lohn ein Amt zu übernehmen ist die zweite Pietätlosigkeit; nicht zu heiraten und durch Kinderlosigkeit die Ahnenopfer zum Stillstand zu bringen ist die dritte Pietätlosigkeit.«

281 Schuns Eltern waren so böse, dass sie ihn am Heiraten gehindert hätten. Darum konnte er, gerade um der Kindespflicht willen, sie nicht fragen, ehe er die beiden Töchter Yaus heiratete. Vgl. V, A, 2.

282 Hier sind die beiden Brennpunkte der konfuzianischen Ethik zusammengestellt. Ein guter Sohn und ein guter Bürger ist das, was der Konfuzianismus aus dem Menschen machen will. Was als Brüderlichkeit bezeichnet zu werden pflegt, ist eben die Gesinnung der Bescheidenheit, die sich in einen umfassenden Organismus einzufügen weiß.

283 Die Gleichsetzung von Musik und Freude, die im Chinesischen mit demselben Zeichen geschrieben werden, ist bei Mengzi überaus häufig.

28. Wie Schun seinen Vater bekehrte

Mengzi sprach: »Nur Schun allein war so, dass, als die ganze Welt ihm freudig zufiel, diese ganze ihm freudig zufallende Welt in seinen Augen nicht mehr war als ein Büschel Stroh. Solange er es nicht erreicht hatte, in Eintracht mit seinem Vater zu leben, vermochte er sich nicht als Menschenkind zu fühlen. Schun erschöpfte alles, was er seinem Vater zuliebe tun konnte, und schließlich brachte er seinen Vater Gu Sou[284] zur Zufriedenheit. Als Gu Sou zufrieden gestellt war, da ward die ganze Welt bekehrt. Als Gu Sou zufrieden gestellt war, da waren auf der ganzen Welt alle Väter und Söhne im rechten Verhältnis zueinander. Das war wahrhaft große Kindesehrfurcht.«

ABSCHNITT B
Vom kindlichen Herzen

1. Der Weg ist für Alle derselbe

Mengzi sprach: »Schun[285] ist geboren in Dschu Fong, wanderte nach Fu Hia und starb in Ming Tiau: er war ein Mann aus der Gegend der Ostbarbaren. König Wen ist geboren in Dschou am Ki-Berg, er starb in Bi Ying: er war ein Mann aus der Gegend der Westbarbaren. So waren ihre Geburtsorte über tausend Meilen voneinander entfernt, zeitlich waren sie durch über tausend Jahre voneinander getrennt. Sie erreichten ihr Ziel, im Mittleren Reich zu wirken, und sie passen

---

284 Gu Sou, »der Blinde«, oder – anders geschrieben – »der blinde Greis«, war der verblendete Vater Schuns, der durch dessen große Liebe schließlich bekehrt ward.
285 Die Orte, die hier für Schun angegeben werden, stimmen mit den im *Schu Ging* genannten nicht überein. Mengzi scheint hier einer anderen Tradition zu folgen, die die Tätigkeit Schuns nach Schantung verlegt. Dschu Fong wird von manchen mit dem heutigen Dschu Tschong westlich der Kiautschoubucht identifiziert; Fu Hia wäre demnach am Golf von Tschïli. Eine Überlieferung verbindet die Tätigkeit Schuns auch mit Tsinanfu, der Provinzhauptstadt von Schantung, in dessen Nähe der Lischan, wo Schun gepflügt hatte, gewesen sein soll. Im Übrigen ist es müßig, den Details dieser Mythen nachzugehen. Dass die Dschoudynastie aus dem Westen stammt, ist allgemein anerkannt, wenn auch die Kühnheit, mit der Mengzi den König Wen als Westbarbaren bezeichnet, frappant ist. Sachlich hat er damit allerdings Recht.

zusammen wie die beiden Hälften eines Talismans[286]. Der Heilige der alten Zeit und der Heilige der späteren Zeit sind in ihren Maßnahmen gleich.«

2. Die wahre Freundlichkeit gegen Untertanen

Als Dsï Tschan[287] im Staate Dschong die Regierung führte, da setzte er auf seinem eigenen Wagen die Leute über den Dschen- und We-Fluss. Mengzi sprach: »Es war gut gemeint, aber er verstand sich nicht auf die Regierung. Wenn man dafür sorgt, dass in der trockenen Jahreszeit[288] die Brücken in Stand gesetzt werden, so wird den Leuten die Unannehmlichkeit, die Flüsse durchwaten zu müssen, erspart. Wenn der Edle seine Regierung in Ordnung hat, so mag er, wenn er ausgeht, die Leute ausweichen lassen. Wie kann er jeden Einzelnen über den Fluss setzen? Wenn der Regierende allen Leuten zu Gefallen sein wollte, so wären die Tage nicht lang genug.«

---

286 Chinesisch »Fu Dsiä«. Es waren Erkennungszeichen, die aus zwei genau zusammenpassenden gleichen Hälften bestanden. Die Fus waren aus Bambus, sie dienten als Erkennungszeichen für Pass- und Torwächter, hier natürlich im allgemeinen Sinn verstanden.

287 Über Dsï Tschan oder Gung-Sun Kiau, den Kanzler von Dschong, vgl. *Lun Yü* V, 15; *Liezi* VI, 4; VII, 8; *Zhuangzi* V, 2. In *Gia Yü* (Hausgespräche) IV, 4 wird die hier vorausgesetzte Geschichte von Kung Dsï erzählt. Dsï Yu fragte den Meister über Dsï Tschans Gnädigkeit. Der antwortete, er liebte das Volk, wie eine Mutter ihre Kinder liebt, aber er vermochte die Leute nicht zu erziehen. Er setzte im Winter die Leute, die er beim Durchwaten des Flusses vor Kälte zittern sah, in seinem eigenen Wagen über, aber er sorgte nicht für ihre Belehrung. Mengzi führt hier offenbar den Gedanken weiter aus.

288 Wörtlich: »[...] dass im elften Monat die Fußsteige fertig werden und im zwölften Monat die Wagenbrücken fertig werden«. Der elfte und zwölfte Monat nach der Rechnung der Dschouzeit ist der neunte und zehnte Monat des Hia-Kalenders, der heutzutage noch immer in China gilt, etwa Oktober und November nach europäischer Rechnung. Im Herbst, wenn die Feldarbeiten zu Ende waren, war die Zeit, die Leute zu Fronden für öffentliche Arbeiten, wie Straßen- und Brückenbau, heranzuziehen.

3. Fürsten und Beamte

Mengzi warnte den König Süan von Tsi und sprach: »Wenn der Fürst seine Diener betrachtet als seine Hände und Füße, so betrachten die Diener ihren Fürsten als ihr Herz und Inneres. Wenn der Fürst seine Diener betrachtet als Hunde und Pferde, so betrachten seine Diener ihn wie einen fremden Menschen im Lande. Wenn der Fürst seine Diener betrachtet als Gras und Erde, so betrachten seine Diener ihn als Feind und Räuber[289].«

Der König sprach: »Dem Brauche nach legt ein Diener auch für den Fürsten, dem er früher gedient hat, Trauer an. Was muss man tun, dass die früheren Diener um einen Trauer tragen?«

Mengzi sprach: »Man muss nach ihrem Rate handeln, auf ihre Worte hören, so dass Segen herabträufelt auf das Volk. Geht einer aus bestimmten Gründen weg, so lässt der Fürst ihm das Geleite geben bis über die Grenze und bereitet ihm eine freundliche Aufnahme in dem Land, wohin er geht. Erst wenn er drei Jahre weg ist ohne zurückzukehren, zieht er sein Feld und seine Wohnung ein. Das heißt der Ordnung folgen. Wer es also hält, für den tragen die früheren Diener sicher Trauer. Nun aber ist einer Diener: er rät, so handelt man nicht darnach; er redet, so hört man nicht darauf; kein Segen fließt auf das Volk herab. Geht er aus bestimmtem Grunde weg, so sucht der Fürst ihn gewaltsam festzuhalten und verfolgt ihn noch in dem Lande, wohin er geht. Am selben Tag, an dem er geht, zieht er sein Feld und seine Wohnung ein. Das heißt als Räuber und Feind handeln. Wie sollte aber jemand daran denken, für einen Feind und Räuber Trauer anzulegen?«

---

289 Eine ähnliche Unterredung wird zwischen Dsï Sï, dem Enkel Kungs, und dem Fürsten Mu von Lu berichtet. Offenbar hat unsere Stelle jene andere zum Vorbild. Der überaus harsche Ausspruch, mit dem Mengzi das Gespräch mit dem Fürsten einleitet, hat ihm in neuester Zeit [sic der Gegenwart des Übersetzers und Herausgebers Wilhelm, Anm. des Verlags] anlässlich der chinesischen Revolution viel Misskredit gebracht. Zu Unrecht, denn für die gegenwärtige Revolution [s.o.] kann man sich nicht auf Mengzi berufen. Der Vorfall muss wohl in das Jahr 312 fallen.

4. Folgen der Willkür der Fürsten

Mengzi sprach: »Wenn ohne Schuld ein Ritter getötet wird, so mag der hohe Adel weggehen. Wenn ohne Schuld ein Mann aus dem Volke getötet wird, so mögen die Ritter gehen[290].«

5. Das Vorbild der Fürsten

[Wiederholung eines Teils von IV A 20].

6. Ordnung und Recht

Mengzi sprach: »Unordentliche Ordnung und unrechtes Recht verschmäht der große Mann.«

7. Erziehung, nicht Hochmut

Mengzi sprach: »Wo Männer von abgeschlossener Bildung[291] die Unfertigen und Unwissenden erziehen, da freuen sich die Menschen, dass sie tüchtige Väter und Brüder haben. Wenn aber die Fertigen und Gebildeten die Unfertigen und Unwissenden zurückstoßen, dann ist zwischen den Tüchtigen und Untüchtigen kein Zoll breit Abstand mehr.«

---

290 Dschau Ki zitiert hierbei eine Geschichte, die in *Schï Gi*, Lebensgeschichte des Kung, steht: »Meister Kung war im Begriff, nach Westen zu gehen, um den Dschau Giän Dsï [den Kanzler von Dsin] zu sehen. Als er schon im Flusse angekommen war, hörte er von der Ermordung von Dou Ming Dou und Schun Hua. Er trat vor den Fluss und sagte seufzend: ›Wie schön ist es doch, dieses Wasser, und wie unendlich! Dass ich nicht hinüberkomme ist Gottes Wille.‹ Dsï Gung eilte herbei und fragte: ›Darf ich fragen, was das heißt?‹ Meister Kung sprach: ›Dou Ming Dou und Schun Hua waren die weisesten Minister im Land [...]. Ich habe sagen hören: Wenn man trächtige und ungeborene Tiere tötet, so kommt das Kilin nicht auf den Anger. Wenn man die Teiche austrocknet, um die Fische zu fangen, so bringt der Drache nicht die Kraft des Lichten und Trüben in Einklang. Wenn man Nester zerstört und Eier ausnimmt, so kommt der Phönix nicht herbei [...]. Warum sollte nicht auch der Edle ausweichen, wo es seinesgleichen ans Leben geht?‹« Vgl. Chavannes, *Se-MaTs'ien*, Vol. V, pag. 351ff. Übrigens hat einem anderen Bericht nach Kung Dsï sehr Recht gehabt; denn er sollte auf der Überfahrt ertränkt werden.

291 Wörtlich: »Die Mittleren erziehen die nicht Mittleren« [»die Mittleren« sind die, die zu innerer Harmonie gefunden haben], »die Brauchbaren, Geformten

8. In der Beschränkung zeigt sich erst der Meister

Mengzi sprach: »Nur der Mensch, der zu manchen Taten nicht fähig ist, ist fähig, Taten zu vollbringen[292].«

9. Vorsicht im Reden

Mengzi sprach: »Wer über andere Leute Übles redet, wie will der künftigem Leid entgehen[293]?«

10. Zurückhaltung des Meisters Kung

Mengzi sprach: »Meister Kung hielt sich fern von allen Übertriebenheiten[294].«

11. Freiheit von Pedanterie

Mengzi sprach: »Der große Mann hält[295] sich nicht unter allen Umständen genau an seine Worte und führt nicht unter allen Umständen seine Arbeiten durch: die Pflicht allein ist es, die ihn bestimmt.«

12. Das kindliche Herz

Mengzi sprach: »Der große Mann bewahrt sein kindliches Herz[296].«

---

erziehen die Ungeformten.« Der Sinn ist der in unserer Übersetzung gegebene. Vgl. Laotse, *Tao-Te-King*. 62.

292 Wörtlich: »Der Mensch [muss etwas] haben, [das er] nicht tut, dann erst mag er haben, das er tut.«

293 Der Text ist vielleicht verderbt. Ein Vorschlag ist: »Wer es liebt, über Anderer Fehler zu reden«. Andere mögliche Übersetzung: »Beim Reden über die Fehler Anderer soll man sich von der Erwägung leiten lassen, was sie in Zukunft für Schaden anrichten können.«

294 Was hier von Kung Dsï ausgesagt ist, bezieht sich darauf, dass er fern von allem Fanatismus war.

295 Hier kommen Stellen wie *Lun Yü* IV, 10 oder XIII, 20 in Betracht. Auch dieses Wort ist gegen eigensinnige Pedanterie gerichtet. Keine Tugend hat einen absoluten Selbstwert. Der absolute Wert wird nur durch den pflichtmäßigen Charakter der betreffenden Handlung bestimmt.

296 Dschau Ki erklärt: »Der große Mann ist der, der nicht das Herz seiner Kindlein [d. i. seiner Untertanen] verliert«. Daneben gibt er jedoch auch schon die

13. Die wahre Pietät

Mengzi sprach: »Die Pflege der Eltern, solange sie am Leben sind, ist noch nicht der größte Dienst. Erst das Geleite, das man den Toten gibt: das ist der größte Dienst[297].«

14. Selbständigkeit im Forschen

Mengzi sprach: »Ein Edler, der tief eindringen will in die Wahrheit, strebt danach, sie selbständig zu erkennen. Hat er sie selbständig erkannt, so verweilt er bei ihr in Sicherheit. Verweilt er in Sicherheit bei ihr, so hat er sie reichlich zur Verfügung. Hat er sie reichlich zur Verfügung, so mag er nach rechts oder links greifen: immer trifft er auf ihre Quelle. Darum strebt der Edle nach selbständiger Erkenntnis.«

15. Kürze

Mengzi sprach: »Wenn man sich ausgebreitetes Wissen erworben und ausführlich alles besprochen hat: dann muss man dahin kommen, es kurz und bündig auszudrücken.«

16. Wie man die Menschen gewinnt

Mengzi sprach: »Wer durch seine Tüchtigkeit die Menschen dahin bringen will, ihn anzuerkennen, dem wird es nicht gelingen. Wer aber durch seine Tüchtigkeit den Menschen Gutes zukommen lässt, der erst wird die Welt dahin bringen, ihn anzuerkennen. Wen die Welt nicht im Innersten Herzen anerkennt, dem wird es nie gelingen, König der Welt zu werden.«

---

im Text akzeptierte Auffassung wieder, die auch von Dschu Hi gestützt wird.
297 Der Sinn ist: Die Pflege der lebenden Eltern ist selbstverständlich. Dadurch, dass man die lebenden Eltern immer vor Augen hat, wird einem diese Pflicht von selbst erleichtert. Etwaige Versehen lassen sich zu Lebzeiten der Eltern auch immer wieder gut machen. Anders bei der Bestattung der Toten. Da liegt die ganze Verantwortung auf dem Sohn, auf den die toten Eltern hilflos angewiesen sind. Was dabei versäumt wird, bleibt dauernd als Stachel im Herzen. Die Stimmung der Unwiederbringlichkeit entspricht ungefähr dem Freiligrathschen: »O lieb', so lang du lieben kannst […].«

ABSCHNITT B 145

17. Gefährliche Worte

Mengzi sprach: »Worte sind nicht wirklich[298] Unheil bringend. Als wirklich Unheil bringend kann nur gelten, Würdige zu verdunkeln.«

18. Das Wasser

Sü Dsï[299] sprach: »Meister Kung hat das Wasser so sehr gelobt, indem er sagte: ›Das Wasser! Das Wasser[300]!‹ Was hat er am Wasser Besonderes gefunden?«

Mengzi sprach: »Die Quelle sprudelt Tag und Nacht ohne Aufhören, sie füllt jede Vertiefung und fließt weiter bis zum Meer. So ist es, wenn es einen Ursprung hat. Das hat der Meister als Gleichnis genommen. Wo aber kein wirklicher Ursprung ist, da sammelt sich im Hochsommer[301] wohl der Regen und alle Gräben und Kanäle sind voll. Doch kann man stehen und warten, bis alles wieder trocken ist. So schäme sich der Edle dessen, dass sein Ruhm seine Leistungen übertreffe.«

19. Der Unterschied zwischen Mensch und Tier

Mengzi sprach: »Wie wenig ist es doch, das den Menschen von den Tieren unterscheidet. Die Masse geht darüber hinweg; der Edle hält es fest [...].[302]

---

298 Dschu Hi vertritt folgende, entgegengesetzte Auffassung: »Worte, die nicht wahr sind, sind Unheil bringend. Wahrhaft Unheil bringend aber ist es, die Würdigen zu verdunkeln.« Vgl. zur Sache *Lun Yü* XV, 13.
299 Sü Dsï = Sü Pi, der an neunter Stelle genannte Jünger.
300 Die Stelle bezieht sich wohl auf *Lun Yü* IX, 16, obwohl der Wortlaut abweicht.
301 Wörtlich: »im siebten und achten Monat«. Es wird hier wieder wie in I, A, 6 die Zeltrechnung der Dschouzeit zu Grunde gelegt.
302 Hier steht in den Ausgaben der erste Satz des nachfolgenden Abschnittes, der von den folgenden durch »Mengzi sprach« getrennt ist. Die Bemerkung über Schun gehört aber sachlich mit dem Folgenden zusammen; sie ist offenbar abgetrennt wegen der »drei Könige und vier Arbeiten« im Abschnitt über Dschou Gung. Im Übrigen fehlt hier ganz sicher ein Abschnitt über Yau, um die sieben Heiligen zusammenzubringen.

20. Die Heiligen

Mengzi sprach: »Schun war klar in allen Dingen und kannte die Ordnungen der Menschen. Liebe und Pflicht war für ihn ein Sollen, nicht ein Müssen[303]. Yü hasste süßen Wein[304] und liebte tüchtige Worte. Tang hielt fest am Wesentlichen, er beförderte die Würdigen, woher sie auch kamen.

Der König Wen sah voll Erbarmen die Wunden des Volkes, er blickte sehnsüchtig aus nach dem Weg der Rettung, ob er ihn nicht erspähe.

Der König Wu war nicht lässig gegen die Diener in seiner Nähe und vergaß nicht die Lehensfürsten in der Ferne.

Der Fürst von Dschou gedachte es den drei Königen gleich zu tun in der Ausübung der vier Arbeiten[305]. Wo etwas noch nicht zusammenstimmte, da blickte er sinnend empor, die Nacht zum Tage fügend, und wenn er es glücklich erlangt hatte, dann saß er da, den Morgen erwartend[306].«

21. Frühling und Herbst

Mengzi sprach: »Als die Spuren der heiligen Herrscher erloschen, da verstummten die Lieder. Als die Lieder verstummt waren, da entstand das Werk *Frühling und Herbst*. Die Schong-Annalen des Staates Dsin, die Tau-Wu-Annalen des Staates Tschu, die Frühlings- und Herbst-Annalen des Staates Lu waren ursprünglich von derselben Art. Die

---

303 Wörtlich: »Er ging auf dem Pfad von Liebe und Pflicht, nicht wollte er Liebe und Pflicht gehen machen.«
304 Zur Zeit von Yau bereitete I Di Wein. Yü trank davon und fand ihn süß, darauf verbannte er I Di und verbot den Wein. Diese Geschichte ist mit ein Grund, warum Yü von den Jesuiten mit Noah identifiziert wurde.
305 Unter den Kommentaren herrscht viel Unklarheit, wer die drei Könige und was die vier Arbeiten seien. Dschau Ki versteht den Abschnitt Folgendermaßen: die drei Könige = die drei Dynastien (Hia, Yin, Dschou). Dagegen spricht, dass die Dschoudynastie damals eben erst begründet wurde. Die vier Arbeiten wären dann die von Yü bis König Wu genannten. Eine andere, wohl plausiblere Erklärung versteht die drei Könige als die Herrscher von Himmel, Erde und Menschen (»san tsai«) und die vier Arbeiten als die während der vier Jahreszeiten zu leistenden Arbeiten. Demnach wäre der Sinn: Er suchte die Kräfte der unsichtbaren und sichtbaren Welt mit den Menschen in Einklang zu bringen, um Gedeihen und Segen für das Volk zu erreichen.
306 Vor Ungeduld brennend, es auszuführen.

Geschichten, die darin stehen, sind die eines Herzogs Huan von Tsi und eines Herzogs Wen von Dsin, ihr *Stil* ist geschichtlich. Meister Kung sprach: ›Ihren *Sinn* erlaubte ich mir festzustellen[307]!‹«

22. Historische Wirkungen

Mengzi sprach: »Der Einfluss des Edlen[308] reicht fünf Geschlechter weit, dann hört er auf; der Einfluss des kleinen Mannes reicht fünf Geschlechter weit, dann hört er auf.

---

307 Der Abschnitt reiht Kung unter die Heiligen der Vorzeit ein, als ungekrönten König, der durch die Frühlings- und Herbstannalen das königliche Richteramt über die Welt ausübte (vgl. III, B. 9. Der Gedankengang in den Abschnitten 20–22 ist derselbe wie dort, ein Lieblingsthema Mengzi, wobei er in der Regel im Verlauf der Reihe der Heiligen auf sich selbst zu sprechen kommt). Der Sinn ist: Mit dem Verfall der Dschoudynastie infolge der Verlegung der Hauptstadt nach Lo Yang im Osten war die Sammlung der Preislieder im *Schi Ging* abgeschlossen. Nun kommt die Periode des »Frühlings und Herbsts« 722–481, die in den verschiedenen im Text genannten Geschichtswerken aufgezeichnet ist. Es ist die Zeit der so genannten »fünf Hegemonen«, deren bedeutendste der genannten Herzog Huan von Tsi und Herzog Wen von Dsin waren. In dieser Zeit gab es keine königliche Autorität mehr. Der ungekrönte König, der in dieser Zeit Recht und Unrecht nach königlichem Maßstab definierte, war Konfuzius in seinen *Frühlings- und Herbstannalen*. Was das historische Material anbelangt, so schließt er sich an die gegebenen Annalen der anderen Staaten ziemlich übereinstimmend an; was von ihm stammt, ist die Feststellung des Sinns der Ereignisse. Durch Abweichungen im Ausdruck, die er gelegentlich vornimmt, wird über die Handlungsweise der einzelnen Träger der Geschichte ein moralisches Urteil gefällt, das seinen Eindruck auf die Zeitgenossen nicht verfehlt hat. Wir sehen bei dieser Auffassung von der Hypothese Grubes ab, dass das unter dem Namen Dso Dschuan bekannte Geschichtswerk in Wirklichkeit die von Konfuzius geschriebenen Tschun-Tsiu-Annalen repräsentiere. Wir können durch Grubes Gründe, die doch zu sehr der Unterstützung chinesischer Quellen entbehren, nicht überzeugt werden, so anziehend der kühne Gedanke auf den ersten Blick auch scheinen mag.

308 Die Dschu Hische Erklärung, nach der der »Edle« der Heilige auf dem Thron sein soll, der »kleine Mann« der ungekrönte Heilige, steht zu sehr im Widerspruch mit dem Sprachgebrauch. Dschau Ki erklärt: »Große Tugend und große Schlechtigkeit wirkt auf fünf Generationen hinaus«. Wir müssen gestehen, dass der Sinn des Satzes nicht ganz klar ist. Vielleicht kann zur Erklärung VII, B, 38 herangezogen werden, wo wir möglicherweise eine Rezension der hier gemachten Aufstellungen haben. Die anderen, an denen Mengzi sich herangebildet, sind die Schüler des Dsï Sï, des Enkels von Kung, wonach Mengzi selbst die vierte Generation nach Kung repräsentieren würde.

Mir war es nicht vergönnt, Schüler des Meister Kung zu sein. Ich habe durch eigenes Bemühen mich an Anderen herangebildet.«

23. Sparsamkeit im Zweifelsfall

Mengzi sprach: »Wo man etwas annehmen mag oder auch nicht annehmen mag, ist es uneigennütziger[309], nichts anzunehmen. Wo man etwas schenken mag oder auch nicht schenken mag, da ist es rücksichtsvoller, nichts zu schenken. Wo man sterben mag oder auch nicht sterben mag, da ist es mutiger, nicht zu sterben.«

24. Die Schützen

Pang Mong[310] hatte das Bogenschießen bei J gelernt. Als er die Kunst Js inne hatte, gedachte er, dass nun auf der ganzen Welt einzig J ihm überlegen sei; daraufhin tötete er den J.

Mengzi sprach: »Da trifft auch den J eine Schuld. Gung-Ming J hat zwar gesagt, er scheine unschuldig gewesen zu sein, doch wollte er damit nur sagen, dass seine Schuld verhältnismäßig geringer war; unmöglich kann man ihn von aller Schuld freisprechen.

Der Fürst von Dschong sandte den Dsï-Dscho Ju Dsï, im Staate We einzufallen; der Staat We sandte den Yu-Gung Dschï Sï, ihn zu verfolgen. Dsï-Dscho Ju Dsï sprach: ›Heute bin ich plötzlich erkrankt, sodass ich den Bogen nicht mehr halten kann; ich bin sicher des Todes.‹ Dann fragte er seinen Knecht: ›Wer ist's, der mich verfolgt?‹ Sein Knecht sprach: ›Es ist Yu-Gung Dschï Sï‹! Da sprach er: ›Dann werde ich am Leben bleiben.‹ Der Knecht sprach: ›Jener ist doch der beste Schütze von We. Was meint Ihr damit, dass Ihr saget: ich werde am Leben bleiben?‹ Da antwortete er: ›Jener hat das Bogenschießen gelernt bei Yin-Gung Dschï To, der aber war mein Schüler. Er war ein rechter

---

309 Wörtlich: »Es schadet, d. h. beeinträchtigt die Uneigennützigkeit, etwas anzunehmen«; entsprechend in den beiden anderen Fällen.
310 Die Geschichte von Pang Mong und I, die in Tschun Tsiu Dschuan erzählt ist, erinnert an die ähnliche Geschichte in *Liezi* V, 15 zwischen Gi Tschang und Fe We. Pang Mong und I sind als geschickte Schützen auch in *Zhuangzi* XX genannt. In Dso Dschuan Siang Gung, Jahr 14, wird ein Yin Gung To als Schüler des Yu-Gung Tscha genannt. Die dortige Geschichte ist jedoch von der hier erzählten gänzlich verschieden.

Mann, und wen er zum Freund erkoren, der muss auch ein rechter Mann sein.‹ Als Yu-Gung Dschï Sï nun herankam, fragte er: ›Meister, warum haltet Ihr den Bogen nicht in der Hand?‹ Er sprach: ›Ich bin heute plötzlich erkrankt, so dass ich den Bogen nicht halten kann.‹ Jener sprach: ›Ich habe das Schießen gelernt bei Yin-Gung Dschï To; der aber war Euer Schüler, o Meister. Ich bringe es nicht über mich, durch Eure eigne Kunst Euch zu verletzen, o Meister. Immerhin, ich bin heute hier in meines Fürsten Auftrag, den ich nicht zu übertreten wage.‹ Damit nahm er einige Pfeile hervor und schlug am Rad ihre metallne Spitze ab. Er entsandte vier nach ihm, dann kehrte er um.«

25. Was mehr ist als Schönheit

Mengzi sprach: »Wenn eine Schönheit wie Si Schï[311] ein schmutziges Kopftuch um hat, so halten sich die Leute die Nase zu, wenn sie an ihr vorüberkommen. Selbst ein hässlicher Mensch aber, wenn er fastet und badet, mag vor Gott zum Opfern treten.«

26. Die Natur

Mengzi sprach: »Alle Menschen auf Erden, die von der Natur reden, verstehen darunter einfach das Regelmäßige[312]. Aber das Regelmäßige hat zu seiner Wurzel die Anpassungsfähigkeit. Was die Wissenden verächtlich macht, ist ihre Verbohrtheit. Wenn die Wissenden es machten wie Yü, als er den Wassern ihren Lauf gab, so wäre nichts Verächtliches an ihrem Wissen. Yü gab den Wassern dadurch ihren Lauf, dass er sie dahin laufen ließ, wo sie keinen Widerstand fanden.

---

311 Über die schöne Si Schï, die chinesische Helena, vgl. *Zhuangzi* II, 4; XIV, 4.
312 Die Worte »Sing«, ‚Natur' und »Gu«, das ‚Regelmäßige', die ‚Gewöhnung', kommen in Verbindung mit »Ming«, das ‚Schicksal', wenn auch in anderer Reihenfolge, in *Liezi* II, 9 vor. Der Gedankengang von Mengzi mutet ganz modern an. Außer dem Regelmäßigen nimmt er ein Wandelbares (»Li« in dem in J-Ging gebrauchten Sinne) an. Die hier gegebene Ausführung ist zugleich eine Verteidigung gegen die taoistische Verachtung des Wissens. Mengzi hält dieser Verachtung, deren relative Berechtigung er bei den sophistischen Spitzfindigkeiten der Zeit vollkommen anerkennt, ein anderes Ideal des Wissens, das sozusagen dem Natürlichen, der Linie des geringsten Urverstandes folgt, entgegen. Damit kommt er dem Tao sehr nahe.

Wenn die Wissenden auch dem Weg folgten, der keinen Widerstand bietet, so wäre ihre Erkenntnis auch groß. Trotz der Höhe des Himmels, trotz der Ferne der Gestirne: wenn man das Gesetz ihrer Regelmäßigkeiten erfasst hat, so kann man sich hinsetzen und auf tausend Jahre hinaus eine Sonnenwende ausrechnen.«

27. Meinungsverschiedenheit

Gung-Hang Dsï hielt die Leichenfeierlichkeiten für seinen ältesten Sohn ab. Da ging auch der Minister Wang Huan[313] hin, sein Beileid zu bezeugen. Als er eintrat, da kamen ihm manche der Beileidbezeugenden entgegen, um mit dem Minister zu sprechen. Nachher nahten sich manche dem Platz des Ministers, um mit dem Minister zu sprechen. Mengzi sprach nicht mit dem Minister. Da ward der Minister missvergnügt und sprach: »Alle Herren kamen, mit mir zu reden, nur Mengzi allein redete nicht mit mir, er missachtet mich.«

Mengzi hörte es und sprach: »Die Sitte will es, dass man bei Hofe nicht aus der Reihe tritt, um miteinander zu reden, noch dass man hinauf- oder hinuntersteigt, um einander zu begrüßen. Ich wollte dieser Sitte folgen, und Wang Huan denkt darum, ich missachte ihn. Ist das nicht seltsam?«

28. Verhalten gegenüber Feinden

Mengzi sprach: »Wodurch der Edle sich von andern Menschen unterscheidet, ist das, was er im Herzen hegt. Er hegt Gütigkeit im Herzen, er hegt Anstand im Herzen. Der Gütige liebt die Menschen; wer Anstand hat, achtet die Menschen. Wer Andre liebt, den lieben die Andern immer auch wieder. Ist nun Einer da, der mich unangemessen und unfreundlich behandelt, so werde ich, wenn ich edel denke, sicher

---

313 Dieser Wang Huan ist der Feind des Mengzi in Tsi. Der Vorgang fällt wohl in die Nähe von II, B, 6. Die Argumentation des Mengzi ist, dass anlässlich der Beileidsbezeugung, die auf Befehl des Königs erfolgte, Hofzeremoniell zu herrschen habe, weshalb keine Privatunterhaltungen statthaft seien. In Wirklichkeit handelt es sich bei diesem ganzen Hergang wieder um einen geschickt maskierten Hieb Mengzis gegen seinen Feind. Vielleicht ist es nicht ganz zufällig, dass gerade die Regeln über das Verhalten zu Feinden sich unmittelbar anschließen.

in mich gehen und mich fragen: Sicher war ich nicht gütig, sicher habe ich den Anstand verletzt. Warum nur musste das mir zustoßen? Wenn ich in mich gegangen und gütig bin, wenn ich

in mich gegangen bin und Anstand habe, und jener fährt fort, mich unangemessen und unfreundlich zu behandeln, so werde ich als Edler sicher in mich gehen und mich fragen: Sicher war ich nicht gewissenhaft. Wenn ich in mich gegangen und gewissenhaft bin, und jener fährt fort, mich quer und unfreundlich zu behandeln, so werde ich als Edler sagen: Dieser Mensch weiß nicht, was er tut. Damit steht er für mich einem Tiere gleich. Was wollte ich aber mit einem Tiere mir für Schwierigkeiten machen?

Darum ist der Edle sein Leben lang besorgt, aber er ist nicht einen Morgen lang betrübt. Was seine Sorge anlangt, so ist es die: Schun war ein Mensch, ich bin auch ein Mensch. Schun war ein Vorbild für die Welt, würdig, auf späte Geschlechter überliefert zu werden. Und ich habe es noch nicht weiter gebracht als ein gewöhnlicher Mensch? Darüber mag man sich sorgen. Man sorge sich darum, wie man werde gleich Schun, und über nichts mehr.

Aber etwas, das den Edlen betrüben könnte, gibt es nicht. Was nicht der Gütigkeit entspringt, das tut er nicht; wie es nicht dem Anstand entspricht, so handelt er nicht. Und wenn er dann doch für die Dauer eines Morgens betrübt ist, so ist der Edle darüber nicht bekümmert.«

29. Heilige in verschiedener Lage

Yü und Dsï[314] lebten in geordneten Zeiten. Dreimal kamen sie an ihrer Tür vorbei und traten nicht ein. Meister Kung pries sie darob. Yän Hui lebte in wirren Zeiten. Er wohnte in einer elenden Gasse, *eine* Holzschüssel zum Essen, *eine* Kürbisschale zum Trinken; Andere konnten seine trostlose Lage nicht mit ansehen. Aber Yän Hui ließ sich seine Fröhlichkeit nicht rauben. Meister Kung pries ihn darob.

---

314 Über den Großen Yü und Dsi (Hou Dsï) spricht der Jünger Nan Gung Go in *Lun Yü* XIV, 6. Über Yüs Einfachheit äußerst sich Kung lobend in *Lun Yü* VIII, 21. Keine der Stellen stimmt mit den hier zitierten Stellen überein. Die Schilderung des Lebens des Yän Hui findet sich mit einigen textlichen Abweichungen in *Lun Yü* VI, 9. Das Gleichnis von den beiden Schlägereien ist so

Mengzi sprach: »Yü und Dsï und Yän Hui stimmten in den Grundsätzen überein. Wenn irgendwo auf Erden Menschen in Wassersnot waren, so war es Yü, als sei er selbst in Wassersnot. Wenn irgendwo auf Erden Menschen in Hungersnot waren, so war es Dsï, als sei er selbst in Hungersnot. Darum waren sie so eifrig. Wenn Yü und Dsï und Yän Hui ihre Stellen vertauscht hätten, hätte jeder ebenso gehandelt.

Es verhält sich im einen Fall, wie wenn innerhalb unseres Hauses eine Schlägerei ausbricht. Man kommt zu Hilfe. Man braucht sich nicht erst Zeit zu nehmen, Haar und Kopfbedeckung in Ordnung zu bringen, ehe man zu Hilfe kommt. Im andern Fall ist es, wie wenn in der Nachbarschaft irgendwo eine Schlägerei ist. Wollte man da mit aufgelöstem Haar und ungeordneter Kopfbedeckung hingehen, um zu Hilfe zu kommen, man würde nur Argwohn erregen. Eher mag man die Tür vor dem Lärm schließen.«

30. Entfremdung zwischen Vater und Sohn ohne Pietätlosigkeit

Gung-Du Dsï[315] sprach: »Kuang Dschang[316] steht durchs ganze Land im Ruf der Pietätlosigkeit. Ihr geht mit ihm zusammen, Meister, und begegnet ihm mit großer Höflichkeit. Darf ich fragen, was das bedeutet?«

Mengzi sprach: »Fünf Dinge[317] gibt es, die man gemeinhin als pietätlos bezeichnet: die erste Pietätlosigkeit ist, seine Glieder nicht zu regen und darüber die Pflege der Eltern zu vernachlässigen; die zweite Pietätlosigkeit ist, zu spielen und zu trinken und darüber die Pflege der Eltern zu vernachlässigen; die dritte Pietätlosigkeit ist, selbstsüch-

---

zu deuten, dass Yü und Hou Dsï, die durch Ihre Stellung verpflichtet waren, für das Volk zu sorgen, im Recht waren, als sie alles Andere über ihrer Arbeit vergaßen. Yän Hui aber, der kein Amt hatte, hatte durch seine aufgezwungene Hilfe in einem Fall, der ihn nichts anging, nur Misstrauen erregt. Vgl. dazu *Lun Yü* VII, 10. Zu der im Text verwendeten Metaphorik ist zu bemerken, dass im alten China das Haar auf dem Kopf in einen Knoten geschlungen war, in dem der Hut durch einen Pfeil befestigt war. An der Seite des Hutes hingen geflochtene Bänder herab, die unter dem Kinn gebunden werden konnten.

315 Gung-Du Dsï vgl. III, B, 9.
316 Kuang Dschang vgl. III, B, 10.
317 Es ist bemerkenswert, dass die Aufzählung der pietätlosen Dinge von der Stelle IV, A, 26 abweicht. Über das tadelnde Richten »Anforderungen im Guten stellen« zwischen Vater und Sohn vgl. IV, A, 18.

tig die eigene Frau und die eigenen Kinder zu bereichern und darüber die Pflege der Eltern zu vernachlässigen; die vierte Pietätlosigkeit ist, den Lüsten der Sinne zu folgen und dadurch Schande auf die Eltern zu bringen; die fünfte Pietätlosigkeit ist, sich in Waghalsigkeiten und Streitereien einzulassen und dadurch die Eltern in Gefahr zu bringen. Tut Kuang Dschang auch nur ein einziges von diesen Dingen?

Vielmehr liegt es so, dass Kuang Dschang und sein Vater einander tadeln und richten und dadurch einander nicht finden. Tadeln und richten ist zwischen Freunden am Platz. Wenn Vater und Sohn einander tadeln und richten, so beeinträchtigt es aufs Schlimmste ihre Zuneigung. [Wie ernst aber Kuang Dschang das Verhältnis zu seinem Vater nimmt, das sieht man aus Folgendem:] Sicherlich wäre dem Kuang Dschang ein Leben mit Frau und Kind zusammen auch angenehm gewesen. Aber weil er seinen Vater gekränkt hatte, so dass er sich ihm nicht mehr nähern konnte, verstieß er seine Frau und trennte sich von seinen Kindern und versagte sich sein Leben lang ihre liebende Fürsorge. Wenn er anders gesinnt wäre, dann erst hätte er sich wirklich versündigt. So verhält es sich mit Kuang Dschang.«

31. Verschiedene Handlungsweise bei gleichen Grundsätzen

Meister Dsong wohnte als Lehrer in Wu Tschong[318]. Da brachen Räuber aus dem Süden[319] ein. Jemand sagte zu ihm: »Es sind Räuber eingefallen. Wollt Ihr nicht fliehen?« Da ordnete Meister Dsong vor seinem Weggehen in seinem Hause an: »Lasst niemand in meinem Hause wohnen oder die Bäume und Sträucher beschädigen!« Als die Räuber sich zurückgezogen hatten, da sandte er Botschaft: »Setzt Haus und Mauern wieder in Stand! Ich werde wieder zurückkommen.«

Die Höflinge sprachen: »Nachdem man den Meister mit solcher Gewissenhaftigkeit und Achtung behandelt hat, ist er, wie die Räuber kamen, im Beisein des ganzen Volks weggegangen, und erst, nachdem die Räuber sich zurückgezogen hatten, ist er wieder gekommen. Das sieht fast aus, als wäre dieses Verhalten ungehörig.«

---

318 Die Meinungen über die Lage dieser Stadt gehen auseinander. Manche suchen sie bei Giasiang in Südwestschantung, andere im Bezirk Itschoufu.
319 Wörtlich: aus Yüo. Der Staat Yüo hatte den Staat Wu 473 annektiert und war so Grenznachbar von Lu geworden.

Schen-Yu Hing[320] sprach: »Das ist etwas, das ihr nicht versteht. Als einst, die Familie Schen-Yu in Schwierigkeiten war mit ihren Holzhauern[321], da war der Meister mit siebzig Schülern in der Nähe, ohne sich zu beteiligen.«

Dsï Sï[322] weilte als Beamter in We. Da kamen Räuber aus Norden[323]. Jemand sprach zu ihm: »Es sind Räuber eingefallen. Wollt Ihr nicht weggehen?«. Dsï Sï erwiderte: »Wenn ich gehe, wer steht dann dem Fürsten bei der Verteidigung zur Seite?«

Mengzi sprach: »Meister Dsong und Dsï Sï hatten dieselben Grundsätze. Meister Dsong war Lehrer und geehrtes Familienhaupt. Dsï Sï war Beamter und Untergebener. Meister Dsong und Dsï Sï hätten, wenn einer an der Stelle des Andern gestanden, gleich gehandelt.«

32. Kein Unterschied im Äußeren

Tschu Dsï[324] sprach: »Der König hat Leute ausgesandt, nach Euch zu spähen, Meister, ob Ihr wirklich anders aussehet als gewöhnliche Menschen.« Mengzi sprach: »Warum sollte ich anders sein als andere Menschen? Selbst Yau und Schun waren gleich wie andere Menschen.«

---

320 Schen-Yu Hing war ein Schüler des Meisters Dsong. Er erklärt die Flucht des Meisters für etwas, das seiner allgemeinen Überzeugung entspreche, eine Anschauung, in der er von Mengzi korrigiert wird.
321 Nach manchen Kommentaren ist Fu Tschu ein Eigenname.
322 Dsï Sï = Kung Gi, der Enkel Kungs und Schüler Dsongs, hat angeblich das *Buch von Maß und Mitte* (*Dschung Yung*) verfasst. Er war in We (östlich) eine Zeitlang Beamter.
323 Wörtlich: aus Tsi.
324 Tschu Dsï war ein Beamter im Staate Tsi. Die Geschichte fällt wohl in die Zeit, als Mengzi von Liang nach Tsi kam und der König von Tsi ihn nur dem Namen nach kannte. 319 v. Chr.

33. Der erbärmliche Gatte

Es war einmal ein Mann in Tsi[325], der hatte eine Frau und eine Nebenfrau, die waren immer zu Hause. Wenn ihr Gatte ausging, so kam er immer nach Hause, satt von Wein und Fleisch. Wenn seine Frau ihn fragte, mit wem er gegessen und getrunken, so waren es lauter reiche und vornehme Leute.

Eines Tages sprach die Frau zur Nebenfrau: »Wenn unser Gatte ausgeht, so kommt er immer satt von Wein und Fleisch zurück, und wenn man ihn fragt, mit wem er gegessen und getrunken, so sind es lauter reiche und vornehme Leute, und doch ist noch nie einer von den angesehenen Leuten zu uns gekommen. Ich will einmal sehen, wo unser Gatte hingeht.«

So stand sie früh auf und schlich heimlich dem Gatten nach, wohin er gehe. In der ganzen Stadt war niemand, der stehen geblieben wäre und mit ihm geplaudert hätte. Schließlich ging er auf den Anger im Osten vor der Stadt, wo zwischen den Gräbern Leute Opfer darbrachten. Die bettelte er um die Überreste an. Hatte er noch nicht genug, so blickte er sich um und ging zu einem Andern. Das war die Art, wie er sich satt aß.

Seine Frau kehrte heim und erzählte es der Nebenfrau und sprach: »Zu unserem Gatten haben wir unser Leben lang hinaufgesehen, und nun macht er's so!« Dann schalt sie mit der Nebenfrau zusammen auf ihren Gatten, und sie weinten zusammen mitten im Hof. Der Gatte aber, der noch von nichts wusste, kam frohen Mutes von draußen zurück und war hochmütig gegen Frau und Nebenfrau.

Wenn man von einem höheren Standpunkt aus die Menschen betrachtet: Wie selten sind doch die Menschen, die in ihrem Streben nach Reichtum und Ehre, Vorteil und Erfolg sich so benehmen, dass ihre Frauen und Nebenfrauen nicht vor Scham über sie zusammen weinen müssten!

---

325 Zum Beginn der Geschichte, die übrigens ein Musterstück chinesischer Prosa ist, fehlt das übliche: »Mengzi sprach«.

BUCH V
Wan Dschang

ABSCHNITT A
Fürstendienst, Thron- und Erbfolgefragen

1. Schuns Klagen

Wan Dschang fragte: »Schun ging hinaus aufs Feld und klagte weinend zum gütigen Himmel[326]. Was war es, das ihn so klagen und weinen machte?«

Mengzi sprach: »Es war Enttäuschung und Sehnsucht.«

Wan Dschang sprach: »Wenn die Eltern einen lieben, soll man sich freuen und dankbar sein. Wenn die Eltern einen hassen, soll man sich Mühe geben, ohne zu murren. Hat aber nun Schun nicht gemurrt?«

Mengzi sprach: »Tschang Si fragte den Gung-Ming Gau[327]: ›Darüber, warum Schun ins Feld hinausging, habe ich Belehrung empfangen. Dass er aber geklagt und geweint hat zum gütigen Himmel wegen seiner Eltern, das verstehe ich nicht! – Gung-Ming Gau hat ihm darauf erwidert: ›Das ist etwas, das du nicht verstehst.‹[328] Gung-Ming Gau war der Ansicht, dass ein ehrfürchtiger Sohn sich innerlich nicht nur so leicht zufrieden geben könne: ›Ich gebe mir alle Mühe, das Feld zu bestellen und meine Pflicht als Sohn zu erfüllen. Was habe ich nur getan, dass Vater und Mutter mich nicht lieben!‹ Der Herr sandte dem Schun zu Diensten seine Kinder, neun Söhne und

---

[326] Vgl. *Schu Ging*, II, II, 21, wo gesagt ist, dass Schun, während er in seiner Jugend auf dem Li-schan pflügte, Klagen an den Himmel richtete. Wan Dschang ist der als dreizehnter genannte Jünger.

[327] Der Überlieferung nach ist Gung-Ming Gau ein Schüler des Dsong Dsï, Tschang Si ein Schüler des Gung-Ming Gau.

[328] Die im Folgenden angeführte Darstellung der Geschichte Schuns beruht nur zum Teil auf dem Text des *Schu-Ging*. Offenbar hat Mengzi noch andere, heute nicht mehr zugängliche Quellen benutzt. Schun hat die beiden Töchter Yaus geheiratet, ein bemerkenswertes Beispiel einer Doppelehe, die in historischer Zeit nicht mehr vorkommt. Die neun Söhne Yaus, deren Namen außer dem ältesten, Dan Dschu, unbekannt sind, haben dem Schun als ihrem Meister gedient.

zwei Töchter, alle seine Beamten, Rinder und Schafe, die Scheunen und Kornhäuser zumal, während er inmitten der Rieselfelder weilte. Die Männer im ganzen Land fielen ihm in Menge zu. Der Herr wollte das Weltreich mit ihm teilen und später es ihm übertragen. Aber weil er mit seinen Eltern nicht im Reinen war, fühlte er sich wie ein hilfloser Mensch, der keine Heimat hat. Dass die Männer im Reich an einem Gefallen finden, ist etwas, das sich jeder wünscht, und doch vermochte das nicht seinen Kummer zu stillen. Frauenschönheit ist etwas, das sich jeder wünscht. Er hatte die beiden Töchter des Herrn zur Ehe. Und auch das vermochte nicht seinen Kummer zu stillen. Reichtum ist etwas, das sich jeder wünscht. Er war reich, die ganze Welt gehörte ja ihm. Und auch das vermochte nicht seinen Kummer zu stillen. Ehre ist etwas, das sich jeder wünscht. Ihm ward die Ehre zuteil, Herrscher der Welt zu sein. Und auch das vermochte nicht seinen Kummer zu stillen. Die Zuneigung der Menschen, Schönheit, Reichtum und Ehre: nichts vermochte seinen Kummer zu stillen. Nur dass er mit seinen Eltern ins Reine kam: das vermochte seinen Kummer zu stillen.

In der Kindheit hängt der Mensch an seinen Eltern. Erwacht in ihm die Frauenliebe, so hängt er an seiner jungen Schönen[329]. Hat er Frau und Kind, so hängt er an Frau und Kind. Kommt er ins Amt, so hängt er an seinem Fürsten, und verliert er das Vertrauen des Fürsten, so quälen ihn Trauer und Verzweiflung in seinem Innern.

Höchste Kindlichkeit hängt lebenslang an den Eltern. Mit fünfzig Jahren noch ganz an seinen Eltern zu hängen – das ist es, was ich an Schun, dem Großen, geschaut habe.«

---

329 Hier ein hübscher Ausdruck für »Geliebte«: »schau ai«. »Ai« ist eigentlich Artemisia. Der Vergleichspunkt ist die zarte, weißliche Farbe der Artemisiablätter. In übertragenem Sinn kann es daher sowohl »Graukopf« als auch »Milchgesicht« heißen. Hier kommt die letztere Bedeutung in Betracht. Der Abschnitt gibt uns einen interessanten Einblick in die chinesische Psychologie. Diese leidenschaftliche Liebe zu den Eltern ist eine Eigentümlichkeit des chinesischen Geistes. Durch sie erst gewinnt die kindliche Ehrfurcht Wärme und Farbe. Auch die Entwicklung der Treue zum Fürsten ist aus dieser Liebe heraus zu verstehen. Das Motiv der Liebe wird durch diese Zusammenhänge beziehungsreicher als in der europäischen Poesie. Nur so ist es z. B. zu verstehen, dass ganz ohne Pedanterie ein Diener wegen Trennung von seinem Fürsten in Tönen klagt, die in Europa nur in Liebesliedern üblich sind.

2. Schuns Familienverhältnisse

Wan Dschang fragte: »Im *Buch der Lieder* heißt es:

›Ein Weib zu frei'n, wie fängt man's an?
– Man geht darum die Eltern an.‹

Wenn dies Wort wirklich wahr ist, so sollte man doch denken, dass Schun am ehesten danach gehandelt hätte. Wie kommt es, dass Schun geheiratet hat, ohne es seinen Eltern anzuzeigen?«[330]

Mengzi sprach: »Hätte er es ihnen angezeigt, so hätten sie die Heirat vereitelt. Nun ist das Zusammenleben von Mann und Frau in der Ehe die wichtigste aller menschlichen Beziehungen. Hätte er seinen Eltern Anzeige gemacht, so hätte er diese wichtigste aller menschlichen Beziehungen versäumen müssen und hätte sich dadurch doch auch den Unwillen der Eltern zugezogen. Darum hat er ihnen keine Anzeige gemacht.«

Wan Dschang sprach: »Warum Schun heiratete, ohne es seinen Eltern anzuzeigen, darüber habe ich nun Belehrung empfangen. Warum aber hat der Herr den Schun heiraten lassen, ohne es dessen Eltern zu sagen?«

Mengzi sprach: »Der Herr hat auch gewusst, dass, wenn er's ihnen gesagt hätte, die Heirat vereitelt worden wäre.«

Wan Dschang sprach: »Schuns Eltern befahlen ihm, eine Scheune auszubessern. Sie zogen dann die Leiter weg, und sein Vater Gu Sou zündete die Scheune an. Sie befahlen ihm ein anderes Mal, einen Brunnen auszugraben. Er war schon wieder heraus. Sie aber gingen zum Brunnen und schütteten ihn zu[331]. Schuns Bruder Siang sprach:

---

330 Vgl. dazu die Stelle IV, A, 26, wo Mengzi diese anscheinende Pietätlosigkeit Schuns eben aus seiner Pietät erklärt. Dort steht auch der Grund, warum Schuns Eltern mit Recht schlecht auf ihn zu sprechen gewesen wären, wenn er nicht geheiratet hätte.

331 Über diese Nachstellungen, die im *Schu Ging* nicht erwähnt sind, werden später mancherlei Sagen erzählt. Nach der einen habe er sich mit zwei großen Strohhüten gegen die Flammen geschützt und sei so unversehrt entkommen, während er den Brunnen durch einen verborgenen Nebenausgang verlassen habe. Nach einer alten Version der Liä Nü Dschuan hätten ihm die Töchter

›Die Pläne, den Fürsten umzubringen[332], habe alle ich ersonnen. Seine Rinder und Schafe sind für die Eltern, seine Scheunen und Kammern auch für die Eltern, sein Schild und Speer sind für mich, seine Zither für mich, sein geschnitzter Bogen für mich, und die beiden Schwägerinnen müssen mir das Bett machen.‹ Siang machte sich auf und ging nach dem Schloss des Schun. Da saß Schun auf seinem Bette und spielte die Zither. Siang sprach: ›Ich dachte sehnsuchtsvoll[333] an dich, o Fürst.‹ Dabei errötete er verlegen. Schun sprach: ›Ich denke, du kannst mit mir zusammen über meine Diener und Untertanen alle herrschen.‹ –

Nun weiß ich eines nicht: Hat Schun wirklich nicht gemerkt, dass Siang ihn hatte töten wollen?«

Mengzi sprach: »Er muss es ja gemerkt haben. Aber wenn Siang traurig war, so war er mit ihm traurig; wenn Siang fröhlich war, so war er mit ihm fröhlich.«

Jener sprach: »Dann hat also Schun sich zur Fröhlichkeit gezwungen?«

Mengzi sprach: »Nein. Vor Zeiten schenkte einmal jemand dem Dsï Tschan[334] von Dschong einen lebenden Fisch. Dsï Tschan befahl dem Gärtner, ihn in den Teich zu setzen und zu füttern. Der Gärtner kochte ihn, dann meldete er: ›Als ich ihn frei ließ, da war er erst noch ganz zaghaft, nach einer Weile begann er, umherzuschwimmen, dann schoss er in die Tiefe.‹ Dsï Tschan sprach: ›Er hat seinen Platz gefunden, er hat seinen Platz gefunden!‹ Der Gärtner ging hinaus und sprach: ›Wer will behaupten, dass Dsï Tschan weise sei? Ich hab den Fisch doch gekocht und aufgegessen, und er sagt: ›Er hat seinen Platz gefunden, er hat seinen Platz gefunden!‹ So kann man einen Edlen

---

Yaus, seine Frauen, die Kräfte von Vögeln und Drachen verschafft. Die Töchter Yaus hießen der Sage nach: Nü Ying und O Huang.

332 Chinesisch: »Mo gai du gün«; »Mo« = ›mu‹, ›ersinnen‹; ›gai‹, wörtlich ›zudecken‹, hier = »hai«, ›schädigen‹, ›umbringen‹; »du«, wörtlich ›Hauptstadt‹ (vgl. die Übersetzung von Legge und Couvreur), hier gleich »yü«, eine passivische Präposition; »gün« = ›Fürst‹. Siang (»Elefant«) ist der jüngere Stiefbruder Schuns, der den Vater Gu Sou (»Blinder Greis«) zu seiner Verfolgung anstachelte.

333 Die Übersetzungen der beiden Worte des Textes gehen diametral auseinander (vgl. Chavannes a. a. O. I, pag. 75). Ich konnte mich dennoch zu keiner anderen Auffassung entschließen.

334 Über Dsï Tschan (= Gung-Sun Kiau), den Minister von Dschong, vgl. IV, B, 2.

hintergehen gemäß der Wahrscheinlichkeit, aber nicht ihn verstricken in wesensfremde Art. Jener kam dem Schun entgegen in der Art eines liebevollen Bruders, darum glaubte er ihm aufrichtig und war über ihn erfreut, ganz ohne sich dazu zu zwingen.«

3. Wie Schun seinen Bruder behandelte

Wan Dschang fragte: »Siang war täglich darauf aus, den Schun zu töten. Als dieser zum Herrn der Welt eingesetzt ward, da habe er [sagt man] ihn in Gewahrsam getan. Wie steht es damit?«

Mengzi sprach: »Er gab ihm ein Lehen; vielleicht kann man auch sagen, dass er ihn in Gewahrsam getan hat.«

Wan Dschang sprach: »Schun verbannte den Gung Gung[335] in das Land der Finsternis, er tat den Huan Dou in Gewahrsam auf dem Gespensterberg, er tötete den Fürsten von San Miau auf den drei Klippen und setzte den Kun[336] auf dem Flügelberg gefangen. Die ganze Welt war mit der Bestrafung dieser vier einverstanden, da es schlechte Menschen waren, die beseitigt wurden. Nun war Siang der Allerschlechteste und doch belehnte Schun ihn mit Yu Bi. Was hatten denn die Leute von Yu Bi verschuldet? Handelt ein gütiger Mann also, dass, wenn es sich um andere Leute handelt, er sie beseitigt, wenn es sich aber um seinen Bruder handelt, ihn belehnt?«

Mengzi sprach: »Ein gütiger Mann steht so zu seinem Bruder, dass er ihm nichts nachträgt und keinen Groll gegen ihn hegt. Er liebt ihn einfach und hat ihn gern. Wen man liebt, dem wünscht man Ehre; wen man gern hat, dem wünscht man Reichtum. Darum belehnte er ihn mit Yu Bi, um ihn geehrt und reich zu machen. Wäre das ein liebevoller Bruder, der, selber der Herr der Welt, es duldete, dass sein Bruder in untergeordneter Stellung lebt?«

Wan Dschang sprach: »Darf ich fragen, was das bedeutet: ›Vielleicht kann man auch sagen, dass er ihn in Gewahrsam getan hat‹?«

Mengzi sprach: »Siang hatte keine Freiheit des Handelns in seinem Land. Schun, der Herr der Welt, hatte seinen Dienern befohlen, für

---

335 Vgl. die Beurteilung dieser Vorgänge in *Zhuangzi* XI, 2, wo sie übrigens dem Yau zugeschrieben werden. Die Geschichten stehen im *Schu Ging* II, 1, 12.
336 Über Kun, den Vater des Großen Yü – anderweitig mit Gung Gung identifiziert – vgl. *Liezi* VII, 12.

ihn das Land zu verwalten, für ihn Abgaben und Steuern einzuziehen. Deshalb kann man sagen, er habe ihn in Gewahrsam gehalten. Denn er durfte es doch nicht geschehen lassen, dass jene Untertanen bedrückt wurden. – Aber dennoch wünschte er ihn häufig bei sich zu sehen, und jener kam unablässig.

Darauf bezieht sich die Stelle: ›Nicht nur, wenn Abgaben zu bringen oder Verwaltungsgeschäfte zu erledigen waren, empfing er den Fürsten von Yu Bi[337].‹«

4. Widerlegung von Gerüchten

Hiän Kiu Mong[338] fragte den Mengzi und sprach: »Es ist ein Gespräch[339] überliefert, das besagt: Ein Mann von reicher Tugend kann von seinem Fürsten nicht als Untertan und von seinem Vater nicht als Sohn behandelt werden. Schun stand als Fürst da, und Yau führte ihm alle Beamten an seinen Hof als Untertan, und auch sein Vater Gu Sou

---

337 Dieses Zitat stammt nach Dschau Ki aus einem apokryphischen Zusatz zum *Schu Ging (Schang Schu).*
338 Hiän Kiu Mong ist der als zehnter genannte Jünger.
339 Dieses ›Gespräch‹ ist eine jener anonymen Geschichten, wie sie in *Lü Schï Tschun Tsiu, Liezi* usw. in großer Zahl vorkommen. Solche Geschichten wurden nach Bedarf, meist mit kleinen Abweichungen im Text, von den einzelnen Schriftstellern aufgenommen. Auch Zhuangzi und Mengzi bedienen sich gelegentlich solches herrenlosen Gutes. Sollten vielleicht ähnliche Geschichten auch in der später abgelehnten Rezension der *Lun Yü* von Tsi gestanden haben? Die hier erwähnte Geschichte steht u. a. bei Mo Di in seiner Streitschrift gegen die Orthodoxen. Ebenso zitiert sie Han Fe Dsï Kap. 51. Dort ist sie etwas umgestellt: »Als Schun den Gu Sou sah, zeigten seine Mienen Verlegenheit. Kung Dsï sprach: ›Zu jener Zeit lief die Welt Gefahr, in Verwirrung zu geraten. Einen, der den *Sinn* erkannt hat, den darf allerdings sein Vater nicht als Sohn und sein Herrscher nicht als Untertan behandeln!« Daran schließt sich bei Han Fe Dsï eine Verurteilung des Konfuzius, der den eigentlichen Sinn von Pietät und Gehorsam nicht verstanden habe. Mengzi übt Kritik an der ganzen Geschichte und zwar eine Kritik pragmatischer Art. Er schiebt die ganze Geschichte einem plumpen Gesellen aus Ost-Tsi zu. Ost-Tsi hatte damals in China denselben Klang wie Ostelbien oder Hinterpommern für manche Leute. Er leugnet, dass Schun zu Yaus Lebzeiten Kaiser gewesen sei, vielmehr sei er nur Regierungsverweser gewesen. Das Wort, dass ein bedeutender Mann von seinem Vater nicht als Sohn behandelt werden könne, wird von manchen auch dahin gewandt: Ein großer Mann darf dennoch nicht seinen Fürsten als Untertan oder seinen Vater als Sohn behandeln.

kam als Untertan an seinen Hof. Als Schun den Gu Sou sah, da zeigten seine Mienen Unbehagen. Meister Kung sagte darüber: Zu jener Zeit war die Welt in großer Gefahr, in Verwirrung zu geraten.‹ Ich weiß nicht, ob dieses Gespräch die Wahrheit berichtet.«

Mengzi sprach: »Nein, das sind nicht Worte eines Gebildeten, sondern Geschwätze plumper Gesellen aus dem Osten von Tsi. Als Yau alt war, war Schun für ihn Verweser. Im Kanon des Yau[340] heißt es: ›Im achtundzwanzigsten Jahr ging der Hoch Erlauchte zur Ruhe ein, und die Leute trauerten um ihn wie um Vater oder Mutter drei Jahre lang, und bis an die Ufer der vier Meere verstummte alle Musik[341]! Meister Kung sprach[342]: ›Im Himmel gibt es keine zwei Sonnen, im Reich gibt es keine zwei Könige.‹ Wenn Schun wirklich schon König der Welt gewesen wäre und hätte dennoch an der Spitze aller Fürsten drei Jahre getrauert, dann hätte es ja vorher zwei Könige der Welt gegeben.«

Hiän Kiu Mong sprach: »Dass Schun den Yau nicht als Untertan behandelt hat, darüber habe ich nun Belehrung empfangen. In den *Liedern* heißt es aber[343]

›Aus der ganzen weiten Welt
Alles Land gehört dem König,
Bis zum Ende dieser Welt
Ist ihm jeder Untertan.‹

---

340 Diese Stelle steht heute in dem Kanon des Schun. Offenbar waren die beiden Abschnitte im Altertum vereinigt. (*Schu Ging* II, I, 13; doch weicht der Text ein wenig ab.)
341 Wörtlich: »die acht Töne«.
342 Im *Li Gi* steht an verschiedenen Stellen ein ähnliches Zitat (vgl. Dsong Dsï Wen).
343 Vgl. *Schï Ging* II, VI, Ode 1, Vers 2. Das Lied ist die Klage eines überlasteten Beamten. Die Erklärung Mengzis trifft durchaus den Sinn. Das erste Wort des Zitats weicht vom Text des *Schï Ging* ab, gibt aber eine bessere Rezension. Übrigens verdient bemerkt zu werden, dass in *Lü Schi Tschun Tsiu*, Buch 14, Abschnitt 6 genau die hier zitierten vier Zeilen als auf Schun sich beziehend erwähnt werden. Ob sie außerhalb des *Schï Ging* im Umlauf waren oder erst nachträglich dem Schun in den Mund gelegt wurden, ist fraglich. Auf Grund des Liedes im *Schï Ging* allein hätte Hiän Kiu Mengzi kaum seine Frage stellen können.

Wenn nun Schun Herr der Welt war, inwiefern war dann Gu Sou nicht sein Untertan?«

Mengzi sprach: »Das ist nicht der Sinn dieses Liedes. Das Lied bezieht sich darauf, dass einer in des Fürsten Dienst sich abmühen muss, dass es ihm nicht möglich ist, seine Eltern zu pflegen. Der Sinn ist: Die alle sind da zum Dienst des Königs, warum bin nur gerade ich gut genug mich abzumühen? Darum, wer die *Lieder* zitiert[344], darf nicht um des Buchstabens willen dem Wortlaut Gewalt antun und nicht um des Wortlauts willen dem Geist Gewalt antun. Nur wenn man mit seinen Gedanken dem Geist des Stücks nachgeht, dann trifft man's. Wenn man bloß nach dem Wortlaut geht, dann müsste man aus dem Lied *Die Milchstraße*[345], wo es heißt:

›Von all der Untertanen Zahl
Kein einz'ger übrig blieben ist.‹

schließen, dass von den Untertanen der Dschoudynastie heute keiner mehr vorhanden wäre.

Die höchste Ehrfurcht kennt nichts Größeres, als die Eltern zu Ansehen zu bringen. Das höchste Ansehen, das man seinen Eltern verschaffen kann, ist, die ganze Welt zu ihrer Pflege bereit haben. Vater des Herrn der Welt zu sein, ist der Ehren höchstes; die ganze Welt zur Pflege zur Verfügung zu halten, ist das höchste, was man an Pflege leisten kann. Das ist gemeint, wenn das Lied sagt[346]:

›Stets hegend kindlich treuen Sinn
Ward er ein Vorbild treuer Kindlichkeit.‹

---

344 Dieses Wort findet sich in der älteren Literatur verschiedentlich zitiert als Wort von Mengzi Ko, doch ist der Text schwankend.
345 Vgl. *Schï Ging* III, III, Ode 4, Vers 3. Die Ode beginnt mit den Worten:
›Schimmernd steht die Milchstraße
Glitzernd sich drehend am Himmel.‹
Es ist die Klage des Königs Süan von Dschou anlässlich einer Dürre.
346 Vgl. *Schï Ging* III, I, Ode 9, Vers 3. Dort ist von König Wu die Rede:
›Er hat erworben königlich Vertrauen,
Des untern Landes Muster ward er.
Stets hegend kindlich treuen Sinn
Ward er ein Vorbild treuer Kindlichkeit.‹

Im *Buch der Urkunden*³⁴⁷ heißt es: ›Ehrfurchtsvoll dienend erschien er vor Gu Sou, ehrerbietig und eifrig besorgt. Und Gu Sou glaubte ihm und ward versöhnt! Insofern allerdings stand der Sohn über dem Vater.‹

5. Thronfolgefragen

Wan Dschang sprach: »Ist es wahr, dass Yau die Welt dem Schun übergeben hat?«

Mengzi sprach: »Nein, der Herr der Welt kann die Welt nicht einem Andern geben.«

Jener sprach: »Schun hat aber doch die Herrschaft über die Welt gehabt: wer hat sie ihm dann gegeben?«

»Gott³⁴⁸ hat sie ihm gegeben.«

»Wenn Gott sie ihm gegeben hat, hat er da mit deutlichen Worten ihm seinen Willen kund gemacht?«

Mengzi sprach: »Nein, Gott redet nicht, sondern er unterweist nur durch Wirkungen und Geschehnisse.«

Jener sprach: »Unterweisen durch Wirkungen und Geschehnisse, was heißt das?«

Mengzi sprach: »Der Herr der Welt kann Gott einen Menschen anempfehlen, aber er kann Gott nicht zwingen, dass er ihm die Weltherrschaft gibt, grade wie die Fürsten dem Herrn der Welt einen Mann anempfehlen können, aber ihn nicht zwingen können, ihm ein Fürstentum zu geben, oder die Minister ihrem Fürsten einen Mann anempfehlen können, aber ihn nicht zwingen können, dass er ihm eine Ministerstelle gibt. So hat seinerzeit Yau den Schun Gott anempfohlen, und Gott hat ihn angenommen; er hat ihn dem Volk vorgestellt, und das Volk hat ihn angenommen. Darum sagte ich: Gott redet nicht, sondern er unterweist nur durch Wirkungen und Geschehnisse.«

Jener sprach: »Darf ich fragen, wie das zuging, dass er ihn Gott anempfahl und Gott ihn annahm und dem Volk vorstellte und das Volk ihn annahm?«

---

347 Vgl. *Schu Ging* II, 2, 15.
348 Dass »Tiän« (gewöhnlich mit ‚Himmel' wiedergegeben) hier mit ‚Gott' übersetzt werden muss, ist zweifellos.

Mengzi sprach: »Er ließ ihn über die Opfer walten, und alle Geister nahmen sie gnädig auf[349]; so nahm ihn Gott an. Er ließ ihn über die Geschäfte walten, und alles, was geschah, war in Ordnung, die Leute beruhigten sich dabei; so nahm ihn das Volk an. Gott hat es ihm gegeben, die Menschen haben es ihm gegeben, darum sagte ich: Der Herr der Welt kann die Welt nicht einem Andern geben.

Schun war der Gehilfe Yaus achtundzwanzig Jahre lang. Das stand nicht in der Menschen Macht. Es kam von Gott. Als Yau abgeschieden war und die dreijährige Trauer zu Ende, da zog sich Schun zu Gunsten von Yaus Sohn zurück in das Land südlich vom Südfluss. Aber die Fürsten der ganzen Welt, die zu Hofe gingen, gingen nicht zu Yaus Sohn, sondern kamen zu Schun. Die Streitigkeiten zu schlichten hatten, gingen nicht zu Yaus Sohn, sondern kamen zu Schun. Die Sänger besangen nicht Yaus Sohn, sondern besangen Schun. Darum sagte ich: Es kam von Gott. Darnach erst kam er ins Reich der Mitte und bestieg den Thron als Herr der Welt. Wenn er Yaus Schloss bezogen hätte und Yaus Sohn vergewaltigt hätte, das wäre Thronraub gewesen, nicht Gabe Gottes. Das ist der Sinn des Wortes im großen Schwur[350]:

›Gott sieht, wie mein Volk sieht;
Gott hört, wie mein Volk hört.‹«

6. Erbfolge[351]

Wan Dschang fragte den Mengzi und sprach: »Die Leute sagen, das Reich sei auf Yü gekommen, doch weil er geringer gewesen an Tugend, habe er es nicht dem Würdigsten hinterlassen, sondern seinem Sohne. Ist das wahr?«

---

349 Das Zeichen dafür, dass die »Geister« oder »Götter« die Opfer gnädig annehmen, ist, dass sie wachsen und gedeihen.
350 Vgl. *Schu Ging* V, 1, 2, 7.
351 Die in diesem Abschnitt vorkommenden, ähnlich klingenden Namen, die im Chinesischen natürlich alle ihre deutlich geschiedenen Zeichen haben, sind etwas verwirrend für den europäischen Leser. Eine Zusammenstellung mag daher hier folgen:
1. Yau. »Kanzler« und Nachfolger: Schun. Sohn: Dan Dschu.
2. Schun. »Kanzler« und Nachfolger: Yü. Sohn bei Mengzi nicht genannt (sonst Schang Gün, vgl. Sehl Gi).

Mengzi sprach: »Nein, so war es nicht. Sondern, wenn Gott es dem Würdigsten gibt, so kommt es auf den Würdigsten, wenn Gott es dem Sohne gibt, so kommt es auf den Sohn. Schun stellte den Yü vor Gott siebzehn Jahre, da starb Schun. Als die dreijährige Trauer zu Ende war, da zog sich Yü zu Gunsten von Schuns Sohn zurück nach der Sonnenstadt[352] und alles Volk auf Erden zog ihm nach, wie es früher, als Yau gestorben war, nicht dessen Sohn nachgezogen war, sondern dem Schun.

---

3. Yü. 1. Kanzler: Gau Yau, schon unter Schun tätig, stirbt vor Yü.
2. Kanzler: Yih. Sohn und Nachfolger: Ki. Die Dynastie Yüs heißt die Hiadynastie. Sie setzt sich durch Erbfolge fort bis auf den Tyrannen Giä. Dieser wird entthront. Nun folgt: 1. Tang, der Begründer der Schang- oder Yindynastie. Kanzler: I-Yin. 1. Sohn: Tai Ding, stirbt vor seinem Vater.
2. Sohn: Wai Bing, regiert 2 Jahre und stirbt dann.
3. Sohn: Dschung Fen, regiert 4 Jahre und stirbt dann.
Enkel: Tai Gia, Sohn des Tai Ding, wird wegen schlechten Betragens vom Kanzler I-Yin nach Tung beim Grab des Tang relegiert, wo er sich bessert und nach der Hauptstadt Bo zurückberufen wird. Die Dynastie Tangs setzt sich als Schang (seit Pan Gong Yindynastie genannt) durch Erbfolge fort. Die in dieser Dynastie herrschende Erbfolge war, wie aus obigem Beispiel hervorgeht, nicht die nach der Erstgeburt, sondern nach den Brüdern. Erst nach dem jüngsten Bruder kommt wieder der Sohn des Ältesten auf den Thron (vgl. oben Tai Gia, der Sohn Tai Dings). Dass dabei häufig die älteste Linie nicht mehr an die Reihe kam, sondern der Thron bei der jeweils am Ruder befindlichen Linie blieb, ist begreiflich. Ihr Ende findet diese Dynastie mit dem Tyrannen Dschou Sin oder Schou, der getötet wird. Nun folgt die Dschoudynastie. Ihr Begründer war:
5. »König« Wen, der selbst den Thron noch nicht bestieg.
1. Sohn und Nachfolger: Fa.
2. Sohn: Dan (Die übrigen Söhne kommen hier nicht in Betracht; vgl. jedoch II, B, 9).
6. König Wu, König Wens Sohn Fa.
Sohn und Nachfolger: König Tschong. Bruder und Erzieher:
7. Fürst von Dschou, König Wens Sohn Dan.
Diese sieben sind die sieben Heiligen auf dem Thron. Der Fürst von Dschou gehört zwar nur uneigentlich dazu, da er den Thron nicht inne gehabt, sondern nur als Reichsverweser verwaltet hat, da im Hause Dschou die Erbfolge nach der Erstgeburt die Regel war (doch mit Ausnahmen). Die chinesischen Kommentare bemerken zu dem ganzen Abschnitt: Die Erbfolge ist als Regel zu betrachten, die Übergabe des Reichs an den Würdigsten als durch Zeitumstände bedingte Ausnahme.
352 »Sonnenstadt«, chinesisch »Yang tschong«, weil südlich von dem Berg Sung, einem der fünf heiligen Berge, gelegen. Bei Bergen ist »yang« = ‚südlich', »yin« = ‚nördlich'; bei Flüssen umgekehrt.

Yü stellte den Yih vor Gott, siebzehn Jahre; da starb Yü. Als die dreijährige Trauer zu Ende war, da zog sich Yih zugunsten von Yüs Sohn zurück auf die Nordseite des Berges Gi³⁵³. Aber die zu Hofe gingen und Streitigkeiten zu schlichten hatten, gingen nicht zu Yih, sondern kamen zu Ki, dem Sohne Yüs, indem sie sagten: ›Es ist der Sohn unseres Fürsten.‹ Die Sänger besangen nicht den Yih, sondern den Ki, indem sie sagten: ›Es ist der Sohn unseres Fürsten.‹

Dass Dan Dschu, der Sohn Yaus, seinem Vater nicht gleich war, dass Schuns Sohn ebenfalls seinem Vater nicht gleich war, dass die Zeit, die Schun dem Yau und Yü dem Schun diente, viele Jahre dauerte und so das Volk lange ihres Segens teilhaftig ward, dass auf der andern Seite Ki würdig war und ehrfürchtig in seines Vaters Yü Wegen wandelte, während Yih dem Yü nur wenige Jahre gedient hatte und so das Volk seines Segens nicht lange teilhaftig geworden war, kurz, die verschiedene Dauer, die Schun, Yü und Yih im Dienst ihrer Fürsten standen, und ihrer Söhne Tauglichkeit: das alles kam von Gott; es war nichts, das Menschen hätten machen können. Was ohne menschliches Zutun geschieht, kommt von Gott; was ohne menschliches Betreiben eintrifft, ist sein Wille.

Damit ein Mann aus dem Volk in den Besitz des Weltreichs kommen kann, muss seine geistige Kraft die eines Schun oder Yü sein, und außerdem muss der vorige Herrscher für ihn eintreten: deshalb kam Kung Dsï nicht auf den Thron. Wenn einer das Weltreich von Vätern und Ahnen ererbt hat, so muss er, ehe Gott ihn zu Grunde richtet, so schlecht sein wie Giä und Dschou Sin: deshalb kamen Yih, I-Yin und der Fürst von Dschou nicht auf den Thron.

I-Yin half dem Tang, König der Welt zu werden. Als Tang starb, da war sein ältester Sohn Tai-Ding schon tot, ehe er zur Regierung gekommen wäre. Wai-Bing war zwei Jahre, Dschung-Fen vier Jahre Herrscher. Dann kam Tai-Gia, der die Ordnung Tangs in Verwirrung brachte. I-Yin tat ihn drei Jahre lang in Tung in Gewahrsam. Da bereute Tai-Gia seine Fehler. Er bekannte seine Schuld und besserte sich. In Tung ward er beständig in der Liebe und lernte wandeln in der Pflicht. Nachdem er drei Jahre auf die Ermahnungen

---

353 Der Berg Gi lag südlich von Yang tschong, so dass sich also Yih nach Yang tschong oder dessen Umgebung zurückgezogen hätte, ebenso wie sein Vorgänger.

des I-Yin gehört hatte, berief dieser ihn wieder zurück nach der Hauptstadt Bo.

Der Grund, warum der Fürst von Dschou nicht auf den Thron kam, war dasselbe Verhältnis wie das des Yih zum Hause Hia und das des I-Yin zum Hause Yin.

Meister Kung sprach: ›Yau und Schun haben den Thron abgegeben, die Fürsten von Hia, Yin und Dschou haben ihn auf ihre Söhne vererbt. Sie handelten dabei in gleicher Weise ihrer Pflicht entsprechend.‹«

7. Wie I- Yin zu Amt und Würden kam

Wan Dschang fragte den Mengzi und sprach: »Die Leute sagen, I-Yin habe den Tang für sich bestochen durch seine Kochkunst[354]. Ist das wahr?«

Mengzi sprach: »Nein, so war es nicht. I-Yin pflügte seinen Äcker in den Gefilden von Yu-Sin und erbaute sich an den Lehren Yaus und Schuns. Man hätte ihm alle Schätze der Welt anbieten können: Wenn es nicht recht und billig gewesen wäre, so hätte er sich nicht darnach umgesehen. Und man hätte ihn nicht mit tausend Viergespannen dazu gebracht, auch nur einen Blick darauf zu werfen. Wenn es nicht recht und billig war, so gab er weder Andern auch nur einen Strohhalm, noch nahm er von Andern auch nur einen Strohhalm an.

Tang sandte Leute, die ihm Geschenke von Seidenstoffen überbrachten, um ihn in seinen Dienst zu bitten. Er sprach gleichgültig: ›Was soll ich mit den Seidenstoffen Tangs? Tue ich nicht besser, wenn ich in meinen Feldern bleibe und an den Lehren Yaus und Schuns auf diese Weise mich erbaue?‹ Tang sandte dreimal hin, ihn bitten

---

[354] Die Legende von I-Yin, der sich als Koch bei Tang, dem Begründer der Schangdynastie, eingeführt habe und auf die auch Zhuangzi anspielt (Buch XXIII, Schluss), ist in der uns zugänglichen Literatur am ausführlichsten behandelt in *Lü Schï Tschun Tsiu*, Band 14, 2 »Über den Geschmack«, wo I-Yin dem Tang eine unendliche Liste von Feinschmeckereien aufzählt, zu deren Erlangung es unumgänglich nötig sei, dass er die Weltherrschaft erwerbe. Die Quelle für alle derartigen Geschichten ist in einem jetzt verlorenen Buch, *Geschichte I-Yins*, zu suchen, das Ban Gu unter die belletristische Literatur einreiht. Was Mengzi für seine ›Rettung‹ für Quellen gehabt hat, entzieht sich unserer Kenntnis, doch ist deutlich, dass er welche benutzte.

zu lassen, da änderte er seinen Entschluß, wurde ernst und sprach: ›Statt dass ich in meinen Feldern bleibe und an den Lehren Yaus und Schuns auf diese Weise mich erbaue, sollte ich da nicht lieber aus diesem Fürsten einen Fürsten wie Yau und Schun machen, sollte ich da nicht lieber aus diesem Volk ein Volk wie Yaus und Schuns machen, sollte ich da nicht lieber in eigner Person hingehen und selber vor ihn treten? Gott hat die Menschen erzeugt, damit die, die früher zur Erkenntnis gelangen, die später zur Erkenntnis Kommenden erwecken, dass die früher Erwachten die später Erwachenden erwecken. Ich bin einer aus Gottes Volk, der früher erwacht ist, ich will durch diese Lehren die Menschen erwecken. Wenn ich sie nicht erwecke, wer soll es dann tun?‹ Er war der Meinung, dass, wenn unter allem Volk auf Erden auch nur ein Mann oder eine Frau des Segens von Yau und Schun nicht teilhaftig würde, es so wäre, als hätte er sie selbst in einen Graben gestoßen. So groß war sein Gefühl der Verantwortung für die Lasten der ganzen Welt. Darum ging er zu Tang und riet ihm, das Haus Hia zu stürzen und das Volk zu retten.

Ich habe nie gehört, dass Einer, der selbst sich krümmt, Andre gerade machen kann, wieviel weniger, dass Einer, der sich selbst in Schmach bringt, die ganze Welt gerade machen kann. Der Heiligen Handlungen sind verschieden, aber ob sie sich fern halten oder nähern, ob sie gehen oder nicht gehen, alles kommt darauf hinaus, ihre eigne Person rein zu erhalten.

Ich habe gehört, dass I-Yin den Tang bestochen habe durch die Lehren Yaus und Schuns; ich weiß nichts davon, dass er es durch seine Kochkunst getan habe.

Im Rat des I-Yin[355] heißt es: ›Gott fing in dem Königschloss zu Mu an, den Tyrannen zu vernichten, ich fing an in Bo, der Stadt Tangs.‹«

---

355 Vgl. *Schu Ging* IV, 4, 2, wo jedoch der Text abweicht und statt Mu-Palast »Ming Tiau« steht.

8. Verteidigung des Kung Dsï gegen den Vorwurf schlechter Gesellschaft

Wan Dschang befragte den Mengzi und sprach: »Es heißt, Meister Kung habe im Lande We bei dem Höfling Yung Dsü Aufenthalt genommen und im Lande Tsi bei dem Eunuchen Dsï Huan[356]. Ist das wahr?«

Mengzi sprach: »Nein, das ist nicht wahr, das sind Geschwätze unruhiger Köpfe. In We hielt er sich auf bei Yän Tschou Yu, dem Bruder[357] von Dsï Lus Frau und Mi Dsïs Frau. Da sagte Mi Dsï zu Dsï Lu: ›Wenn Meister Kung bei mir wohnen will, so kann ich ihm zur Stellung eines hohen Rats in We verhelfen.‹ Dsï Lu teilte es dem Meister Kung mit. Der sprach: ›Es gibt eine höhere Fügung.‹

---

356 Im alten China herrschte Freizügigkeit, doch nicht immer und unter allen Umständen. Jeder Fremdling musste unter der ortsanwesenden Bevölkerung einen ›Wirt‹ suchen, der zugleich Bürge für ihn war. Über Kung Dsï waren allerhand Gerüchte in Umlauf, dass er bei niedrigen und gemeinen Höflingen Unterschlupf gesucht habe, um dadurch bei den Fürsten anzukommen. Diese Geschichten waren von den Sophisten der Zeit erfunden, um ihr eigenes Verhalten, das vielfach diese Mittel nicht scheute, mit einem großen Namen der Vergangenheit zu decken. Mengzi gibt hier Aufklärung auf Grund einer genauen Kenntnis der Tatsachen. Yung Dsü, dessen Name in den verschiedenen Berichten ganz verschieden geschrieben wird, da es sich nur um eine lautliche Wiedergabe zu handeln scheint, war der unwürdige Eunuch des Fürsten von We, der dabei war, als dieser mit der berüchtigten Fürstin Nan Dsï bei einer Ausfahrt im vorderen Wagen vorausfuhr und Kung Dsï im zweiten Wagen hinterdrein fahren ließ, worauf Kung Dsï den Staat We verließ (vgl. Einleitung zu *Lun Yü*). Nach einer anderen Erklärung ist Yung Dsü nicht ein Name, sondern zu übersetzen etwa mit »Beulendoktor«, doch widerspricht dem die differente Schreibweise. Eine ähnliche Kreatur muss der Eunuch Dsï Huan in Tsi gewesen sein.

357 Wir sind in unserer Übersetzung hier dem im *Schi Gi* gegebenen Zusammenhang gefolgt. Dort heißt es, dass Kung Dsï in We bei dem Bruder der Frau des Dsï Lu namens Yän Schu Dsou gewohnt habe. Der Name Yän lautet dort allerdings etwas anders, doch scheint das kein schwerwiegender Gegengrund. Unsere Übersetzung ist daher der anderen vorzuziehen, die Legge gibt. Wörtlich heißt es: »Dsï Lus Frau und Mi Dsïs Frau älterer und jüngerer Bruder«, was dann übersetzt wird: »waren Schwestern«. Der hier genannte Schwager des Dsï Lu, Mi Dsï Hia, war ebenfalls ein unwürdiger Günstling des Fürsten Ling von We, während Yän Tschou Yu, bei dem Kung Dsï wohnte, ein guter Charakter war. In *Lü Schi Tschun Tsiu* (Bd. 15, 1) und *Huai Nan Dsï* ist übrigens auch das – hier von Mengzi widerlegte – Gerücht enthalten, dass Kung Dsï durch die Frau des Min Dsï Hia in We habe ankommen wollen.

Meister Kung nahm nur an, wo die Ordnung es gestattete, und zog sich sofort zurück, wo die Ehre es gebot. Ob er sein Ziel erreichte oder nicht, das stellte er einer höheren Fügung anheim. Bei einem Manne wie Yung Dsü oder einem Eunuchen Dsï Huan zu wohnen, das wäre gegen die Ehre gewesen und gegen Gottes Fügung.

Als Meister Kung in Lu und We enttäuscht worden war, begab es sich, dass der Marschall Huan[358] von Sung ihn zu überfallen und zu töten trachtete, also dass er in geringer Kleidung aus dem Staate Sung flüchten musste.

Damals, als Meister Kung in Lebensgefahr war, hielt er sich bei dem nachmaligen Stadtobersten Dschong Dsï, der damals in den Diensten des Fürsten Dschou von Tschen war, auf. Ich habe sagen hören, dass man einen einheimischen Beamten danach beurteilen kann, wen er zu Gast hat, und einen auswärtigen danach, bei wem er zu Gast ist. Wenn Meister Kung bei einem Yung Dsü oder dem Eunuchen Huan zu Gast gewesen wäre: wie wäre er da Meister Kung gewesen?«

9. Wie Be Li Hi in des Fürsten Mu Dienste kam

Wan Dschang befragte den Mengzi und sprach: »Es heißt, Be Li Hi[359] habe sich selbst verkauft an den Rinderhirten von Tsin um fünf Schaffelle und habe die Rinder gefüttert, um dadurch den Fürsten Mu von Tsin für sich zu bestechen. Ist das glaubhaft?«

---

358 Die Situation ist die in *Lun Yü* VII, 22 erwähnte. Kung Dsï verließ Lu und kam nach Sung, wo er mit seinen Schülern unter einem großen Baume Riten übte. Der Marschall von Sung, Huan Tui, wollte Kung Dsï töten und ließ daher den Baum fällen. Kung Dsï entkam, doch musste er verkleidet durch Sung reisen (vgl. *Schï Gi*). Er scheint dann bei dem Torwart von Tschen untergekommen zu sein. In Tschen scheint er dann drei Jahre geblieben zu sein. Später wurde Tschen von dem Südstaat Tschu annektiert, weshalb hier nach Dschau Ki nur der Name des Fürsten Dschou und kein Tempeltitel angegeben ist. Dschong Dsï wurde dann in Sung Minister und ist unter dem Titel »Stadtoberster Dschong Dsï« kanonisiert. Er war, wenn auch kein hervorragender, so doch auch kein schlechter Beamter. Über den Namen des Fürsten von Tschen gehen die Quellen auseinander. *Mengzi* und *Dso Dschuan* widersprechen *Schï Gi*, das Yüo als Namen angibt.
359 Ähnlich wie über I-Yin waren auch über Be Li Hi, den berühmten Kanzler des Fürsten Mu von Tsin, der ca. 624 als vierter der Hegemonen während der Frühlings- und Herbstzeit genannt wird, allerlei Sagen verbreitet. Er soll sich, da er kein Geschenk zur Einführung bei dem Fürsten Mu gehabt habe, als

Mengzi sprach: »Nein, das ist nicht wahr. Das sind Geschwätze unruhiger Köpfe. Be Li Hi war aus dem Lande Yü[360]. Da sandte der Fürst des Staats Dsïn einen Nephrit aus Tschui Gi und ein Viergespann aus dem Gestüt von Kü, um von Yü freien Durchzug zu bekommen, den Nachbarstaat Guo zu bekriegen. Der Amtsgenosse Be Li His, Gung Dschï Ki, erhob Einspruch. Be Li Hi erhob keinen Einspruch. Weil er wusste, dass Einspruch bei dem Fürsten von Yü nichts fruchtete, darum ging er weg nach Tsin. Damals war er schon siebzig Jahre alt. Wenn er um jene Zeit immer noch nicht gewusst hätte, dass es schmutzig wäre, durch Rinderhüten bei dem Fürsten Mu ankommen zu wollen: könnte man ihn da weise nennen? Wenn er da, wo Einspruch aussichtslos war, keinen Einspruch erhob, kann man ihn da unweise nennen? Wenn er wusste, dass der Fürst von Yü seinem selbstverschuldeten Untergang entgegenging, und ihn vorher verließ,

---

Rinderhirt verkauft haben, um so Gelegenheit zu finden, mit dem Fürsten zusammenzutreffen, der ihn daraufhin vom Maul der Rinder weg zum Kanzler ernannt habe. Eine andere Version, die der Auffassung des Mengzi wenigstens etwas näher kommt, lautet folgendermaßen: Nach der Vernichtung von Yü durch den Staat Dsïn sei er seinem Fürsten in die Gefangenschaft nach Dsïn gefolgt. Als Diener sei er einer Prinzessin von Dsïn, die an den Fürsten von Tsin vermählt wurde, mitgegeben worden. Unzufrieden mit dieser Stellung habe er sich am Weg verborgen und sei nach Tschu entflohen, wo er sich als Rinderhirt einen Namen gemacht habe. Der Fürst Mu von Tsin, der von seiner Bedeutung gehört hatte, ließ ihn mit dem Prädikat ›entlaufener Sklave‹ suchen und gab fünf Schaffelle für seine Auslieferung. Diesen niedrigen Preis bot er an, um in Tschu keinen Argwohn zu erregen. Als er seiner habhaft war, machte er ihn sofort zum Kanzler mit dem Erfolg, dass Be Li Hi ihm die Hegemonie im Reich verschaffte. Diese Version passt auch zu der Bemerkung bei *Zhuangzi* XXIII, Schluss. Mengzi hat hier im Unterschied zu den vorigen Abschnitten keine historischen Quellen zur Verfügung und schließt nur aus der pragmatischen Wahrscheinlichkeit. Daher das beständige neue Abwägen der Gedanken, das er absichtlich vornimmt, um die Evidenzen zu häufen.

360 Die beiden kleinen Staaten Yü und Guo waren der gemeinsamen Gefahr durch das übermächtige Dsïn ausgesetzt. Sie waren daher auf gegenseitige Hilfe unbedingt angewiesen. Stattdessen ließ sich Yü durch Gewinnsucht blenden, seine Hand zur Vernichtung Guos zu bieten. Auf den Vorschlag, die genannten Bestechungsgeschenke (Tschui Gi war berühmt wegen seiner Nephrite, Kü wegen seiner Pferde) zu machen, habe der Fürst von Dsïn zunächst nicht eingehen wollen, sein Minister habe ihm aber versichert, dass er alles wiederbekommen werde. In der Tat hat der Minister die Geschenke nach der aufeinanderfolgenden Annexion der beiden Kleinstaaten zurückgebracht, nur die Pferde waren inzwischen älter geworden.

kann man ihn nicht anders als weise nennen. Als er dann in Tsin obenan kam, erkannte er, dass man mit dem Fürsten Mu zusammen etwas durchsetzen könne, und wurde sein Kanzler: kann man das unweise nennen? Er war Kanzler in Tsin und machte seinen Fürsten berühmt auf Erden, also dass sein Name auf die Nachwelt kam: hätte ein Unwürdiger das zu Wege gebracht? Sich selbst zu verkaufen, um einem Fürsten zur Vollendung zu helfen, das ist etwas, was in einem Bauerndorf ein Mann, der etwas auf sich hält, nicht tut. Und einem würdigen Mann sollte man es zutrauen?«

ABSCHNITT B
Von Weisen, Fürsten und Ministern

1. Verschiedene Heilige[361]: Be-I, I-Yin, Liu Hia Hui, Kung Dsï

Mengzi sprach: »Be-I[362] war so, dass seine Augen nach nichts Schlechtem blickten, seine Ohren auf nichts Schlechtes hörten; wer nicht sein Fürst war, dem diente er nicht; was nicht sein Volk war, dessen bediente er sich nicht. Wo Ordnung war, da ging er hin; wo Wirren herrschten, da zog er sich zurück. Wo eine üble Regierung ausgeübt ward, wo ein übles Volk wohnte, da hielt er es nicht aus. Der Gedanke, mit einem geringen Manne zusammen zu sein, war ihm, gleich als säße er mit Feierkleidung angetan im Kot der Straße. Zur Zeit des Tyrannen Dschou Sin weilte er am Strand des Nordmeers,

---

361 Der Abschnitt hebt die Einzigartigkeit des Meisters Kung hervor, indem er ihn mit anderen Heiligen der Vorzeit zusammenstellt. Während jeder der Anderen eine einzelne Tugend zur Vollkommenheit entwickelt und dadurch Anspruch auf das Prädikat der Heiligkeit hat, besitzt Kung eine allseitige Vollkommenheit, die immer das je nach Zeit und Umständen Rechte trifft. Dasjenige, wodurch er sich vor jenen auszeichnet, ist nicht sowohl die Kraft des Charakters als die Weisheit, die diese Kraft harmonisch abzustimmen weiß. Der Abschnitt zerfällt in drei Teile:
1. Eine Schilderung des Wesens der vier Heiligen mit einer angeschlossenen Beurteilung.
2. Das Gleichnis von der Symphonie (Kung) und den Einzelstimmen (die Anderen).
3. Das Gleichnis vom Bogenschießen, das ebenso Kraft (= Heiligkeit) wie Treffsicherheit (= Weisheit) braucht.
362 Die Schilderung von Be-I ist eine Wiederholung früherer Stellen (vgl. II, A, 2 u. 9; IV, A, 13) mit verschiedenen Textvarianten.

um abzuwarten, bis der Erdkreis wieder rein geworden. Darum wenn sie von Be-I erzählen hören, da werden die Abgestumpftesten[363] in ihrem Gewissen geschärft, und die Schwächlinge lernen Entschlüsse fassen.

1-Yin[364] sagte: ›Welcher Fürst, dem ich diene, wäre nicht mein Fürst? Welches Volk, dessen ich mich bediene, wäre nicht mein Volk?‹ Wo Ordnung war, da ging er hin; wo Wirren herrschten, da ging er auch hin. Er sprach: ›Gott hat dies Volk erzeugt, dass die, die früher zur Erkenntnis gelangten, die später zur Erkenntnis Kommenden erwecken, dass die früher Erwachten die später Erwachenden erwecken. Ich bin einer aus Gottes Volk, der früher erwacht ist. Ich will durch diese Lehren die Menschen erwecken.‹ Er war der Meinung, dass, wenn unter allem Volk auf Erden auch nur *ein* Mann oder *eine* Frau des Segens von Yau und Schun nicht teilhaftig würden, es wäre, als hätte er sie selbst in einen Graben gestoßen. Er nahm die Verantwortung für die Lasten der ganzen Welt auf sich.

Liu Hia Hui[365] schämte sich nicht eines schmutzigen Herren, verschmähte nicht ein kleines Amt. Ward er befördert, so verdunkelte er nicht verdienstvolle Männer und ließ nicht ab von seinem Wege. Ward er vernachlässigt und abgesetzt, so murrte er nicht; kam er in Gefahr und Misserfolg, so regte er sich nicht auf. War er mit einem geringen Mann zusammen, so blieb er harmlos und brachte es nicht über sich zu gehen. Er sprach: ›Du bist du, ich bin ich; wenn du auch nackt und bloß an meiner Seite stehst, wie kannst du mich beflecken?‹ Darum wenn sie von Liu Hia Hui erzählen hören, werden Engherzige weit und Kleinliche großartig.

---

363 Chinesisch: »wanfu«. »Wan« bedeutet ‚abgestumpft', ‚unklar'; der Gegensatz »liän« bedeutet in seinem primären Sinn eine Kante, so dass sich ein ganz guter Zusammenhang ergibt. »Liän« heißt auch ‚unbestechlich', ‚uneigennützig'. Das Wort ist in der alten Literatur häufig zitiert, doch scheint vielfach anstelle von »»wan« »tan« = ‚habgierig' zu stehen, so dass vielleicht diese Lesart vorzuziehen ist.
364 Vgl. II, R, 2 und V, A, 7.
365 Vgl. II, A, 9. Auch hier gibt es einige Textabweichungen, die einen Blick in den textlichen Zustand der Werke des Mengzi erlauben.

Als Meister Kung aus Tsi wegging[366], hatte er es so eilig, dass er den eben gewaschenen Reis noch feucht mitnahm. Als er aus Lu[367] wegging, sprach er: ›Langsam, langsam will ich gehen.‹ Das war die Art, wie er sein Vaterland verließ. Wenn's sich geziemte, schnell zu sein, war er schnell. Wenn sich's geziemte innezuhalten, hielt er inne. Wenn's sich geziemte, ein Amt zu übernehmen, übernahm er ein Amt: so war Meister Kung.«

Mengzi sprach[368]: »Be-I war der Heilige der Reinheit, I-Yin war der Heilige der Verantwortung, Liu Hia Hui war der Heilige der Eintracht, Meister Kung war der Heilige der rechten Zeit.

Meister Kungs Tun kann man mit einer Symphonie[369] vergleichen. Die Symphonie beginnt mit dem Ton der Glocke und endet

---

366 Vgl. VII, B, 17. Tsi war nicht Kungs Vaterland. Darum war er sofort zu gehen bereit, als sich sein dortiger Aufenthalt erfolglos erwies. So eilig hatte er es, dass er sich nicht einmal mehr Zeit ließ, bis der eben gewaschene Reis gekocht war.

367 Über die Gründe seines Wegganges aus Lu vgl. die Einleitung zu *Lun Yü*. Nachdem das Geschenk von Schauspielerinnen und Pferden aus dem eifersüchtigen Nachbarstaat Tsi die Wirkung gehabt hatte, dass die Erledigung der Regierungsgeschäfte unterblieb, wusste Kung, dass er nun nicht länger bleiben konnte. Dennoch zögerte er, zu gehen. Die im Text angeführten Worte sind die Antwort an seinen Jünger Dsï Lu, der ihn zur Eile antrieb. Nach einer sehr wahrscheinlichen Theorie hätte sein Zögern eine zarte Rücksichtnahme auf den Fürsten von Lu bedeutet, für den ein abrupter Weggang Kungs ein schwerer persönlicher Vorwurf hätte sein müssen. Darum wartete er auf einen weniger kompromittierenden Anlass. Der kam bald, als ihm der gebührliche Anteil vom fürstlichen Opfer nicht zugesandt wurde. Nun war der Anlass seines Gehens ein unbedeutender, persönlicher; außerdem konnte die Schuld dafür irgendeinem Unterbeamten zugeschoben werden. Nun allerdings ging Kung so schnell, dass er sich nicht mehr die Zeit nahm, die Bänder seines Hutes festzuknüpfen.

368 Diese an sich überflüssigen Worte sind vielleicht ein Zeichen dafür, dass das Vorhergehende aus anderen Zusammenhängen an dieser Stelle zur Begründung dieses Urteils zusammengestellt ist.

369 Die alte chinesische Musik bestand aus einem Zusammenspiel der acht Instrumente: 1. Metall = Glocke, 2. Stein = Klangstein, 3. Seide = Saiteninstrumente, 4. Bambus = Holzbläser, 5. Melone = Blasinstrument (eine Art Pansflöte mit gemeinsamem Luftraum), 6. Erde bzw. Ton = Okarina, 7. Leder = Pauke, 8. Holz = Schlaginstrument. Jedes dieser Instrumente hatte in der »Symphonie« (Da Tschong), die aus 3–9 »Sätzen« (Siau Tschong) bestand, eine durchgehende Stimme. Der Anfang wurde durch die kräftig klingende Glocke, der Schluss durch die hell und fein klingenden Klingsteine bezeichnet. Der Sinn des Gleichnisses ist, dass die anderen Heiligen je einer einzelnen Stimme

mit dem Klang des Klingsteins. Der Ton der Glocke beginnt die durchgehenden Einzelstimmen, der Klang des Klingsteins endet die durchgehenden Einzelstimmen. Die durchgehenden Einzelstimmen zu intonieren, ist Sache der Weisheit, sie durchzuführen bis zum Ende, ist Sache der Heiligkeit.

Die Weisheit[370] kann man auch vergleichen mit der Sicherheit der Hand, die Heiligkeit mit der Kraft. Wenn man beim Bogenschießen auf über hundert Schritt Entfernung schießt und der Pfeil kommt an, so ist das Sache der Kraft; dass er aber trifft, das ist nicht Sache der Kraft.«

2. Rang und Einkommen zur Dschouzeit

Be-Gung I[371] befragte den Mengzi und sprach: »Wie hat die Dschou-Dynastie Rang und Einkommen im Reich geordnet?«

---

einer Symphonie gleichen. Kung aber ist ihnen an Weisheit überlegen, die ihn nicht auf eine einseitige Durchführung einer Einzelstimme beschränkt, sondern durch die er alle Stimmen zur Verfügung hat, die jeweils nötig sind. Darum ist von der Glocke als Anfang und dem Klingstein als Ende noch gesondert die Rede. Der Sinn des Gleichnisses ist Kungs Allseitigkeit im Gegensatz zur Einseitigkeit der anderen Heiligen.

370 Ein zweites Gleichnis ergänzt das erste. Beim Bogenschießen kommt es ebensowohl auf Kraft – damit der Pfeil ankommt (dies die Heiligkeit) – als auch auf Geschicklichkeit – damit der Pfeil trifft (dies die Weisheit) – an. Wodurch Kung sich von den anderen Heiligen auszeichnet, ist seine Weisheit.

371 Be-Gung I war ein Mann aus dem Staate We. Die folgenden Ausführungen des Mengzi sind historisch interessant aus einem doppelten Grund: Erstens geht daraus hervor, dass keineswegs Tsin Schï Huang Ti, dem gewöhnlich die alleinige Schuld an dem verwahrlosten Zustand der chinesischen Literatur zugeschrieben wird, der Einzige war, der mit alten Urkunden aufräumte. Er hat sowohl Vorgänger wie Nachfolger gehabt. Zweitens zeigen die Angaben Mengzis über das altchinesische Lehenssystem weitgehende Ähnlichkeit mit dem altgermanischen. Vor allem ist die Stellung des Königs – trotz des Titels »Himmelssohn« – weit entfernt von dem späteren Absolutismus. Er ist eine Rangstufe neben den anderen. Die chinesischen Ausdrücke für die anderen Rangstufen sind:

Gung, gewöhnlich übersetzt mit »Herzog«. Dieser Titel war ursprünglich auf die Nachkommen früherer Dynastien beschränkt, schon sehr früh aber von den Hou usurpiert.

Hou, gewöhnlich übersetzt mit »Fürst«, entspricht am besten dem deutschen »Markgrafen«.

Bo, gewöhnlich übersetzt mit »Graf«.

Mengzi sprach: »Genaues darüber kann man nicht mehr zu erfahren bekommen. Die Landesfürsten hassten es, dass sie durch jene Regeln selbst geschädigt würden, und haben alle Urkunden darüber vernichtet. Immerhin habe ich über die Grundzüge einiges erfahren. Der Himmelssohn stand auf einer Rangstufe, die Herzöge standen auf einer Rangstufe, die Fürsten standen auf einer Rangstufe, die Grafen standen auf einer Rangstufe, Freiherren und Herren standen zusammen auf einer Rangstufe: das sind zusammen fünf Rangstufen im Reich. In den Einzelstaaten stand der Herrscher auf einer Rangstufe, die Hohen Räte auf einer Rangstufe, die Minister auf einer Rangstufe, die Ritter erster Klasse auf einer Rangstufe, die Ritter zweiter Klasse auf einer Rangstufe, die Ritter dritter Klasse auf einer Rangstufe: zusammen sechs Rangstufen.

Der Himmelssohn hatte zugeteilt an Land tausend Meilen im Geviert, die Herzöge und Fürsten hatten je hundert Meilen im Geviert, die Grafen siebzig Meilen im Geviert, die Freiherren und Herren fünfzig Meilen: zusammen vier Klassen. Wer weniger als fünfzig Meilen hatte, war nicht reichsunmittelbar, sondern wurde einem Landesfürsten als Suzerän zugeteilt.

Die Hohen Räte des Himmelssohns hatten an Land so viel wie ein Fürst, seine Minister so viel wie ein Graf, seine obersten Ritter so viel wie die Freiherren und Herren.

Dsï, gewöhnlich übersetzt mit »Freiherr«.
Nan, oben übersetzt mit »Herr, eigentlich »Mann«.
Die Ämter in den Staaten sind:
King = »Hohe Räte«,
Da Fu = »Minister« (auch Dai Fu gesprochen),
Schï = »Ritter«.
Während alle übrigen Glieder des hohen und niederen Adels mit Land belehnt waren, hatten die Ritter dritter Klasse ebenso wie die verbeamteten Bürgerlichen nur Naturaleinkommen (Geld war damals noch nicht üblich). Die ganze Einrichtung beruht auf einer Art von Staatskommunismus an Produktionsmitteln (Grund und Dünger, wobei noch eine andere Lesart Erwähnung verdient, nach der es sich nicht um Dünger, sondern um die Qualität des Bodens gehandelt hat). Zur Zeit des Mengzi und schon vorher trat an die Stelle des Gesamteigentums allmählich das Privateigentum. Deshalb gewinnt die Frage des Lebensunterhalts für ihn eine ganz andere Bedeutung als noch für Kung, zu dessen Zeit die öffentliche Versorgung der Schï (»Ritter«, zugl. »Gelehrten«) noch zu den Selbstverständlichkeiten gehörte.

Die großen Lehnsstaaten hatten an Land hundert Meilen im Geviert. Der Landesherr hatte so viel Einkommen wie zehn Hohe Räte, ein Hoher Rat so viel wie vier Minister, ein Minister doppelt so viel wie ein Ritter erster Klasse, ein Ritter erster Klasse doppelt so viel wie ein Ritter zweiter Klasse, ein Ritter zweiter Klasse doppelt so viel wie ein Ritter dritter Klasse. Ein Ritter dritter Klasse hatte ebenso viel Einkommen wie die Bürgerlichen, die ein Amt hatten. Ihr Einkommen war gleich dem Ertrag eines entsprechenden Stückes Land, das für sie bebaut wurde.

Die Lehnsstaaten zweiten Ranges hatten an Land siebzig Meilen im Geviert. Der Landesherr hatte so viel Einkommen wie zehn Hohe Räte, ein Hoher Rat das Dreifache eines Ministers, ein Minister doppelt so viel wie ein Ritter erster Klasse, ein Ritter erster Klasse doppelt so viel wie ein Ritter zweiter Klasse, ein Ritter zweiter Klasse doppelt so viel wie ein Ritter dritter Klasse. Ein Ritter dritter Klasse hatte ebenso viel Einkommen wie die Bürgerlichen, die ein Amt hatten. Ihr Einkommen war gleich dem Ertrag eines entsprechenden Stückes Land, das für sie bebaut wurde.

Ein Kleinstaat hatte an Land hundert Meilen im Geviert. Der Landesherr hatte so viel Einkommen wie zehn Hohe Räte, ein Hoher Rat doppelt so viel wie ein Minister, ein Minister doppelt so viel wie ein Ritter erster Klasse, ein Ritter erster Klasse doppelt so viel wie ein Ritter zweiter Klasse, ein Ritter zweiter Klasse doppelt so viel wie ein Ritter dritter Klasse. Ein Ritter dritter Klasse hatte ebenso viel Einkommen wie die Bürgerlichen, die ein Amt hatten. Ihr Einkommen war gleich dem Ertrag eines entsprechenden Stückes Land, das für sie bebaut wurde.

Die Bauern erhielten jeder hundert Morgen zum Anbau. An Dünger für diese hundert Morgen erhielten die Bauern erster Klasse so viel, dass sie neun Menschen ernähren konnten, die Bauern der unteren ersten Klasse genug für acht Leute, die Bauern der mittleren Klasse genug für sieben Leute, die Bauern der unteren Mittelklasse genug für sechs Leute, die untere Klasse genug für fünf Leute. Die Bürgerlichen, die ein Amt hatten, bezogen ein nach diesem Maßstab abgestuftes Einkommen.«

3. Freundschaft

Wan Dschang sprach: »Darf ich nach dem Wesen der Freundschaft fragen?«

Mengzi sprach: »In der Freundschaft[372] darf man sich nichts einbilden auf Alter, nichts einbilden auf Rang, nichts einbilden auf seine Verwandtschaft. Sucht man einen zum Freund, so ist es sein Charakter, den man sucht; jeder Gedanke an Äußeres muss fern bleiben.

Mong Hiän Dsï[373] war aus einem mächtigen Adelsgeschlecht. Er hatte fünf Freunde: Yüo-Dschong Kiu, Mu Dschung und drei andere, deren Namen ich vergessen habe. Diese fünf waren seine Freunde, weil es für sie Rang und Stand des Mong Hiän Dsï nicht gab. Wenn diese fünf auch Mong Hiän Dsï's Rang und Stand im Auge gehabt hätten, so hätte er nicht mit ihnen Freundschaft geschlossen. Und nicht nur hohe Adlige machten es so, auch Fürsten kleinerer Staaten gab es von dieser Art. Der Fürst Hui von Bi[374] sprach: ›Ich stehe mit Dsï Sï so, dass ich ihn als Lehrer ehre, ich stehe mit Yän Bau so, dass ich ihn als Freund schätze, Wang Schun und Tschang Si: das sind Untergebene von mir.‹ Und nicht nur Fürsten kleiner Staaten machten es so, auch Fürsten großer Staaten gab es von dieser Art. Fürst Ping[375] von Dsin stand so zu Hai Tang, dass, wenn dieser ihn eintreten hieß, er eintrat; hieß er ihn sitzen, so setzte er sich; hieß er ihn essen, so aß er. Auch wenn es nur groben Brei und Gemüsesuppe gab, aß er sich immer satt:

---

372 Mengzi plädiert hier für eine Freundschaft, die frei ist von allen Äußerlichkeiten. Er zeigt stufenweise die Freundschaft zwischen Höher- und Niedergestellten bis hinauf zu Kaiser und Bauer (»Yau« und »Schun«) auf.

373 Mong Hiän Dsï war ein würdiger Minister aus dem Staate Lu, ein Angehöriger der bekannten Adelsfamlie Mong. Im Folgenden ist auch nachstehende Übersetzung möglich: »Im freundschaftlichen Verkehr mit diesen Fünfen gab es für Mong Hiän Dsï nicht seinen Rang und Stand. Und auch die Fünf hätten mit ihm nicht Freundschaft geschlossen, wenn für sie der Rang und Stand des Mong Hiän Dsï existiert hätte.«

374 Bi ist ein kleiner Stadtstaat in der Nähe von Lu, heute Fehiän in Schantung (vgl. *Lun Yü* VI, 7). Dsï Sï ist der Enkel von Kung, Yän Bau soll der Sohn von Yän Hui, dem Lieblingsjünger Kungs, gewesen sein.

375 Fürst Ping von Dsïn 556–531 v. Chr. Die Geschichte wird auch von Fürst Wen von Dsïn erzählt. Hai Tang war ein Weiser aus Dsïn. Über die »von Gott verliehene Stellung« sagt Fan: »Gottverliehen heißt Stellung, Amt, Einkommen, weil Gott darauf wartet, dass Würdige Gottes Volk regieren; nicht darf ein Fürst es als sein absolutes Recht betrachten.«

er würde es für ungehörig gehalten haben, sich nicht satt zu essen. Doch dabei ließ er es dauernd bewenden. Er teilte nicht mit ihm die von Gott verliehene Stellung, er waltete nicht gemeinsam mit ihm des gottverliehenen Amtes und genoss nicht gemeinsam mit ihm der gottverliehenen Einkünfte. Er ehrte diesen Würdigen nach Art eines Gelehrten, nicht nach Art eines Landesfürsten. Schun trat vor den Herrn[376]. Der Herr wies ihm als seinem Schwiegersohn Wohnung an im zweiten Palast. Er nahm auch teil an Schuns Mählern. Abwechselnd waren sie Wirt und Gast. Das ist ein Beispiel, wie der Herr der Welt mit einem Mann aus dem Volke Freundschaft schloss.

Als Geringer einen Höheren schätzen, heißt Vornehmheit achten; als Höherer einen Geringeren schätzen, heißt Würde ehren. Achtung vor der Vornehmheit und Ehrung der Würde sind in gleichem Maße Pflicht[377].«

4. Geschenke[378]

Wan Dschang sprach: »Darf ich fragen: welche Gesinnung soll man beim Schenken haben?«

Mengzi sprach: »Achtung«.

Wan Dschang sprach: »Ablehnung gilt als Nichtachtung; warum?«

Mengzi sprach: »Wenn ein geehrter Mann mir etwas schenkt, und ich spreche: ›Hat er es auch auf rechtmäßige Weise erworben oder nicht? Ich nehme es nur unter dieser Bedingung an‹, darin liegt ein Mangel an Achtung. Darum weist man Geschenke nicht zurück.«

Wan Dschang sprach: »Wenn[379] jener es aber tatsächlich auf unrechtmäßige Weise vom Volke genommen hat, darf man dann nicht, ohne es ausdrücklich zurückzuweisen, es wenigstens innerlich zurückweisen und unter irgendeinem andern Vorwand es nicht annehmen? Geht das nicht an?«

---

376 Der Herr ist natürlich Yau.
377 Warum Mengzi hier der Achtung vor vornehmem Stand gegenüber die Ehrung der Würde besonders stark betont, ist, weil gerade dieser Aspekt zu seiner Zeit sehr in den Hintergrund getreten war.
378 Der ganze Abschnitt ist, was den Zustand des Textes anlangt, sehr in Unordnung. Die Übersetzung folgt den anerkannten chinesischen Kommentaren.
379 Hier ist mit Sï Schu Biän I eine Umstellung des Textes vorgenommen worden, wodurch der Zusammenhang deutlicher wird.

Mengzi sprach: »Wenn das Geschenk aus einem vernünftigen Grunde gegeben wird und auf eine anständige Weise überreicht wird, so hätte Meister Kung es angenommen[380].«

Wan Dschang sprach: »Angenommen, ein Wegelagerer[381] mache ein Geschenk aus einem vernünftigen Grunde und überreiche es auf eine anständige Weise, darf man dann auch geraubtes Gut annehmen?«

Mengzi sprach: »Nein. Im Rat des Kang[382] heißt es: ›Die da Menschen morden und ausplündern, frech den Tod verachtend, sind bei allem Volk verhasst.‹ Solche Menschen sind ohne vorherige Warnung hinzurichten […][383]. Wie könnte man von ihnen Geschenke annehmen?«

Wan Dschang sprach: »Die Fürsten von heute berauben das Volk wie die Räuber. Wenn sie aber ihre Geschenke auf geschickte Weise darbringen, so nimmt sie der Edle[384] an. Darf ich fragen, wie das zu erklären ist?«

Mengzi sprach: »Denkt Ihr, dass, wenn heute ein Herrscher der Welt aufstünde, er alle Fürsten miteinander hinrichten würde, oder dass er sie erst belehren würde und nur, wenn sie sich nicht bessern, sie hinrichten würde? Wenn man alles Raub nennen wollte, was einer nimmt, obschon es nicht sein Eigentum ist, so hieße das die Folgerungen bis zur Sinnlosigkeit[385] treiben. Als Meister Kung im Amt war in Lu, war unter dem Volk von Lu die Gewohnheit, sich um die Jagdbeute zu streiten[386] [um Fleisch für Opferzwecke zu bekommen],

---

380 Als Beispiel wird das Geschenk von Yang Ho angeführt, das Kung Dsï nicht zurückgewiesen hat.

381 Wörtlich: »einer, der vor den Toren der Hauptstadt die Menschen anhält«.

382 Vgl. *Schu Ging* V, IX, 15, wo der Text jedoch beträchtlich abweicht.

383 Im Text folgt hier eine unverständliche Stelle, die auf entgegengesetzte Weise erklärt werden kann und von Dschu Hi vernünftigerweise aufgegeben wird.

384 Eine Anspielung auf Mengzi selbst, der gelegentlich Geschenke von Fürsten angenommen hatte.

385 Wörtlich: »die Analogien ausfüllen, bis man ankommt am Ende des Sinns«, keineswegs wie Legge sagt: »is pushing a point of resemblance to the utmost, and insisting on the most refined idea of righteousness.«

386 Die Bedeutung dieser Stelle ist zweifelhaft. Vermutlich ist der Sinn der: In Lu war es Sitte, dass man sich um die Beute der fürstlichen Jagden, die vom Fürsten an seine Hofleute übergeben war, stritt, um möglichst seltene Tiere für die Ahnenopfer zu bekommen. Kung, der das Recht dazu gehabt hätte, ging gegen diese Unsitte nicht direkt vor, sondern suchte sie dadurch zu

und Meister Kung fügte sich auch dieser Gewohnheit. Wenn es sogar angängig ist, das Handgemenge um die Jagdbeute zu dulden, wieviel mehr, ein Geschenk anzunehmen.«

Wan Dschang sprach: »So war Meister Kung, wenn er im Amt war, nicht allerwege bestrebt, der Wahrheit zu dienen?«

Mengzi sprach: »Er wollte der Wahrheit dienen.«

Wan Dschang sprach: »Wenn er der Wahrheit dienen wollte, weshalb duldete er dann den Streit um die Jagdbeute?«

Mengzi sprach: »Meister Kung ordnete zuerst nach den alten Listen die Opfergefäße und bestimmte, dass in den so geordneten Opfergefäßen nicht Fleisch von allerlei wilden Tieren dargebracht werden dürfe.«

Wan Dschang sprach: »Warum ging er nicht lieber weg?«

Mengzi sprach: »Er wollte erst eine Probe machen. Als die Probe bewies, dass die Lehren durchführbar waren und dennoch nicht durchgeführt wurden, da ging er weg. Darum ist er in keinem Staate drei volle Jahre geblieben [...][387].«

5. Zweck der Amtstätigkeit

Mengzi sprach: »Man übernimmt ein Amt[388] nicht, weil man arm ist; aber es gibt Umstände, wo man es muss, weil man arm ist, ebenso wie man nicht deshalb heiratet, dass man versorgt ist, aber es doch unter Umständen tut, damit man versorgt ist. Wer aber seiner Armut wegen ein Amt sucht, der soll auf eine geehrte Stellung verzichten

---

    beseitigen, dass er im Anschluss an das Altertum genaue Anordnungen über Opfergefäße und zu opfernde Tiere aufstellte. Wenn von diesen Listen die seltenen Jagdtiere verpönt waren, musste die unwürdige Sitte von selbst in Verfall geraten.

387 Am Schluss steht noch eine Bemerkung über die Gründe, aus denen Kung ein Amt angenommen habe, die mit dem Ganzen nur sehr lose zusammenhängt und auch von Dschu Hi angezweifelt wird, da zudem sehr anfechtbare historische Daten (Herzog Hiau von We!) darin enthalten sind.

388 Im China der Dschouzeit war ursprünglich für jeden Stand staatlicherseits gesorgt. Wie der Bauer sein Land überwiesen erhielt, so war auch für jeden Beamten gesorgt. Sogenannte freie literarische Berufe gab es nicht. Die Laufbahn der Beamten war insofern von Anfang an geregelt, als sie auch während der Zeit ihrer Vorbildung in den Schulen vom Staat unterstützt wurden. Und die Schulen waren alle staatlich. Die erste Privatschule wurde von Kung Dsï eingerichtet. Noch zu Kung Dsïs Zeit bestand diese Fürsorge. Das hier von Mengzi berührte Problem bestand für ihn noch nicht. Er konnte daher – weil

und sich zufrieden geben mit einer bescheidenen. Welche Ämter entsprechen dem Grundsatz, dass man auf eine geehrte und reichbesoldete Stellung verzichten und sich mit einer niedrigen und bescheidenen zufrieden geben soll? Nun, etwa der Posten eines Torwarts oder eines Wächters[389]. So war Meister Kung eine Zeitlang Aufseher der Scheunen[390]. Da sprach er: ›Ich frage nur danach, dass meine Rechnungen stimmen.‹ Wieder einmal war er Aufseher der Herden. Da sprach er: ›Ich frage nur danach, dass meine Rinder und Schafe fett und stark sind und wachsen.‹ Wer einen niedrigen Posten hat

---

  der Gelehrte seines Lebensunterhaltes wenigstens in beschränktem Umfang sicher war – die Absicht des Gelderwerbes beim Lernen ohne Weiteres verurteilen (*Lun Yü* II, 18). Zur Zeit des Mengzi waren die Verhältnisse unsicherer geworden, so dass sich unter Umständen ein Gelehrter genötigt sehen konnte, ein Amt anzutreten. Der Ausweg, den Mengzi hier vorschlägt, wird der Situation vollkommen gerecht. Im Allgemeinen kann man sagen, dass die Beamten im alten China in der Tat den Gelderwerb nicht zur Hauptsache gemacht haben. In alter Zeit waren die Ämter in den Händen einer bestimmten Bevölkerungsschicht, z. T. wie zur Zeit der sechs Dynastien, in gewissen Familien erblich. Der Gesichtspunkt des Geldverdienens kam erst mit der Zeit der Tang- und Sungdynastie im Zusammenhang mit dem Umstand auf, dass zur Erlangung einer Anstellung eine staatliche Prüfung abgelegt werden musste. Durch diese an sich sehr gerecht erscheinende Maßregel wurde der Zugang zu den Ämtern den weitesten Kreisen eröffnet. Das brachte ein Schwinden der Tradition und den Gesichtspunkt des Geldverdienens mit sich. Besonders schlimm wurden die Verhältnisse aber erst seit der Tsingdynastie, da infolge misslicher öffentlicher Zustände der Ämterkauf – bis zum Amt des Tautai hinauf – eingeführt wurde, der sich seit der Regierung Hiän Fongs allmählich zu einer dauernden Einrichtung ausgebildet hat. Seitdem wurde die Beamtenlaufbahn für viele eine finanzielle Unternehmung, bei der es galt, das aufgewandte Kapital sobald wie möglich herauszuwirtschaften. Dass hierbei der Korruption Tür und Tor geöffnet wurde, versteht sich von selbst. Hier liegt der tiefste Grund für den Zusammenbruch der Mandschudynastie.

389 Torwart, eine kleine Beamtenstelle an wichtigen Toren bzw. Pässen. Vgl. den Wächter des Hangupasses (Guan) Yin Hi, auf dessen Veranlassung Laotse den *Tao-Te-King* geschrieben haben soll, oder den Torwart von J, *Lun Yü* III, 24. Wächter bzw. Nachtwächter waren ähnliche Stellungen. Der Betreffende hatte nicht selbst den Dienst zu tun, sondern nur die Aufsicht zu führen. Im Dschou Li wird unter den Tsiu Guan die Stelle unter dem Namen Ye Lu Sï erwähnt. Für sie waren Beamte der untersten Rangstufe vorgesehen.

390 Die beiden genannten Stellungen des Kung fallen in seine Jugendzeit, solange seine Mutter noch lebte. Nach Sï Ma Tsiän handelte es sich um Stellungen im Dienste der Familie Gi in Lu. Der Aufseher der Scheunen hatte die Listen über das eingelieferte Getreide zu führen. Der Aufseher über die Herden hatte für die zu den Staatsopfern gebrauchten Opfertiere zu sorgen.

und über hohe Dinge redet, der handelt unrecht. Wer aber am Hofe seines Fürsten bleibt, auch wenn die Wahrheit nicht durchdringt, der handelt schimpflich.«

6. Verhältnis des Weisen zu den Fürsten

Wan Dschang sprach: »Warum lässt der Gelehrte sich nicht von den Landesfürsten versorgen[391]?«

Mengzi sprach: »Aus Bescheidenheit. Wenn ein Fürst[392] sein Land verliert, so wird von den andern Fürsten für ihn gesorgt: das ist in der Ordnung. Dass aber Gelehrte sich von den Fürsten versorgen lassen, das ist nicht in der Ordnung.«

Wan Dschang sprach: »Wenn ein Fürst einem Korn überweist[393], nimmt man es an?«

Mengzi sprach: »Ja.«

»Und mit welchem Recht nimmt man es an?«

Mengzi sprach: »Nun, weil der Fürst bedürftige Leute aus dem Volke unterstützt.«

Wan Dschang sprach: »Eine gelegentliche Unterstützung also mag man annehmen, eine regelmäßige Bezahlung dagegen nicht. Warum?«

Mengzi sprach: »Aus Bescheidenheit.«

Wan Dschang sprach: »Darf ich fragen, was der Grund dieser Bescheidenheit ist?«

---

391 Zur Zeit des Mengzi war es üblich, dass die Fürsten – ähnlich wie in der italienischen Renaissance – namhafte Gelehrte an ihre Höfe zogen, die ein festes Gehalt bezogen, ohne in den Amtsgeschäften Verwendung zu finden. Die Gelehrten der Zeit waren eifrig bestrebt, aus diesen fürstlichen Neigungen Vorteil zu ziehen, und zwar gab es unter ihnen zwei Arten: kriechende Streber, die den Fürsten zur Verfügung standen, und marktschreierische Scharlatane, die die Fürsten zu verblüffen suchten. Dieses ganze Treiben war Mengzi zuwider. Er suchte daher nach Möglichkeit einen Weg, seine Würde zu wahren.
392 Die Fürsten waren moralisch verpflichtet, den Standesgenossen beizustehen, die durch Aufstände usw. außer Landes fliehen mussten. Vgl. z. B. die Art, wie der Fürst von Lu zur Zeit Kungs im Nachbarstaat Tsi Aufnahme findet.
393 Da es Geld in jener Zeit noch nicht gab, wurden alle Bezahlungen und alle Geschenke in Form von Naturalgaben erledigt. Mengzi macht hier den Unterschied zwischen einer einmaligen, zufälligen Gabe – wie auch er sie anzunehmen pflegte, wenn sie mit der nötigen Ehrerbietung dargebracht wurde, und die als ein Zeichen der Wohltätigkeit des Fürsten gelten konnte – und dauernden fixierten Gehaltsbezügen, die er als Sinekuren ablehnte.

Mengzi sprach: »Selbst ein Torwart oder Wächter hat eine feste Amtspflicht, durch deren Erfüllung er sich sein Brot von seinem Herrn verdient; ohne feste Amtspflicht aber sich von einem Herrn bezahlen zu lassen, das zeigt einen Mangel an Selbstachtung.«

Wan Dschang fragte: »Eine gelegentliche Überweisung des Fürsten darf man also annehmen; ich weiß nicht, ob solche Überweisungen sich dauernd wiederholen können?[394]«

Mengzi sprach: »Der Fürst Mu[395] pflegte in seinem Umgang mit Dsï Sï häufig nach seinem Befinden zu fragen und ihm häufig Fleisch von der fürstlichen Tafel[396] übersenden zu lassen. Dsï Sï war missvergnügt. Schließlich schob er den Boten zum Hoftor hinaus, dann berührte er, nach Norden gewandt, mit dem Haupt die Erde, verneigte sich zweimal und wies das Geschenk zurück, indem er sprach: ›Von heute an sehe ich das so an, als wollte der Fürst mich füttern wie einen Hund oder ein Pferd.‹ Von da an überbrachte der Kammerdiener keine Gaben mehr. An Würdigen Gefallen finden, ohne im Stande zu sein, sie zu befördern, ohne im Stande zu sein, sie auch nur zu versorgen: heißt das an Würdigen Gefallen haben?«

---

394 Wan Dschang lässt nicht locker, um sämtliche Aspekte des Themas in Augenschein zu nehmen. Es ist wichtig, zu beachten, dass das Gespräch hier eine Wendung nimmt. Bisher wurde die Frage vom Standpunkt des Gelehrten aus betrachtet, weiterhin wird die Art, wie der Fürst seine Gaben zu überreichen hat, besprochen. Sachlich kommen eine dauernde Wiederholung von Sendungen aus der fürstlichen Kornkammer und Küche und ein fixierter Gehaltsbezug, wie er oben von Mengzi abgelehnt wird, auf dasselbe hinaus. Der Unterschied liegt lediglich in der Form. In Betracht zu ziehen ist jedoch, dass durch das Beispiel des Dsï Sï die Frage auch insofern den Akzent verlagert, als es sich nicht mehr nur um Versorgung einfacher Gelehrter, sondern um die Ehrung würdiger Weiser handelt. Solche bedeutenden Männer in ihrem Lebensunterhalt sicher zu stellen, hatte einen Sinn, da der moralische Einfluss eines solchen Mannes, auch wenn er kein Amt bekleidete, dem ganzen Lande, wo er auch war, zu Gute kam.
395 Fürst Mu von Lu regierte von 109–377. Bei fürstlichen Geschenken mussten stets die vorgeschriebenen Ehrenbezeugungen vollzogen werden, nämlich: niederknien, zweimaliges Neigen des Hauptes auf die gefalteten Hände (»bai«), zweimaliges Berühren der Erde mit der Stirn (»gi schou«). Diese dauernden Anstrengungen waren Dsï Sï zu mühsam, darum lehnte er weitere Ehrungen ab.
396 Fleisch von der fürstlichen Tafel, wörtlich »Schüssel-Fleisch«. Das Fleisch pflegte im Altertum in ehernen Kesseln (»go«) gekocht zu werden, dann tat man es in eherne, drei- oder vierbeinige Schüsseln (»ding«) und brachte es auf die Tafel. Aus diesen Gefäßen erst wurde es in die hölzernen Essgeräte vorgelegt.

Wan Dschang sprach: »Darf ich fragen: Wenn ein Landesfürst einen Edlen versorgen möchte, wie muss er es machen, damit man es wirklich versorgen nennen kann?«

Mengzi sprach: »Zuerst wird er ihm eine Gabe in seinem, des Fürsten, Auftrag übersenden. Der Empfänger verneigt sich zwei Mal bis zur Erde und nimmt die Gabe an. Weiterhin schickt dann der Vorsteher der Kornhäuser Getreide, und der Küchenmeister schickt Fleisch von sich aus, nicht im Auftrag des Fürsten[397]. Dsï Sï war der Meinung, dass die Art, wie man ihm wegen des Fleisches von der fürstlichen Tafel fortwährend zumutete, die Belästigung der Kniebeugungen auf sich zu nehmen, nicht die rechte Art, einen Edlen zu versorgen, sei. Yau machte es in seinem Verkehr mit Schun anders[398]. Er ließ ihn durch seine neun Söhne bedienen und gab ihm seine zwei Töchter zur Ehe, alle seine Beamten, Rinder und Schafe, Scheunen und Kornhäuser standen wohlbereit zu Schuns Verfügung, während er inmitten der Rieselfelder weilte. Darnach beförderte er ihn und verlieh ihm den höchsten Rang. Darum heißt es: das ist die Art, wie Fürsten und Könige die Würdigen ehren sollen.«

7. Verhältnis des Weisen zu den Fürsten
II: Audienzen

Wan Dschang sprach: »Darf ich fragen, was der Grund ist, dass Ihr die Fürsten nicht aufsucht?«

Mengzi sprach: »Die städtischen[399] Untertanen heißen Bürger, die ländlichen Untertanen heißen Bauern, sie alle sind Privatleute. Ein

---

397 Die von Mengzi vorgeschriebene Art rücksichtsvoller Beschenkung soll die Belästigung der Beschenkten durch die Empfangszeremonien vermeiden, indem die Gaben nicht vom Fürsten persönlich kommen, sondern direkt von den zuständigen Stellen, wodurch die Dankeszeremonien entfallen.
398 Vgl. V, A, 1.
399 Wörtlich: »In der Hauptstadt [Guo hat häufig diese Bedeutung] Wohnende heißen Markt- und Brunnenuntertanen, auf dem Felde Wohnende heißen Gras- und Pflanzenuntertanen.« ,Untertan', »tschen«, ist dasselbe Wort wie Beamter. Theoretisch waren im alten China alle Staatsangehörige Diener, ›Beamte‹, des Herrschers, da alles Land ihm gehört und dem Einzelnen zur Bewirtschaftung zugewiesen wird, weshalb die im öffentlichen Interesse auszuführenden Arbeiten wie Wegebauten u.s.w. durch allgemeine Fronarbeit zu leisten waren. Der Unterschied zwischen Privatmann (»schu jen«)

Privatmann, der nicht ein Einführungsgeschenk gemacht hat und Beamter geworden ist, soll es nicht wagen, sich vor dem Fürsten sehen zu lassen. So will's die Ordnung.«

Wan Dschang sprach: »Ein Privatmann, der zu Fronden befohlen wird, geht hin und tut den Dienst. Wenn aber der Fürst ihn sehen möchte und ihn zu sich befiehlt, so geht er nicht hin zur Audienz. Wie kommt das?«

Mengzi sprach: »Die Fronden abzuleisten ist Pflicht, zur Audienz zu gehen ist keine Pflicht. Und überhaupt: Wenn der Fürst ihn sehen will, warum will er das eigentlich?«

Wan Dschang sprach: »Nun, weil der Mann gelehrt oder würdig ist.«

Mengzi sprach: »Wenn es wegen seiner Gelehrsamkeit ist, so ist zu sagen, dass selbst der Himmelssohn einen Lehrer nicht herbefiehlt, wieviel weniger ein Fürst! Ist's wegen seiner Würdigkeit, so muss ich sagen, dass ich noch nie gehört habe, dass, wenn man einen Würdigen zu sehen wünscht, man ihn zu sich befiehlt. Fürst Mu machte häufig Besuche bei Dsï Sï und sprach zu ihm: ›Im Altertum kam es vor, dass Fürsten von Großstaaten Gelehrte zu ihren Freunden machten. Wie verhält es sich damit?‹ Dsï Sï war missvergnügt und sprach: ›Es sind aus dem Altertum solche Geschichten vorhanden; doch heißt es da, dass sie ihnen dienten, wie sollte es heißen, dass sie sie zu Freunden machten!‹ Der Sinn von Dsï Sïs Missbehagen war kein anderer als der: ›Geht's nach dem Stande, so seid Ihr der Fürst, ich bin der Untertan: wie sollte ich es wagen, Euch Freund zu sein! Geht's nach dem inneren Werte, so müsst Ihr mir dienen: wie könntet Ihr mein Freund sein!‹

Der Herrscher eines Großstaats strebte danach, ihn zum Freund zu gewinnen, und es ward ihm nicht zuteil. Wieviel weniger hätte er ihn herbefehlen können!

---

und Beamten im eigentlichen Sinne (»tschen«) bestand eben darin, dass die Beamten durch ein – durch bestimmte Regeln vorgeschriebenes – Einführungsgeschenk, das sie vor Amtsantritt zu machen hatten, in ein direktes Verhältnis zu Fürsten traten. Ohne ein derartiges Verhältnis bestand für den Einzelnen keine Veranlassung zum Verkehr mit dem Fürsten. ›Nicht wagen, zum Fürsten zu gehen‹, ist daher keine persönliche Schüchternheit, sondern ein striktes Innehalten der Schranken. Ein derartiges ›Nichtwagen‹ ist mit goßem persönlichem Selbstgefühl sehr wohl vereinbar, wie das hier erwähnte Beispiel des Dsï Sï zeigt.

Fürst Ging⁴⁰⁰ von Tsi ging auf die Jagd. Da befahl er einen Förster herbei mit einer Federflagge. Der kam nicht und er hätte ihn beinahe töten lassen. Meister Kung sagte über den Fall: ›Ein entschlossener Mann bleibt dessen eingedenk, dass er eines Tags in Bach und Graben enden kann; ein Mutiger bleibt dessen eingedenk, dass er eines Tages das Haupt verlieren kann.‹ Was fand er an dem Manne beachtenswert? Er fand beachtenswert, dass er nicht hinging, weil er nicht auf die ihm zustehende Art befohlen worden war.«

Wan Dschang sprach: »Darf ich fragen, wodurch ein Förster befohlen wird?«

Mengzi sprach: »Durch Übersendung einer Pelzkappe, ein Mann aus dem Volk durch eine einfarbige Flagge, ein Beamter durch ein Drachenbanner, ein Minister durch eine Federflagge. Der Fürst hatte also den Förster auf die für einen Minister bestimmte Weise herbefohlen, und der Förster wollte lieber sterben als hingehen. Wenn nun ein Privatmann nach Art eines Beamten zur Audienz befohlen wird, wie wollte er es wagen, hinzugehen? Und noch dazu, wenn auf die Art, wie ein unbedeutender Mann befohlen zu werden pflegt, ein Weiser herbefohlen wird! Wer einen Weisen sehen will auf anderem als dem rechten Wege, der gleicht einem Manne, der wünscht, dass einer zu ihm hereinkommt, und ihm doch die Tür zuschließt. Recht ist der Weg, Anstand die Tür. Nur der Edle aber ist im Stande, auf diesem Weg zu wandeln und zu dieser Tür aus- und einzugehen. Im *Buch der Lieder*⁴⁰¹ heißt es:

›Der Weg nach Dschou ist eben wie ein Schleifstein,
Er ist gerade wie die Bahn des Pfeils,
Die Edlen mögen darauf wandeln,
Doch auch den niedern Menschen ist er kund.‹

---

400 Die Geschichte steht auch III, B, 1. Hier sind die verschiedenen Abzeichen aufgezählt, durch deren Überreichung der Befehl des Fürsten beglaubigt werden musste. Die Verschiedenen Flaggen unterscheiden sich dadurch voneinander, dass die einfarbige Flagge, »Dschau«, aus ungemusterter Seide bestand, das Drachenbanner, »Ki«, hatte Drachenornamente (dieses Banner ist von der unter der Mandschudunastie als Reichsfahne eingeführten Drachenfahne wohl zu unterscheiden. Es war nur eine Art Signal); die Federflagge, »Dsïng«, hatte außerdem oben noch Federquasten.
401 *Schï Ging* II, V, Ode 9, v. 1.

Wan Dschang sprach: »Meister Kung[402] pflegte, wenn er den Befehl eines Fürsten zur Audienz erhielt, nicht zu warten, bis der Wagen angespannt war, sondern ging voraus. Da wäre also Meister Kung im Unrecht gewesen?«

Mengzi sprach: »Zu jener Zeit war Meister Kung angestellt und hatte Amtspflichten. Er wurde in seiner Eigenschaft als Beamter zur Audienz befohlen.«

8. Machet euch Freunde![403]

Mengzi sagte zu Wan Dschang und sprach: »Der beste Mann in einer Nachbarschaft macht sich alle Guten der Nachbarschaft zu Freunden. Der beste Mann in einem Lande macht sich alle Guten in diesem Lande zu Freunden. Der beste Mann auf Erden macht sich alle Guten auf Erden zu Freunden. Aber selbst alle Guten auf Erden zu Freunden zu haben, ist ihm noch nicht genug. Er steigt empor in seinen Gedanken zu den Männern des Altertums, er rezitiert ihre Lieder, er liest ihre Schriften. Weiß er nicht, ob solch ein Mann des Altertums würdig ist, so beschäftigt er sich mit der Geschichte seiner Zeit. Das heißt emporsteigen mithilfe der Freundschaft.«

9. Die Minister

Der König Süan von Tsi fragte über die Pflichten der Hohen Räte[404].

---

402 Vgl. *Lun Yü* X, 13.
403 Die zu Grunde liegende Vorstellung ist, dass der geistige Wert eines Menschen auf Gleichgesinnte eine gewisse Anziehungskraft ausübt, die sich je nach der Stärke des Wesens über größere oder kleinere Gebiete erstreckt. Freundschaft ist für den Menschen notwendig zur Erweiterung und Erhöhung seines Wesens.
404 Im chinesischen Altertum gab es zweierlei Lehen bzw. Afterlehen – die hier als »Hohe Räte« bezeichneten Leute standen zum Landesfürsten in einer Art von Lehensverhältnis (vgl. Abschnitt 2) – nämlich Lehen auf Grund von verwandtschaftlichen Beziehungen zum Herrscherhaus (eine solche Stellung nahmen z. B. die drei großen Geschlechter Mong, Schu und Gi zur Zeit Kung Dsïs im Staate Lu ein) und außerdem Lehen und Afterlehen, die an verdienstvolle Beamte und deren Familien verliehen wurden. Dass der Titel »Hoher Rat« (King) zur Zeit des Mengzi in Tsi auch nur als Titel – ohne entsprechendes Lehen – verliehen wurde, wie z. B. Mengzi selbst eine Zeitlang »King« in Tsi war, ist eine Sache für sich, die hier nicht in Betracht kommt. Dass die

Mengzi sprach: »Welche Art von Hohen Räten meint Ihr, o König?«

Der König sprach: »Sind die Räte nicht gleich?«

Mengzi sprach: »Nein, es gibt darunter solche aus fürstlichem Geblüt und solche aus andern Familien.«

Der König sprach: »Nun, dann möchte ich über die aus fürstlichem Geblüt fragen.«

Mengzi sprach: »Wenn der Herrscher schwere Fehler hat, so machen sie ihm Vorstellungen. Wenn er auf wiederholte Vorstellungen nicht hört, so setzen sie einen anderen Herrscher ein.«

Entsetzt wechselte der Fürst die Farbe.

Mengzi sprach: »Wundert Euch des nicht, o König! Wenn Ihr mich fragt, wage ich Euch nicht anders als der Wahrheit gemäß zu antworten.«

Nachdem sich der König beruhigt hatte, fragte er über die Räte aus anderen Familien.

Mengzi sprach: »Wenn der Herrscher Fehler hat, so machen sie Vorstellungen; wenn er auf wiederholte Vorstellungen nicht hört, so verlassen sie das Land.«

Verwandten des Herrschers bei unverbesserlichem Lebenswandel die Pflicht haben, den Herrscher um der Erhaltung der Dynastie willen abzusetzen, entspricht durchaus den altchinesischen Vorstellungen. Die Ahnen gingen dem Einzelnen vor, und da mit dem Sturz der Dynastie auch die Ahnenaltäre stürzten, hatten die Familienmitglieder die Pflicht, dem jeweiligen Inhaber der Krone gegenüber das Recht des Hauses zu vertreten. Anders stand es mit den Beamten. Es gibt zwar auch Beispiele von Paladinen, die mit ihren Herrschern sehr souverän umgingen – oft zu deren Bestem. Aber eine derartige Verpflichtung lag nicht vor. Höchstens, dass z. B. ein I-Yin aus einer Art alten ›Anhänglichkeit‹ an den Großvater heraus die Züchtigung des Enkels des großen Tang durchführte. Um so eingreifen zu können, mussten die Beamten jedoch eine große Autorität und weitgehendes Vertrauen in ihre gute Absicht besitzen. Im Allgemeinen empfahl es sich für sie wohl eher, zu gehen.

BUCH VI

Gau Dsï

ABSCHNITT A

Von der menschlichen Natur

1. Die menschliche Natur
I: Holz und Geräte

Gau Dsï[405] sprach: »Man mag die menschliche Natur mit einer Weide vergleichen und die Pflicht mit Bechern und Schalen. Man formt die menschliche Natur zu Liebe und Pflicht, wie man die Weide zu Bechern und Schalen formt.«

---

405 Gau Dsï ist einer der zeitgenösssichen Sophisten, mit denen Mengzi gelegentliche Zusammenstöße hatte. Er ist erwähnt in II A, 2, wo von ihm gesagt wird, dass er dadurch die Seelenruhe erlangt habe, dass er, was er nicht in Worte fassen konnte, auch nicht im Gemüt erstrebte, und dass, was er nicht im Gemüt zu erfassen vermochte, auch nicht unter Aufwand von psychischer Kraft erstrebe. Der zweite Grundsatz wird von Mengzi gebilligt, der erste verurteilt. Hier haben wir ein Beispiel, wie Gau Dsï mit Hilfe des ersten Grundsatzes seine Seelenruhe wahrt. In den sechs Abschnitten, in denen er direkt oder indirekt mit Mengzi disputiert, hält er keine konsequente eigene Theorie über die menschliche Natur fest. Vielmehr ist es ihm nur darum zu tun, Mengzi in Verlegenheit zu bringen. So oft einer seiner Angriffe abgewiesen wird, lässt er den Gedanken fallen und wendet sich einem anderen zu, entsprechend dem Grundsatz: »Was sich nicht mit Worten behaupten lässt, soll man auch nicht innerlich festzuhalten streben.« Entsprechend der Art dieses Gegners gibt sich Mengzi gar nicht erst die Mühe, ihm gegenüber seine eigene Lehre von der menschlichen Natur zu entwickeln. Er bekämpft Gau Dsï, den Sophisten, mit dessen eigenen Waffen: Er führt der Reihe nach die verschiedenen Theorien, die jener gegen ihn ins Feld führt, ad absurdum, ohne sich dann weiter um ihn zu kümmern. Die eigenen Theorien des Mengzi über die Güte der menschlichen Natur finden sich später angeführt. Der Kampf mit dem Gau Dsï zerfällt in sechs Abschnitte:
1. Gau Dsï behauptet, dass Liebe und Pflicht etwas der menschlichen Natur Wesensfremdes seien, das erst künstlich ausgebildet werde (Der Unterschied dieser sophistisch ausgesprochenen Schulmeinung von der ernsten, an Kants radikales Böse erinnernden Theorie von der Schlechtigkeit menschlicher Natur bei Sün King ist evident, obwohl sich die hier vogebrachten Beispiele bei Sün King fast wörtlich finden).

Mengzi sprach: »Könnt Ihr der Natur des Weidenbaums folgen, wenn Ihr Becher und Schalen daraus macht, oder müsst Ihr der Natur des Weidenbaums Gewalt antun, ehe Ihr Becher und Schalen daraus formen könnt? Und wenn Ihr der Natur des Weidenbaums Gewalt antun müsst, um Becher und Schalen daraus formen zu können, dann müsst Ihr also auch der Natur des Menschen Gewalt antun, um Liebe und Pflicht daraus zu bilden. Wahrlich, Eure Worte müssen die Wirkung haben, dass die Menschheit in Liebe und Pflicht ein Unheil sieht.«

2. Die menschliche Natur
II: Das Wasser

Gau Dsï sprach: »Die Natur gleicht einem Wasserwirbel[406]: lässt man im Osten einen Ausweg, so fließt das Wasser nach Osten; öffnet man nach Westen einen Ausweg, so fließt es nach Westen. Die Natur kennt keinen Unterschied zwischen Gut und Nichtgut, ebenso wie das Wasser keinen Unterschied zwischen Ost und West kennt.«

---

2. Gau Dsï behauptet, die menschliche Natur sei gegenüber Gut und Böse indifferent.

3. Gau Dsï identifiziert, wohl durch die etymologische Verwandschaft der chinesischen Zeichen veranlasst, »Schong« mit ‚Leben' und »Sing« mit ‚Natur'.

4. Gau Dsï fasst Hunger und Liebe als Inbegriff der menschlichen Natur auf. Aus diesem Grund erklärt er sich bereit, auch die höhere Liebe als dem menschlichen Wesen naturgemäß anzuerkennen, während ihm die Pflicht artfremd bleibt.

5. Gespräch zweier Schüler des Mengzi über die letztgenannte Theorie Gau Dsïs mit gelegentlicher Einmischung des Mengzi.

6. Verschiedene Theorien werden dem Mengzi von einem Schüler zur Entscheidung vorgelegt:

a) Gau Dsïs Theorie der moralischen Indifferenz der Natur.

b) Veränderlichkeit der Natur je nach dem Milieu.

c) Wesentliche Verschiedenheit der Natur verschiedener Menschen: die Guten sind von Natur aus gut, die Bösen sind von Natur aus böse ohne Änderungsmöglichkeit.

Mengzi entscheidet die Fragen von seinem Standpunkt aus. Daran knüpfen sich die weiteren positiven Ausführungen über das Wesen der menschlichen Natur.

406 Während sich im ersten Abschnitt Anklänge an Sün King finden, finden sich in diesem solche an Yang Dschu, der wie hier Gau Dsï die menschliche Natur als ›jenseits von Gut und Böse‹ charakterisiert. Mengzi behauptet demgegenüber, dass die menschliche Natur nicht indifferent sei, sondern eine natürliche Neigung zum Guten besitze, so dass das Böse einen künstlich herbeigeführten

Mengzi sprach: »Sicherlich kennt das Wasser keinen Unterschied zwischen Ost und West; ist aber auch kein Unterschied zwischen oben und unten? Die menschliche Natur neigt zum Guten, wie das Wasser nach unten fließt. Unter den Menschen gibt es keinen, der nicht gut wäre, ebenso wie es kein Wasser gibt, das nicht abwärts fließt. Man kann das Wasser, wenn man hineinschlägt, so sehr zum Aufspritzen bringen, dass es einem über die Stirn geht; man kann es durch eine Wasserleitung treiben, dass es auf einen Berg hinaufsteigt; aber ist das etwa die Natur des Wassers? Es ist nur die Folge äußerer, Bedingungen. Ebenso ist die menschliche Natur so beschaffen, dass man sie dazu bringen kann, nicht gut zu sein.«

3. Die menschliche Natur
III: Das Leben

Gau Dsï sprach: »Das Leben[407] ist es, das man als Natur bezeichnet.«
Mengzi sprach: »Bezeichnet man das Leben als Natur, wie man weiß als weiß bezeichnet?«

Abfall von der Natur darstelle. Die Argumente Gau Dsïs und Mengzis wiederholt später Wang Tschung im *Lun Hong* im »Ben Sing Piän« (vgl. Forke, *Lun Heng*, Bd. I, S. 386), wobei er sich jedoch im Wesentlichen der Meinung des Philosophen Schi Dsï anschließt, nach der die menschliche Natur aus einer Mischung von Gut und Böse besteht.

407 Hier kommt der Naturalismus des Gau Dsï zum Vorschein. Infolge seiner Konsequenz kann ihn Mengzi leicht ad absurdum führen, wobei freilich nicht zu übersehen ist, dass die von Mengzi und Gau Dsï gleichermaßen als Absurdität empfundene These von der qualitativen Naturgleichheit zwischen Mensch und Tier von den modernen europäischen Naturalisten [sic die zu Richard Wilhelms Lebenszeit gerade in aller Munde waren, Anm. des Verlags] mit Freudigkeit akzeptiert würde, ebenso wie in China etwa von einem Yang Dschu. Ein Kommentar bemerkt zu der Diskussion: »Gau Dsï hätte auf die Frage, ob das Weiß der weißen Feder dem Weiß des weißen Schnees gleich sei, antworten sollen: ›Was die Eigenschaft der Farbe anlangt, sind weiße Federn, Schnee, Steine gleich, doch sind sie ihrem Wesen [Natur] nach verschieden; die Feder ist ihrem Wesen nach leicht, der Schnee weich, der Stein hart.‹ Dass Gau Dsï alles bejaht, bringt ihn im späteren Verlauf der Diskussion in die schwierige Konsequenz der Gleichheit der Natur von Hund, Ochse und Mensch.« Eine luzide Beurteilung des Sachverhalts nimmt Dschu Hi vor, freilich auf Grund eines im Laufe der Zeit feiner ausgebildeten Gedankenapparates. Er sagt: »Die Natur [Wesen, »Sing«] ist die Vernunft, die die Menschen vom Himmel mitbekommen, das Leben [»Schong«] ist die animalische Kraft,

Gau Dsï bejahte.

Mengzi sprach: »Ist das Weiß einer weißen Feder gleich dem Weiß des weißen Schnees, und ist das Weiß des weißen Schnees gleich dem Weiß des Marmors?«

Gau Dsï bejahte.

Mengzi sprach: »Dann ist also die Natur des Hundes gleich der Natur des Ochsen und die Natur des Ochsen gleich der Natur des Menschen?«

4. Die menschliche Natur
IV: Der Hunger und die Liebe

Gau Dsï sprach: »Das Verlangen nach Nahrung und Schönheit ist Natur. Darum ist die Liebe etwas Innerliches, das nicht erst von außen hinzukommen muss. Die Pflicht aber ist etwas Äußerliches, nichts Innerliches[408].«

---

die die Menschen vom Himmel mitbekommen. Die Wesensnatur des Menschen ist jenseits der Erscheinung [*Noumenon*], die animalische Lebenskraft ist diesseits der Erscheinung [*Phainomenon*]. Alle menschlichen Wesen haben diese Wesensnatur und diese animalische Lebenskraft. Was die animalische Lebenskraft anbelangt, so äußert sie sich in Empfindung und Bewegung. Hierin sind Mensch und Tier nicht verschieden. Was die Vernunft anbelangt, so ist sie die Fähigkeit zu Moral, Ästhetik und Wissenschaft, die den Tieren in ihrer Vollkommenheit abgeht. Dieses menschliche Wesen ist schlechthin gut und die Krone der Schöpfung. Gau Dsï kennt die vernünftige Natur des Menschen nicht, sondern verwechselt sie mit der animalischen Natur. Aus diesem Irrtum entspringen alle in den übrigen Abschnitten erwähnten Theorien […]. Gau Dsï kennt nur das Äußerliche der Empfindungen und Bewegungen, in dem Menschen und Tiere übereinstimmen, er hat keine Kenntnis des Geistigen von Moral, Ästhetik und Wissenschaft, wodurch sich der Mensch vom Tier unterscheidet.«

408 Hier kommt der Naturalismus des Gau Dsï zum Vorschein. Infolge seiner Konsequenz kann ihn Mengzi leicht ad absurdum führen, wobei freilich nicht zu übersehen ist, dass die von Mengzi und Gau Dsï gleichermaßen als Absurdität empfundene These von der qualitativen Naturgleichheit zwischen Mensch und Tier von den modernen europäischen Naturalisten [sic die zu Richard Wilhelms Lebenszeit gerade in aller Munde waren, Anm. des Verlags] mit Freudigkeit akzeptiert würde, ebenso wie in China etwa von einem Yang Dschu. Ein Kommentar bemerkt zu der Diskussion: »Gau Dsï hätte auf die Frage, ob das Weiß der weißen Feder dem Weiß des weißen Schnees gleich sei, antworten sollen: ›Was die Eigenschaft der Farbe anlangt, sind weiße Federn, Schnee, Steine gleich, doch sind sie ihrem Wesen [Natur] nach verschieden; die

Mengzi sprach: »Was heißt das: die Liebe ist innerlich, die Pflicht äußerlich?«

Gau Dsï sprach: »Wenn der Andere älter ist, behandle ich ihn als älteren; diese Achtung vor dem Alter entspringt nicht in mir. Es ist gerade so, wie ich ein Ding, das weiß ist, als weiß bezeichne, indem ich mich nach der äußerlichen Tatsache seines Weißseins richte. Darum nenne ich die Pflicht äußerlich.«

Mengzi sprach: »Ob ich ein weißes Pferd als weiß bezeichne, oder ob ich einen weißen Menschen als weiß bezeichne, das macht keinen Unterschied. Ich weiß nun nicht: Ist auch kein Unterschied, ob ich ein altes Pferd als alt behandle, oder ob ich einen alten Mann als alt behandle? Ferner: Ist das Alter Pflicht oder ist die achtungsvolle Behandlung des Alters Pflicht?«

Gau Dsï sprach: »Meinen eignen Bruder, den liebe ich; den Bruder eines Mannes von Tsin, den liebe ich nicht. Es liegt also an mir, dass ich diese Art Zuneigung empfinde. Darum nenne ich sie innerlich. Dagegen ehre ich den älteren Angehörigen eines Mannes aus Tschu, ebenso wie ich auch meine eigenen älteren Angehörigen ehre. Es liegt also in dem Alter des Anderen, dass ich diese Art von Zuneigung empfinde. Darum nenne ich sie äußerlich.«

Feder ist ihrem Wesen nach leicht, der Schnee weich, der Stein hart.‹ Dass Gau Dsï alles bejaht, bringt ihn im späteren Verlauf der Diskussion in die schwierige Konsequenz der Gleichheit der Natur von Hund, Ochse und Mensch.« Eine luzide Beurteilung des Sachverhalts nimmt Dschu Hi vor, freilich auf Grund eines im Laufe der Zeit feiner ausgebildeten Gedankenapparates. Er sagt: »Die Natur [Wesen, »Sing«] ist die Vernunft, die die Menschen vom Himmel mitbekommen, das Leben [»Schong«] ist die animalische Kraft, die die Menschen vom Himmel mitbekommen. Die Wesensnatur des Menschen ist jenseits der Erscheinung [*Noumenon*], die animalische Lebenskraft ist diesseits der Erscheinung [*Phainomenon*]. Alle menschlichen Wesen haben diese Wesensnatur und diese animalische Lebenskraft. Was die animalische Lebenskraft anbelangt, so äußert sie sich in Empfindung und Bewegung. Hierin sind Mensch und Tier nicht verschieden. Was die Vernunft anbelangt, so ist sie die Fähigkeit zu Moral, Ästhetik und Wissenschaft, die den Tieren in ihrer Vollkommenheit abgeht. Dieses menschliche Wesen ist schlechthin gut und die Krone der Schöpfung. Gau Dsï kennt die vernünftige Natur des Menschen nicht, sondern verwechselt sie mit der animalischen Natur. Aus diesem Irrtum entspringen alle in den übrigen Abschnitten erwähnten Theorien […]. Gau Dsï kennt nur das Äußerliche der Empfindungen und Bewegungen, in dem Menschen und Tiere übereinstimmen, er hat keine Kenntnis des Geistigen von Moral, Ästhetik und Wissenschaft, wodurch sich der Mensch vom Tier unterscheidet.«

Mengzi sprach: »Ich esse den Braten eines Mannes von Tsi ebenso gern wie ich meinen eigenen Braten esse. Mit derlei Dingen verhält es sich also ganz genauso. Ist also etwa auch der Geschmack am Braten etwas Äußerliches?«

5. Über die Innerlichkeit der Pflicht

Mong Gi Dsï[409] fragte den Gung-Du Dsï und sprach: »Inwiefern kann man die Pflicht als etwas Innerliches bezeichnen?«

Gung-Du Dsï sprach: »Sie ist ein Ausdruck meines Gefühls der Achtung; darum nenne ich sie etwas Innerliches!«

Jener sprach: »Wenn ein Dorfgenosse um ein Jahr älter ist als mein älterer Bruder, wen achte ich mehr?«

Gung-Du Dsï sagte: »Meinen Bruder.«

Jener fuhr fort: »Wem aber gieße ich beim Festmahl zuerst Wein ein?«

---

[409] Der Unterschied, auf den Gau Dsï zur Stützung seiner Theorie, dass die Pflicht ein heteronomes Kulturprodukt und nicht der Natur in autonomer Weise entsprungen sei, ist in diesem Abschnitt derjenige zwischen subjektiv und objektiv begründeten Gefühlen. Darum ist er bereit, wenigstens die Sympathie als ebenfalls im Subjekt begründet anzuerkennen, insofern sie ein spontanes Gefühl ist wie Hunger und Frauenliebe, wogegen die Achtung – die er als Beispiel für Pflicht anführt – einfach die Anerkennung eines objektiven Tatbestandes in der Art eines synthetischen Urteils a posteriori bedeute. Mengzi hat es von hier aus leicht, ihn ad absurdum zu führen; erstens, indem er auf den Unterschied zwischen logischer These und Wertsetzung hinweist, und zweitens einer genaueren Präzisierung gegenüber, indem er den Hunger unter Gau Dsïs Definition mit subsumiert. Dass in der Bekämpfung von Gau Dsïs Sophismen auch Mengzi ein geschickt verborgener Sophismus unterläuft, darauf hat schon Mau Si Ho gelegentlich hingewiesen. Gau Dsï hatte behauptet: »Wo immer das Verhältnis des Jüngeren zum Älteren in Betracht kommt, tritt die Pflicht der Ächtungsbezeugung in Kraft, ganz unabhängig von persönlicher Zu- oder Abneigung.« Die entsprechende Formulierung müsste auf dem Gebiet der Nahrungsaufnahme heißen: »Wo immer Nahrung in Betracht kommt, tritt Appetit ein, ganz unabhängig von persönlichem Geschmack.« Stattdessen begeht Mengzi, indem er statt Speise »Braten« setzt, eine Subreption. Wie gesagt handelt es sich bei diesen Plänkeleien, ähnlich wie bei den Wortgefechten des Zhuangzi und Hui Dsï, nicht um wirkliche Auseinandersetzungen, sondern nur um eine ›Abfuhr‹ des Gegners. Dass Mengzi übrigens im höheren Sinn Recht hat, da die Pflicht nicht etwas Heteronomes (wie Gau Dsï sagt), sondern etwas Autonomes ist, dürfte seit Kant keinem Zweifel mehr unterliegen.

Gung-Du Dsï sprach: »Dem Dorfgenossen.«

Jener sprach: »Auf der einen Seite ist die Achtung, auf der andern Seite das höhere Alter. Demnach wird der Unterschied in der Ehrenbezeigung tatsächlich durch etwas Äußeres bestimmt und richtet sich nicht nach dem inneren Gefühl.«

Gung-Du Dsï konnte darauf nicht antworten und erzählte es dem Mengzi.

Mengzi sprach: »Auf die Frage: ›Wen ehrst du mehr, deinen Oheim oder deinen jüngeren Bruder?‹ wird jener antworten: ›Meinen Oheim ehre ich mehr!‹ Wenn du dann fragst: »›Wenn aber dein jüngerer Bruder beim Ahnenopfer den verstorbenen Großvater darstellt, wen ehrst du dann mehr?‹, dann wird jener antworten: ›Ich ehre meinen jüngeren Bruder mehr.‹ Dann magst du fragen: ›Wo bleibt da die Achtung für den Oheim?‹ Jener wird antworten: ›Es kommt in diesem Falle auf die Stellung an.‹ Dann magst du auch sagen: ›Es kommt in jenem Falle auf die Stellung an. In der Regel ist die größere Achtung auf Seiten meines Bruders, ausnahmsweise bezeuge ich vorübergehend dem Dorfgenossen die höhere Achtung.‹«

Mong Gi Dsï hörte es und sprach: »Das eine Mal ehre ich meinen Oheim, weil ihm die Ehre gebührt; das andere Mal ehre ich meinen jüngeren Bruder, weil ihm die Ehre gebührt. Der Grund dafür ist aber doch tatsächlich ein äußerer, er richtet sich nicht nach dem inneren Gefühl.«

Gung-Du Dsï sprach: »Im Winter trinkt man heiße Suppe, im Sommer trinkt man kaltes Wasser; somit wäre auch Essen und Trinken etwas Äußerliches.«

6. Die menschliche Natur
V: Abschließendes[410]

Gung-Du Dsï sprach: »Gau Dsï behauptet, die Natur sei weder gut noch böse. Andere behaupten, die Natur lasse sich gut machen oder böse machen; darum als die guten Könige Wen und Wu herrschten, sei das Volk dem Guten zugetan gewesen, als die schlechten Könige Yü und Li herrschten, sei das Volk zu Gewalttätigkeiten geneigt gewesen. Wieder Andere behaupten, es gäbe teils solche, die von Natur gut, und teils solche, die von Natur böse seien. So habe es unter einem Yau als Fürsten Menschen wie Siang gegeben. Umgekehrt habe ein Vater wie Gu Sou einen Schun zum Sohne gehabt. Mit einem Dschou Sin[411] als Neffen und gleichzeitig als Herrscher habe es einen We Dsï Ki und einen Königsohn Bi Gan gegeben. Wenn man nun sagt, die Natur sei gut, so haben all jene Unrecht.«

Mengzi sprach: »Die natürlichen Triebe tragen den Keim zum Guten in sich; das ist damit gemeint, wenn die Natur gut genannt wird. Wenn einer Böses tut, so liegt der Fehler nicht in seiner Veranlagung. Das Gefühl des Mitleids[412] ist allen Menschen eigen, das Gefühl der Scham und Abneigung ist allen Menschen eigen, das Gefühl der Achtung und Ehrerbietung ist allen Menschen eigen, das Gefühl der Billigung und Missbilligung ist allen Menschen eigen. Das Gefühl des Mitleids führt zur Liebe, das Gefühl der Scham und Abneigung zur Pflicht, das Gefühl der Achtung und Ehrerbietung zur Schicklichkeit, das Gefühl der Billigung und Missbilligung zur Weisheit.

---

410 Hier geht Mengzi einem Schüler gegenüber genauer auf seine eigene Theorie ein. Die menschliche Natur ist der Anlage nach gut. Die Äußerungen der Natur, die Gefühle, bilden die Grundlage für eine Entwicklung zum Guten. Doch bedürfen sie der Bildung. Ohne diese Bildung verkommen die an sich guten Anlagen. In der Sungzeit ist diese Theorie weiter ausgeführt worden von den Brüdern Tschong und Dschu Hi. Vgl. Anm. 378.
411 Hier geht Mengzi einem Schüler gegenüber genauer auf seine eigene Theorie ein. Die menschliche Natur ist der Anlage nach gut. Die Äußerungen der Natur, die Gefühle, bilden die Grundlage für eine Entwicklung zum Guten. Doch bedürfen sie der Bildung. Ohne diese Bildung verkommen die an sich guten Anlagen. In der Sungzeit ist diese Theorie weiter ausgeführt worden von den Brüdern Tschong und Dschu Hi. Vgl. Anm. 378.
412 Nach der gewöhnlichen Überlieferung ist nur Bi Gan der Oheim des Dschou-Sin. We Dsï Ki ist sein älterer Bruder. Vgl. Schï Gi.

Liebe, Pflicht, Schicklichkeit und Weisheit sind nicht von außen her uns eingetrichtert, sie sind unser ursprünglicher Besitz, die Menschen denken nur nicht daran[413]. Darum heißt es: ›Wer sucht, bekommt sie; wer sie liegen lässt, verliert sie.‹ Dass so große Unterschiede vorhanden sind, dass manche doppelt, fünffach, ja unendlich mehr besitzen als Andere, kommt nur davon her, dass diese ihre Anlagen nicht erschöpfend zur Darstellung bringen. Im *Buch der Lieder*[414] heißt es:

›Gott schuf die Menschen in der Welt,
Und jedes Ding hat sein Gesetz,
Das jeder fest im Herzen trägt,
Der hehren Tugend zugetan.‹

Meister Kung sprach: ›Der dies Lied gemacht hat, der kannte die Wahrheit. Wo immer eine Fähigkeit im Menschen ist, hat sie ihr festes Gesetz. Und weil den Menschen allen dieses Gesetz ins Herz geschrieben ist, darum lieben sie jene hehre Tugend.‹«

7. Die Gleichheit der Menschen

Mengzi sprach: »In fetten Jahren sind die jungen Leute meistens gutartig, in mageren Jahren sind die jungen Leute meistens roh. Nicht, als ob der Himmel ihnen verschiedene Anlagen gegeben hätte; die Verhältnisse sind schuld daran, durch die ihr Herz verstrickt wird.

Es ist gleich wie mit der Gerste. Sie wird gesät und geeggt. Der Boden sei derselbe. Die Zeit des Pflanzens sei dieselbe. So wächst sie üppig heran, und wenn die Zeit zur Ernte da ist, so ist sie reif. Es mögen wohl Unterschiede da sein, wie sie vom fruchtbaren oder unfruchtbaren Boden, vom lebenspendenden Regen und Tau, von der Verschiedenheit der Arbeit der Menschen herkommen. Alle Dinge,

---

413 Vgl. II A, 4.
414 Die Worte »[die Menschen] denken nur nicht daran« werden von einem alten Zitat bekräftigt: »Dass die Naturen der Menschen um das Doppelte, Fünffache, ja Unendliche voneinander verschieden sind, kommt davon her, dass manche ihre Anlagen nicht erschöpfend zur Darstellung zu bringen vermögen. Dass sie ihre Anlagen nicht erschöpfend zur Darstellung zu bringen vermögen, kommt nur davon her, dass sie nicht darüber nachdenken.«

die zur selben Art gehören, sind einander ähnlich, warum sollte man das allein beim Menschen bezweifeln? Die Heiligen sind von derselben Art wie wir[415].

So sprach Lung Dsï[416]: ›Wenn einer, auch ohne den Fuß eines Menschen zu kennen, eine Strohsandale für ihn macht, so weiß ich, er wird keinen Korb machen. Die Strohsandalen sind einander ähnlich, weil alle Füße auf Erden übereinstimmen.‹

So ist es auch mit dem Geschmack. Alle Menschen stimmen in ihrer Vorliebe für gewisse Wohlgeschmäcke überein. Der berühmte Koch I Ya[417] hat nur zuerst unseren Geschmack erraten. Wenn der Geschmack der Menschen gegenüber den Speisen von Natur aus so verschieden wäre, wie der der Pferde und Hunde von dem unsrigen abweicht, wie würden da alle Menschen auf Erden in Geschmackssachen dem I Ya folgen? Dass in Geschmackssachen alle Welt sich nach dem I Ya richtet, ist ein Beweis, dass alle Welt in Beziehung auf den Geschmack an Speisen übereinstimmt.

Mit dem Gehör ist es genau dasselbe. Alle Welt richtet sich in Fragen des Wohlklangs nach dem Musikmeister Kuang[418], somit stimmt das Gehör auf der ganzen Welt überein. Mit dem Gesicht ist es ebenfalls dasselbe. Es gibt niemand auf der Welt, der einen Dsï Du[419] nicht schön finden würde. Wer einen Dsï Du nicht schön fände, müsste keine Augen haben.

So sehen wir also: Der Geschmack ist so beschaffen, dass alle übereinstimmen in Beziehung auf den Wohlgeschmack der Speisen. Das Gehör stimmt überein in Beziehung auf den Wohlklang der Töne. Das Gesicht stimmt überein in Beziehung auf die Schönheit der Erscheinungen.

---

415 Vgl. *Schï Ging* III, III, Ode 6.
416 In diesem Abschnitt entwirft Mengzi ein Bild vom Wesen des Menschen, durch das die grundlegende Übereinstimmung trotz gelegentlicher Abweichungen in der Empirie ans Licht tritt. In Analogie zur Gleichheit der sinnlichen Konstitution wird eine ebensolche Gleichheit des Geistigen vorausgesetzt: Die Menschheit als sinnlich-geistiges Wesen, das sich in den Einzelmenschen denselben gleichartigen Ausdruck verschafft wie die Gerste oder irgendeine andere biologische Einheit.
417 I Ya, berühmter Koch des Fürsten Huan von Tsi (684-642). Vgl. *Liezi* VIII, 11.
418 I Ya, berühmter Koch des Fürsten Huan von Tsi (684-642). Vgl. *Liezi* VIII, 11.
419 Über den Musikmeister Kuang vgl. IV A, 1 und die dort zitierten Stellen.

Und was das Herz anlangt: nur hier allein sollte es keine solche Übereinstimmung geben? Was ist es nun, worin die Herzen übereinstimmen? Es ist die Vernunft[420], es ist die Gerechtigkeit. Die Heiligen haben zuerst gefunden, worin unsere Herzen übereinstimmen, darum erfreut Vernunft und Gerechtigkeit ganz ebenso unser Herz, wie Mastfleisch[421] unsern Gaumen erfreut.«

8. Wie ein Mensch sich selbst verliert[422]

Mengzi sprach: »Die Wälder auf dem Kuhberg[423] waren einstens schön. Aber weil er in der Nähe der Markung einer Großstadt lag, wurden sie mit Axt und Beil gefällt. Konnten sie da schön bleiben? Doch wirkte Tag und Nacht die Lebenskraft, Regen und Tau feuchteten den Boden; so fehlte es denn nicht, dass neue Triebe und Sprossen wuchsen. Da kamen die Rinder und Schafe dahinter und weideten sie ab. Nun steht er kahl da. Und wenn die Menschen ihn in seiner Kahlheit sehen, so meinen sie, er sei niemals mit Bäumen bestanden gewesen. Aber wie will man behaupten, das sei die Natur des Berges?

Und ganz ebenso verhält es sich mit den Menschen. Wie kann man sagen, dass sie nicht Liebe und Pflicht in ihrem Herzen haben? Aber wenn einer sein echtes Herz verloren gehen lässt, so ist das gerade, wie wenn Beil und Axt in den Wald kommen. Wenn er Morgen für Morgen es verwüstet, kann es da gut bleiben? Doch das Leben wächst weiter Tag und Nacht; in der Kraft der Morgenstunden werden seine Neigungen und Abneigungen denen der anderen Menschen wieder

---

420 Dsï Du, der chinesische ›Adonis‹. Im *Schï Ging* I 7, Ode 10, steht der Vers:
›Ich seh nicht einen Dsï Du,
Ich seh nur einen wilden Kerl.‹
Er soll identisch sein mit Gung-Sun O, einem Minister in Dschong aus der Zeit ca. 700 v. Chr., der wegen einer Schönheit berühmt war.
421 »Li«, Vernunft, bezeichnet ursprünglich die Maserung des Nephritis, dann Streifen, endlich die innere Achtung vor dem Pflichtgesetz. In der Sungzeit ist der Ausdruck im Sinne von Vernunft dann sehr häufig. »I«, Gerechtigkeit, ist das äußere pflichtmäßige Handeln.
422 Im chinesischen Text sind zwei Arten von Masttieren angegeben: »Tschu«, ,Rinder und Schafe, die mit Gras gemästet werden' und »Huan«, ,Hunde und Schweine, die mit Korn gemästet werden'.
423 Der Abschnitt gibt eine feine psychologische Schilderung der Sünde.

ähnlich. Aber wie lange dauert's[424], dann schlagen seine Tageshandlungen sie wieder in Fesseln und zerstören sie. Wenn so seine besseren Regungen immer wieder gefesselt werden, so ist schließlich die Kraft der Nacht nicht mehr stark genug, sie zu erhalten, und er sinkt herunter auf eine Stufe, da er vom Tier nicht mehr weit entfernt ist. Wenn nun die Menschen sein tierisches Wesen sehen, so meinen sie, er habe niemals gute Anlagen gehabt. Aber wie will man behaupten, das seien die wirklichen Triebe des Menschen?

Darum: es gibt nichts, das nicht wachsen würde, wenn ihm seine rechte Pflege zuteil wird, und es gibt nichts, das nicht in Verfall geriete, wenn es der rechten Pflege entbehren muss.

Meister Kung sprach[425]:»Halt es fest, und du behältst es; lass es los, und du verlierst es. Es kommt und geht; kein Mensch weiß, wo und wann.‹ Das sagt er vom Herzen.«

9. Schwierigkeit der Fürstenbelehrung

Mengzi sprach: »Kein Wunder, dass der König nicht verständig wird[426]. Selbst eine Pflanze, die von allen Pflanzen auf Erden am leichtesten wächst, kann nicht gedeihen, wenn man sie einen Tag in die Sonne stellt und dann wieder zehn Tage der Kälte aussetzt. Ich sehe ihn nur selten. Wenn ich gehe, so kommen die Andern herbei und bringen sein Gefühl zum Erkalten. Wenn ich dann auch einen Keim in ihm entwickelt habe, was hilft's!

Das Schachspiel ist als Kunst nur eine kleine Kunst. Aber wer nicht mit ganzem Herzen und festem Willen dabei ist, lernt es nicht. Der Schachspieler Tsiu ist der beste Schachspieler im ganzen Land[427]. Angenommen, der Schachspieler Tsiu unterrichtet zwei Leute im Schachspiel. Der Eine ist mit ganzem Herzen und festem Willen dabei und hört nur auf die Worte des Schachspielers Tsiu. Der Andere hört wohl auch hin, aber in seinem Herzen denkt er nur daran, dass jetzt

---

424 Der Kuhberg liegt im Süden der alten Hauptstadt von Tsi, dem heutigen Lin Dschï Hiän in Schantung. Vgl. *Liezi* VI, 12.
425 Der Text liegt hier in verschiedenen Lesarten vor.
426 Das hier zitierte Wort Kungs wird sonst nirgends erwähnt.
427 Es ist unbestimmt, wer der König ist, von dem hier die Rede ist. Vermutlich König Süan von Tsi.

ein Schwan käme; er stellt sich vor, wie er den Bogen spannt, den Pfeil auflegt und nach ihm schießt. Obwohl er mit dem Andern zugleich lernt, kommt er ihm doch nicht gleich. Ist es etwa, dass sein Verstand geringer wäre? Ich sage: Nein!«

10. Wie man seine Seele verliert[428]

Mengzi sprach: »Ich liebe Fische und ich liebe auch Bärentatzen. Wenn ich nicht beides vereinigen kann, so lasse ich die Fische und halte mich an die Bärentatzen.

Ich liebe das Leben und ich liebe auch die Pflicht. Wenn ich nicht beides vereinigen kann, so lasse ich das Leben und halte mich an die Pflicht. Ich liebe wohl auch das Leben, aber es gibt etwas, das ich mehr liebe als das Leben; darum suche ich es nicht mit allen Mitteln zu erhalten. Ich hasse wohl auch den Tod, aber es gibt etwas, das ich noch mehr hasse als den Tod;

darum gibt es Nöte, denen ich nicht ausweiche.

Wenn es nichts gäbe, das der Mensch mehr liebte als das Leben, warum sollte ihm dann nicht jedes Mittel recht sein, um sein Leben zu behalten? Wenn es nichts gäbe, das der Mensch mehr hasste als den Tod, warum sollte er nicht alles tun, um der Not zu entgehen? Darum dass er etwas, das ihm das Leben erhalten könnte, doch nicht benützt und etwas, das ihn der Not entgehen ließe, doch nicht tut, muss es etwas geben, das man mehr liebt als das Leben und etwas, das man mehr hasst als den Tod. Nicht nur die Weisen haben diese Gesinnung; sie ist allen Menschen gemeinsam. Die Weisen verstehen es nur, sie nicht zu verlieren. Angenommen, es handle sich um einen Korb Reis oder eine Schüssel Suppe. Leben oder Tod hängen davon ab, ob man sie bekomme oder nicht bekomme. Wenn sie unter Scheltworten angeboten werden, so wird selbst ein Landstreicher sie nicht annehmen; wenn sie mit einem Fußtritt hingeworfen werden, so wird selbst ein Bettler sich nicht herablassen, sie anzunehmen. Aber wenn es sich um

---

428 Das genannte Schachspiel ist dasselbe wie das in *Liezi* VIII, 19 genannte. Es wird mit zwölf Steinen gespielt, ein Mittelding zwischen Schach- und Würfelspiel. Über den Schachspieler Tsiu ist sonst nichts bekannt. Wörtlich heißt er »der Schach-Tsiu«.

Millionen[429] handelt, dann nimmt man sie an, ohne allzu genau nach Ordnung und Recht zu fragen. Aber wie könnten die Millionen mein Ich bereichern! Ja, ich kann mir schöne Häuser und Paläste bauen, kann mir von Frauen und Mägden dienen lassen, und meine Not leidenden Bekannten haben an mir einen Halt.

Was ich vorhin nicht angenommen hätte, da es um's Leben ging, das tue ich jetzt den schönen Häusern und Palästen zuliebe. Was ich vorhin nicht angenommen hätte, da es um's Leben ging, das tue ich jetzt dem Dienst von Frauen und Mägden zuliebe. Was ich vorhin nicht angenommen hätte, da es um's Leben ging, das tue ich jetzt der Retterrolle zuliebe gegenüber den Not leidenden Bekannten. Aber einem solchen Manne ist nicht mehr zu helfen, denn sein eigenes Herz ist verloren gegangen.«

11. Das verloren gegangene Herz[430]

Mengzi sprach: »Menschenliebe[431] ist die natürliche Gesinnung des Menschen. Pflicht ist der natürliche Weg[432] des Menschen. Wie traurig ist es, wenn einer seinen Weg verlässt und nicht darauf wandelt, wenn einer sein Herz verloren gehen lässt und nicht weiß, wie er es wieder finden kann!

Wenn einem Menschen ein Huhn oder ein Hund verloren geht, so weiß er, wie er sie wieder finden kann; aber sein Herz geht ihm verloren, und er weiß nicht, wie suchen. Die Bildung dient uns zu nichts anderem als dazu, unser verloren gegangenes Herz zu suchen[433].«

---

429 Dieser Abschnitt geht davon aus, dass das Ehrgefühl eine ursprüngliche menschliche Eigenschaft ist, die sich selbst in der Todesnot bewährt. Dagegen geht das Ehrgefühl nur zu leicht verloren in Zeiten der Ruhe und des Behagens. Aus dieser Erkenntnis folgt eine Mahnung zu dauernder Selbstprüfung.
430 Wörtlich 10. 000 Dschung. 1 Dschung sind 30 Pfund. Vgl. II B, 10.
431 Vgl. hierzu die Gleichnisse vom verlorenen Groschen und vom verlorenen Schaf.
432 Menschenliebe, »Jen«, ist die innerliche Gesinnung, Sympathie; »Ai« ist die auf ein bestimmtes äußeres Objekt gerichtete Äußerung dieser Gesinnung.
433 Der Weg ist im Laufe des Gleichnisses nicht mehr genannt. Denn wenn erst das Herz wiedergefunden ist, so folgt es von selbst dem Weg.

12. Der krumme Finger

Mengzi sprach: »Angenommen, mein Goldfinger[434] sei gekrümmt und lasse sich nicht strecken. Es tut nicht weh, und es stört nicht bei der Arbeit. Aber wenn es einen gibt, der ihn strecken kann, so scheut man nicht den Weg von Tsin nach Tschu[435], weil der Finger nicht ist wie die der andern Leute. Wenn ein Finger nicht ist wie die eines normalen Menschen, so ist man ungehalten darüber. Wenn aber das Herz nicht ist wie das eines normalen Menschen, so ist man nicht ungehalten darüber: das heißt nicht wissen, worauf es ankommt[436].«

13. Baumpflege und Pflege des Lebens

Mengzi sprach: »Wenn den Leuten wirklich daran liegt, *Paulownia* - oder Catalpenbäume[437], die ein oder zwei Spannen im Umfang haben, zu ziehen, so wissen alle, wie man sie pflegen muss. Das eigne Leben aber, das wissen sie nicht zu pflegen. Lieben sie etwa das eigene Leben weniger als jene Bäume? Nein, es ist nur Gedankenlosigkeit.«

---

434 Über das Ziel der Bildung herrscht große Meinungsverschiedenheit zwischen der Schule Dschu His und der Schule Wang Yang Mings. Während Dschu Hi lehrt: »Das Ziel der Bildung ist nichts Anderes, als die ursprüngliche Güte des Herzens wieder zu erlangen [dazu bedarf es aber als Mittel der Aneignung von Kenntnissen]«, lehrt Wang Yang Ming: »Die Bildung besteht in gar nichts Anderem, als die ursprüngliche Güte des Herzens in sich wieder zu entdecken. Erkennen und Handeln sind eins. Sie dulden zwischen sich keinerlei Vermittlung.« Letzten Endes dreht es sich in diesem Kampf um das Problem der Kulturübertragung. Man wird sagen müssen, das *was* ist Natur, das *wie* jedoch Kultur.
435 Wörtlich: »der namenlose Finger«, so genannt, weil er keinem besonderen Zweck dient.
436 Wörtlich: »Man hält den Weg zwischen Tsin [im äußersten Nordwesten] und Tschu [im äußersten Süden] nicht für weit.«
437 Wörtlich: »das heißt, die Klassen nicht kennen.«

14. Pflege des Leibes

Mengzi sprach: »Der Mensch liebt alle Teile seines Leibes. Weil er alle seine Körperteile liebt, darum pflegt er sie alle. Wenn er keinen Fußbreit oder Zollbreit Haut hat, den er nicht liebt, dann vernachlässigt er in seiner Pflege auch nicht das kleinste Stückchen Haut.

Wenn man erkennen will, ob einer tüchtig ist oder untüchtig, so braucht man auf nichts anderes zu sehen als darauf, welchen Teil er besonders wichtig nimmt. Der Leib hat edle Teile und unedle, hat wichtige Teile und geringe. Man darf nicht um des Geringen willen das Wichtige schädigen und nicht um des Unedlen willen das Edle schädigen. Wer seine geringen Teile pflegt, ist ein geringer Mensch, wer seine edlen Teile pflegt, ist ein edler Mensch[438].

Wenn ein Gärtner seine Sterkulien und Katalpen vernachlässigte und pflegte seine Dornen und Schlehen, so wäre das ein unnützer Gärtner. Wenn ein Arzt nur an dem einen Finger herumkuriert und dabei den ganzen Arm zugrunde gehen lässt, ohne es zu merken, so ist das ein Quacksalber. Einen Fresser und Säufer verachten die Menschen, weil er das Geringe auf Kosten des Wichtigen pflegt. Wenn ein Fresser und Säufer richtig handelte, da wäre ja Mund und Magen mehr wert als sonst ein Stück Haut, das einen Fuß oder Zoll breit ist.«

---

438 Der Tung-Baum ist identifiziert mit der *Paulownia imperialis*. Das Holz wird zu Lauten verwandt. Der Dsï-Baum heißt heutzutage »Lindera tsïmu«. Doch wird das klassische »Dsï« mit *Catalpa Kaempferi* identifiziert. Das Holz dient zu Holzplatten für den Druck. Interessant ist der Vergleich des Abschnittes mit *Zhuangzi* IV, 6. Dort ist gesagt, dass die Leute solche Bäume als Stäbe für Affenkäfige benutzen wollen.

15. Wie die Unterschiede unter den Menschen entstehen[439]

Gung-Du Dsï[440] fragte den Mengzi und sprach: »Es sind doch alle in gleicher Weise Menschen. Wie kommt's, dass manche große Menschen sind und manche kleine?«

Mengzi sprach: »Wer dem Großen in sich folgt, wird groß; wer dem Kleinen in sich folgt, wird klein.«

Jener sprach: »Es sind doch alle in gleicher Weise Menschen. Wie kommt es, dass manche dem Großen in sich folgen und manche dem Kleinen?«

Mengzi sprach: »Die Sinne des Gehörs und Gesichts werden ohne das Denken von dem Sinnlichen umnachtet. Wenn Sinnliches außer ihm auf Sinnliches in ihm trifft, so wird der Mensch einfach mitgerissen. Das Gemüt ist der Sitz des Denkens. Wenn es denkt, so erfüllt es seine Aufgabe, wenn es nicht denkt, so erfüllt es sie nicht.

Beides zusammen ist uns von Gott verliehen. Wenn wir zuerst das Höhere in uns festigen, so kann es uns durch das Niedrigere nicht geraubt werden. Die das tun, das eben sind die großen Menschen.«

---

439 Die Pflege des Herzens als des wichtigsten Teiles der Persönlichkeit wird an zwei Gleichnissen vom Gärtner und vom Arzt erläutert. Das chinesische »Schen« kann sowohl die Bedeutung ‚Leib' als auch ‚Persönlichkeit' haben, so dass das Herz, wenn auch als edelster Teil, doch ein Teil davon ist. Die Bäume werden von Vielen mit den im letzten Abschnitt genannten identifiziert. Genauere Definition ergibt, dass es sich um ähnliche, doch nicht gleiche Arten handelt. »Wu« ist *Sterculia platanifolia*, »Gia« ist *Catalpa boyana*, die kleinere Blätter hat als die andere. Bei den Dornbüschen gibt es wohl auch zwei Arten: Dauerdorn und Schlehe (*Zizyphus*). Das mit ‚Quacksalber' wiedergegebene Wort scheint im Chinesischen ein Schreibfehler zu sein. Wörtlieh heißt es ‚Wolf-kranker Mensch' oder ‚Wolfs-eiliger Mensch'. Das Wort »Dsï« muss nach Mong Dsï Dschong I so korrigiert werden, dass es den im Text gegebenen Sinn bekommt.
440 Der hier angeführte Unterschied der Wichtigkeit der geistigen Seite des Menschen gegenüber der leiblichen ist zu vergleichen mit Hufelands Ausführungen in der Einleitung zu Kants *Macht des Gemüts*.

16. Der göttliche und der menschliche Adel

Mengzi sprach: »Es gibt einen göttlichen Adel und einen menschlichen Adel. Gütigkeit, Gerechtigkeit, Gewissenhaftigkeit, Zuverlässigkeit, unermüdliche Liebe zum Guten: das ist der göttliche Adel. Fürst sein oder Hoher Rat oder Minister: das ist der menschliche Adel. Die Alten pflegten ihren göttlichen Adel[441], und der menschliche Adel kam danach von selber. Heutzutage pflegt man seinen göttlichen Adel, um den menschlichen zu erlangen. Wenn man den menschlichen Adel erreicht, so wirft man den göttlichen Adel weg. Das aber ist die schlimmste Verblendung. Und schließlich führt es doch zum sicheren Untergang.«

17. Die wahre Ehre

Mengzi sprach: »Der Wunsch nach Ehre liegt allen Menschen am Herzen. Alle Menschen haben Ehre in sich selbst, ohne dass sie daran denken. Die Ehre bei den Menschen ist nicht die echte Ehre. Wen ein Herrscher[442] ehren kann, den kann ein Herrscher auch erniedrigen. Im *Buch der Lieder*[443] heißt es:

> ›Er gibt uns süßen Weins genug
> Und sättigt uns durch seine Güte.‹

Damit ist gesagt, dass, wer sich sättigt an Güte und Gerechtigkeit, nicht mehr nach anderer Leute Fett und feinem Reis begehrt. Wer so lebt, dass weit und breit sein Name einen guten Klang hat, der begehrt nicht nach anderer Leute Schmuck und Stickerei.«

---

441 Gung-Du Dsï ist der als Zweiter genannte Jünger.
442 Zur Zeit der streitenden Reiche war zwar der Geist der Moral entwichen, doch wurde der Schein noch aufrecht erhalten; daher ›lohnte‹ es sich noch, moralisch zu sein. Später hörte das auf und es dauerte noch lange, bis sich die öffentliche Moral wieder hob.
443 Wörtlich: Dschau-Mengzi = Dschau, der Älteste. Dschau war der Titel von mehreren Geschlechtshäuptern aus der Familie Dschau im Staate Dsin. Dschau Giän Dsï, der auch in *Liezi* und *Zhuangzi* erwähnt ist, war der berühmteste unter ihnen. Die Familie war sprichwörtlich wegen ihrer Macht.

18. Güte im ungleichen Kampf mit fehlender Güte

Mengzi sprach: »Güte siegt über fehlende Güte wie Wasser über Feuer siegt. Aber heutzutage übt man die Güte so, als wollte man mit einem Becher Wasser einen brennenden Wagen voll Reisig löschen, und wenn die Flammen nicht erlöschen, dann sagen, dass Wasser Feuer nicht löschen könne. Dadurch wird gerade das Ungute aufs Äußerste gefördert und das Ende ist, dass die Güte zu Grunde geht[444].«

19. Die Reife

Mengzi sprach: »Das Korn[445] ist am wertvollsten unter allen Samen. Wenn es aber nicht reif ist, so ist es nicht einmal so viel wert wie Samen von Gras und Quecken[446]. Auch bei der Güte kommt alles auf die Reife an.«

20. Der Schütze und der Maurer

Mengzi sprach: »Der Schütze I[447] verlangte, als er die Leute im Bogenschießen unterrichtete, dass sie den Bogen voll anspannten. Der Lernende muss auch seinen Willen voll anspannen. Ein rechter Maurer lehrt seine Schüler Zirkel und Winkelmaß gebrauchen. Der Lernende muss auch Zirkel und Winkelmaß gebrauchen[448].«

---

444 Vgl. *Schï Ging* III, 2, Ode 3.
445 Das Übel entsteht daraus, dass man die Schuld an seinem mangelnden Erfolg nicht bei sich selbst sucht, sondern an der Möglichkeit des Erfolgs schlechthin verzweifelt.
446 Das Korn, wörtlich »die fünf Getreidearten«, nämlich Reis, Hirse, klebrige Hirse, Weizen und Bohnen.
447 Die beiden Unkräuter »Di« und »Bai« sind *Panicum crusgalli* und eine verwandte Art.
448 Der Schütze I ist der in IV, B, 24 erwähnte.

ABSCHNITT B

Spielarten des Verfalls

1. Falsche Vergleiche[449]

Ein Mann aus Jen[450] fragte den Schüler Wu-Lu Dsï[3451]: »Was ist wichtiger: der Anstand oder die Nahrung?«

Wu-Lu Dsï sagte: »Der Anstand ist wichtiger.«

Jener fuhr fort: »Was ist wichtiger: der Anstand oder die Befriedigung des Geschlechtstriebs?«

Der Jünger sprach: »Der Anstand ist wichtiger.«

Da sprach jener: »Wenn du Hungers sterben müsstest, falls du nur mit Anstand essen wolltest, aber zu essen bekämst, wenn du nicht mit Anstand essen wolltest: würdest du dann auf dem Anstand bestehen?

Wenn du keine Frau bekämst, falls du die Anstandsregel, sie selbst abzuholen, befolgen wolltest, aber eine Frau bekämst, wenn du sie nicht selbst abholen wolltest: würdest du da darauf bestehen, sie selbst abzuholen?«

Wu-Lu Dsï konnte darauf nichts entgegnen.

Am andern Tag ging er nach Dsou, um es Mengzi zu erzählen.

Mengzi sprach: »O, das ist doch nicht schwer, eine Antwort darauf zu geben! Wenn man zwei Dinge nicht auf denselben Boden stellt und nur die oberen Enden vergleicht, so kann man ein zollgroßes Stückchen Holz einen Dachfirst überragen lassen. Gold ist schwerer als Federn, aber damit ist nicht gesagt, dass eine goldene

---

449 Interessant ist die in der chinesischen Literatur sehr häufige Anspielung auf die Freimaurerembleme Zirkel und Winkelmaß als Symbole des Lernens.

450 Es handelt sich bei dem chinesischen Ausdruck »Li« nicht um moralische oder religiöse Ordnungen, sondern um die äußerlichen Regeln des Anstandes. Es ist sozusagen die äußere empirische Erscheinung der Ordnung. Sowie es sich um die Erscheinung handelt, ist man auf dem Gebiet des Relativen. Mengzi verlässt dieses Gebiet nicht, sondern bringt nur die relative Wichtigkeit der Formen gegenüber der Sinnlichkeit durch eine andere Gruppierung der Vergleichspunkte in eine andere Reihenfolge. Dschu Hi bemerkt dazu sehr richtig, dass, wo es sich um die religiösen und moralischen Gesetze in ihren überempirischen Anforderungen handele, die absolute Bedeutung derselben feststehe, so dass man keinen Zoll beugen dürfe, um zehn Fuß gerade zu machen.

451 Jen ist das heutige Tsiningdschou in Südwest-Schantung.

Gürtelspange schwerer sei als ein ganzer Wagen voll Federn. Wenn man das dringende Bedürfnis nach Nahrung mit der unwichtigsten Anstandsregel zusammenhält, da ist natürlich die Nahrung weit wichtiger. Wenn man die wichtigste Befriedigung des Geschlechtstriebs mit der unwichtigsten Anstandsregel zusammenhält, da ist natürlich die Befriedigung des Geschlechtstriebs weit wichtiger. Geh hin und entgegne ihm: Wenn du deinem älteren Bruder den Arm verrenken und ihm sein Essen wegreißen müsstest, um essen zu können, aber nichts zu essen hättest, wenn du deinem Bruder den Arm nicht verrenktest: würdest du ihm dann seinen Arm verrenken? Wenn du deinem Nachbar über die Mauer steigen und seine jungfräuliche Tochter wegschleppen müsstest, um eine Frau zu bekommen, aber keine Frau bekämst, wenn du sie nicht wegschlepptest: würdest du sie dann wegschleppen?«

2. Abweisung eines unangenehmen Schülers

Giau von Tsau[452] fragte den Mengzi und sprach: »Es heißt, alle Menschen können Yaus und Schuns sein. Ist das wahr?« Mengzi sprach: »Ja«.

Jener fuhr fort: »Ich hörte, König Wen sei zehn Fuß hoch gewesen und Tang neun Fuß; ich bin neun Fuß vier Zoll lang, aber ich kann weiter nichts als Hirse essen. Was kann ich tun, um es fertig zu bringen?«

Mengzi sprach: »Was hat das für Schwierigkeiten?[453] Es braucht weiter nichts, als auch so zu handeln wie jene. Angenommen, ein Mann sei nicht stark genug, ein Küchlein zu heben, so ist das ein

---

452 Wu-Lu Liän ist der vierzehnte genannte Schüler. Er muss wohl von dem als Taoist bekannten Wu-Lu Dsï unterschieden werden.
453 Giau war nach Dschau Ki ein jüngerer Bruder des (damals mediatisierten) Fürsten von Tsau (im heutigen Tsaudschoufu, Schantung). Dass er von vornehmer Herkunft war, lässt er durchblicken, indem er sein freundschaftliches Verhältnis zu dem Landesfürsten von Dsou, der Heimat des Mengzi, nicht ganz unabsichtlich erwähnt. Damit hat er einen fremden Misston in den Verkehr gebracht, trotz der wohlwollenden Gutmütigkeit, mit der er sich als »langer Kerl, der nichts kann als Hirse essen« bezeichnet. Mengzi schickt ihn darum freundlich, aber bestimmt nach Hause. Er ist nicht für bloße interessante Unterhaltungen zu haben.

Mann ohne Kraft. Wenn er nun sagt: Ich kann dreißig Zentner heben, so ist er ein kräftiger Mann geworden. Wenn nun also Einer ebenso schwere Lasten heben kann wie der starke Wu Huo, so ist er ganz einfach auch zum Wu Huo geworden. Was brauchen sich die Menschen darum zu kümmern, dass sie der Sache nicht gewachsen sind: sie handeln nur nicht! Wenn einer sachte hinter dem Älteren hergeht, so nennt man ihn bescheiden. Wenn einer aber voreilig den Älteren überholt, so nennt man ihn unbescheiden. Sachte zu gehen, das ist doch nicht etwas, das die Menschen nicht können! Sie tun's nur nicht! Die Art von Yau und Schun ist nichts weiter als kindliche Ehrfurcht und Bescheidenheit.

Wenn Ihr Euch kleidet wie Yau und Schun, wenn Ihr redet die Worte Yaus und Schuns, wenn Ihr auf Yaus und Schuns Wegen wandelt: dann seid Ihr ja Yau und Schun. Wenn Ihr Euch aber kleidet wie der Tyrann Giä und redet die Worte von Giä und wandelt in den Wegen von Giä, dann seid Ihr Giä, nichts weiter.«

Jener sprach: »Ich habe Gelegenheit, den Fürsten von Dsou zu sehen. Ich will mir eine Wohnung von ihm anweisen lassen und hier bleiben, um bei Euch Belehrung zu empfangen.«

Mengzi sprach: »Der rechte Sinn ist wie eine große Straße, er ist ganz leicht zu finden. Das Übel ist mir, dass die Leute ihn nicht suchen. Kehrt nur heim und suchet ihn: Ihr werdet Lehrer genug und übergenug finden.«

3. Echte Kindesliebe ist nicht gleichgültig, doch bescheiden

Gung-Sun Tschou fragte den Mengzi und sprach: »Der Meister Gau[454] sagt, das Lied Siau Pan[455] – in dem ein Sohn sich über ungerechte Behandlung seines Vaters und seiner Stiefmutter beklagt – sei von einem gemeinen Manne gemacht.«

Mengzi sprach: »Warum sagt er so?«

Der Schüler sprach: »Weil der Sohn murre.«

Mengzi sprach: »Der alte Gau ist wirklich beschränkt in seiner Behandlungsweise der Lieder. Angenommen, hier sei ein Mann[456], nach dem ein Fremder seinen Bogen spanne, um ihn zu schießen, so wird er ihn davon abzuhalten suchen mit freundlichen und ruhigen Worten – aus keinem anderen Grund, als weil er ihm ferne steht. Wenn aber sein Bruder nach ihm den Bogen spannte, um ihn zu schießen, so würde er ihn abzuhalten suchen unter Tränen und Klagen – aus keinem andern Grund, als weil er ihm so nahe steht. Aus dem Groll jenes Liedes spricht die Liebe zu den Eltern. Die Liebe zu den Eltern

---

454 Die Übersetzung Legges »Was hat die Körpergröße mit der Sache zu tun?« entspricht nicht der idiomatischen Bedeutung des chinesischen Ausdrucks (vgl. Mong Dsï Dschong I). Mengzi ignoriert diese Einleitung einfach. (Die alten Fuß hatten übrigens nur sechs Zoll). Das folgende Gleichnis ist nicht besonders deutlich herausgearbeitet. Es bewegt sich in demselben Gedankengang vom Heben des Taischans und der Verbeugung vor den Älteren wie Buch I, A, 7. Sein Zweck ist wohl weiter nichts, als zu zeigen, dass einer, der erst schwach war, allmählich stark werden kann wie der stärkste Riese (Wu Huo, ein zeitgenössischer Athlet aus Tsin, der angeblich dreihundert Zentner heben konnte). Die beiden anderen Deutungen »Wenn einer kein Küchlein [nach anderen Übersetzungen »Entlein«] heben kann und sagt: ›Ich kann dreißig Zentner heben‹, so genügt das noch nicht; um ein Wu Huo zu sein, muss man auch Wu Huos Leistungen vollbringen [...]« und »Körperstärke« ist nicht allen Menschen eigen. Um ein Wu Huo zu sein, bedarf es besonderer Stärke; so aber ist es mit der Nachfolge Yaus und Schuns nich; die ist so leicht wie ein Entchen zu heben [...]« tun dem Text Gewalt an.

455 Der hier erwähnte »alte« Gau ist weder zu verwechseln mit dem Gau Dsï von VI A, 1ff (das Wort wird im Chinesischen ganz verschieden geschrieben), noch mit dem Schüler Gau, der in II B, 12 genannt wird.

456 Die »Siau-Pan-Ode« steht in Schï Ging II V, 3. Die vorausgesetzte Situation ist, dass es die Klagen I Kius, des Sohnes des Königs Yu, enthält. Yu hatte ihn zum Thronfolger bestimmt. Dann aber verliebte er sich in die schöne Bau Sï. Die rechte Königin ward verstoßen und der Thronfolger I-Kiu in die Verbannung geschickt. In dem Lied beklagt er in bewegenden Tönen sein Los.

ist reinste Liebe. Er ist beschränkt, dieser alte Gau, wie er mit den Liedern umgeht!«

Der Schüler sprach: »Wie kommt es dann, dass im Kai-Fong-Lied[457] – wo sieben Söhne die Schuld an dem Verlassen des Witwenstandes durch ihre Mutter sich selbst zuschreiben – kein Groll zum Ausdruck kommt?«

Mengzi sprach: »Das Unrecht der Mutter in dem Kai-Fong-Lied war klein. Das Unrecht der Eltern im Siau-Pan-Lied war groß. Wenn der Eltern Unrecht groß ist und man grollt nicht, so ist das Gleichgültigkeit. Ist der Eltern Unrecht klein und man grollt, so ist das Reizbarkeit.[458] Die Gleichgültigkeit ist gegen die kindliche Liebe, und Reizbarkeit ist ebenso gegen die kindliche Liebe.

Meister Kung sprach: ›Schun hat es doch am weitesten gebracht in der Kindesliebe: mit fünfzig Jahren noch hing er an seinen Eltern.‹«

4. Utilitarismus und Idealismus

Sung Kang[459] war im Begriff, nach Tschu zu gehen, Mengzi traf ihn in Steinberg und sprach: »Wo wollt Ihr hin, Herr?«

---

457 Der Sinn des Gleichnisses ist, dass, während man einen Fremden (im Text steht: Mann aus Yüo) mit freundlichen Worten von einem Unrecht abzuhalten sucht, das er einem antun will – da man keinen Anspruch an ihn hat –, wird man Verwandten gegenüber, denen gegenüber man ein Anrecht hat, durch solche Lieblosigkeit zugleich gekränkt und betrübt. Diese zürnende Liebe darf nicht fehlen, sonst würde man sich den Vorwurf der Entfremdung und Gleichgültigkeit mit Recht zuziehen.

458 Die »Kai-Fong-Ode« steht in *IGing* I, III, 7. Der von Mengzi übernommenen Tradition nach ist sie von sieben Söhnen einer Witwe gedichtet, der es keine Ruhe ließ, bis sie eine zweite Heirat geschlossen hatte. Die Söhne drücken ihr Mitleid mit der Ruhelosigkeit der Mutter aus und nehmen alle Schuld auf sich. Die geplante zweite Heirat der Mutter ist der – verhältnismäßig – kleine Fehler, von dem Mengzi spricht. Als ungehörig wird eine zweite Ehe einer Witwe in China noch heute [sic zur Lebenszeit des Übersetzers und Herausgebers Richard Wilhelm, Anm. des Verlags] empfunden.

459 Das Wort ‚Reizbarkeit' entspricht den drei chinesischen Worten: »bu ko gi«. Die Erklärungen, was diese Worte bedeuten, sind zahlreich. Legge schließt sich der Auffassung an, dass »gi« das Aufspritzen des Wassers ist. Auch diese Auffassung teilt sich wieder in verschiedene Erklärungen. Der Sinn ist dessen ungeachtet der in unserer Übersetzung wiedergegebene.

Jener sprach: »Ich höre, Tsin und Tschu betreiben Rüstungen; ich will vor den König von Tschu treten und ihm zureden, davon abzusehen. Wenn der König von Tschu nicht einverstanden ist, so will ich vor den König von Tsin treten und ihm zureden, davon abzusehen. Unter den beiden Königen werde ich sicher einen treffen, der auf mich hört.«

Mengzi sprach: »Darf ich, ohne über das Einzelne zu fragen, etwas über Eure allgemeinen Richtlinien hören? Auf welche Weise wollt Ihr ihnen zureden?«

Jener sprach: »Ich werde darüber sprechen, wie unvorteilhaft die Sache ist.«

Mengzi sprach: »Euer Ziel, Meister, ist gewisslich edel. Eure Begründung ist nicht zu billigen. Wenn Ihr vom Standpunkt des Vorteils aus den Königen von Tsin und Tschu zuredet, und die Könige von Tsin und Tschu lassen sich aus Lust am Vorteil bestimmen, ihre Heere abzurüsten, so werden alle Soldaten dieser Heere die Abrüstung gerne sehen aus Lust am Vorteil. Die Beamten werden den Vorteil im Sinn haben beim Dienst des Fürsten. Die Söhne werden den Vorteil im Sinn haben beim Dienst der Eltern. Die Jugend wird den Vorteil im Sinn haben beim Dienst des Alters. So werden alle Verhältnisse zwischen Fürst und Untertan, Vater und Sohn, Alter und Jugend des sittlichen Haltes beraubt und die Rücksicht auf Vorteil beherrscht die gegenseitigen Beziehungen. Dass diese Zustände aber nicht den Zusammenbruch nach sich ziehen sollten, ist ganz undenkbar.

Wenn Ihr aber vom Standpunkt der Liebe und Pflicht aus den Königen von Tsin und Tschu zuredet, und die Könige von Tsin und Tschu werden aus Freude an der Pflicht ihre Heere abrüsten, so werden alle Soldaten dieser Heere die Abrüstung gerne sehen aus Freude an der Pflicht. Die Beamten werden die Pflicht im Sinne haben beim Dienst des Fürsten, die Söhne werden die Pflicht im Sinne haben beim Dienst der Eltern. Die Jugend wird die Pflicht im Sinne haben beim Dienst des Alters. So wird aus allen Verhältnissen zwischen Fürst und Untertan, Vater und Sohn, Alter und Jugend die Rücksicht auf Vorteil entfernt und die Pflicht beherrscht die gegenseitigen Beziehungen. Dass solche Zustände nicht die Weltherrschaft nach sich ziehen sollten, ist ganz undenkbar. Warum nur durchaus vom Vorteil reden?«

5. Verschiedene Gaben und verschiedener Dank[460]

Als Mengzi einst in Dsou weilte, hatte ihm der jüngere Bruder des Fürsten von Jen, der für seinen Bruder stellvertretend die Regierung führte, ein Geschenk von Seidenstoffen gemacht. Er hatte es angenommen, ohne es zu erwidern. Ein andermal, als er sich in Ping Lu – einer Grenzstadt von Tsi – aufhielt, hatte ihm Tschu Dsï, der damals Kanzler in Tsi war, auch ein Geschenk von Seidenstoffen gemacht. Auch das hatte er angenommen, ohne es zu erwidern.

Als er später von Dsou nach Jen kam, suchte er den Prinzen von Jen auf; als er dagegen von Ping Lu nach der Hauptstadt von Tsi kam, suchte er den Kanzler nicht auf.

Da sprach der Jünger Wu-Lu Dsï[461] erfreut: »Da habe ich eine Spalte, durch die ich einen Einblick in des Meisters Art gewinnen kann.«

---

460 Bei Zhuangzi wird unter den zeitgenössischen Wanderphilosophen ein gewisser Sung Giän oder Sung Yung Dsï genannt. Vgl. *Zhuangzi* a.a.O., pag.XVIIIf. Von seiner Richtung heißt es unter anderem: »Sie verboten den Angriff und verlangten, dass die Waffen gestreckt würden, um die Menschen vom Krieg zu erlösen. Mit diesen Lehren zogen sie durch die ganze Welt. Sie ermahnten die Fürsten und belehrten die Untertanen [...]. Es hieß von ihnen, dass Hoch und Niedrig es vermied, mit ihnen zusammenzukommen, dass sie sich aber mit Gewalt Zutritt verschafften.« Offenbar nimmt Dschu Hi mit Recht an, dass es sich bei der uns vorliegenden Stelle um dieselbe Person handelt. Sachlich ist zu vergleichen I, A, 1. Wie dort, so ist auch hier der Utilitarismus (»Vorteil«) dem moralischen Idealismus (»Liebe und Pflicht«; in der Übersetzung steht aus stilistischen Gründen nur »Pflicht«) gegenübergestellt. Der letztere Standpunkt ist für Mengzi der einzige, der eine dauernde Organisation der menschlichen Gesellschaft ermöglicht.

461 Der Abschnitt ist einer von jenen, in denen Mengzis ängstliche Bemühung, seine Würde zu wahren, deutlich wird. Je mehr er äußerlich das Leben eines der vielen Wanderphilosophen führte, die für ihren Lebensunterhalt auf die Gaben der Landesfürsten angewiesen waren, desto sorgsamer wachte er darüber, dass er in seinem Benehmen keine Konzessionen machte (vgl. die entsprechenden Abschnitte V, B, 4 ff). Bei Überreichung einer Gabe an einen geehrten Fremden – und ein solcher war Mengzi damals – war es üblich, seine persönliche Aufwartung zu machen; erst dadurch erhielt die Gabe den Ausdruck persönlicher Hochachtung. Beide Gaben kamen durch Boten von auswärts, darum machte auch Mengzi seinerseits keinen Dankesbesuch. Die Gaben – auch die des Kanzlers – waren jedoch unter Wahrung der Form dargebracht, so dass er keinen Grund hatte zur Zurückweisung, wie er das gegenüber der Gabe des Königs von Tsi tat. Ein Gegenbesuch war unter den vorhandenen Umständen nicht nötig. Als sich Gelegenheit bietet, macht Mengzi indes bei dem Prinzregenten von Jen einen Dankesbesuch, da es bei

Er befragte den Mengzi und sprach: »Als Ihr nach Jen kamt, Meister, habt Ihr dort den Prinzen von Jen aufgesucht. Als Ihr nach Tsi kamt, da habt Ihr den Kanzler Tschu Dsï nicht auf gesucht. War's, weil er nur ein Kanzler ist?«

Mengzi sprach: »Nein. Aber im *Buch der Urkunden*[462] steht geschrieben: ›Bei einem Geschenk kommt das meiste auf die Bezeugung der Achtung an. Wenn diese Achtungserweisung bei dem Geschenk fehlt, so ist's als sei es nicht geschenkt, weil die Gesinnung nicht beim Schenken beteiligt war‹. Ich habe jenen nicht besucht, weil er nicht fertig geschenkt hat.«

Wu-Lu Dsï war erfreut. Als ihn jemand über die Sache fragte, da sprach er: »Der Prinz von Jen konnte nicht weg, um selbst nach Dsou zu kommen, wohl aber hätte der Kanzler Tschu Dsï nach Ping Lu kommen können.«

6. Abweisung eines Sophisten

Schun-Yü Kun[463] sprach: »Wer Namen und Leistungen wichtig nimmt, der lebt für Andere; wer Namen und Leistungen gleichgültig nimmt, der lebt nur für sich selbst. Ihr wart unter den höchsten Räten – in Tsi –, und ehe Ihr noch für Fürst oder Volk etwas geleistet habt, das Euch einen Namen macht, habt Ihr das Land verlassen. Ist das eigentlich die Art eines sittlichen Mannes?«

Mengzi sprach: »Einer lebte in niedriger Stellung, er wollte nicht seine Fähigkeit im Dienst untauglicher Menschen verbrauchen: das war Be I. Ein anderer ging fünf Mal zu Tang, dem Befreier, und fünf Mal zu Giä, dem Tyrannen: das war I-Yin. Ein anderer verschmähte nicht einen schmutzigen Fürsten, lehnte selbst ein niedriges Amt

---

diesem nicht ein Mangel an Respekt, sondern Abhaltung durch die Umstände gewesen war, die sein persönliches Erscheinen bei Mengzi verhinderte. Da sein Bruder, der Fürst von Jen, bei einer Audienz auswärts war, konnte der stellvertretende Regent den Platz nämlich nicht verlassen. Zudem war Dsou für Jen Ausland. Dagegen hätte der Kanzler Tschu Dsï von Tsi sehr wohl nach Pinglu, das eine Exklave von Tsi im Süden war (bei Yändschoufu in Schantung), kommen können. Dass er es nicht tat, sah Mengzi als Mangel an Achtung an; aus diesem Grund machte er ihm keinen Dankesbesuch.

462 Vgl. *Schu Ging* V 13, 12.
463 Vgl. *Schu Ging* V 13, 12.

nicht ab: das war Hui von Liu-Hia. Von den dreien hatte jeder wieder eine andere Art, aber ihr Streben war eines. Und was war dies Eine? Es war die Sittlichkeit. So genügt es auch für den Edlen, sittlich zu sein; was braucht er es immer zu machen wie die Andern?«

Der Andre sprach: »Zur Zeit des Fürsten Mu von Lu war der Meister Gung-I mit der Leitung des Staates betraut, die Meister Dsï Liu und Dsï Si waren Beamte, und doch wurde der Gebietsverlust von Lu immer schlimmer. Daran sieht man ja, dass Eure Weisen dem Staat nichts nützen.«

Mengzi sprach: »Der Staat Yü wusste den Bai-Li Hi nicht zu verwenden und ging deshalb zu Grunde, der Herzog Mu von Tsin verstand ihn zu verwenden und erreichte deshalb die Vorherrschaft. Weil jener Staat also einen Weisen nicht zu verwenden wusste, so ging er zu Grunde; von bloßem Gebietsverlust konnte da schon gar nicht mehr die Rede sein.«

Jener fuhr fort: »Einst weilte der Sänger Wang Bau am Ki-Fluss, und bis zum heutigen Tag sind die Leute westlich vom Fluss gute Sänger. Der Musiker Miän Gü weilte in Gau Tang, daher sind die Leute im Westen von Tsi so gute Musikanten. Die Frauen von Hua Dschou und Ki Liang beweinten ihre Gatten auf so schöne Art, dass die Frauensitten im ganzen Land sich von da ab änderten. Was im Inneren vorhanden ist, verschafft sich sicher einen äußeren Ausdruck. Ich habe es noch nie gesehen, dass eine Arbeit nicht den entsprechenden Erfolg gehabt hätte. Darum sage ich: Es gibt gar keine solchen Weisen. Gäbe es welche, so würde ich es sicher merken.«

Mengzi sprach: »Meister Kung war Justizminister in Lu[464]. Der Fürst hörte nicht auf ihn. Kurz darauf war ein Opferfest, und das –

---

464 Schun-Yü Kun ist der Sophist aus dem Staate Tsi, mit dem Mengzi bereits in IV A, 17 ein Redegefecht gehabt hat. Die Gegner rücken einander hier ziemlich unverblümt zu Leibe. Schun-Yü Kun geht von dem Grundsatz aus: »Der Worte sind genug gewechselt, lasst mich auch endlich Taten sehn«, während Mengzi ihm zu verstehen gibt, dass ein Banause und Herdenmensch die eigentlichen Motive eines höheren Menschen nicht verstehen könne, so dass es nicht verwunderlich sei, wenn seinesgleichen keine Weisen ›merken‹. Der Abschnitt ist nicht ohne Humor. Schon der Anfang, wo Schun-Yü Kun ganz im Sinne eines Realpolitiker verlangt, dass ein Mann darauf aus sein müsse, sich einen Namen zu machen und etwas zu leisten, um als nützliches Glied der menschlichen Gesellschaft gelten zu können, ist äußerst vergnüglich. Die Heiligen, die Mengzi hier zitiert, wurden alle an früherer Stelle bereits ausführlicher erwähnt (vgl. V

ihm zustehende – Opferfleisch ward ihm nicht gesandt. Da ging er weg, ohne erst seine Festmütze abzunehmen. Unwissende meinten, es sei um des Fleisches willen gewesen. Die es besser wussten, dachten, es sei wegen der Verletzung der Form gewesen. Aber Meister Kung, der wollte aus einem geringfügigen Anlass gehen. Er wollte nicht durch seinen Weggang den wahren Sachverhalt ans Licht bringen. Was ein Edler tut, das können die Herdenmenschen natürlich nicht merken.«

7. Stufen des Verfalls

Mengzi sprach: »Die fünf Bundeshäupter[465] waren Verbrecher an den drei Königsgeschlechtern, die heutigen Landesfürsten sind Verbrecher an den fünf Bundeshäuptern, die heutigen herrschenden Familien sind Verbrecher an den heutigen Landesfürsten.

> B, 1). Dass I-Yin fünfmal zu Giä und fünfmal zu Tang gegangen sei, ist nur hier erwähnt. Der Sage nach soll Tang den I-Yin so oft zu Giä geschickt haben, um diesen von seinem gottlosen Wandel zu bekehren. Mengzis Zitaten begegnet der Andere seinerseits mit Zitaten, aus denen hervorgehen soll, dass die so genannten ›Weisen‹ für das Staatswohl unnütz seien; denn trotz aller Weisen und Schüler des Kung Dsï, die Fürst Alu von Lu in seinen Dienst gebracht hat (Gung-I Hiu, ein Mann von Geist und Grundsätzen, war zu jener Zeit Kanzler in Lu; Dsï Liu, der mit dem Siä Liu in II, B, 11 identisch ist, und Dsï Sï, der Enkel Kung Dsïs, waren Beamte), sei Lu immer mehr von habgierigen Nachbarn verkleinert worden. Mengzi gibt sich gar nicht die Mühe, diese anfechtbare Behauptung näher zu untersuchen, sondern antwortet mit einer anderen Anekdote von Bai Li Hi, der auch oben schon vorkam, aus der hervorgeht, wieviel schlimmer es einem Land ohne Weise gehen kann. Die Argumentation des ›gesunden Menschenverstandes‹, dass jede Ursache an ihren Folgen erkennbar sein müsse, die Schun-Yü Kun nun ins Feld führt, wird ebenfalls durch verschiedene historische Beispiele belegt. Der Sänger Wang Bau, der die Leute im Westen des (gelben) Flusses so gut singen lehrte, stammt aus We. Die Musik, die er einführte, sind die von Kung Dsï in den *Lun Yü* so sehr gescholtenen »lasziven Töne von Dschong«. Das chinesische Zeichen, das hier für Gesang steht, bedeutet einen volksliedmäßigen Gesang ohne Instrumentalbegleitung, während das bei Miän Gü genannte Zeichen einen Gesang mit Instrumentalbegleitung meint. Der Gi-Fluss verläuft westlich vom gelben Fluss in seinem Nordlauf. Gau Tang ist ein noch heute bestehender Platz westlich von Tsinanfu in Schantung. Die beiden genannten Frauen beweinten ihre im Kampf gefallenen Gatten so heftig, dass die Stadtmauern der Hauptstadt unter ihren Tränen barsten, weshalb die ganze Bevölkerung es ihnen gleichzutun suchte und die Trauersitten sich verschärften.

465 Die Geschichte vom Weggang Kungs aus Lu wird auch im *Lun Yä* erzählt. Bei Mengzi werden ausführlichere Darstellungen gegeben. Kung merkte,

In alter Zeit ging der Großkönig in die Gebiete der Landesfürsten zur Inspektion, die Fürsten kamen an den Hof des Großkönigs zum Bericht über ihre Amtsführung. Im Frühling wurde das Pflügen kontrolliert und wem es an Samen fehlte, der wurde unterstützt. Im Herbst wurde die Ernte kontrolliert und wer zu wenig geerntet hatte, dem wurde geholfen. Wenn der Großkönig in ein Gebiet kam, wo Neuland in Angriff genommen wurde, die Felder und Wiesen gut bestellt, die Alten gepflegt, die Weisen geehrt wurden und hervorragende Männer auf den wichtigen Posten saßen, so ward der Fürst belohnt. Der Lohn bestand in einer Erweiterung seines Gebiets. Wenn der Großkönig dagegen in ein Land kam, wo das Feld brach und mit Unkraut bedeckt lag, die Alten verlassen, die Weisen verloren waren und harte und habgierige Leute auf den wichtigen Posten saßen, so ward der Fürst gerügt. Wenn ein Fürst einmal versäumte, zu Hof zu gehen, so ward er im Rang erniedrigt; wenn er es zwei Mal unterließ, so wurde sein Gebiet beschnitten; wenn er das dritte Mal nicht erschien, so entfernten ihn die Heere des Reiches aus seinem Lehen. Darum verfügte der Großkönig die Strafe, aber er griff nicht selber an. Die Nachbarfürsten griffen – den Schuldigen – an, aber sie verfügten nicht seine Bestrafung.

Die fünf Bundeshäupter dagegen schleppten die Landesfürsten mit sich, um andere Landesfürsten anzugreifen. Darum sage ich, dass die fünf Bundeshäupter Verbrecher waren an den drei Königsgeschlechtern.

---

dass seine Dauer in Lu nicht mehr vertretbar sei, nachdem das Geschenk an Musikantinnen aus Tsi, dem auf Kungs Verdienste eifersüchtigen Nachbarstaat, in Lu eingetroffen war und der Meister erkennen musste, dass er gegen die Konkurrenz nicht aufkommen konnte. Dennoch geht er nicht gleich, um dadurch den Fürsten nicht ins Unrecht zu setzen. Vielmehr wartet er einen anderen, geringfügigeren Anlass ab. Beim Herbstopfer wurden von dem gebratenen Opferfleisch an die höheren Beamten Portionen verteilt. Die Zusendung dieser Gabe war unterblieben. Deshalb geht Kung Dsï abrupt weg, ohne sich Zeit zu nehmen, die Opfermütze abzunehmen. So war ein äußerlicher Anlass für sein Gehen vorhanden, der den Fürsten nicht ohne Weiteres als Vorwurf berühren musste. Durch den abrupten Weggang nimmt der Meister außerdem einen Teil der Schuld auf sich, so dass selbst die Wissenden nicht den wahren Grund durchschauten. Der Meister zeigt hier eine zarte Rücksicht gegenüber dem Landesfürsten, die sich auch sonst bei ihm beobachten lässt.

Unter den fünf Bundeshäuptern nun war der Fürst Huan von Tsi der bedeutendste. Er versammelte die Fürsten um sich auf dem Reichstag von Malvenberg. Er ließ das Opfertier binden und legte ihm die Worte des Bundes auf das Haupt, ohne jedoch zu verlangen, dass die Fürsten sich den Mund mit dem Blut bestrichen. Das erste Gebot dieses Bundes hieß: Die widerspenstigen Söhne sollen ausgerottet werden. Kein rechtmäßiger Erbe soll beiseite gesetzt werden, keine Nebenfrau die Hauptfrau verdrängen dürfen. Das zweite Gebot lautete: Die Weisen sollen geehrt, die Begabungen gepflegt und so geistiger Wert ausgezeichnet werden. Das dritte Gebot lautete: Das Alter soll man ehren, die Jugend lieben und Fremdlinge und Gäste soll man nicht vergessen. Das vierte Gebot lautete: Der niedrige Adel soll keine erblichen Ämter haben, es sollen nicht mehrere Ämter in einer Hand vereinigt sein, bei der Auswahl der Leute suche man die geeignetsten zu finden, ein Mann aus einem herrschenden Geschlecht soll nicht eigenmächtig getötet werden. Das fünfte Gebot lautet: Es sollen keine Flussdämme zum Schaden des Nachbars angelegt, es soll der Verkauf von Korn nicht behindert werden, es sollen keine Afterlehen ohne Anzeige errichtet werden.

Dann sprachen sie: ›Wir Eidgenossen alle wollen, nachdem wir diesen Eid geschworen, ausdrücklich in Frieden und Freundschaft leben.‹

Die Landesfürsten von heute übertreten alle diese fünf Gebote; darum sage ich: die heutigen Landesfürsten sind Verbrecher an den fünf Bundeshäuptern.

Wer das Böse eines Fürsten fördert, dessen Verbrechen ist noch klein; wer aber dem Bösen seines Fürsten entgegenkommt, dessen Verbrechen ist groß. Die herrschenden Familien von heute kommen alle dem Bösen ihrer Fürsten entgegen; darum sage ich: die heutigen herrschenden Geschlechter sind Verbrecher an den heutigen Landesfürsten.«

8. Warnung vor dem Krieg

Der Fürst von Lu wollte den Schen Gu Li[466] als Feldherrn anstellen. Mengzi sprach zu ihm: Ein Volk ununterwiesen in den Krieg führen,

---

[466] Die fünf Bundeshäupter, die zur Zeit der Frühlings- und Herbstannalen die Hegemonie im Reich hatten, sind: Huan von Tsi 684–642, Siang von Sung 650–636, Wen von Dsïn 635–627, Mu von Tsin 659–620, Dschuang von Tschu 613–590. Diese Bundeshäupter entsprachen ungefähr den japanischen Schogunen, die auch ›im Namen des Kaisers‹ die Regierung führten. Die drei Königsgeschlechter sind: die Hia-, Schang- und Dschoudynaste. Der Abschnitt gibt einen Einblick in die Verhältnisse der alten Zeit. In der Dschouzeit war das Lehenswesen bis in die Details geordnet. Alle fünf Jahre fand jeweils in eine der vier Himmelsrichtungen eine kaiserliche Inspektionsreise statt. In den übrigen vier Jahren mussten die Fürsten zur Audienz am Kaiserhof erscheinen, und zwar im ersten Jahr die des Nordens, im zweiten Jahr die des Ostens usw., so dass, die Inspektionsjahre eingerechnet, jeder Fürst alle fünf Jahre bei Hofe erscheinen musste. Außer dem verteilten Land gab es noch große Ödländereien, die an Fürsten, die ihr Land vorbildhaft regierten, überwiesen wurden. Die bestehenden Lehen wurden nach Möglichkeit erhalten und nach Erlöschen des regierenden Hauses neu vergeben. Sie wurden nicht zur Belohnung anderer Fürsten verwendet. Das Nichterscheinen bei Hof war ein Zeichen von Insubordination und wurde daher im Wiederholungsfall mit Absetzung bestraft, wobei der Kaiser jeweils die Nachbarfürsten mit der Exekution beauftragte. Der Kaiser erließ nur die Verfügung, er selbst griff nicht ein. Diese Ordnungen waren indes nicht sehr lange in Kraft. Von dem Zeitpunkt an, als die Dschoudynastie ihre Hauptstadt nach Logang im Osten des Reiches verlegte, erlosch ihre Macht zur Durchführung dieser Ordnungen. Die daraus resultierende Unordnung wurde seitens der Bundeshäupter zumindest teilweise durch die Knüpfung völkerrechtlicher Beziehungen behoben. Zeitweise hatten sie die Regierung des Reiches fast vollständig in der Hand. Doch hing die Sache immer an der Person eines Einzelnen, der gerade zufällig die tüchtigsten Kräfte zur Verfügung hatte. Der hervorragendste unter diesen Schogunen war Fürst Huan von Tsi, der im Jahr 650 einen großen Reichstag in Kuikiu (Malvenberg), vermutlich im heutigen Honan – es gab mehrere Orte mit diesem Namen – zusammenbrachte und im Namen des Kaisers eine Art Gottesfrieden durchsetzte. Bei solchen Bundeseiden war es Sitte, dass eine quadratische Grube (für die chthonischen Gottheiten) gegraben wurde, über der das Opferrind geschlachtet wurde. Das linke Ohr wurde abgeschnitten; der Bundespräsident heißt daher auch »der Ochsenohrhalter«, ein Ausdruck, der heutzutage in den Zeitungen auf den König von Preußen in seiner Eigenschaft als deutscher Bundespräsident angewandt wird [sic zu Lebzeiten des Übersetzers und Herausgebers Richard Wilhelm, Anm. des Verlags]. Das Blut wurde in einer Schale aufgefangen. Sämtliche Eidgenossen mussten sich zur Befestigung ihres Schwures die Lippen mit dem Blut bestreichen, dann wurde das Opfertier in die Grube versenkt, das Bundesbuch daraufgelegt und das Ganze mit Erde bedeckt. Fürst Huan sah von dem Blut-

heißt das Volk verderben. Ein Volksverderber wäre nicht geduldet worden zur Zeit des Yau und Schun. Wenn man in einer Schlacht Tsi besiegen könnte und das Südland[467] wiedergewinnen, so wäre es noch immer nicht recht.«

Schen Dsï wurde ärgerlich und sagte missvergnügt: »Das verstehe ich nicht.«

Mengzi sprach: »Ich will es Euch klar heraussagen. Das Gebiet des Großkönigs beträgt tausend Meilen im Geviert. Wenn es nicht tausend Meilen betrüge, so wären seine Einkünfte nicht genug zur Bewirtung der Bundesfürsten. Das Gebiet der Lehnsfürsten betrug hundert Meilen im Geviert. Wenn es nicht hundert Meilen betrüge, so wären seine Einkünfte nicht genug zur Aufrechterhaltung der im Ahnentempel niedergelegten Sitten und Bräuche.[468] Der Fürst von Dschou wurde mit Lu belehnt. Das Gebiet betrug hundert Meilen im Geviert. Es war vollkommen ausreichend, aber es waren nicht mehr als hundert Meilen. Der große Herzog wurde belehnt mit Tsi. Sein Gebiet betrug ebenfalls hundert Meilen im Geviert. Es war vollkommen ausreichend, aber es waren nicht mehr als hundert Meilen. Heute nun hat Lu von hundert Meilen im Geviert das Fünffache. Wenn heute wieder ein wahrer Beherrscher der Welt aufkäme, was denkt Ihr, dass er tun würde: würde er Lu verkleinern oder würde er es vergrößern? – Wenn man ganz ohne Widerstand dem Einen ein Stück Land nehmen könnte, um es dem Andern zu geben, so ließe ein gütiger Mann sich dennoch nicht dazu herbei; wieviel weniger, wenn man Menschen morden muss, um es zu erreichen! Der Edle dient seinem Fürsten dadurch, dass er sich allein bemüht, ihn auf den rechten Weg zu bringen und seinen Willen auf das Gute zu richten.«

---

streichen ab, denn er erachtete sie für die Wahrhaftigkeit der Bundesgenossen als unnötig. Die Zeit hatte die archaische Sitte offenbar schon überholt.

467 Schen Gu Li, der ein tüchtiger Soldat gewesen sein soll, ist nicht weiter bekannt. Er ist weder identisch mit dem Schüler des Mo Di, Kin Gu Li, noch mit dem bei *Zhuangzi* pag. XIXf genannten Skeptiker und Quietisten Schen Dau.

468 Das »Südland«, Nan Yang, ist das Gebiet südlich vom Taischan, das ursprünglich zu Lu gehört hatte, aber von Tsi annektiert worden war. Es war das Gebiet, auf dem sich die Lichthalle fand (vgl. I B, 5). Fürst Ping von Lu will sich offenbar die Verlegenheit, in die Tsi durch seine Händel mit Yän gekommen ist, zu Nutze machen, um das strittige Land zurückzugewinnen. Mengzi hält aber nichts von Revanchekriegen.

9. Verkehrter Fürstendienst

Mengzi sprach: »Die Fürstendiener[469] von heute sprechen: ›Ich kann für meinen Fürsten Land gewinnen, ich kann ihm seine Kammern und Schatzhäuser füllen.‹ Was man heute ehrliche Diener nennt, nannte man in alten Zeiten Verbrecher am Volk. Einem Fürsten, der nicht auf rechtem Wege wandelt und seinen Willen nicht auf Güte richtet, einen solchen dennoch zu bereichern streben: das heißt das Scheusal Giä bereichern. – ›Ich kann für meinen Fürsten Bündnisse schließen mit anderen Staaten, so dass wir im Kriege sicher sind.‹ Was man heute ehrliche Diener nennt, nannte man in alten Zeiten Verbrecher am Volk. Einen Fürsten, der nicht auf rechtem Wege wandelt und seinen Willen nicht auf Güte richtet, einen solchen dennoch kriegstüchtig machen: das heißt das Scheusal Giä unterstützen. Wenn man einem, der auf dem Weg von heute wandelt, ohne die Sitten von heute zu ändern, selbst den ganzen Erdkreis gäbe: er könnte ihn nicht einen Morgen lang behaupten.«

10. Kultur und Staatseinkünfte

Bai Gui[470] sprach: »Ich möchte nur den Zwanzigsten erheben. Wie wäre das?«

Mengzi sprach: »Eure Art ist die Art der mongolischen Nomaden. Wenn eine Stadt von zehntausend Häusern nur einen Töpfer hätte, ginge das an?«

Jener sprach: »Nein, das Geschirr würde da nicht ausreichen.«

Mengzi sprach: »In der Mongolei wachsen nicht die fünf Kornarten; nur Hirse gedeiht dort. Es gibt dort keine ummauerten Städte,

---

469 Die Ordnungen der Opfer und Feste waren im Ahnentempel des fürstlichen Hauses aufbewahrt, der zugleich eine Art Archiv bildete. Vgl. den Tempel in Jerusalem.

470 Auch dieser Abschnitt ist einer von jenen, in denen sich Mengzi mit einer gewissen Erregtheit über die Fürsten seiner Zeit ausspricht. Dieser Ton der Rede unterscheidet ihn von Kung Dsï. Mehr als gegen die Fürsten sind die Worte jedoch gegen die herumziehenden Abenteurer unter Mengzis Zeitgenossen gerichtet, die eine wahre Landplage gewesen sein müssen und wohl der vornehmlichste Anlass waren für die bitteren Worte, die auch ein Zhuangzi »Wider die Kultur« gefunden hat.

keine Gebäude und Tempel, nicht die Bräuche der Opfer; es gibt keine Fürsten, keine Geschenke an Seide, keine Hoffeste; es gibt keine Beamten und Angestellten: darum kommt man dort mit dem Zwanzigsten aus.

Nun leben wir aber im Reich der Mitte: wie ließe es sich machen, auf alle gesellschaftlichen Rücksichten zu verzichten, alle höher gebildeten Männer zu entbehren? Wenn zu wenig Töpfer in einem Lande sind, kann man nicht auskommen; wie erst, wenn es keine Gebildeten gibt! Wer die Abgaben leichter machen will, als es Yaus und Schuns Art war, der kommt schließlich auf eine größere oder kleinere Mongolei hinaus, wie der, der sie schwerer machen will, schließlich auf eine größere oder kleinere Tyrannei hinauskommt.«

11. Ordnung der Wasser einst und jetzt

Bai Gui sprach: »Ich verstehe mich noch besser darauf, die Wasserläufe zu ordnen, als der große Yü [denn ich war rascher fertig als er][471].«

Mengzi sprach: »Ihr seid im Irrtum, Freund! Der große Yü ordnete die Wasser entsprechend den Gesetzen des Wasserlaufs. Darum machte er die Meere zum Aufnahmebecken. Ihr, lieber Freund, machtet die Nachbarländer zum Aufnahmebecken. Wasser, das man in andere als die natürlichen Wege zwingt, macht eine Überschwemmung. Überschwemmungen sind ja aber eben jener Zustand der Sintflut [den Yü beseitigt hat]; der aber ist einem gütigen Manne verhasst. Mein Freund, Ihr seid im Irrtum!«

12. Zuverlässigkeit

Mengzi sprach: »Einem Edlen, der nicht zuverlässig ist, ist nicht beizukommen[472].«

---

471 Bai Gui, mit Vornamen Dau, war ein Mann aus Dschou, der den üblichen Zehnten in den Zwanzigsten umwandeln konnte. Er scheint seiner ganzen Art nach dem Mo Di nahe gestanden und größte Einfachheit und Beschränkung der Ausgaben betont zu haben. Mengzi tritt ihm im Namen der Kultur entgegen, deren Ende die beabsichtigte Einfachheit bedeuten würde.
472 Die praktische Art, wie Bai Gui mit den Wasserläufen fertig wurde, scheint darin bestanden zu haben, dass er Dämme bauen ließ, durch die die Überschwemmungen in benachbarte Staaten abgeleitet wurden, eine Praxis, die

13. Die Liebe zum Guten

In Lu wollte man den Yo-Dschong Dsï[473] mit der Verwaltung betrauen. Mengzi sprach: »Als ich das hörte, konnte ich vor Freude nicht schlafen.«

Gung-Sun Tschou sprach: »Ist denn Yo-Dschong Dsï besonders tatkräftig?«

Mengzi verneinte.

»Ist er weise im Rat?«

Mengzi verneinte.

»Hat er vielseitige Erfahrung?«

Mengzi verneinte.

»Ja, warum freutet Ihr Euch dann so, dass Ihr nicht schlafen konntet?«

Mengzi sprach: »Er ist ein Mensch, der das Gute liebt.«

Gung-Sun Tschou sprach: »Ist die Liebe zum Guten schon genug?«

Mengzi sprach: »Die Liebe zum Guten ist mehr als genug für die Regierung der ganzen Welt, geschweige des Staates Lu. Wenn einer wirklich das Gute liebt, so sind allen Leuten innerhalb der vier Weltmeere auch Tausende von Meilen nicht zu weit; sie kommen herbei, ihm zu sagen, was gut ist. Wenn einer nicht das Gute liebt, so reden die Leute über ihn: Das ist einer von den Selbstgewissen, die da sprechen: ›Ich weiß es schon‹. Selbstgewissheit in Wort und Mienen hält die Leute tausend Meilen weit entfernt. Wenn die Gebildeten tausend Meilen weit wegbleiben, so kommen die Speichellecker und Liebediener herbei. Wer unter Speichelleckern und Liebedienern wohnt und möchte sein Land in Ordnung bringen, kann es ihm denn gelingen?«

übrigens noch heute vielfach üblich ist [sic zu Lebzeiten des Übersetzers und Herausgebers Richard Wilhelm, Anm. des Verlags]. Nicht ohne Humor weist Mengzi darauf hin, dass er, weit entfernt, dem großen Yü in seinen Taten überlegen zu sein, vielmehr gerade das herbeiführe, was jener beseitigt habe: die große Flut.

473 Vgl. dazu die Bemerkung Kungs über die Wahrhaftigkeit in *Lun Yü*.

14. Gründe für amtliche Tätigkeit[474]

Tschen Dsï[475] sprach: »Unter welchen Bedingungen nahmen die Edlen der alten Zeit ein Amt an?«

Mengzi sprach: »Aus drei Gründen nahmen sie ein Amt an, aus drei Gründen gaben sie es auf. Wenn ein Fürst sie mit Achtung und höflichen Formen empfing, und es hieß, er werde nach ihren Worten tun, so nahten sie sich ihm. Wenn dann später die Höflichkeit noch immer nichts zu wünschen übrig ließ, aber ihre Worte nicht befolgt wurden, so verließen sie ihn. Die nächste Stufe war, dass, obwohl von vorneherein es sich nicht darum handeln konnte, dass ihre Worte befolgt würden, sie doch empfangen wurden mit Achtung und höflichen Formen. Wenn dann später die Höflichkeit zu wünschen übrig ließ, so verließen sie ihn. Die letzte Auskunft war, wenn einer morgens nichts zu essen hatte und abends nichts zu essen hatte und vor Hunger nicht mehr zur Tür hinauskonnte, und ein Fürst hört davon und sagt: ›Für mich ist's zu groß. Ich kann seine Grundsätze nicht durchführen und kann auch seinen Worten nicht folgen; aber dass er in meinem Lande verhungern sollte, das wäre mir eine Schande. Ich will ihm helfen.‹ Das mag man auch annehmen, aber nur, um dem Hungertod zu entgehen.«

15. Die Schule der Trübsal

Mengzi sprach[476]: »Schun war Bauer, ehe er emporstieg. Fu Yüo ward berufen von seinen Brettern und Balken weg. Giau Go ward berufen von den Fischen und der Salzgewinnung weg. Guan I-Wu ward berufen vom Kerker weg. Sun-Schu Au ward berufen vom Meeresstrand weg. Bai-Li Hi ward berufen vom Marktplatz weg. Also, wem Gott

---

474 Diese Auseinandersetzung erinnert an die ähnlich gelagerten in Buch V B, 3-5. Bei der letzten Art, eine Bezahlung des Fürsten anzunehmen – infolge von äußerer Not –, erläutert Mengzi nicht, unter welchen Umständen man auf diesen Lebensunterhalt wieder zu verzichten habe. Diese letzte Möglichkeit, dass ein Gelehrter zu verhungern drohen konnte, war erst eine Folge der Verhältnisse zur Zeit der streitenden Reiche. Zu Konfuzius' Zeit brauchte man diese Not noch nicht zu fürchten. Die Gelehrten hatten damals noch ihr gesichertes Auskommen.
475 Tschen Dsï ist der in II, B, 3 genannte Tschen Dschen.
476 Eine der eindrücklichsten Passagen im *Mengzi*. Von den genannten historischen Beispielen wurde Schun schon häufig erwähnt. Fu Yüo findet im *Schu*

ein großes Amt anvertrauen will, dem schafft er sicher erst Bitternis in Herz und Willen, er schafft Mühsal seinen Nerven und Knochen, er lässt durch Hunger seinen Leib leiden und bringt sein Leben in äußerste Not. Er verwirrt und stört ihm seine Werke. So erregt er seinen Geist und macht duldsam sein Wesen und legt ihm zu, was ihm an Fähigkeit gebricht. Stets müssen die Menschen irren, ehe sie klug werden. Sie müssen verzweifeln in ihrem Herzen und ratlos werden in ihren Gedanken, ehe sie sich erheben zu kraftvoller Tat. Die Wahrheit muss ihnen entgegentreten in dem, was vor Augen ist; sie muss ihnen ertönen in dem, was sie hören, ehe sie sie verstehen können. Ein Volk, das im Innern keine mächtigen Geschlechter und aufrechten Männer hat und draußen keine feindlichen Nachbarn und äußeren Kämpfe, das wird stets zu Grunde gehen. Daran erkennt man, dass das Leben geboren wird in Trauer und Schmerzen und der Tod geboren wird in Wohlsein und Lust.«

16. Verschiedene Belehrung

Mengzi sprach: »Die Belehrung hat vielerlei Mittel. Wenn ich mich nicht hergebe, einen zu belehren, so gebe ich ihm eben dadurch auch eine Lehre.«

Ging IV, 7 Erwähnung. Der Herrscher Gau Dsung hatte ihn im Traum erblickt und so lange suchen lassen, bis er in der Wildnis von Fu Yän gefunden wurde. Giau Go wird in II, A, 1 erwähnt. Er war Verkäufer von Salz und Fischen, als ihn König Wu entdeckte und empfahl. Er war eine der stärksten Säulen der sinkenden Yindynastie. Guan I-Wu ist Guan Dschung, der bekannte und mehrfach genannte Kanzler des Fürsten Huan von Tsi, des ersten der fünf Bundeshäupter. Sun Schu Au war Kanzler des letzten der fünf Bundeshäupter, Dschuang von Tschu. Vgl. über ihn und seine Bescheidenheit *Liezi* VIII, 17. Bai-Li Hi wurde ebenfalls schon ausführlich erwähnt.

BUCH VII
Dsïn Sin

ABSCHNITT A
Wege zur Wahrheit

1. Der Mensch und sein Schicksal

I

Mengzi sprach: »Wer seiner Seele auf den Grund kommt, der erkennt sein eigentliches Wesen. Erkenntnis dieses eigentlichen Wesens ist Gotteserkenntnis. Wer seine Seele bewahrt, der nährt sein eigentliches Wesen und dient dadurch Gott. Früher Tod oder langes Leben machen für ihn keinen Unterschied. Er veredelt sein Leben und erwartet, was kommt. Dadurch verwirklicht er das ihm bestimmte Geschick.«[477]

---

[477] Man vergleiche zu diesem Abschnitt die entsprechenden Stücke in *Da Hüo* und *Dschung Yung*. Mengzi geht in diesem und den folgenden Abschnitten, die er in seinem höheren Alter gleichsam als Nachtrag verfasst haben soll, mehr in die Tiefe der Kontemplation als sonst. »Seele« (wörtlich: »Herz«), »eigentliches Wesen« (wörtlich: »Natur«) und »Gott« (wörtlich: »Himmel«) gehören zusammen. »Seele« ist soviel wie das bewusste Geistesleben, das »eigentliche Wesen« ist das zu Grunde liegende, nicht in Erscheinung tretende, aber das ganze Leben gesetzmäßig bestimmende »Ding an sich« des Menschen. Mit Beziehung auf den Menschen heißt es *sing* »Natur«, mit Beziehung auf Gott *ming* »Befehl«, »Wille Gottes«. Vgl. die folgenden Abschnitte. Der erste Satz handelt vom Erkennen, der zweite vom Handeln.

2. Der Mensch und sein Schicksal
II

Mengzi sprach: »Alles ist Gottes Wille. Man soll gehorsam entgegennehmen, was für einen recht ist. Wer Gottes Willen kennt, der wird sich nicht mutwillig unter eine dem Einsturz nahe Mauer stellen. Dass der Mensch seinen Weg vollendet und dann stirbt, das ist der ihm bestimmte Wille Gottes. Dass aber einer in Fesseln und Banden stirbt, das ist nicht der ihm bestimmte Wille Gottes.«[478]

3. Das rechte Suchen

Mengzi sprach: »Suchet, so werdet ihr finden; lasset ab, so werdet ihr verlieren! Das Suchen nützt also etwas zum Finden: wenn wir in uns selber suchen.

Das Suchen geht seinen Weg, das Finden aber ist vom Geschick bestimmt. Das Suchen nützt also nichts zum Finden: wenn wir draußen suchen.«[479]

4. Warum in die Ferne schweifen

Mengzi sprach: »Alles ist in uns selbst vorhanden. Wenn wir in uns gehen und sind wahrhaftig: das ist die höchste Freude. Wenn wir stark sind in der Nächstenliebe und darnach handeln: das ist der nächste Weg zur Vollkommenheit.«[480]

---

[478] Hier ist ein Versuch gemacht, die Allmacht und Allwissenheit Gottes mit der menschlichen Freiheit zu versöhnen. Alles ist Bestimmung, aber es gibt direkte und indirekte Vorsehung. Direkt von Gott bestimmt ist nur, was der Mensch in Verfolgung seiner ihm vorgezeichneten Laufbahn erfährt. Was ihn trifft, wenn er von dieser Bahn abweicht, ist zwar auch nach göttlichen Gesetzen, aber nicht direkt (»dschong«) von Gott so geordnet.

[479] Zwei einander widersprechende Sprichwörter, die sich auf die Wirkung des Gebets und sonstiger Versuche, das Schicksal zu beeinflussen, beziehen, werden auf die Gebiete ihres Geltungsbereichs verteilt. Das zweite entspricht dem: »Der Mensch denkt und Gott lenkt«.

[480] Die erste Hälfte betont die Seligkeit des: »omnia mea mecum porto«, die stoische Selbstgenügsamkeit von der Seite des Erkennens, die zweite Hälfte bezieht sich wieder auf das Handeln.

5. Dumpfheit

Mengzi sprach: »Sie handeln und wissen nicht, was sie tun; sie haben ihre Gewohnheiten und wissen nicht, warum; sie wandeln ihr ganzes Leben lang und kennen doch nicht ihren Weg: so sind sie, die Leute der Masse.«[481]

6. Das Schamgefühl
I

Mengzi sprach: »Der Mensch kann nicht ohne Scham sein. Wer sich der Schamlosigkeit schämt, braucht sich nicht zu schämen.«[482]

7. Das Schamgefühl
II

Mengzi sprach: »Das Schamgefühl ist das wichtigste am Menschen. Wenn einer gewandt ist in allerhand Kniffen und Auskünften, der kommt ohne Schamgefühl aus. Wer sich aber durch Schamlosigkeit von den Menschen unterscheidet, was hat der noch mit den Menschen gemein?«[483]

---

481 Vgl. *Lun Yü* VIII, 9. Neuerdings [sic zu Lebzeiten des Übersetzers und Herausgebers Richard Wilhelm, Anm. des Verlags] erheben manche der europäisch gebildeten jungen Leute gegen den Konfuzianismus den Vorwurf, dass er volksverdummend wirke, eben aufgrund jener *Lun Yü*-Stelle. Wenn man den vorliegenden Abschnitt jedoch mit jener Stelle zusammennimmt, so zeigt sich, wie unberechtigt dieser Vorwurf ist.

482 Die erste Hälfte betont die Seligkeit des: »omnia mea mecum porto«, die stoische Selbstgenügsamkeit von der Seite des Erkennens, die zweite Hälfte bezieht sich wieder auf das Handeln.

483 Diese Warnung vor der Schamlosigkeit ist besonders an die Wanderphilosophen der Zeit gerichtet, die durch ihre List jede beschämende Situation zu überwinden verstanden. Ihre Abnormität bestand infolge davon in einer Atrophie des Schamgefühls, die zu den schlimmsten Verkümmerungen gehört, die einem Menschen zustoßen können.

8. Das Selbstgefühl der Alten

Mengzi sprach: »Die weisen Könige des Altertums liebten den Wert und vergaßen darüber den Rang. Und warum hätten die weisen Gelehrten es nicht auch so machen sollen? Sie freuten sich ihrer Grundsätze und vergaßen darüber den Rang der anderen Menschen. Darum wenn Könige und Fürsten ihnen nicht mit großer Ächtung und äußerster Höflichkeit begegneten, so wurde es denselben nicht zu teil, sie öfters zu sehen. Nicht einmal jene Weisen öfter zu besuchen gelang ihnen, geschweige denn sie anzustellen.«[484]

9. Vom Wandern

Mengzi sagte zu Sung Gou-Tsiän: »Ihr liebt, zu wandern? Ich will Euch sagen, wie man wandern muss: Wenn uns die Leute kennen, dann können wir fröhlich unseres Weges gehen; wenn uns die Leute nicht kennen, dann können wir ebenso fröhlich unseres Weges gehen.«

Jener sprach: »Wie kann man diese Fröhlichkeit erlangen?«

Mengzi sprach: »Tugend schätzen und sich der Gerechtigkeit freuen: so kann man diese Fröhlichkeit erlangen. Darum wenn der Gebildete Misserfolg hat, so verliert er seine Gerechtigkeit nicht; hat er Erfolg, so weicht er nicht von seinem Weg. Wenn er im Misserfolg nicht die Gerechtigkeit verliert, so bleibt er sich selber treu. Wenn er im Erfolg nicht von seinem Weg weicht, so enttäuscht er nicht die Andern. Im Altertum machten es die Männer so, dass, wenn sie ihr Ziel erreichten, sie dem ganzen Volke Segen spendeten; wenn sie ihr Ziel nicht erreichten, so veredelten sie ihr Leben, dass es auf Erden strahlte. Im Misserfolg erhöhten sie nur ihr eigenes Leben; hatten sie Erfolg, so erhöhten sie gleichzeitig die ganze Welt.«[485]

---

484 Vgl. das Horazische: »Ich wickle mich in meine Tugend ein.«
485 Zu diesem Abschnitt über das Wandern vergleiche die ähnliche Umdeutung des Begriffs in *Liezi* IV, 7 und das erste Buch des *Dschuang Dsï*, das den Titel trägt: »Wandern in Muße«. Sung Gou-Tsiän oder – nach Andern – Gou Tsiän aus dem Staate Sung ist ein sonst nicht bekannter Wandersophist. Er war wohl nicht so schlimm wie die berüchtigten Wandersophisten, die sich an den Höfen eingenistet hatten.

10. Selbsttätigkeit

Mengzi sprach: »Die auf einen König Wen warten müssen, um sich zu Höherem zu erheben, das sind die Massenmenschen. Der höhere Mensch wird sich zu Höherem erheben auch ohne König Wen.«[486]

11. Verhalten gegenüber Reichtum

Mengzi sprach: »Gib einem Menschen den Reichtum der Häuser Han und We. Wenn er trotzdem nicht eingebildet wird, dann ist er den andern Menschen weit voraus.«[487]

12. Der Wert des Zwecks

Mengzi sprach: »Wer auf dem Weg zur Ruhe die Leute arbeiten lässt, dem werden sie nicht gram trotz aller Mühsal. Wenn man auf dem Weg des Lebens Menschen töten lässt, dann sterben sie, ohne dass sie murren gegen den, der sie tötet.«[488]

---

486 König Wen steht hier als Beispiel für einen Heiligen auf dem Thron. Wenn die Obrigkeit befiehlt, jedermann möge sich für ideale Dinge interessieren, so leistet der Einzelne dieser Anordnung Folge. Der höhere Mensch aber findet die Kraft zu einer solchen Erhebung in sich selbst.

487 Han, We und Dschau waren die drei Adelsgeschlechter, in die der Staat Dsin sich auflöste und die für ihren Reichtum sprichwörtlich waren. Solch plötzliches Reichwerden, wie es hier vorausgesetzt ist, war erst seit der Zeit der Streitenden Mächte möglich. In früherer Zeit – noch zu Kung's Tagen – war die gesellschaftliche Struktur noch fester geordnet, so dass eine solche abenteuerliche Schicksalsänderung nicht vorkam.

488 Der erste Absatz ist ohne Weiteres verständlich. Der zweite Absatz wird darauf bezogen, dass um einer Abschreckung der Andern willen Hinrichtungen stattfinden, dass aber selbst die Hingerichteten mit ihrem Los zufrieden sind, wenn die allgemeine Stimmung dem Herrscher mit überwältigender Mehrheit recht gibt.

13. Höchste Wirkung

Mengzi sprach: »In einem Militärstaat sind die Bürger stolz und hochgemut, im Staat eines wahren Herrschers sind die Bürger ruhig und zufrieden. Er mag sie töten, und sie murren nicht; er mag ihnen Vorteil bringen, und sie denken nicht an sein Verdienst; die Leute machen täglich Fortschritte im Guten und wissen nicht, wer sie dazu bringt. Der Herrscher wirkt, wo er vorüberkommt, schöpferisch, wo er weilt, göttlich; seine Wirkungen breiten sich aus nach allen Richtungen wie die der Natur. Wie kann man von ihm berichten, er habe da oder dort eine kleine Verbesserung eingeführt!«[489]

14. Die Wirkung der Güte

Mengzi sprach: »Gütige Worte gehen den Menschen nicht so tief zu Herzen wie ein gütiger Ton. Eine geschickte Regierung gewinnt die Leute nicht so völlig wie eine geschickte Belehrung. Eine geschickte Regierung lehrt die Leute Furcht, eine geschickte Belehrung lehrt die Leute Liebe. Eine geschickte Regierung gewinnt das Geld der Leute, eine geschickte Belehrung gewinnt das Herz der Leute.[490]

---

489 Der Unterschied zwischen den militärischen Bundeshäuptern (»ba«) und einem wahren Menschenkönig (»wang«) wird hier in Ausdrücken geschildert, die an die goldene Zeit, wie sie in *Lau Dsï* (Laotse), *Liezi* und *Zhuangzi* vorkommt, erinnern. Der Militarismus bewirkt Patriotismus und stolzes Bewusstsein. Seine Wirkungen sind alle erkennbar und aufzählbar, wie das Begießen der trockenen Pflanzen bei trockenem Wetter, während die Wirkungen des Herrschers im höchsten Sinn naturartig sind, so dass sie den Leuten gar nicht ausdrücklich zu Bewusstsein kommen. Vgl. dazu das Liedchen der Bauern unter dem Herrscher Yau:
›Die Sonne geht auf, und ich gehe an die Arbeit,
Die Sonne geht unter, und ich zur Ruhe.
Ich grabe meinen Brunnen und habe zu trinken,
Ich pflüge mein Feld und habe zu essen.
Des Herren Kraft – was ist sie mir?‹
490 Statt »ein gütiger Ton« übersetzen die alten Kommentare mit »ein gütiger Ruf«, so dass der Sinn wäre: »Mehr als gelegentliche freundliche Worte macht es Eindruck auf die Leute, wenn der Herrscher im Ruf eines gütigen Mannes steht.« Vgl. *Lun Yü* H, 3.

15. Allgemeinheit der guten Anlagen

Mengzi sprach: »Was die Menschen können, ohne es gelernt zu haben, das ist ihr eigentliches Können. Was die Menschen wissen, ohne sich darüber zu besinnen, das ist ihr eigentliches Wissen. Jedes Kind, das man auf den Arm nimmt, weiß seine Eltern zu lieben, und wenn es ein wenig größer ist, so weiß es seinen älteren Bruder zu achten. Anhänglichkeit an die Nächsten ist die Liebe, Achtung vor den Älteren ist die Pflicht. Es handelt sich um nichts anderes, als diese Gefühle auszudehnen auf die ganze Welt.«[491]

16. Schun in den Bergen

Mengzi sprach: »Als Schun in den tiefen Bergen weilte, da wohnte er zusammen mit Bäumen und Felsen, da ging er umher unter den Hirschen und Schweinen; wie klein war doch der Unterschied, der ihn von den wilden Menschen in jenen tiefen Bergen trennte! Aber wenn er ein einziges gutes Wort hörte, eine einzige gute Tat sah, da war er darauf aus wie ein Strom, der seinen Damm zerreißt und dahinströmt, unaufhaltsam.«[492]

17. Autonomie

Mengzi sprach: »Tue nichts, was dir nicht entspricht, zu tun; wünsche nichts, was dir nicht entspricht, zu wünschen. Das ist es, worauf es allein ankommt.«[493]

---

491 Das ›eigentliche‹ Können ist das intuitive, von selbst vorhandene. Der letzte Satz wird auch anders erklärt: »Es gibt keinen andern Grund dafür, als dass diese Gefühle auf der ganzen Welt zu finden sind.« Wir haben uns im Text an Dschau Ki angeschlossen.
492 Die Sage von Schun in den Bergen bezieht sich wohl auf seinen Aufenthalt auf dem Li-Berg. Man könnte das Gleichnis mit derselben Berechtigung auch anwenden auf die ersten Menschen unter den Anthropoiden.
493 Dschau Ki fasst den Sinn anders auf: »Lass keinen tun, was du nicht tust usw.« Doch scheint die Erklärung Dschu Hi's den Vorzug zu verdienen.

18. Die Frucht der Trübsal

Mengzi sprach: »Männer von Charakter, Scharfsinn, Klugheit und Weisheit haben in der Regel lange in Not und Elend gelebt. Da sind die verlassenen Diener ihres Herrn und die ungeliebten Söhne, die immer in ihrem Herzen auf der Hut sein müssen vor Gefahren und tief in Sorgen und Leid sind: darum bringen sie es zu etwas.«[494]

19. Verschiedene Art des Wirkens

Mengzi sprach: »Es gibt Fürstendiener[495]: sie dienen einem einzelnen Fürsten und freuen sich, wenn er sie freundlich ansieht. Es gibt Staatsdiener[496]: sie freuen sich darüber, wenn es ihnen gelingt, einen Staat in Ruhe und Ordnung zu bringen.

Es gibt Männer Gottes, die wirken nicht eher, als bis sie gewiss sind, dass, wenn sie Erfolg haben, ihr Wirken der ganzen Welt zu Gute kommen kann.

Endlich gibt es die ganz großen Männer, die selber recht sind und dadurch die Andern Recht machen.«

20. Die drei Freuden

Mengzi sprach: »Der Edle kennt drei Freuden und die Herrschaft über die Welt ist nicht darunter. Wenn Vater und Mutter beide noch leben und er bei seinen Brüdern im Frieden wohnt: das ist die erste Freude. Wenn er zu Gott emporblicken kann mit gutem Gewissen und den Menschen ins Auge sehen kann, ohne erröten zu müssen: das ist die zweite Freude. Wenn er die bestbegabten Jünglinge auf Erden zum Unterricht und zur Belehrung anvertraut bekommt: das ist die dritte

---

494 Vgl. VI. B, 15, »Not und Elend«, wörtlich »Fieber und Krankheit«.
495 Die Fürstendiener: die Übersetzung »sie freuen sich, wenn er sie freundlich ansieht« gibt die wahrscheinlichere Konstruktion wieder. Eine andere Erklärung ist: »sie handeln, damit der Fürst sie gnädig ansieht und sich ihrer freut.«
496 Staatsdiener: wörtlich »Beamte der Erd- und Kornaltäre«. Der Altar für die Götter des Bodens (»Schä«) und Korns (»Dsï«) repräsentiert den Bestand des Staates.

Freude. Der Edle kennt drei Freuden und die Herrschaft über die Welt ist nicht darunter.«[497]

21. Das höchste Ziel

Mengzi sprach: »Ein großes Land und viele Untertanen: der Edle ließe sich's gefallen, aber seine Freude ist es nicht. Im Mittelpunkt der Welt zu stehen und alles Volk auf Erden zur Ruhe zu bringen: dem Edlen würde das Freude geben, aber sein eigentliches Wesen ist es nicht. Was der Edle als sein eigentliches Wesen erkennt, dem kann nichts hinzugefügt werden, auch wenn er noch so großen Erfolg hat; dem kann nichts entzogen werden, und wenn er auch in Armut und Misserfolg lebt: denn es ist sein ihm bestimmtes Teil. Worin der Edle sein eigentliches Wesen sieht, das ist Liebe und Pflicht und Ordnung und Weisheit. Die wurzeln ihm im Herzen und die Wirkungen, die sie nach außen hervorbringen, zeigen sich in der milden Heiterkeit seines Gesichts, in der Würde, die man ihm selbst von hinten ansieht, und der ganzen Art seiner Bewegungen. Er braucht seine Bewegungen nicht vorher einzuüben, und doch drücken sie sein Inneres aus.«[498]

22. Sorge für das Alter

Mengzi sprach: »Be-I war von Dschou-Sin gewichen und weilte am Strand des Nordmeers. Als er hörte, dass König Wen seine Wirksamkeit begonnen, erhob er sich und sprach: ›Warum nicht hingehen und ihm mich anschließen? Der Markgraf des Westens verstehe es ja, für die Alten zu sorgen.‹

Tai Gung war von Dschou-Sin gewichen und weilte am Strand des Ostmeers. Als er hörte, dass König Wen seine Wirksamkeit begonnen, erhob er sich und sprach: ›Warum nicht hingehen und ihm

---

497 Vgl. dazu die Freuden des Kung Dsï in Lun Yü I, 1.
498 Das erste Ziel ist ein Lehenstaat, das zweite die unbeschränkte Wirkungsmöglichkeit auf Erden, das dritte und höchste die eigene Vervollkommnung. Der Schluss heißt wörtlich: »Ihre äußere Erscheinung erscheint milde im Antlitz, strömt über im Rücken und wirkt auf die vier Glieder. Den vier Gliedern braucht nichts gesagt zu werden, und doch verstehen sie.«

mich anschließen? Der Markgraf des Westens verstehe es ja, für die Alten zu sorgen.‹«

Wenn auf Erden es jemand versteht, für das Alter zu sorgen, so sind alle gütigen Männer bereit, ihm zuzufallen. Wenn bei jedem Hof von fünf Morgen an den Mauern Maulbeerbäume gepflanzt sind, auf denen die Bäuerin Seidenzucht treibt, so reicht es für die Alten, seidengefütterte Kleider zu tragen. Wenn fünf Hühner und zwei Mutterschweine da sind, denen man ihre Zeit lässt, so reicht es für die Alten, dass sie des Fleisches nicht entbehren. Ein Feld von hundert Morgen, das der Bauer pflügt, reicht aus, dass eine Familie von acht Köpfen nicht zu hungern braucht.

Wenn es hieß, der Markgraf des Westens verstehe es, die Alten zu pflegen, so war damit gemeint, dass er Feld und Hof seiner Leute in Ordnung brachte, dass er sie unterwies im Pflanzen und in der Viehzucht, dass er die Frauen und Kinder anhielt, für die Alten in ihrer Familie zu sorgen. Ein Fünfziger wird nicht warm, wenn er keine seidengefütterten Kleider hat, ein Siebziger wird nicht satt, wenn er kein Fleisch hat. Nicht warm und nicht satt sein heißt frieren und hungern. Unter dem Volk des Königs Wen gab es keine frierenden und hungernden Greise.[499]

23. Wohlstand und Sittlichkeit

Mengzi sprach: »Wenn man dafür sorgt, dass das Land gut bestellt wird und die Abgaben nicht zu schwer sind, so macht man, dass das Volk reich wird. Wenn man nur isst, was an der Zeit ist, und nur aufwartet, was der Anstand erfordert, so werden die Güter unerschöpflich. Wasser und Feuer zum Beispiel sind unumgänglich nötige Lebensbedürfnisse. Aber wenn jemand noch spät am Abend seinem

---

499 Vgl. dazu Buch I, A, 3 und IV, A, 13, wo auch Näheres über Be-I und Tai Gung zu finden ist. – Von den fünf Morgen, die zu einem Hof gehörten, waren zweieinhalb Gartenland und zweieinhalb für die Gebäude im Dorf bestimmt. Außerdem hatte jede Familie noch hundert Morgen Feld. In alten Zeiten gab es in China noch keine Baumwolle. Sie ist erst unter der Yüandynastie aufgekommen. Im Sommer trug man leinene Kleider, im Winter trugen wenigstens die alten Leute, statt der jetzt üblichen [sic zu Lebzeiten des Übersetzers und Herausgebers Richard Wilhelm, Anm. des Verlags] wattierten, seidene, die mit Seidenwatte gefüttert war.

Nachbar an die Tür klopft und ihn um Wasser oder Feuer bittet, so wird keiner sie ihm versagen, weil ja im Überfluss davon vorhanden ist. Wenn ein berufener Heiliger den Erdkreis ordnet, so sorgt er dafür, dass die Nahrungsmittel ebenso reichlich vorhanden sind wie Wasser und Feuer. Wie sollte es da unter den Leuten noch Ungüte geben!«[500]

24. Die Wahrheit und der Weg zu ihr

Mengzi sprach: »Meister Kung stieg auf den Ostberg: da ward das Land Lu klein vor seinen Augen. Er stieg auf den Großen Berg: da ward der Erdkreis klein vor seinen Augen. So geht es dem, der das Meer ansieht: es wird ihm schwer, von andern Wassern noch etwas zu halten. Und dem, der mit den Heiligen verkehrt: es wird ihm schwer, von andern Worten noch etwas zu halten.

Es gibt ein Mittel zu erkennen, ob ein Wasser eine Quelle hat. Man muss auf sein Plätschern achten. Sonne und Mond haben eigenes Licht. Wo man ihren Schein hereinlässt, wird es hell.

Fließendes Wasser ist von besonderer Art. Ehe es eine Vertiefung ausgefüllt hat, geht es nicht weiter. Der Gebildete steckt sich dasselbe Ziel bei der Erkenntnis der Wahrheit. Ehe er auf einer Stufe volle Meisterschaft erreicht, geht er nicht weiter.«[501]

---

500 Der Weg, wie ein Herrscher nach Mengzi sein Volk bereichern kann, ist einfach genug. Er sorgt nur dafür, dass die Produktion ihren geordneten Gang geht und nicht durch Abgaben zu sehr belastet wird und dass sich der Konsum in den naturgemäßen Grenzen hält. Gerade dem übertriebenen und geschmacklosen Luxus seiner Zeit gegenüber strebt Mengzi auf eine gewisse Einfachheit der Lebenshaltung hin, wie sie mit jeder wahren Kultur verbunden ist.

501 Der Abschnitt hat drei Teile: Erstens die unvergleichlich überragende Bedeutung der Wahrheit. Vgl. dazu das Gleichnis von der kostbaren Perle. Zweitens die Prüfung dieser Wahrheit. Vgl. dazu: »An ihren Früchten sollt ihr erkennen«. Drittens der Weg zur Wahrheit ist stufenweiser Fortschritt. – Der Ostberg ist ein Hügel bei der Hauptstadt von Lu. Der Große Berg ist der Taischan, der berühmteste der Heiligen Berge Chinas. Die Taischanbesteigung des Konfuzius spielt in der späteren Sage eine große Rolle. Vgl. in diesem Zusammenhang den Satz, dass man, wenn man das Meer gesehen hat, nichts mehr von anderen Wassern hält, Dschuang Dsï Buch XVII.

25. Der Heilige und der Räuber

Mengzi sprach: »Wer beim Hahnenruf aufsteht und an nichts anderes denkt als an Gutestun, der ist ein Genosse des heiligen Schun. Wer beim Hahnenruf aufsteht und an nichts anderes denkt als an seinen Nutzen, der ist ein Genosse des Räubers Dschï. Wollt ihr den Unterschied zwischen dem heiligen Schun und dem Räuber Dschï wissen? Er liegt nirgends sonst als in dem Abstand zwischen gut und nützlich.«[502]

26. Einseitigkeiten

Mengzi sprach: »Yang Dschu war Egoist. Sich auch nur ein Härchen ausziehen, um der ganzen Welt zu nützen: selbst das hätte er nicht getan. Mo Di war Philanthrop. Sich von Kopf bis zu Fuß den ganzen Leib kahl scheuern, um der Welt zu nützen: auch dazu war er bereit. Dsï Mo hielt sich an den Mittelweg. Sich an den Mittelweg halten, kommt ja der Wahrheit näher. Aber wenn man sich nur an den Mittelweg hält ohne eigenes Urteil, so ist das auch Einseitigkeit. Warum ich die Einseitigkeit hasse, das ist, weil sie der Wahrheit Eintrag tut, indem sie einen einzelnen Punkt betont auf Kosten von hundert anderen.«[503]

---

[502] Der Räuber Dschï (»Sohle«) ist eine sagenhafte Gestalt, die auch in *Dschuang Dsï* häufig erwähnt wird. Er entspricht in der chinesischen Literatur der Zeit etwa dem Schinderhannes. Er soll auf eine historische Gestalt aus dem Staate Tsin zurückgehen. Die Sagen, die ihn zum Bruder von Liu-Hia Hui und zum Bekannten von Kung Dsï machen, entbehren der historischen Begründung.

[503] Yang Dschu ist der in *Liezi* VII und sonst oft genannte skeptische Pessimist. Mengzi prägte seine zahlreichen Beinamen, mit denen er in die chinesische Geschichte eingegangen ist; gleiches gilt für Mo Di, den Philanthropen schlechthin. Vgl. III, A, 5 und II, B, 9. Mo Di hatte sich den Großen Yü zum Vorbild genommen, von dem es hieß, dass er sich die Haare an den Beinen abgescheuert habe, während er die Wasserläufe geordnet hatte – in ähnlicher Weise wie Mengzi in Schun sein Ideal findet. Über den dritten Philosophen Dsï Mo ist weiter nichts bekannt, als dass er aus Lu stammte. Er scheint eine Art eklektischer Vermittlungsphilosophie vertreten zu haben. Vielleicht zeigt sich nirgends besser als hier, wie weit der konfuzianische Weg von Maß und Mitte von einer bloß mechanischen bürgerlichen Mittelmäßigkeit entfernt ist. Die Kernbotschaft des Wegs von Maß und Mitte besteht in der Erkenntnis, dass immer das trifft, was unter Erwägung der Lage am Platz ist.

27. Der Hunger

Mengzi sprach: »Dem Hungrigen ist jede Speise recht, dem Durstigen ist jeder Trank recht. Aber sie kommen gar nicht zum rechten Geschmack an Speise und Trank, weil Hunger und Durst sie beeinträchtigen. Aber nicht nur Mund und Magen werden durch Hunger und Durst beeinträchtigt, auch das Herz der Menschen wird dadurch beeinträchtigt. Wenn jemand es fertig bringt, sein Herz frei zu halten von der Beeinträchtigung durch Hunger und Durst, so verursacht es ihm keinen Schmerz, wenn er es andern Menschen nicht gleichtun kann.«[504]

28. Unabhängigkeit

Mengzi sprach: »Liu-Hia Hui hätte nicht um der höchsten Ehrenämter willen seine Art zu leben aufgegeben.«[505]

29. Der Brunnen

Mengzi sprach: »Wenn's eine Tat zu vollbringen gilt, ist's wie beim Graben eines Brunnens. Hat man auch neun Klafter tief gegraben: wenn man nicht auf die Quelle kommt, so war die ganze Arbeit am Brunnen weggeworfen.«[506]

---

504 Wer frei werden kann von dem Verlangen nach Gütern, der erlangt Zufriedenheit und Freiheit, auch wenn er an Besitz andern Menschen nicht gleichkommt. Wer aber von der Gier verblendet ist, dem ist jedes Mittel recht, um sich Reichtum zu verschaffen. Dadurch wird aber sein inneres Leben geschädigt, weil er die Fähigkeit zur Beurteilung seiner Handlungen verloren hat, wie der Hungrige die Fähigkeit zur Beurteilung der Speisen.
505 Über Liu-Hia Hui vgl. II, A, 9; V, B, 6; VI, B, 6. Seine Haupteigenschaft war die Nachgiebigkeit. Hier ist darauf hingewiesen, wie er trotz dieser äußerlichen Anpassung innere Festigkeit besaß, sodass er sich durch keine äußere Erwägung aus seiner Bahn bringen ließ. »Höchste Ehrenämter« wörtlich: »die drei Herzöge«; gemeint sind die höchsten Ministerposten am Kaiserhof.
506 Klafter = 8 Fuß. Die Anwendung des Gleichnisses ergibt sich von selbst.

30. Verschiedene Arten des Besitzes

Mengzi sprach: »Yau und Schun besaßen's von Natur, die Könige Tang und Wu machten's sich zu eigen. Die Herrscher der Großmächte hatten's geborgt. Wenn jemand etwas lange geborgt hat und gibt es nicht zurück, wer merkt dann noch, dass es nicht sein Eigentum ist?«[507]

31. Fürst und Diener

Gung-Sun Tschou sprach: »I-Yin soll gesagt haben: ›Ich halte es nicht aus mit einem so Widerspenstigen‹ und habe den Tai Gia nach Tung verbannt, und alles Volk sei sehr zufrieden gewesen. Als Tai Gia sich gebessert, habe er ihn zurückgerufen, und auch damit sei das Volk sehr zufrieden gewesen. Wenn ein Weiser im Dienst eines Herrschers steht und der Herrscher ist unwürdig, darf er ihn dann wirklich verbannen?«

Mengzi sprach: »Wenn einer I-Yins Zweck dabei verfolgt, so darf er es. Wenn er nicht I-Yins Zweck im Auge hat, so darf er es nicht.«[508]

32. Wohlverdientes Brot

Gung-Sun Tschou sprach: »Im *Buch der Lieder* heißt es[509]:

›Iss kein unverdientes Brot!‹

Wie ist es danach zu verstehen, dass die Gebildeten, ohne zu pflügen, ihre Nahrung finden?«

Mengzi sprach: »Wenn ein Gebildeter in einem Lande wohnt und der Fürst auf ihn hört, so kommt das Land zu Ruhe, Reichtum, Ehre, Ruhm. Wenn die jungen Leute ihm nachfolgen, so werden sie ehr-

---

507 Das Gut, von dem die Rede ist, ist die zur Ausübung der Weltherrschaft nötige Gesinnung. Sie war bei den ganz großen Herrschern des Altertums angeboren, wurde von den großen Herrschern des chinesischen Mittelalters erworben und von den fünf Bundeshäuptern ›geborgt‹. Doch konnten Letztere konsequent heucheln, so dass ihnen niemand auf die Schliche kam.
508 Über I-Yin vgl. V, A, 6. Die Worte des I-Yin, die Gung-Sun Tschou hier zitiert, stammen aus dem *Schu Ging* IV, V, 1. 9.
509 Vgl. *Schï Ging* I, IX Ode 6.

fürchtig, bescheiden, gewissenhaft und zuverlässig. Wer handelt mehr nach dem Grundsatz: ›Iss kein unverdientes Brot!‹, als er?«

33. Die Arbeit des Gelehrten

Der Prinz Diän fragte den Mengzi und sprach: »Was haben die Gelehrten zu tun?«

Mengzi sprach: »Sich ein hohes Ziel zu stecken.«

Der Prinz sprach: »Was heißt das, sich ein hohes Ziel stecken?«

Mengzi sprach: »Nichts anderes als Liebe und Pflicht. Auch nur einen einzigen Unschuldigen zu töten, ist wider die Liebe; etwas, das nicht dein eigen ist, zu nehmen, ist wider die Pflicht. Wo ist unsere Heimat? In der Liebe. Was ist unser Weg? Die Pflicht. In der Liebe zu Hause sein und nach der Pflicht wandeln, das ist alles, was zu einem großen Manne gehört.«[510]

34. Kleine Vorzüge und große Fehler

Mengzi sprach: »Tschen Dschung Dsï hätte selbst den Besitz des Staates Tsi abgelehnt, wenn man ihn auf unrechtmäßige Weise ihm angeboten hätte. Darum genoss er allgemeines Vertrauen. Aber das Verdienst, das darin lag, ist nicht größer, als wenn er einen Korb Reis oder einen Teller Suppe abgelehnt hätte. Gegen die größten Pflichten der Menschen aber, die aus den Beziehungen zu den nächsten Verwandten, zwischen Fürst und Untertan, zwischen Hoch und Niedrig sich ergeben, hat er gesündigt. Einem um kleiner Vorzüge willen große Verfehlungen zugutehalten: wie ginge das an?«[511]

---

510 Ping Diän war ein Sohn des Königs von Tsi. Die Frage, die er stellt, kann wohl allgemein gemeint gewesen sein. Die Bevölkerung wird in China in vier Klassen geteilt: Gelehrte, Bauern, Handwerker, Kaufleute. Während bei den drei anderen ihr Beruf ohne weiteres klar war, konnte man bei den Gelehrten wirklich fragen, worin ihre eigentliche Aufgabe im Staat bestehe. Dass dabei der Blick auf die vielen wandernden Gelehrten der Frage einen besonderen Beigeschmack gegeben haben kann, ist leicht verständlich. Mengzi antwortet vom höchsten Standpunkt aus.

511 Tschen Dschung Dsï ist der wunderliche Heilige aus III, B, 10, wo man Näheres über ihn erfahren kann ist. Die zweite Hälfte des Abschnittes wird grammatikalisch verschieden aufgefasst. Wir haben den unzweifelhaften Sinn

33. Konflikt der Pflichten

Tau Ying[512] fragte den Mengzi und sprach: »Wenn zur Zeit als Schun Weltherrscher war und Gau Yau sein Strafrichter, Schun's Vater Gu Sou einen Menschen getötet hätte, wie hätte Gau Yau da handeln müssen?«

Mengzi sprach: »Er hätte ihn einfach festnehmen lassen müssen.«
Der Schüler fragte: »Ja, hätte Schun das nicht verhindert?«
Mengzi sprach: »Wie hätte Schun das verhindern können? Gau Yau war doch im Besitz einer ihm übertragenen Vollmacht.«
Der Schüler fragte: »Ja, was blieb für Schun da zu tun?«
Mengzi sprach: »In Schun's Augen war es nicht schwerer, das Weltreich wegzuwerfen als einen alten Schuh wegzuwerfen. Er hätte heimlich seinen Vater auf den Rücken genommen, wäre mit ihm entflohen und hätte sich mit ihm irgendwo am Strande des Ostmeers niedergelassen; da wäre er seiner Lebtage geblieben, heiter und fröhlich, und hätte das Weltreich vergessen.«

36a. Der Königssohn

Mengzi ging von Fan[513] nach Tsi. Da sah er von Weitem den Sohn des Königs von Tsi. Mit einem tiefen Seufzer sprach er: »Die Stellung hat denselben Einfluss auf die Seele wie die Nahrung auf den Leib! Sind wir denn nicht alle Menschenkinder?«

---

    der Stelle wiedergegeben, ohne uns auf eine der beiden Auffassungen festzulegen.
512 Tau Ying ist ein Schüler des Mengzi, über den nichts Näheres bekannt ist. Der Pflichtenkonflikt zwischen der Stellung des Herrschers, der für unparteiische Durchführung des Rechts zu sorgen hat, und der Stellung des Sohns, der unter allen Umständen seinen Vater retten muss, ist von Mengzi hier nicht ohne Humor gelöst. Übrigens geht die Sohnespflicht korrekterweise allen anderen Pflichten vor, so dass von einer wirklichen Kollision der Pflichten nicht die Rede sein kann. Eine Folge dieser klar bestimmten Rangordnung der Pflichten ist es auch, dass dem chinesischen Leben die Tragik fremd ist.
513 Fan ist ein Ort im Westen von Schantung. Nach Dschau Ki soll es eine Apanage der spätgeborenen Prinzen von Tsi gewesen sein.

36b. Der Adel und sein Einfluss

Mengzi[514] sprach: »Als der Fürst von Lu nach Sung kam, rief er am Hügelteichtor um Einlass. Der Torwart sprach: ›Es ist nicht unser Fürst; wie kommt's, dass seine Stimme so der unseres Fürsten gleicht?‹ Das hatte keinen andern Grund als die Gemeinsamkeit der Stellung. Die Prinzen haben größtenteils dieselben Wohnungen, dieselben Kleider wie andere Leute. Und doch haben die Prinzen so etwas Besonderes an sich. Das kommt von der Stellung, in der sie weilen. Wie muss erst einer sich zeigen, der weilt in dem weiten Haus der Welt!«

37. Achtung ist wichtiger als Gaben

Mengzi sprach: »Einen füttern, ohne ihn zu lieben, das heißt, ihn wie ein Schwein behandeln. Einen lieben, ohne ihn zu ehren, das heißt, ihn wie ein Haustier halten. Ehrfurcht und Achtung muss da sein, ehe man einem Geschenke darbringt. Wenn man einen nur mit den Zeichen der Ehrfurcht und Achtung abspeisen will, ohne dass sie wirklich vorhanden wären, so lässt sich ein anständiger Mensch dadurch nicht festhalten.«[515]

38. Der Leib

Mengzi sprach: »Auch der Leib ist uns von Gott verliehen, aber nur der vollkommene Mensch vermag seinen Leib zu verklären.«[516]

---

514 Dschu Hi nimmt diesen Abschnitt mit dem vorigen zusammen, dem er ja auch inhaltlich sehr nahe steht, und streicht infolge davon das »Mengzi sprach«. Wir haben den letzten Satz – das Beispiel von dem Fürsten von Lu, der dieselbe Stimme hatte wie der Fürst von Sung – vorausgesetzt, da er sonst nachhinkt. Die Nutzanwendung ist eine Anspielung auf III, B, 3.

515 Wieder einer der Abschnitte, in denen sich Mengzi mit dem Verhältnis zu den Fürsten auseinandersetzt.

516 Über die Bedeutung dieses Abschnittes sind manche Ansichten unter den Kommentaren im Umlauf. Tschong Dsï sagt: Der Heilige erst ist ein ganzer Mensch und vermag die leiblichen Anlagen zu erfüllen. Der Mensch entsteht aus der zentralen Kraft von Himmel und Erde und unterscheidet sich dadurch von den übrigen Geschöpfen. Wer Mensch ist, muss daher die menschliche Vernunft zur völligen Entfaltung bringen. Dann erst verdient er den Namen eines Menschen. Alle Menschen haben diese Anlagen, jedoch

39. Die Trauerzeit

Der König Süan von Tsi wollte die Trauerzeit abkürzen. Gung-Sun Tschou sprach: »Ist's nicht immer noch besser, ein Jahr lang zu trauern als gar nicht?«

Mengzi sprach: »Das wäre gerade, als wenn einer seinem älteren Bruder den Arm verrenkte und du würdest zu ihm sagen: ›Aber bitte, mach's wenigstens sachte!‹ Dem Mann muss man Ehrfurcht und Bescheidenheit beibringen, das ist alles!« –

Unter den Königssöhnen war einer, dessen Mutter gestorben war. Sein Lehrer bat für ihn um die Erlaubnis, wenigstens einige Monate trauern zu dürfen.

Gung-Sun Tschou sprach: »Was ist davon zu halten?«

Mengzi sprach: »Der hätte gerne die volle Zeit getrauert, aber es wurde ihm nicht erlaubt. In diesem Fall ist jeder Tag länger besser als gar nichts. Ich redete davon, wenn einer, ohne verhindert zu werden, die Trauer unterlässt.«[517]

40. Fünffache Art der Belehrung

Mengzi sprach: »Auf fünf verschiedene Arten spendet der Edle Belehrung. Auf manche wirkt er befruchtend wie ein Regen, der zur Zeit fällt, manche vollendet er in ihrem Wesen, manche bildet er aus in ihren Fähigkeiten, manchen beantwortet er ihre Fragen, und für manche ist er ein Vorbild für einsame Nachfolge. Diese fünf Arten sind es, wie der Edle Belehrung spendet.«[518]

---

unbewusst. Die Weisen versuchen, sie zu verwirklichen, es gelingt ihnen indes nicht völlig. Letzteres gelingt erst dem Heiligen.

517 Die vorgeschriebene Trauerzeit für Eltern waren 27 Monate. Eine Konzession war nicht möglich. Vgl. auch Kung Dsï's über diesen Sachverhalt in *Lun Yü* XVIII, 21. Dass Ausnahmen vorkommen konnten, wenn durch höhere Gewalt, wie z. B. den Willen des Vaters, eine Abkürzung der Trauerzeit nötig wurde, gibt Mengzi zu. Dsdiu Hi nimmt an, dass der betreffende Prinz, der Sohn einer Nebenfrau, infolge der Eifersucht der Hauptfrau seine Sohnespflicht nicht habe gänzlich erfüllen können.

518 Die erste Art des Einflusses ist nach Dschu Hi diejenige, wie Kung Dsï auf seine Jünger Yän Hui und Dsong Schen gewirkt hat, die zweite die, wie er auf Jan Niu und Min DsY Kiän gewirkt hat, die dritte die, wie er auf DsY Lu und Dsï Gung gewirkt hat. Die vierte Art findet ihr Beispiel in der Art, wie Kung

41. Erziehungsgrundsätze

Gung-Sun Tschou sprach: »Die Wahrheit ist wohl hoch und schön, aber als ob man in den Himmel steigen müsste; sie erscheint unerreichbar. Wäre es nicht besser, man ließe die Leute erst das, was sie etwa fertig bringen können, tun, und feuerte sie dann von Tag zu Tag an?«

Mengzi sprach: »Ein Handwerksmeister schafft nicht wegen eines ungeschickten Gesellen Lot und Richtlinie ab. Ein guter Schießmeister ändert nicht wegen eines ungeschickten Schützen die Regel des Bogenspannens. Der Meister spannt, aber er schießt nicht ab, er gibt nur Anregungen. Er steht in der Mitte des Weges, und wer es vermag, der folgt ihm nach.«[519]

42. Die Wahrheit und ihr Jünger

Mengzi sprach: »Wenn Ordnung auf Erden ist, so steht die Wahrheit unserem Leben zur Verfügung. Wenn keine Ordnung auf Erden ist, so muss unser Leben der Wahrheit zur Verfügung stehen. Ich habe aber nie davon gehört, dass man die Wahrheit Andern zur Verfügung stellen könne.«[520]

---

dem Fan Tschï oder Mong Dsï dem Wan Dschang seine Fragen beantwortete, während für die fünfte, indirekte Art der Einwirkung das Verhältnis von Kung Dsï und Mengzi ein Beispiel ist.

519 Gegen Konnivenz in moralischen Dingen. Der Schießmeister ist im Text als Schütze J bezeichnet, der eine sprichwörtliche Rolle spielte. Sehr gut ist die mäeutische Art der Erziehung hier geschildert.

520 Das Wort, das mit »zur Verfügung stehen« wiedergegeben ist, heißt wörtlich »mit einem in den Tod gehen«. Der Sinn des Abschnittes ist, dass die Wahrheit, die Grundsätze, etwas Persönliches sind. Herrscht Ordnung, so kann man sie ohne Weiteres durchführen. Herrscht keine Ordnung, sodass man sie nicht durchführen kann, darf man sie doch nicht aufgeben, sondern muss sich ihnen zuliebe in die Verborgenheit des Privatlebens zurückziehen. Dass man aber seine Grundsätze Andern aufopfert und ihnen nachfolgt, ist unwürdig.

43. Der eingebildete Jünger

Gung-Du Dsï sprach: »Als Prinz Gong von Tong Euern Unterricht besuchte, da schien es billig, ihm höflich zu begegnen, und doch habt Ihr ihm nicht geantwortet. Weshalb?«

Mengzi sprach: »Wenn einer beim Fragen sich auf seinen Stand etwas einbildet, wenn einer beim Fragen sich auf seine Weisheit etwas einbildet, wenn einer beim Fragen sich auf sein Alter etwas einbildet, wenn einer beim Fragen sich auf seine Verdienste etwas einbildet, so antworte ich ihm nicht. Zwei von diesen Dingen hatte Gong von Tong, auf die er sich etwas einbildete.«[521]

44. Fehler und ihre Folgen

Mengzi sprach: »Wer preisgibt, was man nicht preisgeben darf, der gibt alles preis. Wer Wichtiges unwichtig nimmt, für den gibt es nichts, das er nicht unwichtig nähme. Wer beim Vordringen allzu scharf ist, der ist beim Rückzug flink.«[522]

45. Stufen der Sympathie

Mengzi sprach: »Der Edle ist freundlich zu Tieren, aber er liebt sie nicht. Er liebt die Menschen, aber er ist nicht anhänglich an sie. An die Nächsten ist er anhänglich und liebt die Menschen. Er liebt die Menschen und ist freundlich zu den Tieren.«[523]

---

521 Gong von Tong war der Bruder des Fürsten von Tong und besuchte ebenfalls Mengzis Unterricht. Offenbar konnte er dabei aber nicht umhin, seinen hohen Stand und seine eigene Weisheit unausgesprochen geltend zu machen, weshalb Mengzi ihn auch nicht weiter beachtete. Vgl. VI, B, 2.

522 Drei Aphorismen über die üblen Folgen gewisser Fehler. Die beiden ersten Fehler sind negativer Art: das Sichgehenlassen und die Gleichgültigkeit. Der dritte Fehler ist positiver Art: Eiligkeit und Flüchtigkeit im Vordringen. Die beiden ersten Fehler sind Schwächen des Phlegmatikers, der dritte ist das Strohfeuer des Sanguinikers.

523 Die Abstufung der Sympathie. ‚Freundlich sein' (»ai«) ist die Äußerung der Liebe, ‚Liebe' (»Jen«) ist die innere Empfindung, ‚Anhänglichkeit' (»tsin«) ist die affektvolle Liebe. Diese Abstufungen macht Mengzi im Gegensatz zu Mo Di, in dessen allgemeinem Philanthropismus die feinen Unterschiede verschwanden, sodass die Liebe einen allgemeingültigen Charakter bekommt.

46. Das Wichtigste

Mengzi sprach: »Der Weise macht mit seinem Wissen vor nichts halt; aber er wendet sich zunächst seinen Pflichten zu. Der Gütige macht mit seiner Liebe vor nichts halt; aber zunächst steht ihm die Anhänglichkeit an die Würdigen als Pflicht vor Augen. Die Weisheit Yau's und Schun's selbst erstreckte sich nicht auf alle Dinge, aber sie taten zunächst ihre ersten Pflichten. Selbst die Güte eines Yau und Schun erstreckte sich nicht auf alle Menschen gleichmäßig, aber sie waren zunächst an die Würdigen anhänglich. Die dreijährige Trauerzeit nicht aushalten, aber genaue Untersuchungen über die Halbtrauer anstellen, die Suppe unmäßig hinunterschlürfen, aber sich überlegen, wann man das Fleisch nicht mit den Zähnen zerkleinern darf: das heißt Wichtiges und Unwichtiges nicht unterscheiden.«[524]

ABSCHNITT B
Sechs Stufen zur Sittlichkeit

1. Lieblosigkeit des Königs Hui von Liang

Mengzi sprach: »Ungütig fürwahr war König Hui von Liang! Der Gütige lässt die Art, wie er einen geliebten Menschen behandelt, auch den Ungeliebten zuteil werden. Der Ungütige behandelt auch die, die er liebt, wie Ungeliebte.«

Gung-Sun Tschou fragte: »Was heißt das?«

Mengzi sprach: »König Hui von Liang ließ um eines Stück Landes willen seine Leute zu Brei zermalmen in den Schlachten, in die er sie

---

524 Dieser Abschnitt bezieht sich auf das »Mücken seihen und Kamele verschlucken«. Bei der Ausdehnung des Wissens und des Gefühls ist es schädlich, wenn vager Dilettantismus an die Stelle einer sachgemäßen Reihenfolge tritt. Vgl. *Lun Yü* XII, 22. Die Gleichnisse beziehen sich auf Trauerregeln und Essregeln. Von den Trauerregeln war die wichtigste die der dreijährigen (genauer 27 Monate dauernden) Trauerzeit für die nächsten Angehörigen. Die ‚Halbtrauer' (»siau gung«, eine Trauerzeit von fünf Monaten, und »sï«, eine Trauerzeit von drei Monaten) kam ihr gegenüber an Wichtigkeit nicht in Betracht. Ähnlich verhält es sich mit den Essregeln, die in *Li Gi* I, I, 3 aufgeführt sind. Die erste ist eine allgemeine Anstandsregel, die gieriges Essen verbietet, die zweite eine Spezialregel, die sich darauf bezieht, in welchen Fällen man das Fleisch mit den Händen, in welchen man es mit den Zähnen zerkleinert.

schickte. Er erlitt eine schwere Niederlage, da wollte er es wiederholen; aber aus Furcht, er könne nicht den Sieg erringen, trieb er seinen eigenen Sohn mit in Schlacht und Tod. – Das heißt es, wenn ich sagte, er habe seine Geliebten behandelt wie die, die er nicht liebte.«[525]

2. Die Kriege der Frühlings- und Herbstannalen

Mengzi sprach: »In dem Buch vom Auf- und Niedergang der Staaten sind keine gerechten Kriege erzählt, wenn auch der eine besser sein mochte als der andere. Eine Züchtigung kann nur vom obersten Herrn angeordnet werden gegen einen untertänigen Staat zu dessen Strafe. Gleichgeordnete Staaten[526] können keine Züchtigungen gegeneinander unternehmen.«

3. Das »Buch der Urkunden«

Mengzi sprach: »Wenn man in allen Stücken dem *Buch der Urkunden* trauen wollte, da wäre es besser, wenn das ganze *Buch der Urkunden* nicht vorhanden wäre. In dem ganzen Abschnitt von der »Vollendung des Kriegs« nehme ich nur zwei, drei Stellen als glaubwürdig an. Denn ein gütiger Mann hat keinen Feind auf Erden. Wenn nun der Gütigste den Grausamsten züchtigt, wie sollte es da möglich sein, dass so viel Blut vergossen wird, dass es bis an den Rand der Mörser geht?«[527]

---

525 Hier zum Schluss noch einmal ein Rückblick auf den König Hui von Liang, der in Buch I, A, 1 die Schriften des Mengzi eröffnet. Der hier genannte Vorfall ist in I, A, 5 vom König Hui selbst erwähnt worden.

526 Das Buch vom Auf- und Niedergang der Staaten, die sogenannten *Tschun Tsiu* (*Frühlings- und Herbstannalen*), behandelt die Zeit, da nach dem Niedergang der Zentralgewalt der Reihe nach die fünf Schogune oder Ba die Vorherrschaft im Reiche ausübten. Vgl. zur Sache VI, B, 7.

527 Diese kritische Bemerkung des Mengzi über den Schu Ging ist sehr interessant, denn sie zeigt, dass auch schon vor der Bücherverbrennung durch Tsin Schï Huang gegen den Text des Schu Ging Bedenken geltend gemacht wurden. Nun ist allerdings das Bedenken Mengzis mehr von der Art eines moralischen Postulats als eine textkritische Untersuchung. Und es zeigt in erster Linie eine ähnlich freie Stellung gegenüber der Schrift, wie sie Luther manchen neutestamentlidien Briefen gegenüber einnahm. Eine Nachprüfung der Bemerkung des Mengzi ist übrigens heute nicht mehr möglich, da der genannte Abschnitt im heutigen *Schu Ging* nicht zu den 28 gehört, die mit einiger Wahrscheinlichkeit als genuin bezeichnet werden können. Heute ist in

4. Gegen den Krieg

Mengzi sprach: »Es gibt Leute, die sagen: ›Ich bin geschickt im Hufstellen der Schlachtordnung. Ich bin geschickt im Schlagen.‹ Das ist die größte Sünde. Wenn ein Landesfürst Milde liebt, so findet er auf Erden keinen Feind. Als Tang sich nach Süden wandte, um die Fürsten zu züchtigen, da beklagten sich die Grenzvölker im Norden. Als er sich nach Osten wandte, um die Fürsten zu züchtigen, da beklagten sich die Grenzvölker im Westen und sprachen: ›Warum nimmt er uns zuletzt dran?‹ Als König Wu das Haus Yin strafte, da hatte er nur 300 Kriegswagen und an Leibgarden 3000 Mann. Der König sprach: ›Fürchtet euch nicht! Ich will euch Ruhe geben, ich komme nicht als Feind des Volks.‹ Da war es, als fielen ihre Hörner ab, und sie verneigten sich vor ihm. Züchtigen kommt von Zucht. Aber jedermann will, dass er in Zucht und Ordnung kommt. Was bedarf es dazu des Krieges?«[528]

5. Was sich überliefern lässt

Mengzi sprach: »Ein Zimmermann und ein Wagner können ihrem Lehrling wohl Zirkel und Richtmaß in die Hand geben; aber Geschicklichkeit können sie ihm nicht geben.«[529]

Schu Ging V Buch III die Sache so dargestellt, als ob das Blutvergießen durch die eigenen Soldaten des Dschou-Sin hervorgerufen worden wäre, indem die vorderen Reihen sich gegen ihre eigenen Hintermänner gewandt hätten. Es ist aber nicht ausgeschlossen, dass diese Darstellung eine Folge der Kritik des Mengzi ist.

528 Vgl. zu den verschiedenen Sätzen IV, A, 14; I,A,5; I, B, 11. Noch nicht vorgekommen ist die Schilderung des Vorgehens des Königs Wu gegen Dschou-Sin. Eine Parallele, die aber sehr stark abweicht, findet sich in *Schu Ging* V, I, II, 9. Am Schluss findet sich ein Wortspiel mit »dschong« (hier übersetzt mit ‚Züchtigung') und »dschong« (‚recht machen', ‚in Ordnung bringen', hier übersetzt mit ‚Zucht').

529 gl. VII, A, 41 und auch die Geschichte von Wagner Flach in Dschuang DsY XIII, 10. Über die genannten Handwerker vgl. III, B, 4.

6. Der Lage entsprechend,

Mengzi sprach: »Schun aß seinen Hirsebrei und sein Gemüse, als gäbe es für ihn sein Leben lang nichts anderes. Als er dann Herr der Welt geworden war und gestickte Kleider hatte, die Laute spielte und zwei Prinzessinnen ihm aufwarteten, da nahm er alles hin, als habe er es von jeher besessen.«[530]

7. Die Folgen des Tötens

Mengzi sprach: »Von nun an weiß ich, welch' schwere Folgen es hat, die Nächsten anderer Leute zu töten. Wenn Einer den Vater eines Andern tötet, so wird der Andere auch seinen Vater töten. Wenn Einer den Bruder eines Andern tötet, so wird der Andere auch seinen Bruder töten. Wie gering ist der Unterschied, als wenn er selbst sie getötet hätte!«[531]

8. Defensive und Offensive

Mengzi sprach: »In alter Zeit befestigte man Pässe, um Gewalttat abzuhalten. Heutzutage befestigt man die Pässe, um selbst Gewalttat zu üben.«[532]

---

530 Hirsebrei, aus Sorghum oder Negerhirse bereitete Nahrung, die geringste, die es gibt. Die gestickten Kleider sind die Kaiserlichen Obergewänder. Die Untergewänder waren bemalt. Die beiden Prinzessinnen waren die Töchter Yau's. Sie kommen ebenso wie die Laute Schun's in Buch V, A, 2 vor.

531 Der Ausspruch ist wohl aus einem bestimmten, heute nicht mehr feststellbaren Anlass getan. Der letzte Satz hat die Bedeutung: »Er ist davon, dass er seine eignen Verwandten getötet hat, nur durch ein Zwischenglied geschieden.« Er hat sie also indirekt tatsächlich getötet.

532 Der Sinn ist ohne Weiteres klar. Vgl. zur Sache I, B, 5 und II, A, 6. Die Untersuchung der Ankömmlinge hatte eben den Zweck, zweifelhafte und gewalttätige Menschen fern zu halten, während zu Mengzi's Zeit die eingeforderten Abgaben eine Gewalttätigkeit waren. Aber man muss diese Punkte zugleich in ihrer strategischen Bedeutung ins Auge fassen. In alter Zeit waren es Defensivstellungen gegen feindliche Überfälle, zu Mengzi's Zeit waren sie Ausfallstore zur Bedrohung der Nachbarn.

9. Vernunft als Bedingung für Gehorsam

Mengzi sprach: »Wenn man selbst nicht der Vernunft gemäß handelt, so bringt man nicht einmal Frau und Kind dazu, danach zu tun. Wenn man Andern Befehle gibt, die der Vernunft widersprechen, so können sie nicht einmal von Frau und Kind ausgeführt worden.«[533]

10. Nutzen des Vorrats

Mengzi sprach: »Wer wohl versorgt ist mit irdischen Gütern, den kann auch ein böses Jahr nicht töten. Wer wohl versorgt ist mit geistigen Gütern, den kann auch ein verkehrtes Geschlecht nicht verwirren.«

11. Unmöglichkeit der Verstellung in kleinen Dingen

Mengzi sprach: »Ein ehrgeiziger Mensch kann wohl den Thron eines Großstaates ausschlagen. Wenn er aber nicht der Mann dazu ist, so wird es bei einer Schale Reis oder einem Teller Suppe zum Vorschein kommen.«[534]

12. Was einem Staate nottut

Mengzi sprach: »Wenn man den Guten und Weisen nicht traut, so ist alles eitel im Staate. Ohne Ordnung und Recht kommen Hoch und Niedrig in Verwirrung. Ohne gesetzliche Einrichtungen reichen die Güter nicht aus zum Gebrauch!«[535]

---

533 Der erste Satz bezieht sich darauf, dass man die Befolgung von Prinzipien, die man selbst nicht befolgt, auch nicht bei Andern durchsetzen kann, nicht einmal bei den Nächsten – bei Frau und Kind –, weil einem die sittliche Autorität fehlt. Der zweite Satz geht einen Schritt weiter: Wenn man Unvernünftiges von Andern verlangt, so *können* sie gar nicht gehorchen, selbst wenn sie den besten Willen dazu hätten.

534 Ehrgeizig ist in schlechtem Sinn gebraucht. Dschu Hi bemerkt sehr gut dazu: »Man darf die Leute nicht beurteilen nach Dingen, bei denen sie sich Mühe geben, sondern nach solchen, die ihnen unwichtig sind. Da erst wird man herausfinden, wie es ihnen wirklich zumute ist.«

535 Drei Aphorismen von losem Zusammenhang. Der erste bezieht sich auf die Menschen, der zweite auf die Sitten, der dritte auf die staatlichen Einrichtungen. Die chinesische Staatswirtschaft beruhte auf dem Grundsatz, dass

13. Grenzen der Möglichkeit

Mengzi sprach: »Dass ein Ungütiger sich in den Besitz eines Landes gesetzt hat, das kam schon vor, dass aber ein Ungütiger das Erdreich gewonnen, das hat es noch nie gegeben.«[536]

14. Woraus ein Staat besteht

Mengzi sprach: »Das Volk ist am wichtigsten, die Götter des Landes und Kornes kommen in zweiter Linie und der Fürst ist am unwichtigsten. Darum wer die Gunst des Landvolks erlangt, der wird der Herr der Welt; wer die Gunst des Herrn der Welt erlangt, wird Landesfürst. Wer die Gunst eines Landesfürsten erlangt, wird hoher Rat. Wenn ein Landesfürst die Altäre des Landes und Korns in Gefahr bringt, so wird er abgesetzt und ein Anderer für ihn eingesetzt. Wenn die Opfertiere vollkommen waren, wenn die Opferhirse und die Opfergefäße rein waren, wenn das Opfer zur Zeit dargebracht war, und es tritt dennoch Dürre oder Hungersnot ein, so werden die Götter des Landes und Kornes abgesetzt und Andere für sie eingesetzt.«[537]

---

die Einkünfte das Maß für die Ausgaben abgeben müssen. Die moderne Staatswirtschaft sieht in der Beschaffung der Mittel immer erst die zweite Frage. China war bis in die neueste Zeit Agrarstaat, wo sich die regulären Einnahmen nicht beliebig vermehren ließen.

536 Die Usurpation des Staates Tsi durch das Haus Tiän, die Aufteilung des Staates Dsïn unter die Geschlechter Dschau, We und Han (Letztere der Anfang der ›streitenden Reiche‹) waren zu Mengzi's Zeit schon Tatsache. Sie stritten nun um die Weltherrschaft und Mengzi hielt es für unmöglich, dass sie einem von ihnen durch bloße politische Machenschaften zufallen könnte. Durch Tsin Schï Huang wurde dieser Glaube Mengzis zerstört. Immerhin bemerken chinesische Kommentare mit Recht, dass keine Dynastie, die ohne innere Berechtigung auf den Thron kam, sich lange gehalten habe.

537 Einer der demokratischen Aussprüche des Mengzi. Eigentlicher Souverän im Staate ist das Volk, dessen Gnade auch dem Himmelssohn erst die Herrschaft verleiht, denn Gottes Gnade zeigt sich eben in der Gnade des Volkes. Gerade deshalb, weil die Stellung des Fürsten die am meisten abgeleitete ist, kann er am leichtesten entfernt werden, wo es höhere Gesichtspunkte wie das Staatswohl erfordern. Der Grundsatz: »l'état, c'est moi« widerspricht der chinesischen Auffassung diametral. Vollziehendes Organ des Volkswillens ist allerdings nicht ein Parlament, sondern hohe Räte, die mit der Volksautorität bekleidet vorgehen. Die Götter des Bodens und Korns sind die geistigen Repräsentanten der Naturbasis eines Staates. Jeder Berg, jeder Fluss, jede Ge-

15. Der Einfluss der Heiligen

Mengzi sprach: »Ein Heiliger ist der Lehrer von hundert Geschlechtern. So steht es mit Be-I und Liu-Hia Hui.[538] Darum wenn sie von Be-I erzählen hören, so werden die Abgestumpftesten in ihrem Gewissen geschärft, und die Schwächlinge lernen Entschlüsse fassen; wenn sie von Liu-Hia Hui erzählen hören, werden Kleinliche großartig und Engherzige weit. Sie taten sich hervor vor hundert Geschlechtern, und hundert Geschlechter nach ihnen werden gestärkt und erhoben, wenn sie von ihnen hören. Könnte außer einem Heiligen sonst noch jemand solche Wirkungen ausüben? Und wie muss erst ihre Wirkung auf die gewesen sein, die sich unmittelbar an ihrem Feuer wärmen konnten!«

16. Die Menschlichkeit

Mengzi sprach: »Menschlichkeit ist Menschenart. Menschlichkeit ist der Weg des Menschen.«[539]

---

markung und so auch jedes Land hat außer der sichtbaren, äußeren Seite auch noch ein Seelisches, Bewusstes. Die himmlischen Genien heißen »Schen« (‚die Aktiven‘, ‚die Ausdehnenden‘), die chthonischen Gottheiten heißen »Ki«, die menschlichen Ahnen heißen »Gui« (‚die sich Zusammenziehenden, Passiven‘), doch kommt auch »Gui-Schen« (Dämonen und Götter) in allgemeiner Bedeutung vor. Jeder himmlische oder irdische Gott nun, der an sich dem Menschlichen zu fremd und unfassbar wäre (ein Berggott z. B. hat keine besondere Leiblichkeit wie in Griechenland die Naturgeister, sein Leib ist vielmehr eben der Berg, in dem sein Seelisches wohnt, wie die Menschenseele in ihrem Leib), erhält von den Ahnengeistern eine Instanz beigeordnet, der die Vermittlung zwischen ihm und den Menschen herstellt. So ist der Ahn des Weltherrschers dem Himmelsgott beigeordnet, weshalb der Herrscher den Namen Himmelssohn führt, und so sind auch den Naturgeistern eines Landes menschliche Vertreter beigegeben. Wenn nun trotz gewissenhafter Erfüllung der religiösen Pflichten Störungen im Naturverlauf eintreten, so werden zunächst die Altäre niedergerissen und an einem andern Platz errichtet. Der Bund mit den Überirdischen wird gleichsam aufgelöst und neu geschlossen. Schon darin liegt eine gewisse Remonstration. In schlimmen Fällen endlich wird der menschliche Vertreter abgesetzt und dem Naturgeist ein neuer beigegeben, wie das einmal mindestens unter dem Vollender Tang geschah, als infolge schlechter Jahre der dem Korn beigeordnete Geist abgesetzt und Gou Dsï, der Ahn der späteren Dschoudynastie, an seine Stelle gesetzt wurde.
538 Über Be-I und Liu-Hia Hui vgl. V, B, 1.
539 Der Text ist etwas dunkel. Wörtlich heißt es: »Menschlichkeit [Jen] kommt von Mensch [Jen].« Zusammengefasst in einem Wort heißen sie »Weg«

17. Kung Dsï in Lu und Tsi

Mengzi sprach: »Als Meister Kung von Lu wegging, da sprach er: ›Langsam, langsam will ich gehen.‹ Das ist die Art, wie man sein Vaterland verlässt. Als er von Tsi wegging, nahm er den gewaschenen Reis ungetrocknet mit und ging. Das ist die Art, wie man ein fremdes Land verlässt.«[540]

18. Kung Dsï in Tschen und Tsai

Mengzi sprach: »Warum der Edle in solche Gefahr kam zwischen Tschen und Tsai, das ist, weil weder Obere noch Untere sich um ihn kümmerten.«[541]

19. Trost bei Verkennung

Mo Gi sprach: »Alle Menschen haben etwas an mir zu tadeln.«
Mengzi sprach: »Das tut nichts. Die Gebildeten haben meist unter dem Gerede der Menge zu leiden. Im *Buch der Lieder* heißt es:

›Mein Herz ist traurig und unruhig in mir,
Die Rotte der Narren, sie trachtet nach mir.‹

So ist es Meister Kung gegangen.

›Konnt‘ er auch ihren Groll nicht stillen,
So gab er doch nicht seine Ehre preis.‹

(dau). Die Erklärung des Tschong Dsï ist: Die Menschlichkeit als Ideal zusammengenommen mit dem Menschen als Erscheinung, als empirischem Individuum, wird »der Weg« genannt. Dschu Hi erwähnt eine auswärtige Mengzi-Ausgabe, in der noch ein Einschub enthalten ist, der den ganzen Zusammenhang aufklärt: »Menschlichkeit ist Menschenart, Gerechtigkeit ist, was recht ist, Ordnung ist, was unsere Schritte ordnet, Weisheit ist Wissen, Wahrhaftigkeit ist Wirklichkeit: alle zusammen werden sie als Weg bezeichnet.«

540 Vgl. V, B, 1.
541 Der »Edle« ist Kung Dsï‘. Über die Not in Tschen und Tsai vgl. *Lun Yü* XI, 2.

So ist es König Wen gegangen.[542]

20. Verschiedene Aufklärung

Mengzi sprach: »Die Weisen machen durch ihre eigene Erleuchtung die Menschen erleuchtet. Heutzutage macht man durch die eigene Umnachtung die Menschen erleuchtet.«

21. Der Bergpfad

Mengzi sagte zu dem Schüler Gau Dsï: »Auf den Bergpfaden sind die Fußspuren selten. Werden sie aber in einer bestimmten Richtung begangen, so wird ein richtiger Weg daraus. Nach einer Weile kommt der etwa wieder außer Gebrauch, dann überwuchert ihn das Gras wieder. So hat das Gras dein Herz überwuchert.«[543]

22. Falscher Schluss

Gau Dsï sprach: Die Musik des Yü ist der des Königs Wen überlegen.«
Mengzi sprach: »Woraus schließt du das?«
Gau Dsï sprach: »Weil der Glockenhenkel des Yü schon ganz durchgerieben ist.«
Mengzi sprach: »Daraus folgt noch nichts. Die Geleise in einem Torweg sind auch nicht von einem einzelnen Zweigespann so tief geworden.«[544]

---

542 Von Mo Gi ist weiter nichts bekannt. Die Übersetzung der Antwort des Mengzi folgt der Konjektur des Dschau Ki, die auch Dschu Hi übernommen hat und die in den Zusammenhang passt. Wörtlich würde es heißen: »Der Gebildete hasst diese Schwätzer«. Das erste Zitat steht in *Schï Ging* I, III, 1 v. 4; es bezieht sich dort auf einen viel verleumdeten Mann (oder Frau) aus We. Das zweite Zitat steht in *Schï Ging* III, I, 3 v. 8, wo es sich auf den großen König und sein Verhältnis zu den Kun-Barbaren bezieht.
543 Der Schüler Gau Dsï, der, wie Dschau Ki zu berichten weiß, dem Mengzi untreu wurde, ist nicht zu verwechseln mit dem alten Gau, über den Mengzi in VI, B, 3 redet, noch mit dem Sophisten Gau Dsï, der im Chinesischen ganz anders geschrieben wird. Die Übersetzung gründet sich auf Mong Dsï Dschong I.
544 Es ist hier derselbe Gau Dsï genannt wie im letzten Abschnitt, von dessen Torheit ein Beispiel gegeben werden soll. Er schließt daraus, dass die Glocke des

23. Tempora mutantur

In Tsi war eine Hungersnot. Tschen Dschen sprach zu Mengzi: »Die Leute im Land denken alle, Ihr würdet wieder für sie die Kornspeicher von Tang öffnen lassen, Meister. Aber so etwas lässt sich wohl nicht wiederholen?«

Mengzi sprach: »Da würde ich es machen wie Fong Fu, der geschickt war mit Tigern zu kämpfen. Schließlich aber war er ein bekannter Gelehrter geworden. Da kam er einmal in eine wilde Gegend; da war eine Menge Menschen, die einen Tiger verfolgten. Der Tiger zog sich in einen Felswinkel zurück, und niemand wagte sich an ihn heran. Da sahen sie den Fong Fu in der Ferne; sie eilten ihm entgegen. Und wirklich, Fong Fu schwang die Arme und stieg vom Wagen. Die Masse war sehr zufrieden mit ihm. Aber die Gebildeten lachten ihn aus.«[545]

24. Notwendigkeit und Freiheit

Mengzi sprach: »Das Bedürfnis des Geschmackssinns nach Leckerbissen, das Bedürfnis des Gesichtssinns nach schönen Farben, das Bedürfnis des Gehörsinns nach schönen Tönen, das Bedürfnis des Geruchssinns nach Wohlgerüchen, das Bedürfnis des Leibes nach Ruhe und Behagen: das alles sind Bedürfnisse unserer Natur. Aber sie werden beschränkt durch den göttlichen Willen; darum redet der Edle nicht von schrankenlosem Ausleben seiner Natur. – Dass die Liebe walte zwischen Vater und Sohn, dass die Pflicht walte zwischen

---

    großen Yü mehr abgenützt sei als die des Königs Wen, darauf, dass die Musik des ersteren besser sei, während Mengzi darauf hinweist, dass sie älter sei und sich die Abnützung hieraus erkläre. Im Übrigen wird man sich bei dem Abschnitt mit dem Ausspruch des Dschu Hi zufrieden zu geben haben: »Der Text dieses Abschnittes ist aus sich selbst vollkommen unverständlich. Die wiedergegebene Erklärung beruht auf der seit alters überlieferten Tradition. Wir geben sie wieder, ohne zu wissen, ob sie richtig ist oder nicht.«

545 Tschen Dschen ist ein schon mehrfach genannter Jünger des Mengzi. Dieser hatte anlässlich einer Hungersnot in Tsi einmal den König veranlasst, die Kornspeicher in Tang (im heutigen Kreis Tsimo) öffnen zu lassen. Eine Wiederholung lehnt er ab. Aus welchem Grund; sagt er nicht. Stattdessen erzählt er zur Befriedigung des Schülers eine Anekdote. Der Abschnitt ist ein Beispiel, wie Mengzi gelegentlich auch redend schweigen konnte.

Herrscher und Diener, dass der Anstand walte zwischen Gast und Wirt, dass die Weisheit walte zur Erkenntnis der Würdigen, dass der Heilige walte über des Himmels Weg: das alles sind Gebote des göttlichen Willens. Aber der Mensch besitzt in seiner Natur die Freiheit zu ihrer Erfüllung. Darum redet der Edle nicht untätig von der Notwendigkeit, mit der der göttliche Wille herrsche.«[546]

23. Stufen des Menschenwesens

Hau-Schong Bu-Hai fragte den Mengzi und sprach: »Was für ein Mensch ist Yo-Dschong Dsï?«

Mengzi sprach: »Ein guter Mensch, ein wahrer Mensch.«

Jener sprach: »Was heißt gut, was heißt wahr?«

Mengzi sprach: »Einer, der liebenswürdig ist, heißt gut; wer das Gute in sich selbst besitzt, heißt wahr; wer das Gute in voller Wirklichkeit besitzt, heißt schön; wer es in voller Wirklichkeit besitzt, sodass es von ihm ausstrahlt und leuchtet, heißt groß; wer groß ist und Schöpferkräfte entfaltet, heißt heilig; wer heilig ist und unerforschlich, heißt göttlich. Yo-Dschong Dsï ist in der Mitte zwischen den beiden ersten und unterhalb der vier letzten Stufen.«[547]

---

546 Der Abschnitt behandelt das Verhältnis zwischen Freiheit bzw. Naturanlage (»sing«) und Notwendigkeit bzw. Gottes Wille (»ming«). Auf der einen Seite steht die sinnliche Natur mit ihren Bedürfnissen. Aber diese Natur bedarf, um nicht das Ziel zu überschreiten, der Beherrschung durch das Sollen. Auf der anderen Seite stehen die Gebote des Sollens, die sich als Ausdruck göttlichen Willens mit der Macht von Naturgesetzen auswirken. Ihre Erfüllung ist jedoch zugleich in der menschlichen Natur angelegt; der Mensch besitzt die Freiheit, nach ihnen zu handeln. Darum steht er ihnen nicht quietistisch gegenüber. Vgl. dazu: »Schaffet, dass ihr selig werdet mit Furcht und Zittern; denn Gott ists, der in euch wirket beides, das Wollen und das Vollbringen.«

547 Hau-Schong Bu-Hai war nach Dschau Ki ein Mann aus Tsi. Der Vorname Bu-Hai kommt auch sonst vor. Yo-Dschong Dsï ist der Jünger, auf dessen Anstellung in Tsi Mengzi so große Hoffnungen gesetzt hatte. Vgl. VI, B, 13 und I, B, 16.

26. Behandlung von Konvertiten

Mengzi sprach: »Wer dem Mo Di entgangen ist, fällt sicher dem Yang Dschu anheim. Wer auch dem Yang Dschu entgangen ist, der fällt sicher der rechten Lehre anheim. Wenn er uns zufällt, so soll man ihn einfach ohne Weiteres aufnehmen. Aber die Leute, die mit den Anhängern von Yang Dschu und Mo Di disputieren, die machen es, als liefen sie einem davongegangenen Schweine nach. Wenn's in ihren Stall gegangen ist, so kommen sie noch und binden es an.«[548]

27. Vorsicht in Auferlegung von Abgaben

Mengzi sprach: »Es gibt Leistungen an Linnen und Seide, es gibt Leistungen an Korn und Schrot, es gibt Leistungen an Fronarbeit. Der Fürst sollte jeweils nur eine beanspruchen und die beiden andern verschieben. Verlangt man zwei zur selben Zeit, so kommt das Volk in Not; verlangt man alle drei, so lösen sich alle gesellschaftlichen Bande auf.«[549]

28. Der Reichtum der Fürsten

Mengzi sprach: »Drei Schätze haben die Fürsten: ihr Land, ihr Volk und ihre gesetzlichen Einrichtungen. Wer aber Perlen und Edelsteine für seine Schätze hält, dem naht das Unheil sicher.«[550]

---

[548] Mengzi redet hier nicht ohne Humor über die Schuldisputationen mit den Ketzern, deren man sich nach ihrer Bekehrung noch besonders versichern wollte.

[549] Der Frühling, die Zeit der Feldarbeit, war frei von Abgaben und sonstigen Leistungen für den Staat. Leinwand und Seide mussten im Sommer geliefert werden, ungeschältes und geschältes Korn im Herbst (»mi« ist ursprünglich Hirse, erst später im Sinn von Reis gebraucht), die Fronarbeiten waren für den Winter aufgespart. »So lösen sich alle gesellschaftlichen Bande«, wörtlich »Vater und Sohn verlassen einander«.

[550] Vgl. *Der reichste Fürst* von J. Kerner.

29. Voraussage

Als Pen-Tschong Guo im Lande Tsi Beamter wurde, da sagte Mengzi: »Pen-Tschong Guo ist ein toter Mann.«

Als Pen-Tschong Guo später wirklich getötet wurde, da fragten den Mengzi seine Jünger und sprachen: »Woher wusstet Ihr, Meister, dass Pen-Tschong Guo getötet werden würde?«

Mengzi sprach: »Er war ein Mensch mit kleinlicher Schlauheit; da er aber keine Ahnung hatte von den großen Grundsätzen eines höheren Menschen, so besaß er gerade genug, um sich den Tod zuzuziehen.«[551]

30. Erlebnis in Tong

Als Mengzi nach Tong kam, wurde ihm eine Wohnung angewiesen im Obergeschoss des Schlosses. Dort hatte ein halbfertiger Schuh unter dem Fenster gelegen, der Hausmeister suchte ihn und fand ihn nicht. Da fragte einer den Mengzi: »So, so? Den hat wohl einer von denen, die mit Euch gekommen sind, weggenommen.«

Mengzi sprach: »Denkt Ihr, wir seien gekommen, um Schuhe zu stehlen?«

Jener sprach: »Allerdings wohl nicht. – Ja, Meister, Ihr lehrt die Leute und sucht keinen zu halten, der gehen will, und weiset keinen ab, der kommen will. Wenn einer redlichen Herzens kommt, den nehmt Ihr einfach ohne Weiteres an.«[552]

---

551 Pen-Tschong Guo soll einmal eine Zeitlang Schüler des Mengzi gewesen sein. Er gehörte zu der Klasse von Leuten, von der die Kung in *Lun Yü* XV, 16 spricht.

552 Eine Anekdote aus dem Aufenthalt des Mengzi bei dem Herzog Wen von Tong. Die Geschichte wurde wohl aufgezeichnet wegen der Schlusswendung, wo der Hausmeister von der Art, wie Mengzi seine Schüler um sich sammelte, eine Beschreibung machte, die dieser als treffend akzeptierte. Vgl. *Lun Yü* VII, 28. – Statt »Obergeschoss des Schlosses« findet sich auch die Auffassung, dass »Schang gung« ein Ortsname gewesen sei. Eine alte Lesart macht ferner aus dem »Meister« im letzten Satz ein »Ich«. Danach wäre es ein Ausspruch des Mengzi über sich selbst. Doch passt diese Auffassung nicht so recht in den Zusammenhang.

31. Die Anlage zum Guten

Mengzi sprach: »Alle Menschen haben Dinge, die sie nicht mit ansehen können, ohne dass sich ihr Mitleid regt. Diese Gesinnung übertragen auf die Dinge, die sie ruhig mitansehen, ergibt die Liebe. Alle Menschen haben Dinge, die sie unter keinen Umständen tun. Diese Gesinnung übertragen auf die Dinge, die sie ohne Bedenken tun, ergibt das pflichtmäßige Handeln. Wenn die Menschen die Gesinnung, die Andern keinen Schaden zufügen möchte, zu voller Entfaltung bringen würden, so könnte man die Liebe gar nicht voll aufbrauchen. Wenn die Menschen die Gesinnung, die ihnen verbietet, einen Einbruchsdiebstahl zu begehen, zu voller Entfaltung bringen würden, so könnte man die Pflichttreue gar nicht voll aufbrauchen. Wenn die Menschen das Gefühl, sich nicht in frecher Weise duzen zu lassen, zu voller Wirklichkeit entfalteten, so würden sie nirgends, wohin sie gehen, von ihrer Pflicht abweichen. Aber wenn ein herumziehender Gelehrter Dinge schwätzt, die er nicht sagen sollte, leckt er schwätzend mit seiner Zunge nach Gewinn. Wenn er Dinge verschweigt, die er sagen sollte, so leckt er schweigend mit seiner Zunge nach Gewinn. Das alles gehört in dieselbe Klasse wie der Einbruchsdiebstahl.«[553]

32. In der Beschränkung zeigt sich erst der Meister

Mengzi sprach: »Worte, die von Nahem handeln und doch auf Fernes deuten, sind gute Worte. Sich auf das Wichtigste beschränken und doch ins Breite wirken, das ist ein guter Grundsatz. Die Worte des Edlen gehen nicht über den Gürtel hinunter und doch ist die ganze Wahrheit darin enthalten. Woran der Edle sich hält, das ist die Ver-

---

553 Hier ist der Grundsatz von II, A, 6 auf eher humorvolle Weise ausgeführt. Die Entstehung der Pflichttreue wird an zwei Instanzen aufgezeigt: einer ganz groben, dem Einbruchsdiebstahl (Durchgraben und Übersteigen der Mauern), dessen sich jedermann schämt, und einer ganz unbedeutenden, dem Unbehagen, sich duzen zu lassen. Dieses Schamgefühl wird zu dauernder Selbstachtung führen. Der Schluss bezieht sich auf die Wandersophisten, die durch ihr Geschwätz oder durch ihre Geheimniskrämerei den Fürsten zu imponieren suchten, um dadurch »mit ihrer Zunge [Gewinn] aufzulecken«. Die Übersetzung »Speichellecker« liegt nahe, trifft aber den Sinn nicht ganz genau.

edlung seines eigenen Lebens; dadurch kommt die ganze Welt zu Frieden.

Der Fehler der Menschen ist, dass sie ihre eigenen Felder liegen lassen und auf anderer Leute Felder Unkraut jäten, dass sie Schweres von Andern verlangen und sich selbst nur Geringes zumuten.«[554]

33. Ziel der Sittlichkeit

Mengzi sprach: »[…] Wenn jede Miene und jede Bewegung dem Anstand entspricht, das ist die höchste Stufe völliger Herrschaft des Geistes. Man soll die Toten beweinen aus aufrichtiger Trauer, nicht um der Lebenden willen. Man soll unentwegt der Tugend folgen ohne Rücksicht auf äußere Beförderung. Man soll in seinen Worten stets zuverlässig sein, ohne die Absicht, sich in den Ruf eines gerechten Wandels zu bringen. Der Edle handelt nach dem Sittengesetz und nimmt sein Schicksal gelassen entgegen.«[555]

34. Verkehr mit Fürsten

Mengzi sprach: »Wer den Großen raten will, der muss sie verachten und darf nicht ihr vornehmes Gepränge ansehen. Ein Saal, viele Klafter hoch mit einem viele Fuß weit hervorragenden Dach: wenn ich alle meine Wünsche erfüllt bekäme, ich fragte nichts danach. Eine reichbesetzte Tafel und Hunderte von Knechten und Mägden: wenn ich alle meine Wünsche erfüllt bekäme, ich fragte nichts danach. Große festliche Weingelage und der Lärm der Jagden mit Tausenden von Wagen im Gefolge: wenn ich alle meine Wünsche erfüllt bekäme, ich fragte nichts danach. Alles, was sie haben, ist etwas, nach dem ich

---

554 »Die Worte des Edlen gehen nicht über den Gürtel hinunter.« Dazu bemerkt Dschu Hi: »Im Altertum richteten die Leute ihre Blicke nicht tiefer als den Gürtel. Was also oberhalb des Gürtels ist, das sind die alltäglichen, immer vor Augen liegenden Dinge, in denen aber auch die höchste Vernunft zum Ausdruck kommt.«
555 Sittlichkeit um ihrer selbst willen ohne äußere Triebfeder wird hier gefordert. Im chinesischen Text stehen zu Beginn noch die Worte: »Yau und Schun hatten es von Natur, Tang und Wu bekehrten sich dazu«, die aus VII, A, 30 hierher versprengt zu sein scheinen.

nichts frage. Was ich habe, das sind alles die Werke der Alten. Warum also sollte ich ehrfürchtige Scheu vor ihnen haben?«

35. Wunschlosigkeit

Mengzi sprach: »Um sein Gemüt zu bilden, gibt es nichts Besseres als seine Wünsche wenig zu machen. Ein Mann, der wenig Wünsche hat, wird wohl auch einmal die Gewalt über sein Herz verlieren, aber doch selten. Ein Mann, der viele Wünsche hat, wird wohl auch einmal die Gewalt über sein Herz behalten, aber doch selten.«

36. Meister Dsong's Trauer um seinen Vater

Dsong Si aß gerne Schafdatteln. Sein Sohn, der Meister Dsong, brachte es nach dem Tode seines Vaters nicht mehr fertig, Schafdatteln zu essen.

Gung-Sun Tschou befragte den Mengzi darüber und sprach: »Was schmeckt besser, gehackter Braten oder Schafdatteln?« Mengzi sprach: »Gehackter Braten, natürlich.«

Gung-Sun Tschou sprach: »Warum aß dann der Meister Dsong gehackten Braten, während er sich der Schafdatteln enthielt?«

Mengzi sprach: »Gehackter Braten ist eine gemeinsame Speise aller Menschen, während Schafdatteln eine besondere Lieblingsspeise seines Vaters gewesen waren. Nach dem Tode des Vaters vermeidet man ja auch den Rufnamen auszusprechen, während man den Geschlechtsnamen nicht vermeidet, weil der Geschlechtsname etwas Gemeinsames, der Rufname aber etwas Besonderes ist.«[556]

---

[556] Schafdatteln sind eine Art von kleinen wilden Persimonen, die in Nordchina wachsen. Dsong Dsï wurde durch diese Lieblingsspeise seines verstorbenen Vaters an ihn erinnert und vermochte sie daher nicht zu essen. Zu dem Beispiel des Mengzi ist zu bemerken, dass, ähnlich wie im alten Israel der Gottesname, so in China der persönliche Name des jeweiligen Kaisers, sowie innerhalb der einzelnen Familien der Vorname des verstorbenen Vaters, vermieden wird.

37. Die Jünger der Wahrheit und die Weltmenschen

Wan Dschang fragte den Mengzi und sprach: »Als Meister Kung in Tschen war, sagte er: ›Warum gehe ich denn nicht heim? Meine jungen Freunde zu Hause sind enthusiastisch und großartig, sie machen Fortschritte und sind aufnahmefähig und vergessen nicht, was sie früher gelernt.‹ Als Meister Kung in Tschen war, warum gedachte er da der enthusiastischen Jünglinge von Lu?«

Mengzi sprach: »Da Meister Kung keine Leute fand, die in der Mitte wandelten, um mit ihnen zu sein, so wollte er wenigstens Leute von Enthusiasmus und Entschiedenheit. Die Enthusiasten machen Fortschritte und sind aufnahmefähig. Die Entschiedenen haben Grenzen, die sie nicht überschreiten. Es war keineswegs so, dass Meister Kung Leute, die in der Mitte wandelten, nicht wünschte! Aber er konnte keine finden, darum gedachte er derer auf der nächsten Stufe.«

Der Schüler sprach: »Darf ich fragen: Wie waren die, die man als Enthusiasten bezeichnen kann?«

Mengzi sprach: »Es sind die Leute wie Kiu Dschang, Dsong Si und Mu Pi, die Meister Kung als Enthusiasten bezeichnete.«

Wan Dschang fragte: »Weshalb bezeichnete er sie als Enthusiasten?«

Mengzi sprach: »Sie hatten großartige Ziele. Sie sagten: ›Die Alten, die Alten!‹ Aber wenn man ihren Wandel daraufhin abwog, so entsprach er ihren hohen Reden nicht. Und wenn er selbst keine Enthusiasten finden konnte, so wünschte er Leute zu finden, die Unreines unter ihrer Würde hielten, um mit ihnen zusammen zu sein. Das sind die Entschiedenen, sie stehen noch eine Stufe tiefer.

Meister Kung sprach: ›Von allen, die an meiner Tür vorbeigehen, ohne in mein Haus zu kommen, sind es nur die Gerechten im Land, die ich nicht vermisse. Die Gerechten im Land sind Räuber der Tugend‹.«

Wan Dschang fragte darüber: »Was sind das für Leute, die man ›die Gerechten im Land‹ nennt?«

Mengzi sprach: »Sie reden über die Enthusiasten: ›Warum so hoch hinaus?‹ Ihre Worte stimmen nicht zu ihrem Wandel und ihr Wandel stimmt nicht zu ihren Worten. Immer sagen sie: ›Die Alten, die Alten.‹ Und über die Entschiedenen reden sie: ›Warum sind sie solche

Sonderlinge und so kühl und zurückhaltend? Wer in dieser Welt lebt, muss auch an ihren Geschehnissen Anteil nehmen. Wenn man nur anständig ist.‹ So schmeicheln sie wie Eunuchen um die Welt herum, diese ›Gerechten im Land‹!«

Wan Dschang sprach: »Die ganze Gegend nennt sie gerechte und anständige Leute; wohin sie gehen, immer sind sie die gerechten und anständigen Leute. Und dennoch hielt sie Meister Kung für die Räuber der Tugend. Weshalb?«

Mengzi sprach: »Will man sie verurteilen, so weiß man nicht wo einsetzen; will man sie verspotten, so ist nichts Komisches an ihnen. Sie schwimmen im breiten Strom der Mode und stimmen überein mit der schmutzigen Welt, und doch heucheln sie in ihrem Dasein Gewissenhaftigkeit und Treue und in ihren Handlungen Unbestechlichkeit und Reinheit. Die Masse ist mit ihnen zufrieden. Sie selbst halten sich für recht, und doch kann man nicht gemeinsam mit ihnen auf den Wegen Yaus und Schuns wandeln. Darum heißen sie Räuber der Tugend.

Meister Kung sprach: ›Ich hasse den falschen Schein, der der Wahrheit gleicht; ich hasse den Lolch, weil er mit Korn verwechselt werden könnte; ich hasse die Redegewandten, weil sie mit Pflichttreuen verwechselt werden könnten; ich hasse die falschen Zungen, weil sie mit Wahrhaftigen verwechselt werden könnten; ich hasse die Klänge von Dschong, weil sie mit Musik verwechselt werden könnten; ich hasse die violette Farbe, weil sie mit Scharlach verwechselt werden könnte; ich hasse die Gerechten im Lande, weil sie mit Tugendhaften verwechselt werden könnten.‹ Der Edle kehrt einfach zurück zum geraden Weg. Ist der gerade Weg in Ordnung, so erheben sich die Massen zum Guten. Erheben sich die Massen zum Guten, so müssen Falschheit und eitler Schein verschwinden.«[557]

---

557 Es sind hier mehrere Stellen aus *Lun Yü* im Zusammenhang besprochen, die in den heutigen *Lun Yü* an ganz verschiedenen Stellen stehen. Der Text, den *Mengzi* gibt, weicht in beträchtlicher Weise ab. Auch ist nicht die leiseste Andeutung vorhanden, dass die Stellen aus einem vorliegenden Werk zitiert seien, wie dies bei den Zitaten aus dem *Schï Ging*, *Schu Ging* und sonst bei verschiedenen Zitaten der Fall ist. Die Zitate sind vielmehr ganz in derselben Art gegeben, wie solche, die nur aufgrund einer mündlichen Tradition überliefert waren. Die entsprechenden Stellen aus *Lun Yü* sind: a) V, 2: Der Meister sprach in Tschen: »Ich muss heim! Ich muss heim! Meine jungen Freunde zu

38. Die Überlieferung der Wahrheit

Mengzi sprach: »Von Yau und Schun bis auf Tang waren's über fünfhundert Jahre. Ein Yü und ein Gau Yau haben sie gesehen und erkannt. Tang hat von ihnen gehört und sie erkannt. Von Tang bis auf den König Wen waren's über fünfhundert Jahre. Ein I Yin und Lai Dschu haben ihn gesehen und erkannt; ein König Wen hat von ihm gehört und ihn erkannt. Von König Wen bis auf den Meister Kung waren's über fünfhundert Jahre. Ein Tai Gung Wang und San I Schong haben ihn gesehen und erkannt. Meister Kung hat von ihm gehört und ihn erkannt. Von Meister Kung an bis heute sind's etwas über hundert Jahre. So nahe sind wir noch der Zeit des Heiligen, und so benachbart sind wir dem Ort, wo er geweilt. Und dennoch sollten wir nichts von ihm besitzen, ja, wirklich nichts von ihm besitzen?«[558]

    Hause sind enthusiastisch und großartig. Sie sind bewandert in allen Künsten. Aber sie wissen noch nicht, sich zu mäßigen.« b) XIII, 21: Der Meister sprach: »Wenn ich keine Leute finde, die in der Mitte wandeln, um mit ihnen zu sein, so will ich wenigstens Leute von Enthusiasmus und Entschiedenheit. Die Enthusiasten schreiten fort und sind aufnahmefähig. Die Entschiedenen haben Grenzen, die sie nicht überschreiten.« c) XVII, 13: Der Meister sprach: »Jene ehrbaren Leute im Lande sind Räuber der Tugend.« d) XVII, 18: Der Meister sprach: »Ich hasse es, wie das Violett den Scharlach beeinträchtigt; ich hasse es, wie die Klänge von Dschong die Festlieder verwirren; ich hasse es, wie die scharfen Mäuler Staat und Familien umstürzen.«

558 Mengzi entwirft hier ein Schema, wie der Weg des Lebens und seine Kenntnis von einem Heiligen auf den anderen kam: Jedem Heiligen sind zwei Paladine beigegeben, die Augenzeuge seiner Werke waren, und der nächste, der nach Hunderten von Jahren sein Werk fortsetzte. Die Paladine von Yau und Schun sind die beiden Minister Schuns Yü und Gau Yau. Die beiden Paladine des Tang sind der bekannte I Yin und Lai Dschu, den die meisten Kommentare mit dem Minister Tangs, Dschung Hui, identifizieren. Bei König Wen werden Tai Gung Wang genannt, mit dem man Buch IV, A, 13, vergleiche, und San I Schong, einer seiner Minister, von dem weiter nichts bekannt ist. Die Frage, wer der Nachfolger Kungs sei, lässt Mengzi offen, doch nicht ohne so deutlich, als es die Bescheidenheit erlaubte, die Verantwortung für die Fortführung seiner Lehren ähnlich wie in II, B, 18 selbst zu übernehmen.

AUSWAHLBIBLIOGRAPHIE MIT AKTUELLER SEKUNDÄRLITERATUR ZU MENGZI

Chan, Alan K.L. (ed.): *Mencius: contexts and interpretations*, Honolulu: University of Hawaii Press 2002.

Huang, Chun-Chieh: *Konfuzianismus: Kontinuität und Entwicklung. Studien zur chinesischen Geistesgeschichte*, herausgegeben und aus dem Chinesischen übersetzt von Stephan Schmidt, Bielefeld: transcript Verlag 2009 (= Zeit - Sinn - Kultur).

Huang, Chun-Chieh/Paul, Gregor/Roetz, Heiner (ed.): *The Book of Mencius and its reception in China and beyond*, Wiesbaden: Harrassowitz 2008.

Jullien, Francois: *Dialog über die Moral. Menzius und die Philosophie der Aufklärung*, aus dem Französischen übersetzt von Ronald Vouille, Berlin: Merve 2003.

Ommerborn, Wolfgang/Paul, Gregor/Roetz, Heiner (Hrsg.): *Das Buch Mengzi im Kontext der Menschenrechtsfrage. Marksteine der Rezeption des Textes in China, Japan und im Westen*, Münster u.a.: LIT Verlag 2011 (= Philosophie der Menschenrechte im interkulturellen Kontext; Bd. 1).

Schumacher, Jörg: *Über den Begriff des Nützlichen bei Mengzi*, Frankfurt a.M. u.a.: Peter Lang 1993.

Shun, Kwong-loi: *Mencius and early Chinese thought*, Stanford, Calif: Stanford University Press 1997.

SACHREGISTER

Abgaben Buch I A, 5. III B,8. VA,3. VII B, 27.
Achtung (ging) Buch II B, 2. VI A, 5.
VII A, 15, 37. (gung) Buch V B, 4.
Ackerbau Buch 1A, 4. 5. 7. B,5. III A,
3. 4. B, 5. 4. 5. (Bauer) Buch II A, 5.
Adel, göttlicher, Buch II A, 7. VI A, 16.
Alter BuchIA,5. IV A, 13. VIIA, 22
Amt Buch V B, 1.
(Amtstätigkeit) Buch V B, 5. VI B, 14.
Anlage (tsai) Buch VI A, 7. 8.
Auge (als Spiegel des Inneren) Buch VI A, 15.
Autonomie Buch VII A, 17.
Barbaren Buch III H, 4. Beamter (tschen) (yu si) Buch I B, 12.
16. II A,1. III B,9. IV B,31. V B, 7. VII A, 31.
(Diener) Buch I B, 6. 7. II B, 2. IV A, 2. B, 3.
(amtliche Laufbahn, Amt) Buch II A, 1. 9. B, 10. III B, 3.
(Fürstendiener, Staatsdiener) VIIA, 19.
Beerdigung und Trauer (sang) Buch
IB, 16. II B, 7. III A, 2. 5. VA,6. VII A, 39. B, 36.
(Beileid) Buch II B, 6.
(Leichenfeierlichkeiten) IV B, 27.
Beispiel Buch I A, 7. III A, 3.
(Vorbild) Buch IV A, 2.
Besitz Güter (ho) Buch IB, 5. IVA,1.
Bogenschießen Buch IVB, 24. V B, 1.
Bundeshäupter (ba) Buch VI B, 7. VII H, 30.
(Militärstaat) Buch VIIA, 13.
Bürgerlicher (schu jen) Buch V B, 2.
(Privatmann) Buch V B, 7.
Brunnen Buch VIIA, 29.
Disputation Buch III A, 4. 5. B, 9.10.
VII B, 26.
Edle, Gebildete (gün Dsï) Buch IA, 7. III B, 2. IV A, 26. IV B, 14. 18.
19. 22. 28. VR,2. B,6. 7. VII A,
20. 21. 32. 40.
Erbfolge Buch V A, 6.
Egoismus (des Yang Dschu) Buch
III B, 9. VII A, 26.
Ehre (gui) Buch VI H, 17.
(Achtung) Buch V B, 3.

Ehrfurcht und Bescheidenheit (hiau di) Buch I A, 3. 5. III B, 4. VI B, 2.
(Kindesehrfurcht) Buch III A, 2.
\VR,26. 28. V A, 1. 2.
(Pietätlosigkeit) IV B, 30.
(kindlich, Kindlichkeit) III A, 5.
V A, 4.
(Dienst der Eltern, schl tsin) IV A, 19. 27. B, 13.
(ehrfürchtig) Buch IV A, 2.
(Brüderlichkeit) Buch V A, 2. 3.
Einführungsgeschenke (bei Übernahme eines Amts) Buch III B, 3.
Einigkeit (ho) Buch II B, 1.
(Eintracht) Buch VB, 1.
Einkommen (lu) Buch V B, 2.
(Beförderung) Buch VII B, 33.
Erziehung (giau) Buch IV B, 7. VII A, 41. 43.
(Belehrung) VI B, 16. VII A, 14. 40.
(Schulwesen) Buch IA, 3. III A, 3.4.
(lehren, unterrichten) Buch II A, 2. IV A, 18. VII B, 30.
Familie Buch I R, 7. B, 6. III B, 9.
IV A.&
Fehler (go) Buch II B, 9.
Feind Buch IVB, 28.
Frauenschönheit (se) Buch I B, 5.
Freiherr (Dsï) Buch V B, 2.
Fremde Buch I A, 7. B, 5. II A, 5. V B, 7.
Freude (lo) Buchl A, 2. B, 1. 4. IV A, 27. VII A, 20.
(Fröhlichkeit) Buch IV B, 29.
Freund (gu) Buch IB, 6. II A, 9. IV A, 12. B, 30.
(freundschaftlicher Verkehr) Buch VR.8.
(Freundschaft) Buch V B, 3.
Fron Buch V B, 7.
Fürst (hou) Buch V B, 2. VI B, 7.
(Landesfürst, dschu hou) Buch VII B, 14.
Fürstenerziehung Buch III B, 6. VI A, 9.
Frühlings- und Herbstannalen Buch III B, 9. VII B, 2.
Graf (bo) Buch V B, 2.
Gefolge (dso gu) Buch I B, 6. 7.
(Höfling) Buch IV B, 31.
Geist (de) Buch III A, 4. IV A, 7. VII B, 33.
(Eigenschaft) Buch I A, 7.
(Geist und Kraft) Buch II A, 1.
(geistiger Wert) Buch II A, 1. B, 2. VB, 7.

(Geisteskraft) Buch II A, 3. 4.
(Wesen) Buch III R, 2.
(geistiger Einfluss) Buch VI A 7.
(Art) Buch IV A, 14.
(Tugend) Buch VA, 6. VIIA, 9.
(Charakter) Buch V B, 3.
(geistige Güter) Buch VIIB, 10.
Geistesarbeiter Buch III A, 4.
Geschenke Buch IIB,3. HIB, 7. VA, 7. B, 4. 6. VI B, 5.
Gier Buch VIIA, 27.
Gleichgiltigkeit Buch VI B, 3.
Glockenweihe Buch I A, 7.
Glück undUnglück (hofu) BuchIIA,4.
Gott, siehe auch Himmel, (tiän) Buch I B, 3. II B, 13. V A, 6. B, 3. VI A, 15. B, 15.
(schang di) Buch I B, 3. IVB, 25. VA,5.
(göttlich) Buch IV A, 12.
Götter (sehen) Buch V A, 5.
(göttlich) Buch VIIB, 25.
Gottes Knecht (tiän Ii) Buch II A, 5. B, 8.
(Gottes Volk, Männer Gottes, tiän min) Buch V A, 7. VII A, 19.
Güteraustausch Buch III A, 4. B, 4.
Günstling Buch IB, 16. III B, 1.
Groll (güan) Buch VI B, 3.
Gutes (sdmn) Buch I B, 14. II A, 2. III A, 1. B, 6. VI A, 2. B, 13. VIIA, 16. 25. B.25. (Gutes tun) Buch II A, 8.
(Tüchtigkeit) Buch IV B, 16.
(Anforderungen im Guten stellen = tadelndes Richten) IV B, 30.
Handwerker Buch I B, 9. III A, 4. B, 4. IV A, 7.
Heiliger, Heiligkeit (schong) Buch II A, 1. 2. B, 9. III A, 4. B, 9. IVA, 2. B, 1. VB, 1. VII A, 24. 38. B, 15. 25.
Heiratsbräuche Buch III B, 2. 3. IV A, 26. V A, 2.
Herr (nan) Buch V B, 2.
Herrscher (gün) Buch I A, 7. B, 7. 11. IV A,1. 2. 16. VII A, 31.
(Herr) Buch I B,15. II A,1. III B,3.
(Fürst) Buch II A, 2. 6. 9. B, 2. III B, 3 IV A, 20. B,3. 31. V B, 6. 7. VI A, 16. Herz, Gedanken, Sinn, Gemüt usw. (sin) Buch I A, 3. 7. II A, 2. 6. B, 12. III H, 3. IV A, 1. 20. B, 12. VI A, 10. 11. 12.15. VJIB, 21.35.
Herzog (gung) Buch VB, 2.
Himmel, siehe auch Gott, (tiän) Buch IB, 10. 16. II A, 4. III A, 5.
(Himmel und Erde, sichtbare und unsichtbare Welt) II A, 2.
(Gunst der Zeit) Buch II B, 1.
(Naturgesetz) Buch IV A, 7.

Himmelssohn (königlicher Mann) Buch III B, 9. IV A, 3. V B, 2.
(Herr der Welt) Buch VII B, 14.
Höherer Mensch (han giä) Buch
VII A, 10.
Jagd Buch IB, 1. 2. III B, 1.
Kaufmannstand Buch I A, 7. B, 5. II A, 5.
Kerkermeister (schi schi) Buch I B, 6.
(Strafrichter) Buch II B, 5. 8.
Konfuziusjünger (nach dem Tode des Meisters) Buch III A, 4.
Königliche Parks, Schlösser usw.
(Park) Buch IA, 2. B, 2. III B, 4.
(Schneepalast) Buch IB, 4.
(Lichtschloss) Buch IB, 5.
Scheunen, Vorratskammern) Buch I B, 12. III A, 4,
Kraft (ki) Lebenskraft Buch II A, 2.
(Kraft der Nacht) Buch IVA, 8 (Ii) Buch V B, 1.
Krieg (dschan) Buch IA, 3. 5. 7. B, 10. 11. 13.14.15. II B, 1. 8. 9. III B, 5. IV A, 14. VI B, 8. 9. VII B.2.4.
Kulturwerke Buch IV A, 1. VI B, 10. 11.
Leben (schong) Buch VI A, 3. 10.
Lebensunterhalt (tschan) Buch IA, 7.
III A, 3.
lernen (hüo) Buch I B, 9. III A, 4.
IV A, 25. VI A, 20.
(streben) Buch II A, 2.
(wissen) Buch IV B, 14.
(Bildung) Buch IVA, 1. VIA, 11.
lieben (ai) Buch IV A, 4. B, 28. VII A, 15. 37. 45. B, 1.
(sparsam sein) Buch I A, 7.
lieben (tsin) Buch IV A, 11.
(zugetan) Buch IV A, 4.
Liebe (Jen) Buch IA, 1. B, 7. IIA, 6. 7. III B, 4. 9. IV B, 20. V A, 6. VI A, 1. 4. 6. 11. B, 3. 4. VIIA, 15. 45. B, 21.
(Milde, mild) Buch IA, 5. 7. II A,
3. 4. III A, 3. IV A, 9.
(Güte, gütig, Gütigkeit) Buch IB, 3. II A, 2. B, 2.9. IV A, 2. 3. 4. 7.10. 20.27. B, 28. VI A, 18.19. VII B, 1. 3.
(Sittlichkeit) Buch II B, 2.
(liebevoller Mensch) Buch III A, 5.
(Menschlichkeit) Buch VII B, 16.
Lust (gü) Buch IV B, 30.
Mannbarerklärung des Jünglings Buch III B, 2.
Mitleid (bu Jen), nicht mit ansehen können Buch I A, 7. II A, 6.
(barmherziges Regiment) Buch IV A,1.
Minister (Da Fu) Buch V B, 2.

VI A, 16.
(hoher Rat) Buch VIIB, 14.
Musik (güo) Buch IB, 1. IV A, 1 27.
VR,4. 6. VIIB, 22.
Mongolen Buch VI B, 10.
Natur (sing) Buch III A, 1. IV B, 26. VII A, 30. 38. B, 24.
(menschlich) Buch VIA, 1. 2. 3. 4. 5. 6.
(Wesen) Buch VIIA, 1. 21.
Natur (tiän di)
(äußere) Buch VIIA, 13.
Naturmenschen Buch III A, 4.
Nutzen (Ii) Buch IA, 1. VIIA, 24.
(Vorteil) Buch VI B, 4.
(irdische Güter) Buch VII B, 10.
Opfer Buch III H, 2. B, 3. 5. IV A, 3.
B, 25. 33. V B, 4. VIIB, 14.
Ordnung (Ii) Buch I B, 16. II B, 2. HIB, 2. 7. IVA, 1. 10. 27. VB, 7.
(Regeln) Buch IVB, 3. 6. VA, 8.
(Lebensordnungen) Buch II A, 2.
(Anstand) Buch IV B, 28. VB, 7.
VI B, 1. VIIB, 33.
(Sitte) Buch II A, 6. 7. IV A, 17.
(wie es sich geziemt) Buch III H, 2.
(Bräuche) Buch III A, 2.
(ehren) Buch IV A, 4.
(Höflichkeit) Buch IV B, 30.
(Schicklichkeit) IV H, 6.
Ordnung (halten) (Dschi) Buch I B,6. IIA,4. B, 10. IIIA, 4. B,P. IVA, 1. 12. VB, 1.
(Regierung führen, regieren)
Buch III A 4. IVA, 2. 4.
(beherrschen) Budi II A, 6
(verwalten) Buch V A, 3.
Person (sehen) Buch IV A, 19.
(Leben) Buch IVA, 12. VIA, 12.14.
Pflicht (i) Buch IA, 1. 3. II A, 2. B, 2. IIB, 4. 9. IVA,1. 10. B, 11. 29. V A, 6. VI A,
1. 4. 6. 11. B, 4. VIIB, 31.
(Recht) Buch I B, 8. II A, 2. IV B, 6. V B, 7.
(Bewusstsein) Buch II A, 6.
(Pflichtgefühl) Buch II A, 7.
(Gerechtigkeit) Buch II B, 2. IVA,
27. VIIA, 9.
(pflichttreu) Buch IV A, 20.
(Ehre) Buch VA, 8.
Pflichtenkonflikt Buch VII A, 35.
Philanthropismus (des Mo Di) Buch III A, 5. B, 9. VII A, 26.

Rang (dsüo), Adel Buch V B, 2. VI A, 16.
(siehe auch Ritter)
Ritter und Adel Buch I A, 1. III B, 3. IV A, 3. 6. B, 4, V B, 2. VII A, 33. 36. 36 a. B, 19. (siehe auch Rang)
Räuber Buch IV B 31.
Rat, Hoher (king) Buch V B, 2. 8.
VI A, 16.
Regelmäßig (gu) Buch IV B, 26.
Regierungsmaßregeln(dschong) Buch IA, 3. 4. 5. B, 5. II B, 10. III B, 9. IV B, 2. VII A, 14.
(mildes Regiment) Buch I B, 12.
II A, 1. III A, 2. 4. V A, /. 14.
(gute Ordnungen, schan dschong)
Buch II A, 1.
(Regierungsart) Buch II A, 2.
(Verwaltung) Buch II A, 4.
(walten) Buch II A, 6.
(königliches Regiment) Buch III B, 5.
(regieren) Buch IV A, 7. 13.
Reichstempel (dsung miau) Buch I B, 11.
Reichtum (fu gui) und Ehre Buch II B, 10. III A, 3. B, 2. IV A, 14. B, 33. VII A, 11. (Schätze) Buch VII B, 28.
Reinheit (tsing) Buch VB, 1.
Ruhe des Gemüts (bu dung sin) Buch II A, 2.
Schachspiel Budi VI A, 9.
Schamgefühl, schämen Buch II A, 6.
IV B, 18, VII A, 6. 7.
Seidenzucht Buch I A, 3. III B, 3.
Selbstprüfung Buch II A, 2. IV R, 4.
Selbstgefühl Buch VII A, 8.
Staat, Reich Buch IA, 1. B, 7.9. 10.
IIA, 1. IIIA, 1. IVA, 5. 6. 7. 8.
20. VIIB, 11. 12. 13.
Sprachunterricht Buch III B,
6. Strafen (hing fa) Buch I A, 5. 7. B, 2.
11. IIIA, 3.
Symphonie Buch V B, 1.
Sinnliches Buch VI A, 15.
Tatkraft (gung) Buch IB, 3. II A, 2.
(Mut, mutig) Buch III B, /. IV B, 23.
Trübsal, Segen der Trübsal Buch VI B, 15. VII A, 18.
Unheil Buch II A, 4. IV A, 8.
Untertan (tschen) (min) Buch II A, 1.
2. B, 2. s. a. Beamter
Vaterland, Weggang vom, Buch VB, 1.

Verantwortlichkeit Buch II B, 4. 5.
IV A, 22.
(Verantwortung) Buch V B, 1.
verbannen (fang) Buch IB, 8. V A, 3.6.
Verblendung Buch IV A, 9. 10.
Verkehr (mit Fürsten) Buch II B, 10.
11. 12. 14. III B, 1. 4. 7.
Vernunft (Ii) Buch VI A, 7.
Versorgung Buch V B, 6.
Vorherrschaft (ba) Buch II A, 1. 2.
3. B, 2. III B, 1.
s. a. Bundeshäupter
Wahrheit Buch IV A, 12.
wandern Buch VII B, 9.
Warenpreise Buch III A, 4.
Wasser Buch IVB, 18.
Wasserläufe (Regelung) Buch III A,
4. B, 9. IV B, 26. 29.
Weg (dau) Buch II A, 2. 4. B, 1. 14.
III A, 1. 4. B, 1. 2. 3. 9. IV A, 2.
9. 12. 25. B, 20. VIIB, 16.
(Norm) Buch I B, 3.
(Lehre) Buch II A, 1. B,2. III A, 5.
(Sinn des Lebens) Buch II A, 2.
(Ordnung) Buch II A, 2. IV A, 7.
(Grundsatz) Buch II B, 2.
(Wahrheit) Buch II B, 2. III A, 4.
B, 4. IV B, 14. VIIH, 24. 42.
(Sinn der Natur) Buch III A, 5.
(Art) Buch III B, 2.
(rechtmäßige Weise) Buch III B, 4.
Weise (hiän) Buch I A, 2. B, 16. II A,
1. III A, 3. V A, 9. B, 7. VI B, 6. VII A, 8. 31.
(Würdige) Buch IB, 7. II A, 2. 4.
5. III A, 4. IV A, 7. B, 17. 20. V A, 6. 9. B, 3.
(größer) Buch II A, 1.
(verdienstvolle Männer) Buch II A, 9.
Weisheit (dschi), weise usw. Buch I B,3. 22 A,1.2.6.7. B, 9. IVA,
4. 27. V B, 1. VIA , 6.
(Wissende) Buch IV B, 26.
Welt (tiän hia) Buch IA, 6. B, 3. II A,
6. B,1. III B.S. IV A, 4. 5. 6. 7.
II. 17. B, 16. V A, 5. 7.
(auf Erden) Buch II A, 2. B, 12.13.
IVA, 13. VA, 6.

(Erdenrund) sï hai, Buch II A, 6.
III B, 5. IV A, 3. 6.
(Weltreich) III B, 4. IV A, 3.
(Erdreich) Buch VII B, 13.
Weltflucht Buch III B, 10.
Weltherrschaft (wang) Buch I A, 3.
5. 7. B, 4. 5. II A, 2.
(König der Welt) (tiän Dsï) Buch I B, 14. II A, 1.2. 3. 5. B, 2. 13.
(Herrscher) Buch III A, 3. B. 1. IV A, 9. B, 16. V A, 3. 4. 5. 6. VII A, 13. 1
(Großkönig) Buch VI B, 7.
Wille (Dschi) Buch I A, 7. II A, 2. VI A, 20.
(Absicht) Buch IIB, 14. III B, 4.
(entschlossen) Buch III B, 1.
(Gemüt) Buch IV A, 19.
(Ziel) Buch IV B, 1.
Wille Gottes (ming) Buch VII B, 24.
(Gesetz des Herrn) Buch II A, 4.
(Befehl) Buch II B, 2. 8. IVA, 7.
(Bescheid) Buch III A, 2.
(Gebot) Buch III A, 2.
(berichten) Buch III B, 1.
(Fügung) Buch VA, 8.
(Geschick) Buch VIIH, 1. 2.
Wirksamkeit Buch IV A, 12.
Wirkungen Buch IVA, 21. VII A, 13.
14. 19. 21. B, 15.
Wohlstand und Sittlichkeit Buch VII A, 23.
Wunsch (gü) Buch II B, 12.
Zeit {Zeit des Himmels) Buch II B, 1.
(rechte Zeit) Buch V B, 1.
Zirkel und Richtmaß Buch IV H, 1. 2.
VII B, 5.
Züchtigung (dschong) Buch III B, 5. VIIB, 2. 4.
(bekämpfen) Buch IA, 5.
(Angriff machen) Buch IB, 11.
Zuverlässigkeit Buch VI B, 12.

NAMENSREGISTER

(Die römischen und Kursivziffern geben Buch und Abschnitt an)

BÄI GUI, Minister von Dschou. VIB, 10.11.
BAI LI HI, Heiliger. VIB, 6.15. BE-GUNG I, Mann aus dem Staate
We. VB, 2.
BE GUNG YU, Held. II A, 2.
BE-I, Heiliger. II A, 2. 9; III B, 10;
V B, 1; IV A, 13; VI B, 6; VII A, 22,
B, 15.
BE LI HI, Kanzler des Fürsten Mu
von Tsin. VA, 9.
BI (heute Fe-hiän). V B, 3. BI DSCHAN, Beamter von Tong.
III A, 3.
BI GAN, Prinz aus dem Ende der
Yindynastie. VI A, 6.
BI GAN, Heiliger zur Zeit Dschou
Sins. II A, 1.
BI YING, Todesort König Wens.
IVB, 1.
BIN, ursprünglicher Wohnsitz des Hauses Dschou. IB, 14.15.
BO, Hauptstadt Tangs. HIB, 5; VA, 6. 7.
DAI BU SCHONG, Kanzler von
Sung. III B, 6.
DAI Gui, Bruder des Einsiedlers
Tschen Dschung Dsï von Tsi.
III B, 10.
DAI YING DSCHI, Minister in Sung, wahrscheinlich identisch mit Dai Bu
Schong. HIB, 8.
DAN DSCHU, Sohn Yaus. V A, 6(5).
DAN FU (siehe Tai Wang).
DI, Barbaren. III A, 4.
DIAN, Prinz von Tsi. VII A, 33.
DING, Herzog von Tong. III A, 2.
DSAI WO, Schüler Kungs. II A, 2.
DSANG TSANG, Favoritin des Herzogs Ping von Lu. I B, 16.
DSCHANG I, Mann aus We. III B, 2.
DSCHAU GIAN DSl, Kanzler von Dsïn 511-474 (vgl. Liezi VIII, 27). HIB, 1.
DSCHEN, Fluss in Dschong. IV B, 2.
DSCHI, Räuber »Sohle«. III B, 10; VII A, 25.
DSCHONG, Staat. IV B, 2. 24; V A,
2; VII B, 37.

DSCHONG DSI, Stadtoberster, bei
dem Kung in Tschen gewohnt.
V A, 8.
DSCHOU, Grenzplatz von Tsin.
II B, 11. 12.
DSCHOU, Dynastie. I B, 3; II A, 1;
B, 13; III A, 3; B,5; V A, 4; B, 2.
DSCHOU, am Berge Ki, Geburtsort
König Wens. IV B, 8.
DSCHOU, Fürst von Tschen. V A, 8.
DSCHOU GUNG (Herzog v. Dschou).
IIA, 1; B, 9; IIIA, 1. 4; B, 9; IV B,
20; V A, 6; VI B, 8.
DSCHOU SIAU, Mann aus We (Dsïn).
III B, 3.
DSCHOU SIN. I B, 8; U A, 1; III B, 3; IVA, 9. 13; V A, 6; B, 1; VI A, 6: VII A, 22.
DSCHU FONG, Geburtsort des Schun. IV B, 1.
DSCHUHNG, eine Straße in Tsi.
III B, 6.
DSCHUHNG BAU, Minister in Tsi. IB, /.
DSCHUNG JEN, dritter Sohn des
Tang. VA, 6.
DSCHUNG NI (KungDsï). IV B, 10.18.
DSÏ (siehe Hou Dsï). DSÏ. Fluss, III A, 4.
DSÏ AU. IV A, 24. 25; (siehe Wang Huan II B, ff).
DSÏ DSCHANG, Schüler Kungs.
II A, 2; III A, 4.
DSÏ DSCHÏ, Minister, später Fürst
von Yän. II B, 8.
DSÏ DSCHO JU DSÏ, Schütze. IV B,
24.
DSÏ DU, ein schöner Jüngling, VI A, 7.
DSU GUNG, Schüler Kungs. II A, 2; III A, 4.
DSÏ HIA, Schüler Kungs. II A, 2; III A, 4.
DSÏ HUAN, Eunuch zu Kungs Zeit. V A, 8.
DSÏ KUAI, Fürst von Yän. II B, 8.
DSÏ LIU, Konfuzianer, z. Z. des Dsï
Sï. VI B, 6.
DSÏ LU, Jünger Kungs. II A, 1. 8;
II B, 7; VA, 8.
DSÏ MO, eklektischer Philosoph .
VII A, 26.
DSÏ SI, Enkel Kungs. II B, 11; IV B,
31; V B, 3. 6. 7; VI B, 6.
DSÏ SCHU I. II B, 10.

DSÏ SIANG, Schüler des Dsong Dsï.
II A, 2.
DSÏ TSCHÄN (Gung Sun Kiau), Kanzler von Dschong. IV B, 2; V A, 2.
DSÏ YU, Schüler Kungs. II A, 2;
III A, 4.
DSÏN, Fluss in Dschong. IV B, 2.
DSÏN, Staat. I A, 5. 7; II B, 2; III B,
3; IV B, 21; V A, 9; B, 3.
DSÏN-ANNALEN. IV B, 2/.
DSONG, Meister. I B, 12; II B, 2;
IV A, 19.
DSONG DSI, Schüler Kungs. II A, 2;
III A, 2. 4; III B, 7; IV B, 31.
DSONG SI, Vater des Dsong Schen.
III B, 36. 37; IV A, 19.
DSONG SI, Nachkomme des Dsong
Dsï, Schüler Kungs. II A, /.
DSONG SCHEN. VII B, 36.
DSONG YÜAN, Sohn des Dsong
Sehen. IV A, 19.
DSOU, Staat. VI B, 5.2.
DSOU, Heimat des Mengzi. I A, 7;
IB, 12; III A 2; VI B, 1.
DUÄN GAN MU, Weiser in We zur
Zeit des Fürsten Wen. III B, 7.
DUNG GO, Familie in Tsi. II B, 2.
FAN, Ort. VII A, 36.
FAN KIU, Jünger Kungs. IVA, 14.
FANG HON = Yau. III A, 4.
FE LIAN, Minister von Dschou Sin. III B, 9.
FINSTERNIS, Land der. V A, 3.
FLÜGELBERG. VA, 3.
FONGFU. VII B, 23.
FONG HUANG. II A, 2.
FRÜHLING UND HERBST (Lu-Annalen).
III A, 4; HIB, 9; IVB, 2/;VII B, 2.
FU HIA, Aufenthaltsort des Schun. IV B, 1.
FU TSCHU, Holzsammler. IV B, 31.
FU YÜO, Minister des Gau Dsung. VI B, 15.
GAU DSI (Bu Hai), Philosoph. VI A, 1. 2. 3. 4. 6.
GAU DSI, Schüler. II B, 12; VII B, 21. 22.
GAU DSÏ, der Haeretiker. II A, 2.
GAU DSI, alter Mann. VI B, 3.
GAU TANG, Ort in West-Tsi. VI B, 6.
GAU YAU, Minister des Schun.

III A, 4; VIIA, 35; VII B, 38.
GELBER FLUSS (siehe Ho).
GESPENSTERBERG. VA, 3. Gl, in dessen Dienst Fan Kiu war.
IV A, 14.
Gl SCHAN, Platz, wohin Yü ging.
V A, 6.
Gl SUN. II B, 10.
Gl LIANG, Mann aus Tsi. VI B, 6.
GIA, Tyrann. I A, 2; I B, 8; IV A,0;
VA, 6; VIB, 2. 6. 9.10.
GIANG, Fluss. III A, 4; III B, 9.
GIANG, Frau des Tai Wang, Dan Fu
von Dschou. IB, 5.
GIAU GO, Dschou Sins Minister (zur
Zeit des Königs Wen). IIA, 1;
VI B, 15.
GIAU VON TSÄU, Prinz. VI B, 2.
GING, Barbaren. III A, 4.
GING, Fürst von Tsi. I B, 4; III A, 1;
HIB, 1; IV A, 7; V B, 7.
GING TSCHOU, Minister in Tsi.
II B, 2.
GING TSCHUN, ein Sophist aus
Mong Dsïs Zeiten. III B, 2.
GO, Volk zur Zeit Tangs. IB, 3.11.
GO, Ort in Tsi, II B, 6; III B, 10.
GO, Nachbarstaat des Tang. III B, 5.
GONG, Prinz von Tong. VII A, 43.
GOU TSIAN. I B, 3.
GROSSER BERG (siehe Tai-schan).
GROSSER KÖNIG (siehe Tai Wang).
GROSSER SCHWUR. HIB, 5; V B, 5.
GU SOU, Vater Schuns. IV A, 28; VA, 2. 4; VI A, 6; VII A, 35.
GUAN DSCHUNG, Minister desHuan in Tsi. II A, 1; II B, 2.
GUAN I-WU (Guan Dschung), Minister von Tsi. VI B, 15.
GUAN SCHU, älterer Bruder des Herzogs von Dschou. II B, 9.
GUNG DU DSI, Schüler. II B, 5; III B, 9; IV B, 30; VI A, 5. 6. 15; VII A, 43.
GUNG DSCHI KI, Minister des Kleinstaates Yü. VA, 9.
GUNG GUNG. VA, 3.
GUNG-HÄNG DSI. IV B, 27.
GUNG-MING GAU. V A,1.
GUNG-MING I, Schüler des Dsï Dschang und Dsong Sehen. III A, 1; III B, 3; IV B, 24.
GUNG-I DSI, Weiser in Lu zur Zeit von Fürst Mu. VI B, 6.

GUNG-SCHU DSl, Mechaniker aus Lu, machte für Tschu eine Maschine, um Sung anzugreifen. IV A, /. (Vgl. auch Liezi, VIII, 12; V. 14.)
GUNG SUN TSCHOU, Schüler des Mengzi. II A, /. 2; II B, 2. 6. 14; HI B, 7; IV A, 18; IV B, 3; VI B, 3. 13; VII A, 31. 32. 39. 41; VII B, 1. 36.
GUNG SUN YÄN (Rhinozeroskopf), Minister in We. III B, 2. GUNG LIU, Herzog von Dschou. IB, 5.
GUO, Kleinstaat bei Dsïn. VA, 9.
HAI TANG, Weiser in Dsïn. VB, 3.
HAN, Fluss. III A, 4; III B, 9.
HAN, Staat, früher Teil von Dsïn.
VII A, 11.
HAN SCHONG BU HAI, Mann aus Tsi. VIIB, 25.
HI, Günstling des Dschau Giän Dsï von Dsïn. III B, 1.
HIA, Dynastie. II A, 1; III A, 3; IV A, 2; V A, 6. 7.
HIAN KIU MONG, Jünger des Mengzi. VA, 4.
HIRSEHERR (siehe Hou Dsï).
HIU, Platz in Tsi in der Nähe von Yäntschoufu. II B, 14.
HO, gelber Fluss. I A, 2; II A, 2; III B, 9.
HOU DSÏ, der Ahn der Dschou. III A, 4; IV B, 29.
HU HE, Beamter von Tsi unter König Süan. I A, 7.
HÜ HING, Philosoph. III A, 4.
HUA DSCHOU. VIB.&
HUAI, Fluss. III R, 4; III B, 9.
HUAN VON TSI. IA, 7; II B, 2; IV B, 21; VI B, 7.
HUAN, Minister in Sung. V A, 8.
HUAN DOU, Minister Schuns. VA.3.
HUAN TUI, Marschall von Sung, Feind Kungs. V A, 8.
HUANG HO (siehe Ho).
HUI, König von Liang (We). I A, 1. 2. 3. 4. 5; VII B, 1.
HUI, Fürst von Bi. VB, 3.
HUI VON LIU HIA. VI B,6.
HUEN YU, Hunnen. I B, 3.
I, Feuerwart Schuns. III A, 4.
I, Schütze. IV B, 20. 24; VI A, 20;VIIA, 41.
I DSCHI, Schüler des Mo Di. III H, 5.
I YA, berühmter Koch des Fürsten Huan von Tsi. VI A, 7.
I YIN, Kanzler des Tang. II A, 2; II B, 2; VA, 6. 7; VB, /; VIB, 6;VII A, 31; VII B, 38
JAN NIU, Schüler des Kung. II A, 2.
JAN YU, Lehrer des Herzogs Wen von Tang. III A, 2.

JEN, Kleinstaat. VI B, 1. 5.
JU, Fluss. III A, 4.
JUNG, Barbaren. WIR, 4.
KAI-FONG-ODE (siehe Liederbuch).
KANG GAU, Schu Ging V. V B, 4. KI, Ort am gelben Fluss. VI B, 6.
KI, Sohn des Yü. VR,6.
KI, Berg. 1B.6.14.15.
KI, altes Land des Dschouhauses.I B, 15.
KI, Stammland der Dschou. I B, 5.
KI DSl, Beamter Dschou Sins. IIA, /.
KI LIANG, Ort in Tsi. VI B, 6.
KI SCHAN, Geburtsort des Wen. IV B, /.
KILIN. II H, 2.
KIU (siehe Fan Kiu).
KIU DSCHANG (Schüler des Konfuzius: Lau, Lun Yü IX, 6, vgl. auch Dschuang Dsï). VII B, 37.
KÜ, Gestüt in Dsïn. V A, 9.
KUÄI (Dsï Kuai), ein Fürst von Yän, der sein Reich an seinen Minister verschenkte. II B, 8.
KUANG (Schi Kuang), Musikmeister. IV A,/; VI A, 7.
KUANG DSCHANG, Mann aus Tsi. HIB, 10; IV B, 30.
KUHBERG (Niu Schan in Tsi. VI A, 8.
KUI KIU, Ortsname (Reichstag). VI B,7.
KUN (Schuns Zeit). V A, 3.
KUN, Barbaren zu König Wens Zeit. IB, 3.
KUNG DSÏ (Dschung Ni). I A, 4. 7. (Vgl. Li Gi IV, 18.) II A, 2. 3; III A, 2. 4; III B, 1; IV B, 10. 22. 29; VA, 4. 6. 8; VB, 1. 4. 5. 7; VI B, 6; VII A,24; VII B, 17.19.37.38.
KUNG DSÏ, Zitate.
II A, 1, 4, 7; III A, 4; B, 1, 3, 7, 9; IV A, 2, 7, 8,14; IV B, 18, 21, 29; VA,4,6;VB, 7; VI A, 6, 8; VI B, 3,8.
KUNG GÜ SIN, Vorsteher von Ping
Lu in Tsi. II B, 4.
LAI DSCHU, Minister Tangs. VII B,38.
LI, König aus der Dschoudynastie VI A, 6.
LI-GI. II B, 2; IIIB, 2, 3,7.
LI LOU, scharfsichtiger Mann aus
Huang Di's Zeit. IV A, 1.
LIANG, Hauptstadt von We. IA, 1.
2. 3. 4. 5. 6;VII B, 1.
LIANG, Berg bei Bin. IB, 15.
LIEDERBUCH (Schï Ging). IA, 2. 7;
I B, 3. 5; II A, 3. 4; III A, 3; III B,
1; IVA, 1. 2. 7. 9; IV B, 21; V A, 2.
4; V B, 7; VIA, 6.17; VI B, 3 (Siau-Pan); VI B, 3 (Kai Fong);
VII A, 32; VII B, 19.

LICHTSCHLOSS. I B, 5.
LING KIU, Ort in Tsi. II B, 5.
LIU HIA HUI. II A, 2.9; V B, 1; VII A, 28; VII B, 15.
LU, Staat. I B, 12. 16; II B, 7. 11; III A,2; HI B, 7; IV B, 21; V A, 8; V B, 1. 4; VI B, 6.8.13 VII A, 24.36; VII B, 17. 37.
LU-ANNALEN (siehe Frühling und Herbst).
LUNG (vgl. Mong Dsï Dscha Gi). III A, 1.
LUNG DSÏ, ein Würdiger alter Zeit. IIIA, 3; VIA, 7.
MALVENBERG. VI B, 7.
MARKGRAF DES WESTENS. IV A, 13; VII A, 22.
MI DSÏ, unwürdiger Minister in We. VA, 8.
MIAN GÜ, Musiker. VI B, 6.
MIN DSÏ', Schüler des Kung. II A, 2.
MING TANG, am Tai-schan. I B, 5.
MING TIAU, Todesort des Schun. IV B, 1.
MO DI, Philosoph. III A, 5; III B, 9; VII A, 26; VII B,26.
MO GI, Mann aus Tsi. VII B, 19.
MONG BEN. II A, 2.
MONG DSCHUNG DSÏ, Schüler. II B,2.
MONG GI DSÏ, Schüler. VI A, 5.
MONG HIAN DSl, Minister von Lu. V B, 3.
MONG (SCHI) SCHA. II A, 2.
MONGOLEN (Mo). VI B, 10.
MU, Fürst von Tsin. VA, 9; VI B, 6.
MU, Schloß des Tyrannen Giä. V A, 7.
MU, Herzog von Lu. II B, 11.
MU, Herzog von Dsou. IB, 12.
MU, Fürst von Lu. III B, 7; V B, 6. 7.
MU, Fürst von We. VI B, 6.
MU DSCHUNG, Freund des Mong Hiau Dsï. VB , 3.
MU PI, ein sonst unbekannter Konfuziusjünger. VII B, 37.
NAN HO, Platz, wohin Schun ging. V A, 5.
NORDMEER. I A, 7; IV A, 13; V B, 1; VII A, 22.
ORDNUNGEN, Buch der. II B, 2; III B, 3.
OSTBARBAREN. IV B, 1.
OSTBERG, in Lu. VII A, 24
OSTMEER. IVA, 13; VII A, 22; VII A, 35.

PANG MONG, Schütze. IV B, 24.
PEN-TSCHONG GUO. VII B, 29.
PING, Fürst von Dsïn. V B, 3.
PING, Herzog von Lu. I B, 16.
PING LU, Stadt, Exclave von Tsi.
II B, 4; VI B, 5.
PONG GONG, Schüler des Mengzi
Dsï. III B, 4.
SANI SCHONG, Minister des Königs
Wen. VII B, 38.
SAN MIAU, Schuns Zeit. V A, 3.
SAN WE, Ort. VA, 3.
SCHEN, Heimat des I Yin. VA, 7.
SCHEN GU LI, Feldherr. VI B, 8.
SCHEN NUNG, göttlicher Landmann.
III A, 4.
SCHEN SIANG, Sohn des Dsï Dschang. II B, 11.
SCHEN TUNG, Minister in Tsi.
SCHEN YU. IV B, 31.
SCHI KIU, Ort in Sung. VI B, 4.
SCHI DSl. Beamter in Tsi. II B, 10.
SCHNEEPALAST in Tsi. IB, 4.
SCHONG-ANNALEN des Staates
Dsïn. IV B, 21. SCHU, Barbarenstamm. III A, 4.
SCHU GING (siehe Urkundenbuch).
SCHUN, Kaiser. II A, 8; II B, 2; III A, 1.4; III B, 4. 9; IV A, 1. 2. 26.
28; IV B, 1. 20. 32; V A, 1. 2. 3. 4.
5. 6. 7; V B, 1. 3. 6; VI A, 6; VI B,
2. 3. 8.10.15; VIIA, 16. 25. 30. 35.
46; VIIB, 6. 33 (Ram.). 37. 38.
SCHUN-YÜ KUN, Sophist. IV A,
17; VI B, 6
SÜ, Fluss. III A, 4.
SI SCHI, Schönheit. IV B, 25.
SIA LIU, Weiser in Lu zur Zeit des Herzogs Mu. II B, 11; III B, 7.
SIA, Minister des Unterrichts unter Schun. III A, 4.
SIA, Staat. II B, 3.
SIANG, König von Liang (We), Sohn des Hui. IA, 6.
SIANG, Bruder des Schun. VA, 2.3;VI A, 6.
SIAU-PAN ODE (siehe Liederbuch).
SIN, Bruder des Tschen Siang. III A, 4.
STEINBERG, Ort, wo Mengzi den Sung Kang traf. VI B, 4.
SÜ BI, Schüler des Mengzi. III A, 5.
SÜ DSÏ (SüPi). IVB, 18.
SÜAN, König von Tsi. IA, 7; IB,

2. 3. 4.5. 6. 7. 8. 9.10,11; IVB, 3;
V B, 9; VI A, 9; VII A, 39.
SÜDLÄND (Nan Yang), in Tsi. VI B,8.
SUN-SCHU AU, Minister des Dschuang von Tschu. VI B, 15.
SUNG, Staat. II B, 3; III A, 4; III B, 5.6; V A, 8; VII A, 36.
SUNG, zeitweiliger Aufenthalt des Mengzi. III A, 1. 2.
SUNG, Mann, der dem Korn wachsen half. II A, 2.
SUNG GOU TSIAN, Sophist. VII A, 9.
SUNG KÄNG, Wanderphilosoph. VI B,4.
SÜO, Grenzort von Tsi. I B, 14; II B,3.
SÜO GÜ DSCHOU. III B, ff.
TAI DING, ältester Sohn des Tang. V A,6.
TAI GIA, Abschnitt im Urkundenbuch. II A, 4.
TAI GIA. Enkel des Tang. V A, 6; VII A, 31.
TAI GUNG WANG, Minister des Königs Wen (Sü Wang). IVA, 13; VI B, 8;
VII A, 22; VII B, 38.
TAI-SCHAN. I A, 7; II A, 2; VII A, 24.
TAI WANG VON DSCHOU. IB, 3. 5. 14. 15.
TAN FU, König Tai von Dschou. I B, 5.
TANG, der Vollender. IA, /. 2. 3;IB, 3. 8. 11; 11 R, 1.3; IIB, 12; III B, 5; IV A, 9;
IV B, 20; V A, 6. 7;
VI B, 2. 6; VIIA, 30; VIIB, 4. 33 (Anm.) 38.
TANG, der Begründer der Schangdynastie. II B,2.
TANG, Ort bei Tsimo. VII B, 23.
TAU YING, Schüler. VI IA, 35.
TAU-WU-ANNALEN des Staates
Tschu. IV B, 21.
TO, Fluss. IIIA, 4.
TONG, Staat. I B, 13. 14.15; II B, 4.
6; III A, 1.2. 3. 4; VII A, 43; V II B, 30.
TSAI, Staat. VII B, 18.
TSANG LANG, Fluss. IV A, 8 Anm.
TSCHANG SI. V A, /.
TSCHANG SI, Beamter in Bi. V B, 3.
TSCHEN, Staat. VA, 8; VII B, 18.37.
TSCHEN DAI, Schüler des Mengzi. III B, 1.
TSCHEN DSl (Dschen), Schüler. II B, 10.
TSCHEN DSCHEN, Schüler. II B, 3;
VA, 8; VIB, 14; VIIB, 23.
TSCHEN DSCHUNG DSÏ, Einsiedler,
Zyniker in Tsi. III B, 10; VIIA. 34.
TSCHEN GIA. II B, A
TSCHEN LIANG, Konfuzianer. III A,4.
TSCHEN SIANG, Schüler desTschen
Liang. III A, 4.

TSCHEN SIN, Bruder des Tschen Siang. III A, 4.
TSCHI WA, Beamter in Tsi. II B, 5.
TSCHONG GIAN, Mann aus Tsi zur Zeit von Ging. III A, 1.
TSCHOU YU, in We. V A, 8.
TSCHU, Staat. I A, 5. 7; 1 B, 6.13;
II B, 2; III A, 1. 4; III B, 5. 6; IV B,
21; VI A, 4.12; VIB, 4.
TSCHU-ANNALEN. IV B, 21.
TSCHU DSl, Minister von Tsi. IV
B, 32; VI B, 5.
TSCHUI Gl, Fundstelle berühmter Nephrite im Staate Dsïn. V A, 9.
TSCHUNG SCHAN. V A, 3.
TSCHUNG YÜ, Jünger. II B. 7.13.
TSCHUNG, Platz im Staate Tsi. II B, 14.
TSI, Staat. 1 A, 5. 7; I B, 1. 2. 3. 4. 5. 6. 7. 8. 9. 10. 11.12.13. 14; II A, 1. 2; II B,
 3. 4. 5. 6. 7. 8. 9.10.11.12. 13.14; III A, 1; III B, 1. 5. ff. 10; IV A, 7. 24; IV B, 3.
 21. 33; V A, 4. 8;
V B, 1. 7. 9; VII A, 34. 36. 39; VII B, 17. 23. 29.
TSIN, Staat. I A, 5. 7; V A, 9; VI A, 4.12; VIB, 4. 6.
TSIU, Schachspieler. VI A. 9.
TUNG, Verbannungsort des Tai Gia. V A, 6; VIIA, 31.
URKUNDENBUCH. I B, 3.11; II A, 4; IIIA,/; III B.5.9; VR,4; VB,4 (Rat des
 Kang); VIB, 5; VIIA,31; VIIB, 3.
WAI BING, zweiter Sohn des Tang. VA, 6.
WAN DSCHANG, Schüler des Mengzi. III B, 5;VR, 1. 2. 3. 5. 6. 7. 8. 9; V B,
 3.4. 6.7.8; VII B, 37.
WANG BAU, Sänger. VI B, 6.
WANG HUÄN, Günstling des Königs von Tsi. II B, 6.
WANG HUÄN, Dsï Au. IV B, 27.
WANG LIANG, Wagenlenker des Dschou Giän Dsï von Dsïn. III B, 1.
WANG SCHUN, Beamter von Bi. VB, 3.
WE, Staat, früher Teil von Dsïn. III B, 7; IVB, 24. 31; V A, 5; VII H, 11.
WE, Fluss in Dschong. IV B, 2.
WE DSl KI, älterer Bruder des Tyrannen Dschou Sin. VI A, 6.
WE DSCHUNG. IIA,1.
WE DSÏ, Heiliger z. Z. des Dschou Sin. IIA,1.
WEN, König. I A, 2; I B, 2. 3. 5.10; II A, 1.3;IIIA, 1. 3; HIB, 9; IV A, 7.13; IV B,
 1. 20; VI A, 6; VI B, 2; VII A, 10. 22; VII B, 19. 22. 38.
WEN, Fürst von We. III B, 7.
WEN VON DSÏN. I A, 7; IV B, 21.
WEN, Fürst von Tong. I B, 13.14. 15; III A, 1. 2. 3. 4.
WESTBARBAREN. IV B,1.
WU, König. I B.3.8. 10; II A,1; II B, 12; III B, 5.9; IV A, 9; IV B, 20; VII A, 30;
 VII B, 4. 33 Anm.
WU, Staat. I B, 3; IV A, 7.

NAMENSREGISTER

WU DING, Herrscher der Yindynastie. II A, 1.
WU HUO, Athlet von Tsin, 309 bis 306. VIB, 2.
WU LING, Ort in Tsi. III B, 10.
WU-LU DSÏ, Schüler. VI B, 1. 5.
WU TSCHONG, Ort. IV B, 31.
YÄN, Staat im Norden. IB, 10.11; IIB, 8.9.
YÄN, Land im Osten von Lu, Staat unter Dschou Sin. III B, 9.
YÄN BAU, Sohn des Yän Hui. V B, 3.
YÄN DSl, Minister von Tsi. IB, 4; II A, 1.
YÄN HUI, Schüler des Kung. IV B,29-
YÄN YÜAN, der Lieblingsjünger
Kungs. II A, 2; III A, 1.
YÄN TSCHOU YU, würdiger Beamter in We. V A, 8.
YANG DSCHU, Philosoph. III B, 9;
VII A, 26; VII B, 26.
YANG HO, Minister in Lu zu Kungs
Zeit. HIB, 7.
YANG HU, Beamter in Lu zu Kungs Zeit. III A, 3.
YANG TSCHONG, Platz, wohin Yü ging. V A, 6.
YANGTSE. III B, 9.
YAU, Kanon des. VA, 4
YAU. II A, 2; II B, 2; III A, 1. 4; III
B, 4. 9; IV A, 1. 2; IV B, 32; V A,
1/. 4. 5. 7; V B, 1. 3. 6; VI A, 6; VI
B, 2. 8. 10; VII A, 30.46; VII B, 33. (Anm.) 37. 38.
YIN, Minister von Yü. V A, 6.
YIN, Dynastie. II A, 1; III A, 3; IV A, 2; V A, 6; VII B, 4.
YIN, Land. II B, 9.
YIN SCHI. Beamter von Tsi. II B, 12.
YIN-GUNG DSCHI TO, Schütze. IV B,24.
YING, Ort. II B, 7.
YÜ, schlechter König. VI A, 6.
YÜ DER GROSSE, König aus der
Dschoudynastie. HA, 8; III A, 4;III B, 9; IV B, 20. 26. 29; VA, 6; VI
B, 11; VII B, 22. 38.
YÜ, Kleinstaat bei Dsïn, Heimat des Bai Li Hi. V A, 9; VI B, 6.
YÜO, Südstaat. VI B, 3.
YÜO, Räuber aus. IV B, 31.
YÜO, Stadtteil in Tsi. III B, 6.
YÜO DSCHONG DSÏ (Ko), Schüler, Beamter in Lu. IB, 16; IV A, 24.
25; VI B, 13; VII B, 25.
YÜO DSCHONG KIU, Freund des Mong Hiän Dsï. V B, 3.
YU BI, Lehen des Siang. V A, 3.
YU DSCHOU, Ort der Verbannung des Gung Gung. V A, 3.
YU-GUNG DSCHI Si, Schütze. IV B, 24.

YU JO, Konfuziusschüler. II A, 2; III A,4.
YU SIN, Gefilde, wo I-Yin pflügte. V A, 7.
YUNG DSÜ, Höfling in We. V A, 8.